# 比較民事手続法
# のトレンド Ⅰ

石川明教授記念手続法研究所 編

慶應義塾大学出版会

# 本翻訳叢書刊行の経緯と趣旨

　本翻訳叢書のキー・パーソンは、いうまでもなく故石川明慶應義塾大学名誉教授である。私共の恩師である石川明先生は、日本の民事訴訟法の発展のためには、外国の法制度からの刺激が必要であると考えられていた。そして、その目的を実現するためには外国の文献を読むだけでは足りず、実際に外国に赴き、あるいは外国から研究者を招くことで、外国法の表面的な理解に陥ることなく、外国法制度の背後にある何かを見つける必要性があることを強く認識されていた。そこで、石川先生は、多くの門下生に対し、各種留学制度を利用することを強く勧められただけでなく、あらゆる機会を見つけて、海外に留学する機会を積極的に与えられた。また他方で、多くの外国人研究者を招聘して、慶應義塾大学のみならず他の多くの大学等でも講演する機会を設け、そこでの議論を通して、外国法の刺激を日本の学界に与え続けてこられた。

　しかし、外国からの研究者を招くには経済的に多くの問題を伴った。当時は（あるいは現在でもそうかもしれないが）、公的資金等を利用して外国人研究者を日本に招聘するには様々な制約があり、実用的ではなかった。そこで、石川先生は、簡易な手続によって外国人研究者を招聘することができる機関を立ち上げることを決意され、先生御自身が、石川研究会（石川ゼミ）の卒業生のほか、企業等をまわって寄付を募られ、多くの方々から賛同が得られた結果、多額の寄付金が集まった。そして、その浄財を基に、1983年（昭和58年）に手続法研究所（現在の、石川明記念手続法研究所）が設立された。そして、これまでに、本研究所は、30名以上の外国人研究者を招聘した（この中には、手続法研究所が設立される前に、石川先生御自身が招聘された外国人研究者は含まれていない）。

　石川先生が2015年6月に亡くなられて既に3年以上が経過した。そこで、先生の没後3周年にあたり、先生の遺徳を偲ぶための記念事業として、翻訳叢書を刊行することにした。そして、その第1巻目に当たる本書には、これまでに手続法研究所の助成に基づいて行われてきた外国人研究者による講演の成果をまとめることに

した。もっとも、法改正といった諸事情から、講演当時の時代背景が現在の状況とそぐわないものもあるため、そのすべての講演原稿を掲載することはできなかった。すなわち、1998年から2018年までの間に行われた講演から、現在でも意義を有すると考えられる講演原稿の翻訳を掲載することとした。

　これからも、講演原稿がまとまるごとに、翻訳叢書として逐次刊行することを予定しているが、本書を通じて、読者の方々が外国の民事手続制度に目を向ける機会が増えるとすれば、訳者一同、望外の喜びとするものである。

石川明教授記念手続法研究所理事長
武蔵野大学法学部特任教授・慶應義塾大学名誉教授

三　上　威　彦

# Geschichte und Bedeutung der Publikation der Übersetzungsreihe

Die Schlüsselperson dieser Publikation der Übersetzungsreihe ist selbstverständlich Herr Prof. Dr. Dr. h.c. mult. Akira Ishikawa. Unser Lehrer Prof. Ishikawa war immer der Ansicht, dass Anregungen aus dem Ausland für die Entwicklung der japanischen Zivilprozesswissenschaft nötig sind. Er hat zudem klar erkannt, dass es nicht ausreicht, ausländische Bücher zu lesen und oberflächliche Kenntnisse des ausländischen Rechts zu erwerben, sondern dass man auch die Hintergründe des ausländischen Rechts verstehen muss. Dafür sollten nach seiner Meinung insbesondere junge Wissenschaftler möglichst oft im Ausland forschen und ausländische Wissenschaftler nach Japan eingeladen werden. In der Tat hat Herr Prof. Ishikawa seinen Schülern nicht nur zur Bewerbung um Stipendien geraten, sondern er hat ihnen auch oft Gelegenheiten zur Forschung im Ausland verschafft. Gleichzeitig hat er viele ausländische Wissenschaftler nach Japan eingeladen und ihnen Vorträge und Seminare an der Keio Universität und an vielen anderen Universitäten ermöglicht. In diesen Veranstaltungen konnten wir mit den Gästen über vielerlei Themen die Meinungen austauschen und lebhaft diskutieren. Stets hat Herr Prof. Ishikawa der japanischen Zivilprozesswissenschaft durch solche Bemühungen zahlreiche Anregungen gegeben.

Bei der Einladung ausländischer Wissenschaftler ist ein ökonomisches Problem aufgetaucht. Damals (und vielleicht bis heute) gab es verschiedene Beschränkungen und Schwierigkeiten, wenn es darum ging, ausländische Wissenschaftler mit Hilfe öffentlicher Geldmittel einzuladen. Öffentliche Stipendien waren unpraktisch. Herr Prof. Ishikawa hat sich daher zur Gründung einer Einrichtung entschlossen, um in einem einfachen Verfahren Forschungsstipendien vergeben zu können. Dafür hat er bei seinen ehemaligen Seminaristen und bei Firmen Spenden eingeworben. Seine Idee fand viel Zustimmung und er konnte eine große Summe an Geldspenden sammeln. Mit diesen Spenden hat er im Jahr 1983 das Institut für Verfahrensrecht (jetzt: Prof. Dr. Akira Ishikawa Institut für Verfahrensrecht) gegründet. Es hat seither mehr als 30 ausländische Wissenschaftler nach Japan eingeladen (ohne diejenigen, die von Herrn Prof. Ishikawa persönlich mit öffentlichen Stipendien eingeladen wurden).

Nun sind seit dem Tod von Herrn Prof. Ishikawa im Juni 2015 über drei Jahre vergangen. Anlässlich der dritten Wiederkehr seines Todestages haben wir uns zur Veröffentlichung einer Übersetzungsreihe entschlossen, um der Verdienste von Herrn Prof. Ishikawa zu gedenken. In diesen ersten Band der Reihe wurden Übersetzungen von Beiträgen aufgenommen, die Gastwissenschaftler als Vorträge gehalten haben. Wir konnten nicht alle diese Beiträge berücksichtigen, weil einige davon etwa wegen Gesetzesänderungen nicht mehr aktuell sind. Wir haben daher diejenigen Vorträge aus den letzten 20 Jahren aufgenommen, die heute noch von Bedeutung sind.

Wir wollen auch künftig Sammelbände von Übersetzungen herausgeben, wenn sich weitere Vorträge von ausländischen Wissenschaftlern angesammelt haben. Es ist uns eine besondere Freude, dass dieses Buch den Lesern Gelegenheit gibt, den Blick auf ausländische Zivilprozessrechtssysteme zu richten.

Prof. Dr. Dr. h.c. Takehiko Mikami
Vorstandsvorsitzender des Prof. Dr. Akira Ishikawa Instituts für Verfahrensrecht

# 目　次

本翻訳叢書刊行の経緯と趣旨（三上威彦）　i

## 第Ⅰ部　ドイツ民事訴訟法の理論的問題

### 第1章　20世紀末におけるドイツ民事訴訟法学者 ……………… 3
ロルフ・シュテュルナー（越山和広／訳）
- Ⅰ　変動の状況　3
- Ⅱ　ドイツ民事訴訟法学における伝統的な要素　4
- Ⅲ　現在の民事訴訟法革命における基本的要素　9
- Ⅳ　開放か自己防衛か？　15
- 訳者付記　20

### 第2章　2002年のドイツ民事訴訟法の改正 ……………………… 23
ラインハルト・ボルク（三上威彦／訳）
- Ⅰ　第1審手続　23
- Ⅱ　上訴　29
- Ⅲ　まとめ　36
- 訳者付記　37

### 第3章　民事訴訟における証明と違法に収集された証拠方法の取扱い ……………… 39
——ドイツ法における新たな展開について
ディーター・ライポルト（三上威彦／訳）
- Ⅰ　民事訴訟における証拠調べの目的　39
- Ⅱ　原則としての当事者による事実と証拠の提出　40
- Ⅲ　職権による証拠調べ　41
- Ⅳ　証明についての法律上の改正　49
- Ⅴ　違法に収集された証拠方法の取扱い　53
- Ⅵ　結び　62

参照条文　62
　　　訳者付記　64

## 第4章　民法改正（630a条から630h条）がドイツ医師責任訴訟における証拠法に及ぼす影響 69
　　　　　　　　　　　　　　　　　　ハンス・プリュッティンク（芳賀雅顯／訳）
　　Ⅰ　2012年までの法状況　69
　　Ⅱ　2013年患者の権利に関する法律　70
　　Ⅲ　民事訴訟における危険分配の体系　72
　　Ⅳ　民法630h条の証明責任体系への分類　74
　　Ⅴ　民法280条1項2文と民法630h条の関係　74
　　Ⅵ　法律上の推定と条文の文言　76
　　Ⅶ　証明度の問題　77
　　Ⅷ　患者が重大な判断の葛藤（Entscheidungskonflikt）を援用した場合　79
　　Ⅸ　結論　80
　　　参照条文　81
　　　訳者付記　84

## 第5章　民事訴訟における証明度 85
　　　　――ドイツ法、国際民事手続法およびヨーロッパ法における近時の諸問題
　　　　　　　　　　　　　　　　　　ヴォルフガング・ハウ（芳賀雅顯／訳）
　　Ⅰ　序　85
　　Ⅱ　基礎　87
　　Ⅲ　ドイツにおける近時の議論状況　92
　　Ⅳ　証明度と抵触法　96
　　Ⅴ　証明度とヨーロッパ法　101
　　　訳者付記　110

# 第Ⅱ部　ドイツ民事執行法の理論的問題

## 第6章　強制執行における基本権侵害に関する問題について 113
　　　　　　　　　　　　　　　　　　ハンス＝フリードヘルム・ガウル（河村好彦／訳）

Ⅰ　基本権の制約（Grundrechtseingriff）としての強制執行の干渉（Vollstreckungszugriff）　113
　　　Ⅱ　連邦憲法裁判所の判例における強制執行　114
　　　Ⅲ　総括（Gesamtwürdigung）　132
　　　Ⅳ　結び　137
　　　訳者付記　138

## 第7章　執行における憲法上の近時の諸問題 ……………………… 139
エベルハルト・シルケン（石川明／訳）

　　　Ⅰ　若干の標語（Stichwort）　140
　　　Ⅱ　強制執行第二次改正法との関係における解決の試み、残された問題および新たに提起された問題　141
　　　Ⅲ　結語　159
　　　訳者付記　160

## 第8章　ドイツ民訴法における
## 　　　作為・不作為執行の今日的諸問題 ……………………… 171
エベルハルト・シルケン（石川明／訳）

　　　Ⅰ　債権者の代替的作為の実行のためにZPO887条によりなされる執行　174
　　　Ⅱ　ZPO888条による債務者の不代替的作為の実行のための執行　179
　　　Ⅲ　ZPO890条による不作為および受忍の強制執行　184
　　　Ⅳ　ZPO894条による意思表示の付与を得るための執行　188
　　　Ⅴ　結論　189
　　　訳者付記　189

---

### 第Ⅲ部　ドイツ民事手続理論とEU法

## 第9章　欧州人権裁判所 ……………………………………………… 199
## 　　　──その改革と国内裁判所の役割
ゲオルク・レス（入稲福智／訳）

　　　Ⅰ　欧州人権裁判所の地位　199
　　　Ⅱ　条約制度の改正　207
　　　Ⅲ　締約国と国内裁判所の役割　217
　　　Ⅳ　条約制度の改正とEUの人権条約加盟　223

Ⅴ　おわりに　224
　　　訳者付記　225

## 第10章　ヨーロッパ倒産法の改正について  227
ヴォルフガング・ハウ（芳賀雅顯／訳）

　　　Ⅰ　序論　227
　　　Ⅱ　2000年EU倒産規則から2015年EU倒産規則へ　228
　　　Ⅲ　2015年倒産規則の重要な改革　235
　　　Ⅳ　展望——ヨーロッパ倒産法における今後の発展　249
　　　訳者付記　252

## 第11章　代替的紛争解決に関する国際手続法上の基本問題  253
ヴォルフガング・ハウ（芳賀雅顯／訳）

　　　Ⅰ　序論　253
　　　Ⅱ　法源　254
　　　Ⅲ　専門用語　260
　　　Ⅳ　管轄法上の側面　262
　　　Ⅴ　抵触法上の局面　267
　　　Ⅵ　ADRの結果の実現　269
　　　Ⅶ　強制調停　273
　　　Ⅷ　渉外的な情報交換と協力　275
　　　Ⅸ　ADR提供者の国境を越えた活動　276
　　　Ⅹ　結論　276
　　　訳者付記　277


本書収録の翻訳について（芳賀雅顯）　279

あとがき　291
初出一覧　293
事項索引（295）／条文索引（301）／人名索引（305）／判例索引（305）

# 第Ⅰ部
## ドイツ民事訴訟法の理論的問題

# 第1章
# 20世紀末における
# ドイツ民事訴訟法学者

ロルフ・シュテュルナー

越山和広／訳

## I 変動の状況

　この祝賀論文が捧げられる、ゲルハルト・リュケは、ドイツ民事訴訟法学者というとまず名前が思い浮かぶ人々の中の1人であり、しかも、ドイツ民事訴訟法学の、最も良い意味での典型的な代表者の1人である。様々な兆候の読み誤りがなければ、民事訴訟法と民事訴訟法学は、大変革、あるいは少なくとも著しい変動に直面しているということができる。リュケ父子という2人の研究者世代において、大変革が生じていることを、ゲルハルト・リュケは、感じ取ることができるのではあるまいか。この論文が捧げられるゲルハルト・リュケ自身は、ドイツ法のドグマティクと一体化し[1]、また特に日本のようなドイツ法と親戚関係にある法制度の枠内で、国際的な活動をすることに集中的に力を注いできた。しかし、次の世代の学者である、その子息ヴォルフガングにあっては、ドイツ法と系譜を異にする別の訴訟法文化を発見し、それを継受して行くことにほとんどためらいを持たないことこそが、外国法に関心を向けるということだと考えている[2]。民事訴訟法学の国際化とともに、EU共通法が革命的な効果をもたらしつつ、重要な要素として登場している。法学情報収集の場における大きな変動が、民事訴訟法に何も影響を与えないということはできな

---

1）　例えば、MünchKomm ZPO-Lüke, 1992, Einleitung.
2）　Wolfgang Lüke, Die Beteiligung Dritter im Zivilprozeß, 1993.

い。大学における学問でも、訴訟法の意義は低く見積もられる危険にさらされている。ドイツの民事訴訟法理論は、その伝統的な像を失う瀬戸際に立っているのだろうか。また、民事訴訟法学者が目指すべき将来は、どこにあるのだろうか。

## II　ドイツ民事訴訟法学における伝統的な要素

### 1　ナショナルな訴訟法理論の疑わしさ

　ドイツ訴訟法学の将来という問題に対して、十分な答えを出せる者は、その歴史と歴史の成果としての現在を知る者だけである。そもそも「ドイツ訴訟法学」というもの、つまり、ライヒ民事訴訟法学、そして、——他の訴訟法学も同じだけれども——、国内法という基盤の上に立つ訴訟手続の学問以上の何かは、存在するのであろうか。つまり、諸国の訴訟法学者は、彼らが研究の努力を捧げている対象だけによって、それぞれが個別化できるのだろうか。彼らの思考や仕事の種類によって、個別化することはできないのだろうか。1つの潜在的な訴訟法規というものが存在し、各国の立法者は、偶然に確定し、断片的に認識した結果として、それを色々な形に変えているのだろうか。つまり、様々な国の訴訟法典は、そのような1つの潜在的な訴訟法規のバリエーションにすぎないのだろうか。将来、新しい交換可能な訴訟法的な思考対象がもたらされ、訴訟法学は、それに対して適応して行くにすぎないのだろうか。訴訟法、そして法全体における国家（民族）的アイデンティティを問うことは、ヨーロッパの訴訟法史・法制史の強い共通性を考えた場合、根本的に誤っているのであろうか。また、そのような問題提起は、将来への扉を閉じて、それを開くことを妨害しないのだろうか。

### 2　ドイツ民事訴訟法学の本質的要素としての体系的構成主義

　他者の視点を現実化することが、自己認識の最も優れた出発点である。イタリアのカルネルッティによれば[3]、ドイツの民事訴訟法学は、19世紀に、「手

---

3）　Carnelutti, ZZP 64 (1950), 32 (39).

続（procédure）」を訴訟「法」へと肥大化させたのだとされる。つまり、手作業的な規制技術にすぎなかったものが、法的素材にまで高められ、訴訟手続は、学問対象として認められたのである。それは、もちろん長いこと、学問的な構成主義という形態をとった。民法のパンデクテン学と同様に[4]、19世紀末と20世紀初めの民事訴訟法学は、ローマ法源・普通法源から近代的な体系を作り出した[5]。ここでの主たるテーマは、権利保護請求権[6]、訴権[7]と応訴強制[8]、訴訟法律関係[9]と訴訟状態[10]などであった。このような素材との対決は、20世紀の中頃にまで及び、それはまた、ニーゼとエーベルハルト・シュミットの名と結びつけられている[11]。ナチ時代の破局後、民事訴訟法学は、構成主義的なドグマティクこそが、古い伝統の中で悪い前歴に明らかにとらわれない、新しいスタートを切ることを可能にする確実かつ新しい連結点だと考えたのである。訴訟法イデオロギーという未解決の問題は、これに対して、立場が苦しくなった[12]。50年代、そして6・70年代に、訴訟物理論が中心的なテーマとなったのは[13]、明らかに偶然ではない。この論争では、請求権をめぐるパンデクテン的な議論の後遺症を認めることができ、両者の明瞭な連続性がこれを証

---

4) これについて深い印象を与えるのが、Zweigert/ Kötz, Einführung in die Rechtsvergleichung, 3. Aufl., 1996, §10 IV, S. 137 ff.
5) おそらく最後のものとして、Wetzell, System des ordentlichen Prozesses, 3. Aufl., 1878.
6) Wach, Civilprozeß, Erster Band, 1885, §2 IV, S. 19 ff.; Hellwig, System des deutschen Zivilprozeßrechts, Band 1, 1912, §110 II, S. 291 ff.
7) Wach, GrünhZ VI (1879), 515 ff.
8) Degenkolb, Einlassungszwang und Urteilsnorm, 1877, Neudruck 1969.
9) Kohler, Der Prozeß als Rechtsverhältnis, 1888, Neudruck 1969.
10) 最も新しいのが、J. Goldschmidt, Der Prozeß als Rechtslage, 1925, Neudruck 1962 で、古いものとしては、Bülow, AcP 62 (1879), 1 ff.
11) Niese, Doppelfunktionelle Prozeßhandlungen, 1950, S. 63 ff.; Eberhard Schmidt, Lehrkommentar zur StPO und zum GVG, 2. Aufl., 1964, Rdn. 60 ff.
12) 例えば、Fritz von Hippel, Wahrheitspflicht und Aufklärungspflicht der Parteien im Zivilprozeß, 1939.
13) K. H. Schwab, Der Streitgegenstand im Zivilprozeß, 1954; Habscheid, Der Streitgegenstand im Zivilprozeß und im Streitverfahren der freiwilligen Gerichtsbarkeit, 1957; Henckel, Parteilehre und Streitgegenstand im Zivilprozeß, 1961; Jauernig, Verhandlungsmaxime, Inquisitionsmaxime und Streitgegenstand, 1967; Georgiades, Die Anspruchskonkurrenz im Zivilrecht und Zivilprozeßrecht, 1970; Rimmelspacher, Materieller Anspruch und Streitgegenstandsprobleme im Zivilprozeß, 1970; Hesselberger, Die Lehre vom Streitgegenstand, 1970. 学問的な努力の対象としての訴訟物に関して、印象深い論述するのは、Schlosser, Zivilprozeßrecht I, 2. Aufl., 1991, Rdn. 412 ff.

明する[14]。体系的な構成を作り出そうとするドイツ内部での試みは、70年代以降、証拠法というもう1つの問題に重心を移した。そこでは予見の困難な裁判官の判断や判例法から、証明責任規則、証拠評価、証明度を取り出して、準則化することが重要な問題となった[15]。この他にも、ドイツ民事訴訟法学の体系化への情熱が特に注がれた領域として、訴訟法の基本原則とか、訴訟行為論を挙げることができる。しかし、このことをこれ以上詳しく述べる必要はないと思われる。なぜならば、ここでは、体系的構成性ということが、ドイツ民事訴訟法学の特に典型的な性質であることを明らかにすればそれで足りるからである。

これに対して、社会的法学派は、ドイツ訴訟法学をほとんど刺激できなかった。オーストリア民事訴訟法を経由し、そしてそれがドイツにとってモデルになりえたということを通じて、オーストリア側からの刺激は[16]、ドイツに間接的な影響を与えたか、あるいはやっと聞き届けられたという程度にすぎない[17]。70年代には、特に訴訟促進という実際上の議論が、社会的民事訴訟モデルとの対決に腐心し、ついには、裁判官の後見的機能をより強調した[18]。法社会学と訴訟社会学は、70年代以降復権したが[19]、それにもかかわらず、社会学的訴訟法学は、ドイツではさほど定着しなかった[20]。つまり、イデオロギー化は、

---

14) Windscheid, Die Actio des römischen Civilrechts vom Standpunkt des heutigen Rechts, 1856; Hellwig, Anspruch und Klagerecht, 1900; Lent, Die Gesetzeskonkurrenz im Bürgerlichen Recht und Zivilprozeß, 2 Bände, 1912/1916; Rosenberg, Festgabe für R. Schmidt, 1932, S. 256 ff.; Nikisch, Der Streitgegenstand im Zivilprozeß, 1935.
15) Leipold, Beweislastregeln und gesetzliche Vermutungen, 1966; ders., Beweismaß und Beweislast im Zivilprozeß, 1985; Musielak, Die Grundlagen der Beweislast im Zivilprozeß, 1975; Stürner, Die Aufklärungspflicht der Parteien des Zivilprozesses, 1976; Gottwald, Schadenszurechnung und Schadensschätzung, 1979; Walter, Freie Beweiswürdigung, 1979; Prütting, Gegenwartsprobleme der Beweislast, 1983.
16) Anton Menger, System des österreichischen Civilprozeßrechts I, 1876; Klein, Zeit-und Geistesströmungen im Prozesse, 1901, Nachdruck, 1958.
17) これについては、Stürner und Jelinek in: Habscheid, Das deutsche Zivilprozeßrecht und seine Ausstrahlung auf andere Rechsordnungen, 1991, S. 20 (56 ff., 67 ff.).
18) その限りにおいて興味深いのが、フリッツ・バウアの一連の著作である。Zur Vorbereitung der mündlichen Verhandlung im Zivilprozeß, ZZP 66 (1953), 209 ff.; Sozialer Ausgleich durch Richterspruch, JZ 1957, 193 ff.; Wege zu einer Konzentration der mündlichen Verhandlung im Prozeß, 1966; Zeit- und Geistesströmungen im Prozeß, JBI. 1970, 445 ff.; Armenrecht und Rechsschutzversicherung, JZ 1972, 75 ff.

むしろ体系を破壊する要素であるとして恐れられ、中立的なシステムの持つ中間的・客体化的機能に信頼が置かれ、中立的なシステムがしっかりと守られたのであった。

## 3　ドイツ民事訴訟法学と比較法

　現代ドイツ民事訴訟法学に固有の比較法的努力を語らずして、現代ドイツ民事訴訟法学像を完全に語ったことにはならないだろう。ドイツ民事訴訟法学が構成的体系的性格を持つからといって、それゆえに自国の領域の殻に閉じ込もることはなかった。それとはまったく逆である。すでに戦後、比較法的な共同研究のイニシアティブが実を結んだ。ドイツ側では、ヴァルター・ハープシャイト、フリッツ・バウア、カールハインツ・シュヴァープ、ハインリッヒ・ナーゲルが、外国側からは、マウロ・カペレッテイ、マルセル・シュトルメ、ロジェ・ペロ、ジャック・ジェイコブらの名が挙げられる。これらの共同作業は現在に至るまで、大きな比較法の成果をあげ[21]、更に強化されている。そうこうする間に、比較法を行わないドイツ語の新しい研究論文は、ほとんど存在しないまでになっている。

　しかし、伝統的なドイツ民事訴訟法学と比較法との関係を考える際、そこでは比較法は、著しく静的な位置づけしかなされていないこと、すなわち、外国訴訟法をドイツ法の中に広く継受しようとするおそれはほとんどなかったことを明確にしておかなければならない。その結果、ドイツ法自体の存在意義が揺らぐことはなかった。比較法は、ドイツ法という固有の立場の背後における、単なる分析、報告、考え方の相互交流でしかなかった。

　見過ごすことができないのは、フランス、イギリス、アメリカの法律家はドイツ法にさほど関心を示さなかったことである。アメリカ人でドイツ法に関心

---

19) この点については、Rasehorn/ Ostermeyer/ Hahn/ Hasse, Im Namen des Volkes, 1968; Wassermann, Der politische Richter, 1972; Rottleutner, Rechswissenschaft als Sozialwissenschaft, 1973; Luhmann, Legitimation durch Verfahren, 3. Aufl., 1978; Schaper, Studien zur Theorie und Soziologie des gerichtlichen Verfahrens, 1985; Kininger, Theorie und Soziologie des zivilgerichtlichen Verfahrens, 1980. さらに、Wassermann, Der soziale Zivilprozeß, 1978.
20) Gilles in: Roth, Rechtssoziologie und Frozeßrecht, 1983, S. 37 (43) が的確に指摘する。
21) これについては、Stürner/ Stadler in: Gilles, Transnationales Prozeßrecht, 1995, S. 263 (272/273).

を持つ者は、ドイツ語を読み、喋ることができる大学内エリートに限られ[22]、比較法のパートナーたるフランス人やイギリス人は、たいていドイツ語をまったくか不完全にしか知らず、それゆえ英語やフランス語で書かれた文献だけからドイツの訴訟について知識を得ることが多い[23]。ドイツの訴訟法文献をドイツ語で完全に理解できるのは、典型的には、ギリシアやベルギーのようなヨーロッパの小国の学者である（シュトルメとケラメウス）。イタリアとのコンタクト[24]、そして東欧との決して中断されていないコンタクトは、良好な語学の伝統に支えられている。他方、若い世代においては、アメリカ合衆国の法文化と言葉への関心が至るところで見て取れる。日本とドイツとの共同研究は、この数十年、日本法に対してアメリカの影響が強まり日本訴訟法の自立が高まっていることから、かなり重大な変化が生じている[25]。

全世界的に見て、ドイツ法やドイツ法文化は、ヴィルヘルム（二世）主義やナチズムによって著しく評価を下げていること[26]、そしてこれはまったく当然のことであるということは、よくわきまえておく必要がある。民事訴訟法もこの評価低落を免れない。確かに、対外的な宥和のための新しい橋渡しを行ったことは、戦後のそして旧西ドイツの民事訴訟法学者たちの大きな功績だし、その架橋に成功したのは、同様に、親独的な外国の民事訴訟法学者が対話に喜ん

---

22) 指導的な著作として、Kaplan, von Mehren and Schaefer, Phases of German Civil Procedure, 71 Harv. L. Rev. 1138 (1957); Kaplan, Civil Procedure: Reflections on the Comparison of Systems, 9 Buffalo L. Rev. 409 (1960); Langbein, The German Advantage in Civil Procedure, 52 U Chi. L. Rev. 823 (1985). アメリカにおける研究の原状についての詳細は、W. B. Fisch, The Influence of German Civil Procedural Thinking and of the ZPO in the United States, in: Habscheid, Das deutsche Zivilprozeßrecht und seine Ausstrahlung auf andere Rechsordnungen, 1991, S. 400 ff.
23) Rouhette, L'influence en France de la science allemande du procès civil et du code de procédure civile allemand, in: Habscheid, Das deutsche Zivilprozeßrecht und seine Ausstrahlung auf andere Rechsordnungen, 1991, S. 159 ff. が、フランス語圏におけるドイツ訴訟法の立場について詳しく報告している。また、この論文は、アルザス・ロレーヌ地方におけるドイツの地方法の意義についても指摘している。
24) 詳しくは、Nicolò Trocker, Der Einfluß der deutschen Rechtswissenschaft auf die italienische Prozessualistik, in: Habscheid, S. 121 ff. とそこに掲げられた文献参照。
25) Nakamura, Japan und das deutsche Zivilprozeßrecht, in: Habscheid, S. 415 ff. とくに、S. 442 ff. が重要である。
26) Carrington, Der Einfluß kontinentalen Rechts auf Juristen und Rechtskultur der USA 1776-1933, JZ 1995, 529 ff. が、極めて色彩豊かに叙述している。

で応じてくれたおかげである（ラモス、ペロ、ジャック・ジェイコブ、ジョロヴィッツ、シュトルメ、アロリオ）。それにもかかわらず、友好的対話と宥和によって歴史が元に戻るわけではない。ドイツ民事訴訟法が世界的にかなり孤立していること、ナチズムに対して無力だったことへの不信感は消えなかったし、その不信感には理由がある[27]。ドイツ法の現状を総括する際には、このことを冷静に計算に入れておくべきだ。このことに不平を述べたり、このことについて沈黙することは誤っている。ドイツ民事訴訟法の歴史は、ドイツの歴史そのものであるし、特に20世紀のドイツの破局にドイツ訴訟法は完全に関与しているのである。

## III 現在の民事訴訟法革命における基本的要素

現実に対して目を塞がずに、大きく目を開いて現実を冷静に見つめてみると、一定の力と発展によって、ドイツ民事訴訟法には革命的な変動がもたらされたことがわかる。このような訴訟法革命における本質的要素は、次の3点である。第一に、法継受という局面における新展開（後述1）、第二に、法学情報収集活動の変化（後述2）、第三に、訴訟制度の規制緩和である（後述3）。元来の体系学としてのドイツ民事訴訟法学は、以上の局面では、もはやほとんど形をとどめていないように思われる。

### 1 法継受の局面における新展開

EU諸国の統一訴訟法に向けての発展過程では、ドイツへのフランスとイギリスの訴訟法の考え方の継受という特徴を指摘できるだろう。より強力に統一されようとしているものとして、欧州人権規約6条に基づいて欧州人権裁判所が認めた、迅速な裁判を受ける権利のような[28]、いろいろな基本原則の分野が挙げられる。ただ、これはドイツの憲法や基本的人権と同じ方向を志向しており[29]、特に目新しいものはない。それ以上にむしろ注目されるのは、EC民事訴訟条約についてのEC裁判所の判例が、ドイツの民事訴訟法に次第に影響を

---

27) Kötz, Festschrift für Zajtay, 1982, S. 277 ff. とくに、S. 282 が詳しい。
28) これについてはとくに、Matscher, Festschrift für Henckel, 1995, S. 593 ff.

与え、部分的には根本的な変更を加えていくだろうということである。つまり、EC裁判所は、訴訟法上の基本的概念について、固有のヨーロッパ法を作りだし、それは言うまでもなくフランス法やコモン・ロー的要素の強い影響の下、各国国内法に浸透しているのである。その際立った例として、訴訟物論を挙げることができる[30]。訴訟物論について、EC裁判所の判例は、数的には少数派で、しかもあまり良く知られておらず、かつすらすらと読解するのは難しい、ドイツ語で表現されたゲルマン法圏の訴訟物モデルを、いうまでもなく採用しなかった。逆に、EC裁判所は、——明確に述べてはいないが——、ロマン法的・英米法的な考え方を基礎に置いた。その際に、ゲルマン法圏で訴訟物という言葉で表象されるものを明らかにしようとする努力を怠り、各国法の基準から離れたEC民訴条約独自の解釈方法という、中立的な方法を隠れ蓑にしたのだった。ヨーロッパ全体を視野に入れて、各国の様々な訴訟物モデル・既判力モデルの利害得失を比較検討して、EC裁判所に強い影響を与えるような作業は[31]、今まで実際上行われなかった。ドイツのEC民訴条約21条に関する注釈でも、自国の伝統的概念と十分に対決することなく、この法発展がそのまま記述されているにすぎない[32]。しかし、まずは、自国の伝統的な考え方の中身を、冷静にかつ余計な価値判断を持ち込まずはっきりさせるべきである。このようなヨーロッパ共通の「訴訟物」概念が、ドイツの伝統的訴訟物論に何の影響も与えないと考える者はまずいない。こうしたフランス・イギリス法をはっきりと志向したモデルの樹立は、かつてのユス・コムーネの復活として歓迎されるか[33]、さもなければ、法的明確性の喪失であり、法の退化として批判されるかのいずれかだろう。いずれにしても、訴訟物論においても、もはやか

---

29) 例えば、Benda/ Weber, Der Einfluß der Verfassung im Prozeßrecht, in: Gilles, Effektivität des Rechtsschutzes und verfassungsmäßige Ordnung, 1983, S. 1 ff.; Stürner, JZ 1986, 526 ff.

30) これについては、EuGHE 1987, 4861 (Gubisch/ Palumbo); JZ 1995, 616 (The Tatry) 参照。Huber, JZ 1995, 603 ff. は優れた概観だが、同時に最近の訴訟法学がドイツの伝統的な考え方から明瞭に乖離していることの１つの良い例でもある。

31) もっともこの関連では以下の文献も参照。Gaudemet/ Tallon R. C. D. I. P 1988, 374; Huet J. D. I. (Clunet) 1988, 573 ff.; Verheul, N. I. L. R. 1988, 80; M. Wolf in: Festschrift für Schwab, 1990, S. 561; Leipold in: Gedächtnisschrift für Arens, 1993, S. 227.

32) Kropholler, EuGVÜ, Art. 21, Rdn. 6 ff.; Schack, Internationales Zivilverfahrensrecht, 2. Aufl., 1996, Rdn. 762 が代表的である。

つてのように、理論だけに没頭して体系的構成のみを問題とする時代は過ぎ去り、6・70年代の研究論文のようなものは、今日ではもはや書くことはできないだろう。

　EC民訴条約の条約独自の解釈方法だけが、ローマ法・英米法の継受への入口ではない。EC裁判所とEC第一審裁判所の訴訟手続規則モデルは、管轄権が及ぶ法的事件の範囲を民事類似の事件にまで拡大しており、これが国内法にとっても基準となり、国内法の考え方が変わる可能性がある[34]。EC裁判所は、EC設立条約の生産財の域内自由移動原則の規定を適用し、各加盟国の国際訴訟法がEC設立条約に違反するとの判断を下している[35]。そればかりではなく、この域内自由移動の原則は、EC指令による法の統一を求める声をいっそう高めるのに寄与している[36]。民事手続に関するEC指令についてのシュトルメ委員会草案は、こうした傾向をはっきりと具体化したもので[37]、その内容や射程はまだ未知数であるけれども、一定の分野については、いつの日か具体的な成果がもたらされるだろう。この学者たちによる民事訴訟法統一作業では、ドイツ・オーストリアの訴訟法の考え方を、極めて狭い範囲でしか考慮しておらず、ローマ法の考え方が大切にされていることは公然の秘密である[38]。そこには言語上の理由も見られる。ヨーロッパ内部の共同作業で用いられる言語は、英語とフランス語で、ドイツ訴訟法の世界にはせいぜいその翻訳しかもたらされない。このようにして将来の発展のパラメーターに優差が付けられたことは、きちんと心にとどめておかなければならないだろう。

---

33）19世紀の訴訟物論と既判力論については、近刊の、Münch, Feststellungsfähigkeit von Rechtsverhältnissen. これは ZZP 1997 に掲載予定。

34）Münzberg in: Wege zu einem europäischen Zivilprozeßrecht, 1992, S. 69 ff., 76 ff. が的確に指摘する。

35）その見本となるのが、EuGH NJW 1994, 1271=ZZP 108 (1995), 109 (Mund und Fester/Hatrex). Schack, ZZP 108 (1995), 47 ff. に批評がある。以上につき、Baur/ Stürner, Zwangsvollstreckungs-, Konkurs- und Vergleichsrecht, Band I: Einzelvollstreckungsrecht, 12. Aufl., 1995, Rdn. 51. 3.

36）例えば、M. Wolf in: Wege zu einem europäischen Zivilprozeßrecht, 1992, S. 35 ff. 参照。

37）これにつき、Storme (Herausgeber), Rapprochement du Droit Judiciaire de l'Union européenne, 1994.

38）Roth und Schilken, ZZP 109 (1996), 271 ff. und 315 ff. が詳しい。

もう1つの新しい継受の動きの源として、EU内での法的調和の努力の他に、「国境を超えた訴訟の原則」すなわち一種の「世界訴訟法」を作り出そうとする努力がある。その基本理念は単純である。EU内と同様に、統一的または等価値の司法救済がなければ、市場の自由は成立しないから、地球規模の経済関係のためには、地球規模の統一的または等価値の司法救済が必要だというわけである。この世界訴訟法への動きの例としては、ドイツも大幅に承継した[39]、国連国際商取引法委員会の仲裁モデル法がある。ハザードとタルッフォの責任の下に国際共同作業グループは、この世界訴訟法というテーマを広く基礎に置いて作業をしている。そして、ワールドワイドなハーグ判決承認・執行条約を新たに制定しようとすることに対する関心も、ここに付け加えられる[40]。こうしたワールドワイドな法統一の試みに対しては、もちろんアメリカ法の考え方が強い影響を与えているのであり、アメリカの法的覇権の時代というテーゼが再び繰り返されるが[41]、これ以上深入りすべきではないだろう。ドイツの法学者や実務家が多数アメリカに留学することで、民事訴訟法の分野でも、ドイツにおけるアメリカ法継受のための基盤が整備された。その成果は、無数の比較訴訟法上の研究論文に表れている[42]。一体30年前に、こんなにドイツ人がアメリカの訴訟制度に関心を持つと、誰が想像したであろうか。また誰が、このたび新しい倒産処理計画手続において現実化したように[43]、ドイツがアメリカ倒産法を継受すると考えたであろうか。多くのドイツの訴訟法学者が気がつかないうちに、一国だけにとどまる訴訟法学の時代は既に終わりを告げたのである。比較法を行わずに大変優れた博士論文またはそこそこの博士論文を書くこ

---

39) Kommission zur Neuordnung des Schiedsverfahrensrechts. Bericht mit einem Diskussionsentwurf zur Neuordnung des 10. Buches der ZPO. Herausgegeben vom Bundesministerium der Justiz, 1994.
40) これについては、Schack, ZEuP 1993, 306.
41) Stürner in: Habscheid, Der Justizkonflikt mit den Vereinigten Staaten von Amerika, 1986, S. 3 (35 ff., 39 f.); ders., in: Festschrift für Rebmann, 1989, 839 ff. 同じく、Wiegand, The Reception of American Law in Europe, Am. J. Comp. L. 39 (1991), 229 ff. 控えめなのが、Buxbaum, RabelsZ 60 (1996), 201 (209).
42) Schack, Einführung in das U. S. -amerikanische Zivilprozeßrecht, 2. Aufl., 1995 の至る所から、そうした文献をうまく引き出すことができる。
43) ドイツ新倒産法217条以下。その生成に関しては、Baur/ Stürner, Zwangsvollstreckungs-, Konkurs- und Vergleichsrecht, Band II: Insolvenzrecht, 12. Aufl., 1990, Rdn. 39. 92.

とは、不可能になってしまった。国境を越えた新しい法継受の時代は、訴訟法にも押し寄せてきたのである。民事実体法でも同じ現象が、法継受の傾向を強めている[44]。その例として、統一売買法[45]、ヨーロッパ契約法原則[46]、国際商事契約原則[47]、lex mercatoria がある。そして、こうした実体法上の法統一の動きを見ると、民事訴訟法上の発展は、法の時代史の一部であることがはっきりと認識できるのである。

## 2 新しい情報収集活動

　世界法を求める動きは、ドイツ法において法継受の新局面をもたらしたが、この動きは、現代の法学情報システムの中に、新思考を可能にするだけでなく、新思考をせざるを得なくする理想的な情報伝達手段を見いだした。外国で訴訟法のある重要問題についての最重要文献と裁判例を収集し、それにふるいをかけることは、30 年前であれば、外国に留学した人々の先駆的な業績として評価された。今日では、これは法学研究上のごく一般的なノウハウになっている。新しい情報システムは、各国の閉ざされた空間を克服し、それによって各国法の孤立化と硬直化をも克服している。ドイツ民事訴訟法学にとっても正に、このような展開はとくに革命的である。ドイツ民事訴訟法学は、法的問題に対して基本的に、体系的、後期パンデクテン的なアプローチを取ってきたが、これは、この数十年の間にドイツの実務上次第に支持を失ってきている。なぜならば、実務は次第に、民事訴訟法における実務に役立つ機能という側面を強調するようになり、基本原則的なものを知るためというよりも、個別ケースの迅速な解決を求めるために、法学上の助言を求めるようになっているからである。実務が、法に対して、動的なもの、カズイスティックなものを求めて法学に圧力をかける傾向は、情報収集の可能性が広がることで、将来強まってくるだろ

---

44）この点につき、Schlechtriem, ZEuP 1993, 217 ff. とそこに掲げられた文献参照。
45）v. Caemmerer/ Schlechtriem, Kommentar zum einheitlichen UN-Kaufrecht (CISG), 2. Aufl., 1995.
46）Lando, RabelsZ 56 (1992), 216 ff.; Zimmermann, JZ 1995, 477 ff.; Lando/ Beale, Principles of European Contract Law, Teil I, 1995.
47）Bonell, RabelsZ 56 (1992), 274 ff.

う。外国法に関する情報の洪水が生じるだけではなく、国内法という限られた領域でも、情報に関して、このような新たな発展が生じるのである。このような条件下では、単に静的な訴訟法体系とか、構成的な思考モデルや理論だけの研究は、困難となって行くだけではなく、学問的な評価もなされなくなるだろう。この世の中で、訴訟物論だの、差押質権の法的性質だの、破産管財人の法的地位の理論などが存立する余地があるのだろうか。大ざっぱな基本原則に遡って考える作業はなお問題とする余地はあろうが、彫金の様な体系化を行う作業は問題となる余地はないだろう。

### 3　訴訟制度の規制緩和

　経済活動が国境を越えて行われ、それとともに国際的な法的争いの種が増えると、(このことはしばしば言われているが[48])、仲裁手続を必要とすることが多くなってくる。仲裁は、硬直的な国家の裁判制度とは異なり、バランスの良い国際的人員配置と、事件に対応する法的知識や専門知識を持つ人の選任が可能である。仲裁のルールは、容易には把握できない。なぜならば、仲裁実務は、もちろん若干の訴訟法原則を受け入れ、それに拘束されてはいるが、その他の点では大変自由な態度をとっているからである。もしこうした兆候の読み誤りがなければ、ヨーロッパ諸国の裁判制度は、過度に規制された訴訟手続を離れて、簡素化した自由な手続へと、ひそかに歩んでいることを後づけることができるかもしれない。例えば、EU諸国の民事保全手続においては[49]、迅速な権利救済のための簡易な手続が次第に成長し、その適用場面は、ますます広がっている。そして、裁判制度に対して強い衝撃を与えているといわれている。このように簡易な手続形態が広がりを見せていることは、やや過保護に育てられてしまった通常モデルである裁判制度に対する反作用といえる。つまり、裁判制度

---

48) Schwab/ Walter, Schiedsgerichtsbarkeit, 5. Aufl., 1995, Vorwort のみ参照せよ。
49) これにつき、Blankenburg/ Leipold/ Wollschläger, Neue Methoden im Zivilverfahren, 1991; Morbach, Einstweiliger Rechtsschutz in Zivilsachen: eine rechtsvergleichende Untersuchung, 1988; Eilers, Maßnahmen des einstweiligen Rechtsschutzes im europäischen Zivilrechtsverkehr, 1991; Weber, Die Verdrängung des Hauptsacheverfahrens durch den einstweiligen Rechtsschutz in Deutschland und Frankreich usw. 1993; Stürner in: Festschrift für Zeuner 1994, S. 513.

というモデルは、既に歴史的な頂点に登りつめてしまい、下降線を辿っている。そして裁判制度が成長し切ってしまったことが、逆に簡易な紛争解決方式へと依拠することを勇気づけているのである。簡素な仲裁手続や、ADR[50]を求める声は無視できないが、その本来の原因を、こうした訴訟の肥大化現象の中に求めることができるのかということは、ここでは答えを留保しておこう。いずれにしても、このような展開も、訴訟法ドグマティクの必要性が低下していることの現れである。

## IV 開放か自己防衛か？

最後に回答しなければならない問題は、以上示唆した新展開に対して、ドイツ訴訟法学は、どのように立ち向かうべきだろうか、ということである。伝統を放棄して新しい状況に適応すれば、それで解決したことになるのか。ドイツ訴訟法学はヨーロッパ訴訟法学へと単純に融合し、そこに飲み込まれてしかるべきなのか。矮小な法的国家主義にとどまることなく守って行くだけの価値がある自国の立場は、存在するのだろうか。

### 1 各国の法領域の意味

将来、各国の法制度と各国の法領域がなくなってしまうとは言えないことは確実である。むしろ、互いに影響を与えあう様々な法制度が緊密な形で共存し、連邦的構造の下で、垂直的な法の段階構造が増えて行くだろう[51]。今日までの発展状況からすれば、このような予測は正しいし、また、——極端に直接比較したり、性急な結論を求めることは避けなければならないが——、アメリカ合衆国というモデルに照らしても明らかである[52]。このことは、各国の法システ

---

50) さしあたり、Blankenburg/ W. Gottwald/ Strempel, Alternativen in der Ziviljustiz, 1982, S. 9 ff.
51) Buxbaum, RabelsZ 60 (1996), 201 ff. が詳しい。
52) この点につき、Reimann, Amerikanisches Privatrecht und europäische Rechtseinheit - können die USA als Vorbild dienen?, in: Zimmermann, Amerikanische Rechtskultur und europäisches Privatrecht, 1995, S. 132 ff.

ムにとっては、閉鎖性が失われることを意味する。実務と法学の使命とは、ブックスバウムの見解に従うならば[53]、同じレベルに立つか、あるいは上下関係にある、様々な法構造の間の協調を図ることなのである。

## 2　開放の必要性とその評価

　以上のような法の発展は、さしあたっては経済的発展や技術的発展の必然的な結果であるが、これを避けることはできない。訴訟法学はこの発展に対してオープンにならなければならないか、あるいは新しい発展によってあっさりと克服される。一国だけに閉鎖された法システムや訴訟法システムは、もはや不可能であろう。ドイツ民事訴訟法学が、「開かれた」システムにおいて様々な法制度間の協調を図るという役目を果たすには、その構成主義は放棄されなければならないだろう。

　このような変動は、民事訴訟法学にとって歓迎できるし、以下のような指摘をすることも許されるだろう。つまり、「ドグマティックな小品」が民事訴訟法学を学問にまで高めるのではなく、実定内国法規範の彼方にある基本的関連性が認識されてはじめて[54]、学問としての訴訟法学が成立するのである。このように考える者は、現時の発展状況を、鎖に縛り付けられた身体が解放されたかのように感じるだろう。若い世代の学者たちの研究論文には、このような解放感を看取することができる。つまり、この若い世代の解放感こそが、ドグマティックな伝統とかかつてのドグマティックな研究論文の数々にとらわれない研究を可能にし、そこから新しい出発が始まるのである。もちろん、様々な法制度間の協調を図るという役目を果たすような訴訟法学は、まだ具体的な姿を現してはいない。寄せ集め的な比較法による、単なる場当たり的な事例解決だけでは、各国の法制度の違いを便覧的に列挙することと同様に、民事訴訟法学が果たすべき役割を十分に果たしたことにはならない。ヨーロッパ共通の民事訴訟法の基本線というものを明確にして、その際に各国制度の多様性と一体性を正しく位置づけることが必要となろう。

---

53）RabelsZ 60 (1996), 201 ff.
54）この意味において、Zweigert/ Kötz, Einführung in die Rechtsvergleichung, 3. Aufl., 1996, S. 3.

## 3　統一性と多様性

　各国の民事訴訟法学は自らを開放して、単一のヨーロッパ民事訴訟法学へと吸収されるべきなのか。それとも、各国の独自性という余地を残しておくべきだろうか。開かれた各国民事訴訟法学は、ヨーロッパ全体においてこのような問題を投げかけなければならないだろう。ヨーロッパの法発展は、少なくとも第一次的には、ヨーロッパ全体を覆う統一法にまで至るべきではなく、統一法は本当に必要な限度に限定され、各国の多様性と結びついて、そこから先の法の調和は、学問と実務に委ねられるべきだと言うことでは、今日基本的には意見の一致を見ている[55]。民事訴訟法についてもまったく同じことが当てはまる[56]。シュトルメ委員会のEC訴訟法指令草案に関しても、統一化という作業がどこまで必要なのかということを図るための正しい尺度をどこに求めるのか、がとくに議論されている。このような法的補充性原理の根拠としては、むしろ技術的な理由が挙げられている。つまり、革新的効果を伴う「よりすぐれた」解決方法を求めての各国法制度間での競争、「法的ショック」のない緩やかな共同生長がそれである。ある法制度が民主的正統性を持つためには、自己同一性を防衛する力を持ち、それゆえに領域的・量的な限界のある、見通しが利く単一体でなければならないのか、という問題は[57]、従来ややなおざりになっていた。これと関連するのが、法と文化の緊密な結びつきである。共通する文化と法文化とが存在する場合に限り、最終的に、共通かつ統一的な法の成立を擁護することができる。各国の法文化を残しつつ、単一の世界的な文化に向かって発展し、あるいはヨーロッパ内だけの単一的な文化に向けて発展してゆくことは、大きなメリットがあると思われる。なぜならば、こうした形の発展は、異様な国家主義的錯誤を免れさせ、ワールドワイドな情報交換の可能性を前提とすることができ、しかもすべての国が一般的に承認された規則の下に結びつけられるからである。他方で、いろいろな地域が密接に結び付いている所では、宿命的に画一主義に陥る危険がある。もし、人権という形で具体化している、

---

55) さしあたり、Zweigert/ Kötz（注54）, S. 23 ff., 27 ff. とそこに掲げられた文献参照。
56) 詳しくは、Stürner in: Wege zu einem europäischen Zivilprozeßrecht, 1992, S. 1 ff.
57) 民主的に安定している法文化の法的多様性については、Stürner in: Gedächtnisschrift für Arens, 1993, S. 399 (414 ff.).

各国共通の基本価値が、各々の個性は多様であるところの人間に対して、先験的な存在権を保障するのだとすれば、各国（民族）の自己決定権という形で、各々の多様性が承認され、発展して行くのである。共同体化する能力と各自のアイデンティティを意識することとは決して対立関係になく、寛容の要請という中で互いに条件付け合うことを、このような基本原則は計算に入れているのである。ある民族の文化的同一性は、その言語という形で最も明確化される。自国語による詩、哲学そして法は、最も直接的な自己理解の表現形式であり、言語が変われば、思考も、自分自身の自己理解も変わってしまう。外国語を使って表現をする法律家は、たとえその言語を良くマスターしていたとしても、いわばバイオリンで何の情感も感じさせない演奏をしているようなものである[58]。様々な言語は、もとより様々な思考の表現形式である。言語を、そして思考を過度に統一化してしまおうとする一切の試みは、失われたアイデンティティの回復を求める無力な反乱としての、忌まわしい国家主義を再び目覚めさせることになるかもしれない。統一法は、必然的に「オリジナルの言語」あるいは「真正さを承認された言語」の助けがなければ成立しない。それ以外の言語圏では、統一法は翻訳によってのみ伝えられる。すると、統一法は、法政策的に異化をもたらすか、翻訳言語によって文化的に統合されその意味転換がなされて、統一法の目的が一部損なわれはじめる危険がある[59]。法の時代史も、バベルの塔の歴史を逆に戻すことはできないし、それによって、言語や文化の統一という古くからの、著しく危険な人類の夢を実現することもできない。従って、各々の民族に、その法言語と法的思考を委ねるのが、ヨーロッパの法発展であるべきだ。ドイツ語による訴訟法学が、英語やフランス語による訴訟法学とは違った思考形式を養うのは当たり前である。寛容の精神が、偏狭な国家主義や多様性を破壊する画一主義から身を守るための砦となるが、各国語による民事訴訟法学という多様性を承認することが、そうした精神を豊かにし、激励するのである。

---

58) Großfeld/ Winship, Der Rechtsgelehrte in der Fremde, in: Der Einfluß deutscher Emigranten auf die Rechtsentwicklung in den USA und in Deutschland, 1993, S. 183 (200).
59) この、私見によれば必然的に優差が生じる現象については、Kramer, JBl. 1996, 137 ff.

## 4　現代ドイツ民事訴訟法学

　現代ドイツ民事訴訟法学が、パンデクテン的な構成主義の時代に別れを告げて、国際的・ヨーロッパ的な協調という役割に向けて開かれることは、ドイツ語やドイツ文化と結びついている思考スタイルからの決別を意味するわけではない。そうではなくて、こうした思考スタイルをヨーロッパという色々な曲が演奏されている演奏会の中に持ち込み、その際に、自分から寛容の精神を発揮し、しかも、他人には寛容さを求めることが重要である。これは実際上2つの意味を持つ。我々は、その思考を、別のヨーロッパの言語にも置き換えることができるような形で、ドイツ語で表現してみることが必要だろう[60]。そして、重要度のある論文を英語やフランス語に翻訳してみることも、必要だし得策だろう。ヨーロッパの隣人たちが、我々の思考スタイルを彼らの言語によって受け入れる見込みは十分ある。これに対して、自分自身の思考や言語の伝統を打ち破って、別の国の人とよりうまく一緒に話すことができるようにするために、別の法文化や言語を継受することは、誤りと言えるだろう。このようなやり方は、ヨーロッパの訴訟法文化を画一化し、貧しくし、その内的調和を難しくするだろう。

　ドイツ民事訴訟法学が国際的にもヨーロッパ的にも開かれたものになることで、その地位は守られるだろうし、大学の授業における価値も確保されるだろう。この数年間にドイツ民事訴訟法学のアカデミックな場での地位低下が明らかになったとすれば、それは、民事訴訟法学が国際的ないしはヨーロッパ的な法の発展に対して持つ基本的な意義を、大学の教育政策的な観点からきちんと明確化することに成功しなかったことに原因があるのではなかろうか。

---

60) Zweigert/ Kötz（注54），Vorwort S. VI も同旨。

[参照条文]
**EC 民事訴訟条約第 21 条**（1989 年の第三改正のフランス語正文による）
① 同一の対象を有し、かつ、同一の原因に基づく（ドイツ語正文では「同一の請求に基づく」）、同一当事者間の訴えが、相異なる締約国の裁判所において係属している場合には、後で訴えを受けた裁判所は、先に訴えを受けた裁判所の管轄が確定するまで、職権によりその手続を停止する。
② 先に訴えを受けた裁判所の管轄が確定したならば、後で訴えを受けた裁判所は、先に訴えを受けた裁判所のために、管轄不存在を宣言する。

## 訳者付記

1　本稿は、ドイツ・フライブルク大学法学部、ロルフ・シュテュルナー教授の論文、Der deutsche Prozeßrechtslehrer am Ende des 20. Jahrhunderts, in: Festschrift für Gerhard Lüke zum 70. Geburtstag, 1997, S. 829 ff. の邦訳である。シュテュルナー教授は、1997 年 8 月 25 日に慶應義塾大学において上記論文と同じ題目での講演を予定していたが、健康上の理由により実現しなかった。そこで、今回は、著者の同意を得て、予定されていた講演の基礎となった上記論文を翻訳し、ここに公表することにした。なお、本論文は、中野貞一郎『民事訴訟法の論点 II』（判例タイムズ社、2001 年）343 頁以下において引用されている。

2　次に、この翻訳について留意点をあげておく。第一に、原文では、「訴訟法」ないしは「訴訟法学」（Prozeßrecht/ Prozeßrechtswissenschaft）という言葉が用いられているが、内容的には民事訴訟法に限定されているので、読者の無用な誤解を避けるために、原則として、「民事訴訟法」ないしは「民事訴訟法学」とした。第二に、原注の中にタイプミスなどの明らかな誤りがある場合は、訳者の判断で訂正した。しかし、原注で引用されている文献のすべてを、訳者が実際に調査し、目を通したわけではない。

3　最後に、このシュテュルナー論文について、訳者自身の意見を簡単に述べてみたいと思う。

　この論文は、21 世紀に向けた、ドイツの民事訴訟法学者に課せられた役割について論じたものである。その論旨を端的に要約すれば、もはや止まることのない欧州統合という流れの中で、民事訴訟法学者は一国の殻の中に閉じこもっていてよいのかということである。

　ドイツ法学はオープンな立場を取るべきだとシュテュルナー教授は繰り返し主張する。この主張は、要するに、外国の法観念との対比においてドイツ訴訟法学を相対化する試みであるといって差し支えないだろう。それを通じて、訴訟物論

争に顕著に現れているようなドイツ訴訟法学が堅持してきた性格（概念的、構成主義的、後期パンデクテン的性格）は、実は決して普遍性がなく、特殊ドイツ的なものにすぎないことが明らかになって行くのではないだろうか。

この論文でも紹介されているように、欧州連合内での民事手続近接化のためのいわゆるシュトルメ案[1]は、ロマン法系（フランス法・ベルギー法）に傾き過ぎているとの批判が、ドイツでは大変強い。また、ドイツ型の訴訟物・既判力概念に否定的な評価を下したEC裁判所の判例にも、ドイツ側から、強い異論が噴出している[2]。かつてドイツ民事訴訟法は、その概念規定の明確性と体系性の故に、多くの国で立法のモデルとして採用されてきたとされている[3]。だが、次の世紀をにらんだヨーロッパにおける民事訴訟法の調和を求める試みにおいて、ドイツ法の概念規定の厳密性と体系性が、法統合モデルとしての魅力を高めることに必ずしも寄与していないとすれば、これは歴史的に見て、実に皮肉な事態であるというほかないだろう。では、果たして、ドイツ法が、今後ヨーロッパの中で普遍的な価値を持ちうるのだろうか。シュテュルナー教授は、決してドイツ法の復権に悲観的ではない。ドイツ法学が国際的に開かれ、各国の法制度との間で、いわばその品質をめぐる自由競争が行われ、それが結果的にドイツ法の地位を高めることになると、教授は考えているのである。

確かに、シュテュルナー教授の論述の端々には、法統合モデルとしての、アメリカ法の「理念」（現実ではない）への強いあこがれが見え隠れしている。しかし、アメリカ法といえども、各州の法文化の多様性の上に存在するものであることは、この論文では必ずしも明確に前提とされているわけではないが、心に留めておくべきだろう。また、ドイツ訴訟法学が、なおも残存している後期パンデクテン的性格を克服し、一国の殻を破って国際的に開かれることこそが、ドイツ法の地位回復のための最良の手段だという教授の主張は、1つの法文化としてのドイツ法の存在意義を否定するものではないことも、最後に確認しておきたい。

この論文の直接の名宛人は、ドイツの民事訴訟法学者であることは言うまでもない。しかし、アメリカ型とドイツ型の間で揺れ動く、わが国の民事手続法改革と訴訟法学の今後の道筋を考える上でも、この論文は示唆するものが少なくないと考える。

なお、本稿の翻訳については手続法研究所の援助をうけた。

[訳注]
(1) 詳しくは、貝瀬幸雄『比較訴訟法学の精神』（1996年）257頁以下。概要を伝えるものとして、ハープシャイト（本間靖規訳）「ヨーロッパ統一民事訴訟法の可能性」龍谷法学29巻4号（1997年）101頁。

(2) この問題は、ドイツのライポルト教授の論稿の邦訳・紹介を通じて、わが国でも紹介されている。それは、第一に、ライポルト（松本博之訳）「国内民事訴訟法からヨーロッパ民事訴訟法へ」石部雅亮ほか編『法の国際化への道—日独シンポジウム—』（1994年）91頁以下の邦訳であり、第二に、勅使川原和彦「国際的訴訟競合の規制と重複的訴訟係属の判断基準」山形大学法政論叢2号（1994年）117頁以下の紹介と、それに示唆された日本法の議論である。訳者も、この問題について、越山和広「国際民事訴訟における裁判の矛盾抵触とその対策」民商113巻2号（1995年）235頁、267頁以下で簡単に論じたことがある。

(3) Stürner, in: Habscheid, Das deutsche Zivilprozeßrecht und seine Ausstrahlung auf andere Rechsordnungen, 1991, S. 11 f.

---

初出：法学研究71巻4号83頁以下（1998年）

第 2 章

# 2002年のドイツ民事訴訟法の改正

ラインハルト・ボルク

三上威彦／訳

　2002年1月1日から、ドイツの民事訴訟法は、若干の領域において根本的な改正がなされた[1]。立法者の考えによれば、改正の目的は、なかんずく第1審の強化にある。しかしそれと並んで、〔民事訴訟手続が〕市民の立場に立ったもの〔Bürgernähe〕であること、透明であること〔Transparenz〕、受け入れられるもの〔Akzeptanz〕であること、効率的〔Effizienz〕であることも保証されなければならない。〔実をいうと〕法律の諸々の改正は、〔実務とは縁の薄い〕連邦司法省の〔役人たちが造った〕子供達なのである。実務は、それらの改正をはじめから拒絶していた。また一般的にいえば、人は、従来の法でうまくやっていけると考えていた。しかしそれにもかかわらず、今日では、実務はこの新しい法に対して合わせていかなければならないのである。

## I　第1審手続

　多くの改正が、第1審手続に関してなされた[2]。

### 1　単独裁判官

　とりわけ根本的な変更がみられるのは、地方裁判所における単独裁判官の管

---

[1]　ZPO-Reformgesetz vom 27.7.2001; BGBl. I 1887 ff. これを概観するものとして、Doms, NJW 2002, 777 ff.; Hartmann. NJW 2001, 2577 ff.; Münch, DStR 2001, 85 ff., 133 ff.; Schellhammer, MDR 2001, 1081, ff.; 1141 ff.

[2]　これについては、Schellhammer, MDR 2001, 1081 ff. において概観がなされている。

轄〔Zuständigkeit〕についてである。従来、地方裁判所においては〔原則として〕3人の裁判官からなる民事部が裁判をすることになっており、ただ、〔とくに〕簡単な事件だけが単独裁判官、つまり部の構成員たる裁判官に任せることができた。〔それに対して〕新法は、単独裁判官の管轄〔が認められる場合〕を〔旧法に比べて〕はるかに頻繁に規定している。つまり、ドイツ民事訴訟法〔以下ZPOと略記する—三上〕348条によれば、民事部は、原則として単独裁判官によって裁判するのである。たしかに民事部は依然として3人の裁判官からなる。しかし、そのうちの2人はその事件を全く担当しない。なぜならば、当該事件は、単独裁判官としての民事部の構成員によってのみ審理され裁判されるものだからである。したがって人は、これを「本来的〔originär〕」単独裁判官ともいう。単独裁判官の管轄からはずれるのは、一定の法領域に合議部の管轄が及ぶ場合である。〔そのようなものとして〕ここであげられるべきは、特に著作権法をも含めたメディア法、銀行法、建築法〔Baurecht〕、自由業職業法〔Berufsrecht freier Berufe〕および商事事件ならびに保険法上の争訟である。ここでは3名の裁判官からなる合議部が裁判する。これらの類型領域に属さない事件にあっては、はじめから単独裁判官のみが管轄権を有する。〔ただ〕事件が特別の難しさを呈している場合、もしくは重要な意味〔grundsätzliche Bedeutung〕を有する場合、または当事者が一致して〔合議審理を〕申し立てた場合には、もちろん単独裁判官は、事件を合議部に委ねることができる。単独裁判官がそのような移付〔Übertragung〕を決定した場合は、〔移付を受けた〕合議部は、その事件を、審理しかつ裁判するために引き受けなければならない。

なかんずくZPO348条1項2文により、一旦は合議部が管轄権を有するに至った事件においては、主要期日がまだ開かれておらず、かつ、その事件が特別の困難さを示しておらず、また、重要な意味を有しない場合には、当該部は、争訟をZPO348a条によって単独裁判官に移付しなければならない〔muss〕。人はここでは「必要的単独裁判官〔事件〕〔obligatorischer Einzelrichter〕」ともいう。この単独裁判官は、〔事件の〕特別の難しさが〔後になって〕明らかになった場合や、事件の重要な意味が〔後になって〕判明した場合、または両当事者が逆移付〔Rückübertragung〕を申し立てた場合には、争訟を再び合議部に逆移付することができる。それぞれの移付の裁判には不服を申し立てることができない

（ZPO348条2項・4項、348a条3項）。

## 2 和解のための口頭弁論〔Güteverhandlung〕

さらに抜本的な刷新は、いまやZPO278条2項によって、本来の口頭弁論の前に必要的な和解のための口頭弁論〔eine obligatorische Güterverhandlung〕が先行しなければならないということにある[3]。そうする必要がないのは、単に、裁判外の機関〔aussergerichtliche Stelle〕における合意の試みが頓挫するか、あるいは、和解のための口頭弁論が明らかに見込みがないように見える場合だけである。そのかぎりで裁判所は〔事前の和解のための口頭弁論を開くか否かについて〕広範な判断の余地を有している。和解のための口頭弁論には、当事者自らが出頭することが命じられなければならない。そして〔そこでは〕事実状態や係争状態が、当事者のあらゆる事情を自由に評価して究明されなければならない。合議部が管轄権を有する場合には、当該部は、和解のための口頭弁論を受命裁判官や受託裁判官に委託することができる。裁判所はまた、裁判外の紛争調停〔eine außergerichtliche Streitschlich-tung〕を提案することさえ可能である。そこで合意に至れば、裁出所の提案に基づき書面による和解が締結されうる。その場合、裁判所は、口頭弁論を必要とすることなく和解の成立を決定によって確定する。この決定に対しては不服を申し立てることができない。この決定は、和解を執行名義〔Vollstreckungstitel〕とするものである。

両当事者が和解のための口頭弁論に出頭せず、かつ、弁護士によっても代理されていない場合は、手続の休止〔Ruhe〕が命じられなければならない。〔これに対し〕一方当事者のみが出頭しない場合には、ZPO279条1項によって、口頭弁論が続行される。そして、出頭しない当事者およびまた弁護士によって代理されていない当事者に対して欠席裁判がなされることもありうる。両当事者が出頭したが、合意には達しなかった場合には、証拠調べを含む争訟的口頭弁論〔eine streitige mündliche Verhan-dlung〕が続いて行われる。

---

[3] 詳しくは、Foerste, NJW 2001, 3103 ff.; Wieser, MDR 2002, 10 f.

## 3 口頭弁論

　口頭弁論自体にとっても同じく修正が加えられている。なかんずく、今やZPO128a条は、ビデオによる口頭弁論〔Videoverhandlung〕を許しているということである。それには、単に、当事者と裁判所とがビデオによる口頭弁論に合意することだけが要件となっている。裁判所の同意はもちろん、技術的前提が成就し、かつ事件がビデオによる口頭弁論に馴染むということにかかっている。ここではたしかに、当事者自身の出頭が命じられるべき和解のための口頭弁論が争訟的口頭弁論に先行しなければならないということが1つの問題となりうる。〔なぜなら〕和解のための口頭弁論の前置によって追求される、当事者をして平穏な解決をするように動かそうとする目的は、ビデオによる口頭弁論によってはほとんど達成することはできないであろう。ビデオによる口頭弁論が命じられた場合には、それはすべての手続関係人に対して効力を有する。したがって〔ビデオによる口頭弁論が命じられた場合には〕当事者、弁護士、証人および鑑定人は、法廷にいる必要はなく、意見〔Stellungnahme〕を直接法廷に届けるビデオ機器の前で陳述することができるのである。在廷していなければならないのは裁判所だけである。また裁判所の審理の公開〔die Öffentlichkeit der Gerichtsverhandlung〕も維持されなければならない。

　さらに立法者は、裁判官による訴訟指揮を特別に注目している[4]。とくに、今ではZPO139条は、裁判所は当事者を適時に裁判所の見解と対決させ、かつ、当事者に、明らかに見逃している点あるいは法的に異なって評価される点を指摘しなければならないと命じている。そのほか当事者には、場合によっては書面においてでもよいのだが、意見を表明する機会が与えられなければならない。〔裁判所の指摘義務に関していえば〕重要なのは、裁判所の指摘が文書によってなされなければならないということである。そうしない場合には、その指摘は与えられなかったものとされる。もちろん、法的な指摘〔がなされた旨〕が判決の事実〔の認定〕において〔im Tatbestand des Urteils〕言及されていれば十分である。裁判所がこの規定に違反すると、裁判所は、可能なかぎり〔nach Möglichkeit〕、口頭弁論を再度開かなければならない（ZPO156条2項1号）。〔裁判所が〕そうしな

---

4) とりわけ、Neuhaus, MDR 2002, 438 ff.; Schaefer, NJW 2002, 849 ff. を参照のこと。

い場合には、〔当事者は〕控訴が可能である。

### 4 証拠調べ

証拠調べについては、ZPO142条、144条が、裁判所は口頭弁論の準備のために自発的に、つまり、証拠申出なくして、証拠方法を利用することができると規定している。これは、その種のものとしては決して新しいものではないが、拡張されている[5]。ドイツの民事訴訟は、それ故、アメリカの証拠開示制度〔amerikanische pretrialdiscovery〕により接近するものである。つまり、ZPO142条によれば、相手方または第三者は文書を提出しなければならない旨が命じられうるのである。補充的にZPO378条1項は、証人は証言を楽にする書類〔aussageerleichternde Unterlagen〕を持参しなければならないと定めている。ZPO144条によれば、裁判所の命令に基づいて、両当事者および第三者にとっては、検証〔Augenscheinseinnehme〕または鑑定〔Sachverständigenbeweis〕における協力義務が生じる。そしてその当然の帰結として、今では、ZPO371条2項によって、検証における証拠申出は、ZPO144条による命令を出す旨の申立てによっても生じる。

### 5 判決

〔今度の改正によっては〕判決についても修正が加えられている。つまり、ZPO307条による認諾判決〔Anerkenntnisurteil〕は、将来的には、原告の、とくに認諾に対応する申立てを要件とはしない。このことは、書面による事前手続における認諾にも妥当する。よって、訴状からみてとれる一般的な実体的申立て〔Sachantrag〕で十分なのである。

さらにZPO313a条は、上訴が疑いなく許容性がない〔すなわち不適法な〕場合には、簡略化された形式において判決を下すことができる旨を規定している。この場合には、判決は要件事実〔の摘示〕を必要としない。また、両当事者が遅くとも口頭弁論の終結後1週間以内に裁判理由〔Entscheidungsgründe〕を〔書いてもらうことを〕放棄するか、または、〔口頭で述べられた〕判決理由が言渡期日の

---

5) 詳細なのは、Katzenmeier, JZ 2002, 533 ff.

調書に記載される場合には、〔裁判所は〕裁判理由を書く必要はない。これらの規定は、もちろん婚姻事件、生活共同体事件〔Lebenspartnerschaftssachen〕、および子に関する事件〔Kindschaftssachen〕には適用されない。

　ZPO313a 条はとりわけ少額手続〔Kleinverfahren〕において意味を持つであろう。そのような少額手続は、区裁判所で審理される。それについては、ZPO495a 条が、600 ユーロまでの訴額につき、裁判官は手続を自由な裁量によって〔nach freiem Ermessen〕形成することができる、と規定している。また、そのような低額な訴額にあっては、ZPO511 条 2 項 1 号によれば控訴も〔認められてい〕ないから、上訴は疑いなく不適法であり、かつ、判決は、そのことによって、簡略化された形式において下されうるのである。そのようにならないのは、争いがその低額な訴額にもかかわらずとくに重要な〔grundszätzlich〕意味を有する場合だけであり、〔その場合には〕したがって、控訴は、ZPO511 条 2 項 2 号および 4 項によって許されるのである。その場合には、判決も詳細な形式において〔in ausführlicher Form〕書かれなければならない。

## 6　訴えの取下げ

　小さな改正が訴えの取下げの法においてもなされている。すでに従来から、訴えの取下げは口頭弁論の開始後は被告の同意を必要とするものとされていた（ZPO269 条 1 項）。被告は、むろん、2 週間の不変期間内に訴えの取下げに対して異議を述べなければならない。けだし、そうしない場合には彼の同意は与えられたものとみなされるからである。その他、ZPO269 条 3 項 3 文は、訴えの取下げが、訴えのきっかけ〔となった事情〕が訴訟係属前に解消したので、その結果として訴えが遅滞なく取り下げられたことに基づくときは、裁判所は、費用を、それまでの事実状態や争訟状態を考慮して自由な裁量によって確定することができる、と規定している[6]。原告は、よって、これらの場合には、その訴えを安心して取り下げることができるのであり、従来のように、費用〔負担〕を避けるために訴訟が終了した旨を宣言する必要はないのである。もちろんこの〔ZPO269 条 3 項 3 文の〕規定は、〔争いが〕訴訟係属前に終了していた場合にの

---

[6]　これにつき、Bonifacio, MDR 2002, 499 ff.

み妥当する。訴えが訴訟係属後に終了した場合には、原告は訴訟は終了した旨を宣言しなければならない。被告がこれに同意するときには、裁判所はZPO91a条によって、訴訟費用についてのみ裁判する。被告がこれに同意しないときには、原告の終了宣言は訴えの変更として評価されるのである。そして〔その場合には〕裁判所は、訴え〔Klage〕が終了しているか否かということにつき裁判しなければならない。

## II 上訴

根本的な改正は上訴法においてもみられる。

### 1 ZPO321a条による改正手続

全く新しいのは、ZPO321a条において導入された訂正手続〔Abhilfeverfahren〕であるが、それによって法的審尋請求権の侵害が是正される。訂正は、第1審の進行中において生じる。それは、一方当事者が法的審尋請求権の侵害を責問したこと、控訴が不適法であり、かつ、法的審尋請求権が裁判にとって重大な形態において〔in entscheidungserheblicher Weise〕侵害されたことを要件とする。したがって人は、秩序正しい手続がなされていた場合〔bei ordnungsmäßigem Verfahren〕にはそれとは異なった裁判がなされたであろう、ということを示さなければならない。訂正の申立ては、判決の送達から2週間以内になされなければならない。よってその申立ては、ZPO705条によって裁判の確定力が生じるのを妨げるのである。〔訂正手続という〕新しい手続の意味は、連邦憲法裁判所の負担が軽減されるということにある。その他、そのことによって、ひとは明白な法律違背に基づく特別控訴〔außerordentliche Berufung〕を許すべきか否かという議論は不要になるのである。

第1審の続行についての裁判は、不服申立てができない決定によってなされる。裁判所が口頭弁論の再開〔Wiedereinstieg in die mündliche Verhandlung〕の裁判をした場合には、口頭弁論は、欠席判決に対する故障〔Einspruch〕におけると同様に続行される。もちろん注意すべきは、両当事者の側は、新たに〔訴訟資料の〕提出をしてもよいということである。〔この場合には〕不利益変更〔reformatio in peius〕の禁止は妥当しない。

## 2 控訴

多くの改正が控訴法においてみられる[7]。控訴については、原則として直近上級裁判所が管轄権を有する。ただ例外として、ドイツ裁判所構成法〔以下 GVG と略記する―三上〕119 条により、区裁判所の〔判決に対する〕高等裁判所へ控訴がなされることがあるが、それは、家族事件においてなされるか、または最近では、当事者がその普通裁判籍を外国に有するかもしくは区裁判所が外国法を適用する場合には、外国事件〔Auslandssachen〕においてもなされるのである。その他 GVG は、今では、その 119 条 3 項および同 4 項において、実験条項〔Experimentier-klausel〕を有している。それによれば、〔州法の規定によって〕地方裁判所は、訴訟が区裁判所で始まったかまたは地方裁判所で始まったかということとは無関係に、すべての控訴を高等裁判所に集中させることができるのである。もちろん〔現在のところ〕ドイツの連邦州のうちどの州も、それを利用してはいない。

不服申立の額が 600 ユーロを超える場合は控訴は適法である[8]。これは従来の法に対して、利用限度の明確な引き下げとなっている。新しいのは、第 1 審裁判所が控訴を不服申立額とは無関係に許可できるということである。つまり、争訟が重要な意味を有しているかまたは、それが、法形成〔Rechtsfortbildung〕または判例の統一という利益において必要である場合には、控訴は許可されるのである。裁判所はここでは法律効果の側〔Rechtsfolgenseite〕における裁量権は有しておらず、法律要件の側〔Tatbes-tandsseite〕における判断の余地のみを有しているに過ぎない〔すなわち、法形成や判例の統一という利益が認められれば控訴は必ず許可しなければならないのであり、他の事情から控訴は許可しないというようなことはできないということな〕のである。不許可に対する不服申立は、――上告におけるのとは異なり――控訴においてはできない。

これらの要件がない場合には、たとえ法的審尋請求権〔rechtliches Gehör〕の侵

---

7) これにつき、Schellhammer, MDR 2001, 1141 ff.; Stackmann, NJW 2002, 781 ff.
8) 法律条文に対し批判的なのは、Jauernig, NJW 2001, 3027 f.

害がある場合でも控訴はできない。この場合においては、単に、ZPO321a 条による第 1 審の続行申立てか、または憲法異議〔Verfassungsbeschwerde〕がなし得るだけである。したがって、明白な法律違反〔greifbare Gesetzeswidrigkeit〕に基づく特別控訴〔außerordentliche Berufung〕というものはない。

　控訴は判決の送達から 2 カ月の期間に理由づけられなければならない。この期間は、相手方の同意を得ればいつでも延長することができる。相手方の同意がない場合には、訴訟の遅延の恐れがないかまたは重大な理由がある場合に限り、一度だけしかも 1 カ月に限って認められる。重大な理由とは、たとえば、労働荷重〔Arbeitsüberlastung〕、病気、休暇または情報入手困難〔schwierige Informationsbeschaffung〕などである。

　新しくなったのは、控訴はもはや第二の事実審ではないということである。控訴の前面に出てくるのは将来は、むしろ、法的瑕疵〔Rechtsfehler〕の規制である。それゆえ ZPO513 条は、控訴理由書には法律違背〔Rechts-verletzung〕がある旨が示されなければならない、と規定しているのである。もちろん第 1 審裁判所の管轄権がないということ〔だけ〕では〔法律違背の事由としては〕十分とはなり得ない（ZPO513 条 2 項）。そこには、単に事物管轄および土地管轄が含まれないだけでなく、近時では国際管轄不存在も含まれないのである。ただ特別の要件の下においてのみ、新たな事実が〔原審とは〕異なった裁判を正当化するという抗弁が許される。

　したがって、個々的に、控訴理由書〔Berufungsbegründung〕は、ZPO520 条 3 項 2 文により、控訴申立〔Berufungsanträge〕を含んでいなければならないのである。その他、法律違背と判決にとってそれとの因果関係が生じ得るすべての事情が示されなければならない。手続違背〔Verfahrensfehler〕は、それらが明示的に責問されたときにのみ考慮されるにすぎない（ZPO529 条 2 項 1 文）。それに対し、実体権〔materielles Recht〕は包括的に審理される。手続違背に際しては、因果関係が 1 つの問題である。絶対的控訴理由というものは——上告におけるのとは異なり——存在しない。控訴理由は、そのほか、事実認定に対する疑念の根拠〔Verdachtsgründen〕を述べていなければならず、かつ、新たな攻撃防御方法を示していなければならない。その際には、完全性〔Vollständigkeit〕に価値がおかれなければならない。〔つまり〕理由づけ期間の経過後にそれらを追加してもそれ

は考慮されない。そのことは原則として第1審裁判所の証拠調べにも妥当する。控訴裁判所は、その証拠調べの結果〔Beweisergebnis〕に対し適時にかつ具体的に疑念が示されるのでない限り、それに拘束されるのである。

　控訴手続においては、原則として地方裁判所では地裁部〔Kammer〕が、高等裁判所では高裁部〔Senat〕が裁判する。合議部は、ZPO527条によって手続を準備のために単独裁判官に移付することができる。その場合にはもちろん、この裁判官は、副次的な裁判〔Nebenentscheidungen〕のみをなし得るのであり、また、非争訟的判決〔nichtstreitige Urteile〕をなし得るのである。裁判所は、手続を、ZPO526条により、裁判のためにも単独裁判官に移付することができる。そして、そのための要件は、第1審において単独裁判官か裁判をしたこと、法的争訟〔Rechtsstreit〕が重要な意味〔grundsätzliche Bedeutung〕を有しておらず、かつ、法的ないし事実的な事項についての特別の困難が示されていないことである。また主要期日も開かれていてはならない。事後的に特別の困難もしくは重要な意味が明らかになるか、または両当事者がその申立をした場合には、単独裁判官は、法的争訟を逆移付する〔zurückübertragen〕ことができる。

　控訴審は将来的にはまず第一に法律審査審〔Rechtsüberprüfungsinstanz〕であるから、新たな事実は、ZPO531条によって、第2審においては制限的にのみ提出されうることになる[9]。その要件はなかんずく、事実の提出が第1審においてはなお時機に後れたものとして却下されてはいなかったということである。この場合においては、新たな事実は、以下の3つの要件の内の1つが満たされたときにのみ提出することができるのである。つまり、第1審の裁判所がある点を見逃したか、または重要ではないと判断した場合には、この点につき新たに〔事実を〕提出することができる。その場合には、第1審においてそれを表明するきっかけがなかったこと〔が必要〕である。同じことは、事実が手続的瑕疵の結果主張されなかった場合にも当てはまる。この要件は特に、裁判所がある点を確かに重要だとは思っていたが、当事者がそれにつきZPO139条により指摘しなかった場合に充足される。ここでもまた当事者は、疑念のある状態は何ら問題とはなっていなかった、というところから出発することができたのであ

---

9）　これについては、Grunsky, NJW 2002, 801 f.

るから、彼らがそれにつき何も表明しなかった場合には、彼らは非難されるべきではない〔からである〕。結局、新たな事実の提出はその事実が責めに帰すべき事由なく主張されなかった場合に許されるのである。ここではすでに軽過失が障害になっている。したがって、失権、つまり時機に後れた提出の却下を、「控訴への逃亡〔Flucht in die Berufung〕」によって免れることは不可能なのである。従来は、失権のおそれがある事実を第1審において秘匿し、控訴理由書とともにつまり第2審においてはじめて提出することは可能であった。しかしこのようなことは〔改正法の下では〕もはや不可能である。けだし、第1審における秘匿は、故意によって、つまり責めに帰すべき事由によって生じたのであるから、第2審における提出はZPO531条2項3号によって不適法だからである。

そのほか、もちろん第2審においても失権はある（ZPO530条・296条）。よって、証拠方法をも含めて攻撃防御方法は、控訴審においてもできるだけ早期に提出されなければならない。

新しいのは、控訴審における訴えの変更、相殺および反訴は、ZPO533条によれば、相手方が同意するか裁判所がそれを適切であると宣言する場合にのみ可能だということである。そのほか、それらは、いずれにせよ考慮されるべき事実に基づいていなければならない。よって、新たな事実を、訴えを変更したり、相殺を主張したりまたは反訴を提起するといったように、抜け道的な方法で〔durch die Hintertür〕持ち込むことも不可能なのである。

付帯控訴権もまた修正された（ZPO524条[10]）。〔現在では〕付帯控訴は、控訴理由書の送達の後1カ月までは許されている。〔しかし改正法によれば〕将来は常に、独立していない付帯控訴〔unselbständige Anschlussberufung〕が問題となるから、控訴が取り下げられると、付帯控訴は無効となるのである。その他、付帯控訴は、直接にその申立とともに理由づけられなければならない。

控訴については、裁判所は、軽減された様式において裁判することができる（ZPO522条）。控訴が不適法であるときは、それは決定により棄却されうるのである[11]。控訴が成功の見込みがなく、それに追加的な意味があるともいえない

---

10) これにつき、v. Olshausen, NJW 2002, 802 ff.; Piekenbrock, MDR 2002, 675 ff.
11) 詳しくは、Hirtz, MDR 2001, 1265 ff.

し、裁判が法形成ないし法統一にとって必要ではない場合には、全員一致の決定により〔durch einstimmigen Beschluss〕〔当該控訴を〕棄却することは可能である。もちろん裁判所は事前にそれについて指摘し、〔当事者に〕意見表明の機会を与えなければならない。つまり、棄却決定は理由付けを必要とするのである。しかし、棄却決定に対しては不服を申し立てることはできない。しかし、そのような不服申立可能性を排斥することについては、疑問がないわけではない。けだし、最終的には法的審尋請求権の侵害が問題となるからである。それゆえひとは、そのような棄却決定が何度も憲法異議の訴えによって攻撃されることになることをおそれている。

裁判所が、控訴について判決によって裁判しようとする限り、第1審への差し戻しは、ZPO538条2項の狭い限界内においてのみ考慮される。その要件とは、通常、争訟的口頭弁論〔streitige mündiche Verhandlung〕が未だなされてはいなかったか、または、広範な証拠調べが必要であるということである。そのほか、少なくとも一方当事者が差し戻しを申し立てなければならない。

控訴審判決は、ZPO540条によれば、単に短い理由付けのみを含んでいればよい。この規定によって、事実認定については、根本的には、第1審判決が援用される。判決は、不服を申し立てられた裁判の、変更、取消し、または、承認についての単なる短い理由づけとともに与えられる。判決が口頭弁論を終結した期日において言い渡された場合には、〔その理由づけは〕期日調書への記載で十分である。

最後に、新しくなった点は、控訴は、相手方の同意なくして取り下げることができるということである（ZPO516条）。それによって、被控訴人の本案につき裁判を求める権利は、もはや認められないのである。

## 3　抗告〔Beschwerde〕

抗告法においてもまた若干の改正がなされた[12]。とくに抗告は、将来的には常に即時抗告になることが指摘されなければならない（ZPO567条）。そのことは、抗告は2週間の不変期間内に申し立てられなければならないことを意味す

---

12）参照、Stackmann, NJW 2002, 781, 789.

る（ZPO569条1項1文）。抗告は、第1審裁判官〔erstinstanzlicher Richter〕（抗告裁判官〔iudex a quo〕）か、または、抗告裁判所〔Beschwer-degericht〕（上訴裁判官〔iudex ad quem〕）に申し立てることができる。いずれの場合にも、第1審裁判官は、抗告を除去する権利を有している。

抗告については、常に（本来的〔originärer〕）単独裁判官が裁判する（ZPO568条）。この裁判官は、特別の困難性または重要な意味をもった事例が問題となっている場合には、事件をもちろん地裁部ないし高裁部に移付しなければならない。

控訴におけるのとは異なって、新たな事実または攻撃防御方法〔の提出〕は無制限に許される。もちろん裁判所は攻撃防御方法の提出のために期間を設定することができる。

抗告についての裁判に対しては、将来的には再抗告はなくなり、法律抗告〔Rechtsbeschwerde〕があることになる。それは、ZPO574条によれば、2つの場合に限って許される。つまり、それが法律によって許されているかどうかということである。すなわち、〔まず第一の場合であるが、抗告が法律の明文規定によって認められている場合には〕法律抗告は、事件が重要な意味を有しているか、または法形成もしくは法統一のために裁判が必要である場合にのみ考慮される。〔第二の場合である〕法律抗告が法律において許容されていないときには、事件が重要な意味を示しており、または直近上級審による裁判が法形成もしくは法統一のために必要である場合には、抗告審によって許可されうる。〔それに対して〕不許可抗告〔Nichtzulassungsbeschwerde〕というものはない。連邦通常裁判所は目下のところ、ZPO574条というこの制限的な規定から、「明白な法律違背〔greifbare Gesetzeswidrichkeit〕」による特別抗告というものもあり得ないという結論に至っている[13]。立法者は、連邦通常裁判所への抗告は単にZPO574条の場合においてのみ許可されるにすぎないとしている。それゆえ〔抗告〕裁判所は、重大な法律違背を反対の立場に立って〔auf Gegenvorstellung hin〕、自ら修正しなければならないこともあろう。そうでない場合には、単に憲法異議の訴えがあるだけである。

---

13）BGH NJW 2002, 1577; dazu Lipp, NJW 2002, 1700 ff.

### 4 上告[14]

　上告については、将来的には、すべての控訴審判決が上告によって不服を申し立てられるということが指摘されるべきである（ZPO542条）。これまでは、地方裁判所において開始し、かつ控訴裁判所としての高等裁判所によって裁判された争訟のみが連邦通常裁判所に行くことができたのである。〔これに対し〕将来的には、上告は、争訟が区裁判所において開始し、控訴判決が地方裁判所によってなされた場合にも許されるのである。ZPO542条は、すべての控訴判決は、それが地方裁判所においてなされたかあるいは高等裁判所によってなされたかを問わず、上告によって不服を申し立てることができると規定している。また、それどころか、区裁判所から連邦通常裁判所への飛躍上告さえも可能である（ZPO566条）。

　それと同時に、上告が一定の不服申立額に拘束されるということもなくなっている。すなわち、もはや、「価額上告〔Wertrevision〕」なるものはないのであり、単に許可上告だけがあるにすぎない（ZPO543条）。この規定によれば、上告は、単に、控訴裁判所が控訴判決において、または上告裁判所が、〔上告が〕許されないとする裁判に対する抗告を受けて、それを許した場合にのみなされるのである。事件〔Rechtssache〕が重要な意義を有しているか、または、法の形成ないし判例統一の保証〔への要請〕が上告裁判所の裁判を必要とする場合には、上告は許されるべきである。控訴裁判所が、上告を許可するときは、上告裁判所はそれに拘束される。控訴や抗告におけるとは異なって、上告においては、控訴判決の送達から1カ月の不変期間内に申し立てられ、かつさらにその後1カ月以内に理由づけられるべき、不許可抗告〔Nichtzulassungsbeschwerde〕というものがある（ZPO544条）。

## III　まとめ

　全体として、立法者は、簡単な事件を将来的には単独裁判官によってのみ裁判させようと試みていると確定することができる。また、複数の裁判官〔によ

---

14）それにつきより詳細には、Büttner, MDR 2001, 1201 ff.

る合議体裁判所〕や複数の審級は、事件が重要な意味を有する場合か、または、法の形成ないし判例統一の保証が必要である場合にのみ存在すべきものである。裁判所はこれらの要件をいかに扱うであろうかということについては、結果を見てみる必要がある。

### 訳者付記

1　本稿は、ハンブルク大学法学部ラインハルト・ボルク教授が、2002年10月2日に、慶應義塾大学民事訴訟法研究会の主催で行われたセミナーでの報告原稿「Die ZPO-Reform 2002」の翻訳である。

2　本稿でも指摘されているように、今回のドイツ民事訴訟法の改正はかなり大幅なものであるが、その重点は、一言でいえば、原則的な単独裁判官制の導入と、第1審の充実にあるといえよう。単独裁判官の原則についていえば、わが国では、地裁・簡裁においては原則的に単独裁判官が裁判しており、セミナーでもわが国の実務状況が紹介され、若干の問題点も指摘された。この点は、ドイツにおける改正法の運用にとって大いに参考になるであろう。

3　個別的な制度についていえば、まず第一に、本来の口頭弁論の前に、和解のための口頭弁論を前置したことが興味を引く。しかし、これが成功するか否かについては、若干の危惧がないではない。すなわち、和解が成立するか否かは、審理の過程を通して事件の成熟度に応じて和解の気運が盛り上がってくるという面が大きいと思われ、そうであるならば、事件の性質を問わずすべていきなり和解のための口頭弁論を前置することによって、直ちに和解が成立するということは必ずしも期待できないのではないか。むしろ、そのことによって、訴訟の遅延が生じるおそれの方が大きいように思われる。むしろ、わが国のように、和解もなし得る弁論準備手続のような制度の方が、柔軟に対応できるのではあるまいか。

　次に、裁判官の指摘義務の規定はわが国の立場からも参考になろう。すなわち、積極的に裁判所が心証を開示することにより、争点がより明らかになり、訴訟の促進に資するものとなる。

　口頭弁論の準備の手続における証拠収集について、アメリカのディスカヴァリーに接近する制度を設けた点が注目される。しかし、このような制度がドイツの裁判実務上定着するか否かについては、従来のディスカヴァリーの制度に対する批判点も含めて、今後の動向を注目していく必要があろう。

また、今回の改正の重要な点としては、控訴をもはや第二の事実審ではなく、法律審と捉えていることである。さらに、控訴理由の提出期間も厳しく制限されている。したがって、このような思考の大転換により、控訴審での事実の提出は大幅に制限されることになり、個々の訴訟行為にも時間的な枠がはめられることにより、手続の促進には大いに資することになると思われる。ただ、このような思考の大転換による諸制度が実務上定着するのにはまだ時間がかかるのではないかと思われる。

　上告審に対しては、価額上告をなくし、許可上告一本にしたことが注目される。たしかに、事件の内容が重要なもを含んでおり、法令解釈の統一を図る必要があるものは、必ずしも訴額が一定額以上のものとは限らないのであり、合理的な改正といえよう。この点、わが国と類似する制度となっている。

4　なお、訳文中、（　）は原著者が挿入された部分である、〔　〕は、訳者の責任において、読者の便宜を考えて言葉を補充したり、訳しにくい単語につき原文を挿入した部分である。

5　ボルク教授の来日に対しては、手続法研究所からご援助を賜ったものであり、この場を借りて厚くお礼申し上げる次第である。また、本稿の翻訳とその出版について、快く承諾されたボルク教授に感謝申し上げたい。

---

初出：法学研究 76 巻 10 号 73 頁以下（2003 年）

第3章

# 民事訴訟における証明と
# 違法に収集された証拠方法の取扱い
——ドイツ法における新たな展開について

ディーター・ライポルト

三上威彦／訳

## I　民事訴訟における証拠調べの目的

　民事訴訟は、第一に、原告に対して、彼によって主張された実体的私権〔subjektive private Rechte〕を付与すると共に、〔第二に〕被告に対しては、理由のない請求に対して防御をする際に有効な法的保護を与えるという使命を有している。それと共に、民事訴訟法は、法という手段による私人間の紛争の解決に奉仕するものである。もし民事訴訟が、例えば訴訟上の和解、認諾判決〔Anerkenntnisurteil〕、訴えの取下げ、または、本案における終了宣言〔Erklärung der Erledigung in der Hauptsache〕といった他のやり方で終了されえない場合には、裁判所は、訴えに対する判決によって判断を下さなければならない。その際には、訴えの適法性〔Zulässigkeit〕と、理由具備性〔Begründetheit〕について判断しなければならない。このことは、今日では、訴訟の対象を形成する事実関係に対する法規範〔Rechtsnormen〕、通常それは法律規定〔die gesetzliche Vorschriften〕であるが、この適用によってなされる。しばしば当事者の争いは、まさに事実関係〔Sachverhalt〕、すなわち、法規範の適用にとって重要な事実〔Tatsachen〕に強度に関連している。〔すなわち〕当事者が契約の締結につき合意していたか否か、契約の一方当事者が契約の締結に際して相手方に詐欺をはたらいたか否か、売却された自動車に〔契約の〕当初から瑕疵があったか否か、完成した建築物に瑕疵があったか否か、そして、誰がそれを惹起したか、医師の治療に際して過失があったか否か、そして、患者がそれによって損害を受けたか否か、といった

ようなことは、すべて、当事者がまさに典型的に、それにつきさまざまな見解を主張するような事実問題である。もし当事者が、法的に重要な〔rechtlich relevant〕事実につき争っており、したがって、法的に重大な〔rechtserheblich〕事実についてさまざまな主張がなされているような場合、裁判所は、これらの主張の真実を解明することを試みなければならない。これはなかんずく、利用できる証拠の取調べによってなしうるものである。それゆえ証拠調べの目的は、具体的な訴訟において法規範の適用にとって重大な事実の真正ないし不真正を確定することにある。

## II　原則としての当事者による事実と証拠の提出

　通常の民事訴訟においては、裁判所に対し、請求ないし防御を基礎づける事実を提出することは、原則として当事者のマターである。同じく当事者は、裁判所に、それらを明らかにするための証拠方法〔Beweismittel〕を提出しなければならない。このような事実資料〔の提出〕〔Tatsachenstoff〕についての当事者責任の原則を、弁論主義といい、もっとわかりやすくいうと提出〔責任〕主義〔Beibringungsgrundsatz〕という。

　この当事者責任には、相手方が提起した事実主張を争うか否かは当事者に任されているということも含まれている。〔すなわち〕相手方の主張した事実について自白がなされ、あるいはいずれにせよ争われなかった場合には、その事実については証拠を必要としない（ZPO288条1項、138条3項）。この場合においては、主張された事実が本当に正しいかどうかについて裁判所は調査する必要はない。この点で、主張された事実の真実性の確定というのは、訴訟においてはそれ自体が自己目的ではなく、訴訟のできる限り正しい裁判という目的のための手段にすぎないのである。当事者が訴訟、すなわち私的権利をめぐる争いにおいて、〔両当事者が〕一致して特定の事実主張から出発するときには、裁判所にとっては、これについて証拠を要求する理由は全くない。

　それに対し、法的に重要な事実主張が争われる限り、それらは、裁判所が真実性についての確信を得た場合にのみ考慮されるにすぎない。自由な証拠評価の原則によれば、裁判所は、弁論の全趣旨と証拠調べの結果を考慮して、自由

な心証によって、事実上の主張が真実と見られるか否かを判断するのである（ZPO286条1項1文）。

証拠調べは、通常、当事者が特定の証拠の取調べを申し立てることを前提としている。そこでは、証明責任〔Beweislast〕は、なかんずく、証拠申出をするのは、証明責任を負った当事者の使命であるという限りにおける主観的証明責任〔subjektive Beweislast〕ないし証明行為責任〔Beweisführungslast〕とは異なるものとして意味を持つ。しかし、証明責任を負っていない当事者は、彼に不利な事実の不存在の証明のために、証拠申出をする可能性を有している。

## III 職権による証拠調べ

### 1 ドイツ民事訴訟法における伝統的な規律

民事訴訟においては、自ら事実関係を調査し、この目的のために証拠方法を収集することは、原則として裁判所の職務ではない。とりわけ、このことは、弁論主義ではなく職権探知主義が採られている刑事訴訟におけるのとは異なっている。しかし、民事訴訟においても同じく、裁判所は、一定の要件の下に、当事者の申立てがなくても、争いのある事実主張の解明のために証拠方法を取り調べる権利を有している。このことは当事者尋問（ZPO448条）と同様に、文書の提出による証明（ZPO142条）、検証や鑑定の実施（ZPO144条）による証明についても妥当する。それに対し、証人の尋問は常に当事者の申立てによってのみなされる。一方当事者は、証人の知覚〔Wahrnehmungen〕、記憶力〔Erinnerungsvermögen〕、および真実を愛すること〔Wahrheitsliebe〕を期待しているのであり、それ故にその取調べを申し出るか否かは、その判断に委ねられている。

### 2 2001年の民事訴訟改正法による職権による証拠調べの拡大――新規定の内容

先に挙げた職権証拠調べの可能性[1]は、長い間ドイツの民事訴訟法にその根拠を有していた。2001年の民事訴訟法改正法[2]によって、ZPO142条と144条は改正され、職権証拠調べについての裁判所の権限は明らかに拡大された。ZPO142条1項1文によれば、裁判所は、当事者または第三者に対し、その占有下にある当事者に関係を有する文書その他の書面を提出するように命じるこ

とができる。〔ただし〕提出することが第三者に期待できず、または証言拒絶権が生じているような場合には、第三者は提出を義務づけられない（ZPO142 条 2 項 1 文）。〔文書等の〕引渡しを理由なく〔unberechtigt〕拒絶した場合には、第三者には、不当に〔Unrecht〕証言を拒絶した場合と同じ制裁が科せられる（ZPO142 条 2 項 2 文）。ZPO144 条 1 項 2 文および 3 文によれば、裁判所は、検証または鑑定人による鑑定の実施のために、当事者または第三者に対し、目的物の提出や処分の受忍（たとえば、不動産への立ち入り、ただし住居へのそれは除く）を課することができる。第三者の義務の限界や、理由なき拒絶に際して課されうる制裁については、文書の提出に関するのと同じ原則が妥当する（ZPO144 条 2 項）。

### 3 改正の原則的意味をめぐる議論

　裁判所には、いかなる要件の下に、現行規定を超えて職権による書証、検証、鑑定[3]といった証拠方法を利用することが認められるかということについては、立法過程においては争いがあった。そこでは、裁判所の証拠調べの主導権〔Beweisinitiativen〕の目的や当事者権の理解についての多様な見解が明らかになった。多くの批判者は、新しい法律規定によると、まさにある種の「ドイツ版ディスカヴァリー」が生じているのであり、このことが、ドイツの民事訴訟の承認されている原則を否定することになることをおそれている。しかし、〔ドイツの新規定と〕アメリカ合衆国の民事訴訟のディスカヴァリー処分との比較には初めから限界がある。なぜならば、アメリカ法においては、（たとえ裁判

---

1) ZPO142 条、144 条は既に、2001 年の改正前に一般的にそのように解されていたから、それらは、裁判所の裁量によって、職権による証拠調べを許していた。そこで、Gruber/ Kießling, Die Vorlagepflichten der §§ 142 ff. ZPO nach der Reform 2002, ZZP 116 (2003), 305, 311 ff. による、指図〔Anordnungen〕は、争いのない事実に関して裁判官にとっての情報〔取得〕の目的でのみ生じるのであって、証拠調べのためには生じえないであろうという見解には、したがって賛成できない。同旨、BGH NJW 2007, 155; Stein/ Jonas/ Leipold, ZPO, 22. Aufl. (2005), § 142 Rdnr. 1; Wagner, Urkundenedition durch Prozessparteien — Auskunftspflichten und Weigerungsrechte. JZ 2007, 706, 709 f.

2) Gesetz zur Reform des Zivilprozesses (Zivilprozess-reformgesestz-ZPO-RG) vom 27. Juli 2001, BGBl. I S. 1887, in Kraft getreten am 1. Januar 2002.

3) 証人尋問の場合には、職権による取調べは一般的に不適法性であるということが堅持されている。

官のコントロールの下にあるとはいえ）訴訟にとって重要な資料の重大な範囲における相手方に対する当事者（実際上は弁護士）の権利が主張されるのに対し、ドイツ法においては、初めから裁判所の権限が問題になっているからである。しかしながら、文書や検証目的物の収集についての裁判所の権限の広範な拡張によって、ドイツ法においてこれまで「模索的証明の禁止〔Verbot des Ausforschungsbeweises〕」という標語の下に当事者のために引かれていた限界を超える可能性があるという指摘は正しい。

　しかし法政策的には、ドイツにおいて何十年にもわたって議論されてきたこの問題領域についての見解は区々となっている。判例、連邦通常裁判所のそれもまた、および学説の多くは、いかなる当事者も、相手方に対し、彼が自ら利用できない資料を勝訴のために調達する立場にはないという、伝統的な原則を堅持している[4]。〔しかしそれに反対する〕他の論者は、他の国の、もちろんアメリカ合衆国の民事訴訟における法状況に関しても、この原則は流行遅れであるとし、上述の原則を「防虫衣装缶の中にしまい込む〔in die Mottenkiste zu verbannen〕」ことについて明瞭な共感を表明している[5]。人は、この問題をある種の信仰の争いのように扱うことを警戒すべきであり、それに代えて、理性的に、ドイツ法は、当事者がその権利を貫徹するために必要な情報にアクセスをするために、いかなる道を与えているかを問うべきであろう。ドイツ法は、情報および書類がない一方当事者を、最初から見殺しにしているというのは当たらない。むしろ実体法は、生じている法律関係の枠内において、当事者に対し広範に、情報〔Auskunft〕、収支決算〔Rechnungslegung〕、文書提出〔Urkundenvorlage〕についての請求権を与えており、これらの請求権は、判例によって、信義誠実という一般原則（BGB242条）を引き合いに出して長い間拡大されてきた。したがってこの問題は、ここでは欠損が認識されるか否か、また、――人がこれを肯定する場合には――実体法上の情報請求権の拡大および証明責任を負ってない当事者の事実関係の解明のために必要なことはすべてなすという一般的な訴

---

[4] BGH NJW 1990, 3151 = ZZP 104 (1991), 203（Stürnerによる否定的な評釈がある）; Stein/ Jonas/ Leipold, ZPO, §138 Rdnr. 26.
[5] 同旨、Musielak/ Stadler, ZPO, 5. Aufl., §142 Rdnr. 4 末尾。

訟上の義務の承認の中で[6]、欠損の除去のための正しい道はあるのかということである。

　立法審議においても明らかにされたように、従来承認されていた原則、とくに模索的証明の禁止に変更を加えるとか、あるいは、一部、弁論主義に代えて職権探知主義を導入するというようなことは、ZPO142条、144条における新規定の目的ではなかった。それにもかかわらず、裁判官権能と当事者の自由との間の従来の限界線が裁判官の権限のためにどの程度変えられうるか、そして他方では、間接的にではあるが当事者にとってもどの程度資料へのアクセスがなされうるのかということは、もちろん新たに形成された規定の解釈に依存している。そうこうしているうちに、文献における（対立する）見解と並んで、連邦通常裁判所のこれに関する判例が出された。そこで、そのことを説明するために、連邦通常裁判所の近時有名になった判決について詳しく見ていきたい。

## 4　新法による文書提出命令についての連邦通常裁判所の重要な判決

　ここで紹介する連邦通常裁判所の判決[7]は、実体法的観点において、いわゆるクズ不動産〔Schrottimmobilien〕の問題領域に関するものである[8]。原告とその妻は、仲介業者と受託者〔Vermittler und Treuhänder〕を経由して2戸の〔賃貸用〕区分所有マンションを購入し、その資金捻出のために被告銀行と消費貸借契約を締結した。〔しかしその後〕それらのマンションの状態が不十分であることが分かり、かつ売主によって保証された賃料収入が得られなかったため、原告は不動産〔売買契約〕の解除〔Rücknahme der Immobilien〕を主張し、最終的に、売主に対し売買契約の遡及的解消を認めた既判力ある判決を取得したが、売主がそ

---

6)　この立場に根本的な、そして今日まで強く影響を与えたものとして、Stürner, Die Aufkläarungspflicht der Parteien des Zivilprozesses (1976). 賛否についてのさらなる指摘として、Stein/ Jonas/ Leipold, ZPO,§138 Rdnr. 26 Fn. 58を見よ。
7)　BGH vom 26. Juni 2007-XI ZR 277/05の判決。
8)　これについては、とりわけ、不動産売買〔契約〕や融資のために締結された消費貸借契約の取消し〔Widerruf〕の問題と、それぞれの法律効果が問題となった、BGHやEuGHの非常に多くの判例がある。なお私は、「ドイツ民法とヨーロッパ民法─現在と未来（ドイツ年「民法シンポジウム」からの報告）」（吉永一行訳）民商法雑誌134巻2号135頁以下で、これについて、ヨーロッパ法とドイツ法の協働という視点から報告をした。

の間に倒産してしまったため、もちろん、大きな経済的利益はなかった。そこで原告は、最終的に連邦通常裁判所に係属した訴訟において、融資をした銀行に対して損害賠償を請求した。なぜならば、銀行は原告に対し、マンションの価値と取得しうる賃料が売買〔契約締結〕の時にあまりに高く見積もられていたことについて、責めに帰すべき事由により情報提供しなかったからである、というものであった。地方裁判所と上級地方裁判所は、この請求を棄却した。その理由は、原告は、銀行による説明義務の責めに帰すべき懈怠の要件を証明できなかったからである、というものであった。そこではなかんずく、銀行の協力者〔Mitarbeiter〕に、売買代金がそのマンションに対して高すぎた（それゆえ、売買契約は良俗違反であった）ことが分かっていたか否かということが問題となった。そこで原告は銀行の評価書類〔Einwertungsunterlagen〕（すなわち、マンションの評価についての銀行の書類）を引き合いに出した。これについて控訴裁判所は、銀行は、ZPO422条、423条によっては書類を提出する義務を負わないと述べた。連邦通常裁判所は、ZPO422条、423条による提出義務を否定することには賛成したが、以下の理由で原判決を破棄した。すなわち、控訴裁判所は、被告銀行にZPO142条1項によるこの書類の提出を否定することを考慮しなかったことにより、その限りにおいて、生じている裁量権を行使しなかったからである、というものであった。

　142条1項は、裁判所による当事者に対する提出命令の要件としては、単に、一方当事者が、相手方の占有下にある文書ないしその他の書類を引用しているという事情のみを含んでいる。問題は、裁判所による引渡命令〔Herausgabeanordnung〕を正当化するために、証拠を提出しなければならない当事者（証明責任を負った当事者）による引用ということで本当に十分であり得るのかどうかということである。その際には、ZPO142条1項と当事者が相手方による文書の提出の申立てをなし得る要件との目立つ食い違いが明らかとなる。ZPO421条によれば、相手方の手中にある文書による書証は、相手方に文書の提出を課する旨の申立てによって始まる。ZPO422条によれば、証明する人が民法の規定によって文書の引渡しないし提出を請求しうる場合には、相手方は提出の義務がある。そのような実体法上の請求権〔があること〕という要件は、連邦通常裁判所が認定しているように、この事件においては存在しなかった。

さらに相手方は、ZPO423条によれば、証明のために引用したその手中にある文書については提出が義務づけられる。しかしこの要件もまたここでは満たされなかった。なぜならば、相手方（銀行）ではなく、原告のみが銀行の上述した書類を引用したにすぎないからである。そこで、申立てによる証拠調べの要件が存在しない場合でも、それれにもかかわらず裁判所が、原告が、相手方当事者の手中にある文書を引用したということのみによって、提出を命じるということで差し支えないであろうか。私見によれば[9]、その限りで、一方ではZPO421条から423条までの規定と、他方ではZPO142条1項との間には評価矛盾〔Wertungswiderspruch〕が生じる。成立の沿革[10]によれば、ZPO142条1項における当事者による引用という要件は、両当事者が共に引用する気がない文書を裁判所が自ら要求するという、事実上その限りにおいて職権探知主義へ移行することを示すことになるような事態を妨げる目的を有していた。しかし右の引用〔を要求したこと〕の目的〔の説明〕でもっては、なお、なにゆえに、他方が提出を義務づけられるのかということにつき、一方〔当事者〕の引用で十分であるのかということは、ほかの理由からこの結論が維持できない限り、説明ないし理由づけられてはいない。それゆえ、私見によれば、ZPO142条1項の証明責任を負っていない当事者に対する命令は、ZPO421条ないし423条による提出義務の要件も存在する場合に限ってのみ許容することが、ZPO142条1項とZPO421条ないし423条の目的に合致するのである。

　しかし、フランクフルト上級地方裁判所[11]によっても唱えられたこの見解には、連邦通常裁判所は従わなかった。その理由付けのために連邦通常裁判所は、そのような制限を含んでいないZPO142条1項の文言を指摘しながら、当事者の一方による引用を必要と〔すると制限的に解釈〕したのである。このことは疑いなく正しいが、ZPO421条ないし423条に対する評価矛盾についての問

---

9) 詳しくは、Leipold, Die gerichtliche Anordnung der Urkundenvorlage im reformierten deutschen Zivilprozess, Festschrift für Gerhard (2004), S. 562, 580 ff.; Stein/ Jonas/ Leipold, §142 Rdnr. 17 ff. をみよ。また、同じく、Baumbach/ Lauterbach/ Hartmann, ZPO, 65. Aufl. (2007), §142 Rdnr. 6。反対、Wagner, JZ 2007, 706, 710; Zoller/ Greger, ZPO 26. Aufl. (2007), §142 Rdnr. 6; Musielak/ Stadler, ZPO, 5. Aufl. (2007), §142 Rdnr. 7.
10) 詳しくは、Leipold, a.a.O., S. 564 を見よ。
11) OLG Frankfurt, Urteil vom 18.Oktober 2006 - 1 U19/06. OLG-Report Frankfurt 2007, 466.

題には答えてはいない。しかし連邦通常裁判所は、私には若干思いがけないものでありかつ理解が困難なのであるが、そのような評価矛盾は生じないと主張しているのである。たとえ人がZPO142条1項〔の適用〕にとっては、証明義務のない当事者が文書を引用するだけで十分であるとしても、ZPO422条、423条はその〔独自の〕適用領域を維持している。なぜならば、ZPO142条1項によれば、裁判所の裁量判断が問題となっており、ZPO422条、423条においてはZPO427条の法律効果と結びついた無条件の提出義務が問題となっているからである。しかし〔ここでは〕、ZPO422条、423条がその意味を失うであろうということが問題ではなく、ZPO142条1項の意味が、つまり、こうして理由づけられた提出義務の正当性が問題なのである。外見上連邦通常裁判所は、裁判所の命令を超えては義務の一定程度の内的正当性を必要としていないと考えているようにみえる。ZPO142条1項の制限的な解釈にとっては、私見によっても、ZPO142条1項は、第三者に対するのとは異なり、当事者に対する提出命令にとっては限界について言及していないし、期待可能性〔Zumutbarkeit〕すら挙げていないということがいえる。もし——私見のように——提出命令が、証明責任を負っている当事者に対してのみ、または、ZPO422条、423条によればいずれにせよ提出義務を負っている当事者に対してのみ発せられる〔と解する〕ときには、納得がいくが、それに対して、一方当事者の単なる引用〔しかない場合に〕は、相手方に対する提出命令にとっては十分ではない。連邦通常裁判所によって選択された解決においては、裁量権行使の枠内において、相手方に提出が期待できるものであるか否かについて、それだけに慎重に調査がなされなければならない。連邦通常裁判所は、裁量判断についてはごく短く述べているにすぎず、かつ説明しているにすぎない。しかし、これに関しては、可能な認定価値〔mögliche Erkenntniswert〕や、命令が〔それによる相手方の制限に〕比例していること、そしてまた、秘密の保護や人格保護〔Geheimnis- und Persönlichkeitsschutz〕といった正当な利害が考慮され得たのではあるまいか。しかし、このことは具体的な事件においては何を言っているのだろうか。場合によっては自らが破滅するような場合でも、銀行が、初めから内部的な使用のためだけのものとして決められていたメモを、裁判所の命令によって引き渡さなければならないのであろうか。そこで人は、たとえ命令が裁判所の裁量にある

とはいえ、最終的には、ZPO422条、423条が非常にはっきりとした方法で解決している真実の発見と個人領域の保護との間の根本的な争いに突き当たるのである。

 連邦通常裁判所はさらに、ここでZPO142条1項を適用する場合でも、このことは、訴訟法上違法である訴訟の相手方の模索〔eine prozessordnungswidrige Ausforschung des Prozessgegners〕へと導くものではないことを詳論している。連邦通常裁判所が、ZPO142条1項は当事者を提示責任や具体化責任〔Darlegungs- und Substantierungslast〕から解放するものではないことを強調していることは正しい。すなわち、書類の提出は、情報収集の目的〔zum Zweck der Informationsgewinnung〕のためではなく、首尾一貫性のある〔schlüssig〕かつ、具体的な事実と関連する主張が提示された場合にのみ命じられうるものであろう。いずれにせよ、本件のような1つの事例において問題が完全に解決されたか否かという点については、私には疑問に思える。なぜならば、個々的には、当事者はおそらく、この「評価書類」に書かれていることを主張しないであろうし、おそらく、また、いかなる人間が銀行内部の文書作成に関わったかということも主張しないであろうから、それらを知っていることの責任が銀行に課せられることが考慮されることになる。

 連邦通常裁判所の判例が結果において水門を開き、かつ証明義務を負っている当事者〔die beweispflichtige Partei〕の単なる引用〔があればよいとする解釈〕によって開かれたZPO142条1項の適用が、「透明な」(透過性のある) 訴訟の相手方〔"gläserne" (durchsichtige) Prozessgegner〕へと導くか否かは、未確定であるように思える。いかなる事情を裁判所がその裁量の枠内において考慮するか、またそれは、どのようにして、一方では証明の利益を、また他方では秘密保持の利益を評価するのかということにかかってくる[12]。したがって、人は、さらなる展開について期待して待つことができるのである。

---

[12] イギリスの民事訴訟法も考慮して、当事者の拒否権について詳細なのは、Wagner, JZ 2007, 706, 715 ff.

## Ⅳ 証明についての法律上の改正

### 1 電子データによる証明

　ZPO は、5 つの証明手段を規定している。これらは、——法律の順序でいうと——検証による証明、証人による証明、鑑定人による証明、文書による証明、そして当事者尋問による証明である。近時、立法者は、若干の新規定を導入した。それらは証明手段のシステムを根本的に変更するものではないが、興味深いものである。

　すなわち、電子的記録〔elektronische Dokumente〕による証明が明文で規定された。立法者は、それを検証による証明と位置づけ、371 条 1 項 2 文において、電子的記録が証拠の目的物であるときは、証拠は、データの提出または送付〔Vorlegung oder Übermittlung der Datai〕によって申し出る、と規定した。その文言によって電子的記録〔という文言〕の下では電子的に蓄積されたデータと全く異なることなく理解すべきであることが明らかにされた。このデータが、文章〔Text〕になるか、画像〔Bild〕になるのか、楽曲〔Musikstück〕(オーディオデータやビデオデータ) になるのかということは、上記の条文の枠内では何らの役割を果たしてはいない[13]。また電子的記録の証明力〔Beweiskraft〕についての規定も新しく生じた。これは多くの部分につき文書の証明力についての規定を準用している。文書とは民事訴訟法の意味においては、文字による記載物〔schriftliche Erklärung〕を示すものであるから、書証についての規定は直接的に電子的記録には妥当しない。したがって、法律上の規定がどうしても意味を持ってくるのである。もちろん証明力についてのこの規定の意味においては、ある文章、すなわち常にそれに似た記載物を含んでいる電子的記録のみが考慮の対象となる[14]。

　電子的記録の証明力を規定するに際しては、立法者は資格のある電子的署名〔die qualifizierte elektoronische Signatur〕に特別の意味を置いた。つまり、記録の作成

---

13) 同旨、Stein/ Jonas/ Berger, ZPO, 22. Aufl. (2006), §371 Rdnr. 19.
14) Stein/ Jonas/ Berger, ZPO, §371a Rdnr. 7 と共に、人は、その限りで、狭い意味で、電子データということができる。

者について疑義が生じないように、かつその記録がたとえば事後的に（作成者から受領者に至るまでに）無権限者によって変更されたということがないことを確実にするある特別の暗号化技術である。電子的署名は文字による記載物における署名〔Unterschrift〕と類似した機能を営む。

　文書による証明の場合がそうであるように、法律は、電子的記録の証明力においても、私的記録と公的記録とを分けている。

　371a条1項1文によれば、資格のある電子的署名を伴って与えられている私的な電子記録には、私文書の証明力に関する規定が準用される。416条によれば、作成者によって署名された私文書は、それに含まれている記載は作成者によって作成されたものであることについての完全な証明があったことを根拠づける。証明力の前提は、文書の真正である。ZPO371a条1項2文が特別の規定を含んでいる限り、署名法による調査に基づいて生じた〔電子記録の〕真正の外観〔Anschein〕は、当該記載が署名キー〔Sigunaturschluüssel〕の所持人によって与えられたことについて深刻な疑いを根拠付ける事実によってのみ動揺させられる。このことは、たとえば、署名カードの盗難や付属の身分特定番号〔zugehörige Personen-identitätsnummer（PIN）〕のスキミングなどによって、署名キーが他の人間によって無権限で使われたような場合をねらいとしている。

　規定されていないのは、資格のない電子的署名がある私的電子記録の証明力である。それについては、署名されていない文字による文書の証明力と同様に、裁判所は、自由な証拠評価によって判断する[15]。

　公的な電子的記録の概念は、371a条2項1文が、公文書の概念を模範として定義している（ZPO415条1項）。官公庁〔öffentliche Behörde〕または公的信用を有する人間（なかんずく公証人であるが）によって、所定の様式において作成された電子的記録が問題にならざるを得ない。真正の推定（ZPO437条1項）は、資格を有する電子的署名を伴って作成されたそのような公的な電子記録には受け入れられる（ZPO371a条2項2文）。公的電子記録の証明力は、——記録の内容により—— ZPO415条（文書作成者〔Urkundsperson〕の面前で作成された記載）、ZPO417条（職務上の命令、処分または判断〔Entscheidung〕）、または ZPO418条（その他の内

---

15）　Stein/ Jonas/ Leipold, §416 Rdnr. 23.

容）に応じて判断されなければならない。公的な電子記録については従来の意味における認証謄本〔beglaubigte Abschrift〕というものはありえないから、法律にはそのために特別の規定が入れられた。ZPO416a 条によれば、管轄官庁の認証覚書を伴う公的電子記録〔der öffentliche elektronische Dokument mit dem Beglaubigungsvermerk einer zuständigen Behörde〕という表現または、裁判所の覚書を伴う裁判所の電子記録〔der gerichtliche elektronische Dokument mit einem Vermerk des Gerichts〕という表現は、署名審査（詳しくは、ZPO298 条 2 項に規定されている）については、認証謄本における公文書と同置される。

　これらの規定は、情報テクノロジーの進展によって生じた法律の間隙を埋めるものである。それらは多くの点においてむしろ、超完全主義的に〔überperfektionistisch〕に機能する。――〔しかし今の段階ではその〕実務的実証〔praktische Bewährung〕については何も言うことはできないのであるが。そのほかにもまた、立法者は、それも一緒に論じられるべきであるが、純粋の電子的文書処理〔elektronische Aktenführung〕（ZPO298a 条）も含めた電子的民事訴訟〔elektronischer Zivilprozess〕（書面に代わる電子記録についての記録、ZPO298 a 条、および裁判所の電子的記録についての規定、ZPO298 b 条を見よ）を可能にするあらゆる努力をした。またその限りでは、〔電子的民事訴訟等の〕発展も後になってみないと分からない。おそらくは、遅かれ早かれ電子的民事訴訟と電子記録は存在することになるであろう。著者のように、一定の範囲においてデータやその電子的蓄積について常に繰り返して困難に出会っている者は、これらの規定を一定の懐疑の目で考察するであろう。

## 2　他の手続における鑑定の利用

　ドイツの立法者は、繰り返して、手続の進行を促進しかつ簡素化する可能性の試みに携わってきた。2004 年の第一司法近代化法〔Das Erste Justizmodernisierungsgesetz 2004〕は、この目的のために、とりわけ、裁判所ないし（2006 年の第二司法近代化法における新しい改正によって）検察による他の手続において得られた鑑定の利用〔die Verwertung von Sachverständigengutachten〕を民事訴訟において承認する新たな ZPO411a 条を規定した。たとえば、交通事故による刑事訴訟の後に損害賠償請求権をめぐる民事訴訟が続いたような場合、それによって新たに鑑定を

することが節約できるのである。もちろん、そのような鑑定の利用は、既に従来の一般的な見解によれば、書証においては適法であった。新規定が生じさせる差異は、次の点にある。すなわち、前の鑑定の利用は、ZPO411a条を通して新たな訴訟において鑑定証拠〔Sachverstandigenbeweis〕の形になり[16]、それゆえ、たとえば、偏頗性の不安から鑑定人の忌避（ZPO406条）も可能なのである。また、当事者は、これまでの法律状態によるものとは異なって、一般的に新たに鑑定をすることを要求しうるのではなく、単に、そのための特別の理由がある場合にのみ要求することができるのである（ZPO412条）。

その規定は、制限された範囲内においてではあるが、手続の簡素化を生じる。さらになされた、刑事判決においてなされた事実認定に、それに続く民事訴訟に対しても拘束力を付与しようという提案は、激しい批判によって再び放棄された。

### 3 いわゆる自由な証明についての法律規定

上述したZPOにおいて個々的に規定された証明手段を人は、厳格証明〔Strengbeweis〕の手段といっている。長年それに対しては判例が、いわゆる自由な証明〔Freibeweis〕を対置させてきた。この刑事訴訟から受け継いだ概念でもって、証明の可能性〔Möglichkeit der Beweisführung〕が考えられているが、それは、法律に規定されているものとは異なった証明手段も許しているし、また、そこでは証拠調べについての形式的な規定は守られていない。したがって、自由な証明〔という制度〕が適用される限り、たとえ文字で書かれた証人の証言〔Zeugenaussage〕という法律上の要件が存在しなくても、作成者の文字で書かれた供述や電話による供述〔schriftliche oder auch telefonische Aussagen〕を取り調べることも適法である。また、官庁の報告〔behördliche Auskünfte〕や、当事者または第三者の宣誓に代わる保証も自由な証明の手段といえる。判例は、訴訟上の問題について自由な証明を適法であるとしているが、それは、なかんずく、訴えの適法要件（たとえば当事者の訴訟能力）または上訴（たとえば、期間内の提起）が問題になっている場合である。文献においては自由な証明の理論は批判されている

---

16) 詳しくは、Stein/ Jonas/ Leipold, §411a Rdnr. 19. 22, 27.

が、私見によれば、それは正しいと思う。なぜならば、訴訟上の要件は理由具備性の要件と同じように重要でありうるのであり、そしてなぜここで、いわゆる厳格な証明と結びついている手続保障が妥当しないのか、または制限的にしか妥当しないのかということが、調べられていないからである。2004年の第一司法近代化法によって、284条に自由な証明は法律的に規定されるべきであるとする2文ないし4文が付け加えられた。当事者の合意があれば、裁判所は、適切であると思える方法において証拠を調べることができる。しかし、いかなる観点において法律規定から乖離しうるかということは、もちろんこれによっては不明瞭なままである。手続基本権〔Verfahrensgrundrechte〕、とくに法的審問請求権〔der Anspruch auf rechtliches Gehör〕は、いずれにせよ認められなければならない。しかしたとえば既に言及した書面によるあるいは電話による証人質問〔Zeugenbefragung〕は、おそらくは、証拠調べの当事者公開を放棄するものである。

　新しい法律規定はいわゆる自由な証明を当事者の合意の下において、訴訟上の問題に制限しておらず、したがって、訴えまたは上訴の理由具備性の事実上の要件についても認めている。著者のように、法律上の基礎のない自由な証明について否定的に対立する者は、新たな規定を限定的なもの〔abschließend〕と見ることになるであろう。しかし、判例が異なった論証を行い、かつ新しい規定は自由な証明の従来の適用領域を単に拡大したいだけであるという理由づけでもって、訴訟上の要件については当事者の合意がなくても自由な証明を維持することはまったく可能であろう。これに関しての実務の経験はまだ提出されていない。

## V　違法に収集された証拠方法の取扱い

### 1　例

　近年、連邦通常裁判所と連邦憲法裁判所が取り組んだ2つの事例は、問題点の具体的な説明を簡潔に描写するものである。それらは、判例の更なる展開についての例であり、またそれと同時に、憲法や連邦憲法裁判所の判例が長年民事訴訟法において行使してきた強力な影響力の例なのである。

(a)　電話漏れ聞き事件[17]

　原告は被告から中古車を買ったが、引渡しから程なくして瑕疵があるとのクレームを付けた。これについては当事者間で、何度かの電話での話し合いがなされたが、その内容については個々的に争いがあった。買主は結局売主に対し売買契約の解除〔Rückabwicklung des Kaufvertrages〕を訴求した。原告はとりわけ、彼と売主（すなわち被告）との間の電話でのやりとりにおいて、売買契約は合意に基づき〔einverständlich〕破棄されたことを主張した。そのための証拠として、証人として彼の母親の取調べを申し立てた。彼女はこの会話を一緒に聞くことができたからである。なぜならば、電話は大きなボリュームで設定されていたからである。母親は、区裁判所における第1審でも、控訴裁判所としての地方裁判所においても、〔証人として〕取り調べられた。控訴裁判所は、訴えを認めた。なぜならば、電話でのやりとりにおいて、当事者間で売買契約の解消につき合意に至ったという母親の供述は信用できるとされたからである。供述の利用に対しては、控訴裁判所は疑問を抱かなかった。なぜならば、会話は秘密の性質をもつものではなく、かつ被告も会話が漏れ聞かれることを計算に入れておかなければならなかったからであるというのである。この判決に対して被告は、基本法1条1項と結びつく2条1項による一般的人格権侵害〔die Verletzung allgemeines Persönlichkeitsrechts〕を主張して、連邦憲法裁判所に憲法異議〔Verfassungsbeschwerde〕を提起した。

(b)　DNA父性分析事件〔Der DNA-Vaterschafts-analyse-Fall〕[18]

　子供の母親とは婚姻していなかった原告は、子供（後の被告）の出生後まもなく、この子供に対する父性を法的に有効に認めた。何年か後になって、原告が、証明書能力が低下〔verminderte Zeugnisfähigkeit〕していることについての鑑定を支えとして提起した父性の否認の訴え〔Klage auf Anfechtung der Vaterschaft〕は既判力をもって排斥された。原告はそのすぐ後に、あらためて、〔父性の〕否認の訴え〔Anfechtungsklage〕を提起し、DNA父性分析の結果を理由として主張した

---

17）BVerfGE 106, 28 = NJW 2002, 3619.
18）BGHZ 162, 1 = NJW 2005, 497.

が、その分析は、子供の母親の認識も合意もなく依頼されたものであった。母親は、もちろん被告たる子供に対する保護権〔Sorgerecht〕を有していた。原告は、DNA鑑定の基は、自らの唾液と被告によって使用されたチューインガムであると主張した。鑑定によれば、100％の確率をもって、第一のサンプルの提供者は、第二のサンプルの提供者の父親であることは否定されていた。訴訟においては、鑑定の利用については、被告たる子供の法定代理人は異議を述べていた。訴えは第1審および第2審において功を奏さなかった。なぜならば、両裁判所とも、当該鑑定は、情報についての自己決定権〔Recht auf informationelle Selbstbestimmung〕としての形態における一般的人格権〔GG2条1項〕の侵害のゆえに利用できないとしたからである。連邦通常裁判所はこの問題について上告の枠内で判断しなければならなかった。

　ひとはおそらく、原告によって提出された私的鑑定〔Privatgutachten〕がなぜそのように決定的に重要であるのか、そして、職権によって父性に関して鑑定を入手するのは裁判所のマターではないのか、とりわけ、ここで提示されているような親子事件（ZPO640条2項2号）では、弁論主義ないし提出主義〔Verhandlungs- oder Beibringungsgrundsatz〕ではなく、職権探知主義が妥当するのではないか（ZPO640条1項に基づく616条1項、617条準用）と問うであろう。しかし、父性否認の訴えを提起する者は、通説によれば（決して問題がないわけではないが）、最初の疑念〔Anfangsverdacht〕を説明しなければならず、したがって、父性についての疑い〔Zweifel〕が生じた具体的な状況を詳しく述べなければならない[19]。それに成功しなければ、訴えは、既に首尾一貫性の欠如のために、裁判所か、とくに専門家の鑑定〔Sachverständigengutachten〕の取り寄せによる証拠調べに入ることなく、排斥されるのである。この具体的事件においては、訴えを提起した者は、まさに秘密裏に取得したDNA鑑定以外の最初の疑念を根拠づける資料を利用することはできなかったのである。

---

19) この判例は、DNA鑑定についての問題との関係で、対立的に議論されている。連邦通常裁判所は、ここで挙げたNJW 2005, 49とBGH NJW 2006, 1657, 1658において、最初の疑念の説明についてこれまで要求されてきた高度の要求は、再検討されなければならないことを明らかにしている。

## 2　証拠方法の違法な取得の結果としての利用禁止という原則的可能性

　上述した事例においては、民事訴訟において、当事者によってその都度提出される証拠方法に対して、証拠利用禁止という形での障害が対立するのか否かということが問題となっている。裁判所は、一般的証拠要件〔allgemeine Beweisvorausetzungen〕が存在しているときには、原則としてすべての提出された証拠を取り調べなければならない。換言すれば、当事者には、証明についての権利〔Recht auf Beweis〕が生じるのである。証拠方法が違法に取得された場合にもこのことが妥当するか否かについては、法律には規定がない。この問題は既に長年にわたって議論されてきた。今日の判例や文献における全くの通説は、訴訟における真実の調査は他の法原則に対して無条件に優先するものではあり得ないというところから出発しており、従って、原則としてある証拠方法につき、それが違法な方法で調達されたり取得されたりした場合には、利用できないことを宣言することも可能であるとしている[20]。

　もちろん利用の禁止は、〔証拠の〕取得行為についての実体的違法判断〔materielle Rechtswidrigkeitsurteil〕から生じる論理的に強制する効力〔logisch zwingende Kraft〕に従うものではない。しかし、そのことは、違法に入手した地位の利用は不適法であり、かつ合法的な状態〔rechtmäßge Situation〕が再び作り出されなければならないという、ひとつの一般的な法原則を示している。このことに到達するために、実体法は、適切な方法として、引渡しや、結果除去〔Folgenbeseitigung〕、損害賠償等の請求権を認めている。証拠方法が問題となる場合には、この法的保護を貫徹するためには、利用禁止は適切な法律効果である。違法に取得された証拠方法の利用を可能にすることは、さらに、法秩序を、取得行為〔Erlangungshandlung〕についての否定的価値判断に関して、矛盾した、ないしは首尾一貫しないものとして見せてしまうような、違法な行為にとっての刺激を喚起することになるのではあるまいか。

　しかし、証拠方法の調達や取得の際の法規範の侵害をすべて、その目的から証拠利用禁止によって補充されるべき否定的判断〔Unweturtel〕へと導く必要は

---

20) 実証を伴って総括的に、Stein/ Jonas/ Leipold, ZPO, 21. Aufl., §284 Rdnr. 56 ff. このことは、もちろん今日において、全く争いがないということではない。

ない。正しいのは、単に、この法律効果が侵害された規範の意味や目的、保護の方向に合致するときにのみ、違法に取得された証拠方法の利用を排除することであるように思える。結論的には、多くの判例が指摘しているように、このことは肯定されているのである。証拠方法の違法な取得が利用禁止へと導かれるということは、むしろ例外としての基準を示すものである。もちろん時には、考慮の対象となる規範の目的についてはさまざまな見解を主張することはあるであろう[21]。〔しかし事例によっては〕そもそも証拠方法の取得の違法性〔の問題〕といえるのか否かという点に既に問題があることもまれではない。もし電話の際に〔相手方に聞こえてもいいかという点につき〕問わないままで他の人間に漏れ聞かせたような場合に、会話の相手方〔Gesprächspartner〕に対して法的侵害があるか否かについては争うことができる。同様に、いわゆる父親とされている者が、子供の承諾なくして父性に関してのDNA鑑定をさせたということによって子供の権利を侵害したか否かということは、初めから明らかである訳でもない。〔ここでは〕例としてあげた両方の事件におけるように、一般的人格権の侵害の可能性が問題となっている。そして、通説によれば、証拠方法の利用について判断するためには個々の場合における利益衡量〔Güter- und Interessenabwegung〕が必要となる。

## 3　電話漏れ聞き事件の判断

　一般的人格権の保護の一部分として、自己の発した言葉について支配する権利〔ein Recht am eigenen Wort〕が認められるべきであるということは、以前から認識されていた。この権利は人格の自己表現〔die eigene Darstellung der Person〕につ

---

21）BGHZ 153, 165 = NJW 2003, 1123 = JZ 2003, 630（Leipoldの反対評釈がある）の判例が、新しい例を提供している。ここでは、後の民事訴訟における当事者が、それに先行する刑事手続においては、警察によって規則通りに、供述拒否権について説示されなかった。供述調書はそれゆえ、刑事訴訟においては利用できないものとみなされた。そして当事者は刑事訴訟においては無罪が言い渡された。民事訴訟においては、それに対して、連邦通常裁判所の見解によれば、利用禁止は生じないとした。いずれにせよ、刑事訴訟における確定した無罪判決にはよらないのである。しかし、私の見解によれば、取り調べられる者〔Vernommenen〕を予想される強制の下に十分に考えることなくなされる供述から保護するという説示規定の規範目的は、民事訴訟においても利用禁止を肯定することに賛意を表しているのである。

いての自己決定を保障するものである。またそれは、会話の内容につき、会話の相手方だけがアクセスできるのか、また他の人間でもいいのか、あるいは公衆までもいいのか、ということは〔言葉を発する者が〕自ら決めるということも包含している。内緒で行われた録音テープへの録音はそれゆえ、原則的に違法であり、自己の言葉について支配する権利に侵害を受けた者の意思に反し、また民事訴訟においても証拠方法としては使えないのである。このことは、使用者（ないし上官）が被用者との2人だけの会話を後者の意思に基づかないで、録音テープに録音し、これを後に（たとえば、雇用関係の解除についての訴訟において）証拠方法として利用しようとした事件において、何度も繰り返し判断がなされた。しかしここで問題となっている事件においても自己の言葉について支配する権利の侵害があるか否かについては、さまざまな理由から疑うことができる。人は、その会話は、内容からいって秘密の性質をもつものではなかったし、また、電話での会話の声が大きいこともしばしばあることでありかつ十分日常的なことであるといった観点からいって、会話の相手方は、第三者がその会話を漏れ聞くこともあることを計算に入れておくべきであったと、反論することもできるであろう。〔実は〕民事裁判所は、具体的な事例においてそのように論じたのである。その際には裁判所は、今まで、仕事の内容を伴う電話での会話に際しての第三者による電話の漏れ聞きは、技術の発展やそのような行動が日常的であることに鑑み、秘密性がとくに保護されていたとか、具体的事情によればそれが期待され得たような場合でない限り、それは許されるとする通説に依拠することができたのである。連邦憲法裁判所は、このような考察方法には従ってはいない。連邦憲法裁判所は、一般的に漏れ聞きをさせることについては関係者の同意〔Einwilligung des Betroffenen〕を要求したのである。たとえ秘密の漏れ聞き〔das heimliche Mithören〕が特定の領域、たとえば商取引においてはしばしば行われ、あるいは全く日常的である場合であっても、連邦憲法裁判所の見解によれば、会話の相手方が漏れ聞きに異議を述べていなかったということでは十分ではないのである。たしかに連邦憲法裁判所は黙示の同意も可能であるとしているが、ここでは、自己決定の憲法上の保護において厳格な要求をしているのである。その要求はここでは満たされていない。

　たとえ原則的に、漏れ聞きを許すことは会話の相手方の同意がある場合にの

み正当であるとしても、人は、それが、裁判所での議論のために証拠方法を確保することに資する場合には、このような行動は適法であるとみられる、と考えることも可能であろう。人が裁判所による利用という点にアクセントを置くときは、真実を探求するという目的は、基本権に対する介入を正当化しうるという議論をすることができるであろう。しかし連邦憲法裁判所は、そのような衡量――それはすでにこれまでの通説と一致するものであったが――を明確に拒否した。右裁判所はたしかに、〔一般論として〕憲法上保障された法的審問請求権（GG103条1項）も要求しているように、裁判所は真実を探求するために当事者によって申し出られた証拠を考慮しなければならない旨を強調している。しかし連邦憲法裁判所は、きちんと機能する民事司法という一般的な利益〔das allgemeine Interesse an einer funktionstüchtige Zivilrechtspflege〕というものは、一般的人格権と同等ないしそれ以上の重要性を与えるためには十分ではないとした。したがって、単に証拠方法を民事法上の請求権のために確保するという利益のみでは、漏れ聞かせと結びついた語られた言葉についての支配権〔das Recht am gesprochenen Wort〕への介入を正当化するためには十分ではないというのである。〔ただ〕連邦憲法裁判所も強調しているように、証明者〔Beweisführer〕が、まさにそれへの介入が人格権への侵害として排斥されうるような、正当防衛的地位〔Notwehrlage〕ないし正当防衛類似の状態〔notwehrähnliche Situation〕にあるときには、それとは異なったものとなりうるであろう。たとえば、匿名の中傷または恐喝的な脅しがあったような場合である。ここで取り上げた事件においてはそのような状況は疑いなく存在はしなかった。

連邦憲法裁判所が、広まっている日常性〔という概念〕によって〔kraft verbreiteter Üblichkeit〕電話での会話の漏れ聞かせの適法性を拒否したことによって、過大な要求をしすぎたのではないのか否かということについては、人はさまざまに判断しうる。ただ実務的な帰結としては、第三者に漏れ聞きを可能にしようとする者は、会話の相手方に対し、常に明示的に、この点について指摘しなければならないということにならざるをえないであろう。〔これに対して〕もし会話の相手方が、異議を唱えない場合には、黙示的同意があったものとしてもよく、後の証拠利用禁止も排除されることになる。

### 4 DNA分析事件の判断

　DNA分析事件においては、偏頗なき考察をする場合には、ここで違法な証拠取得による利用禁止ということがそもそも問題になるのかということは初めから疑わしい。鑑定のために必要な基礎〔Grundlagen〕（唾液の検査〔Speichelprobe〕と使用されたチューインガム）の取得に対しては、異議を持ち出す余地はない。いわゆる父親によって申し立てられた鑑定によって、彼が本当にその子供の生みの親かどうかを解明してもらうのは、彼の当然の権利ではないのか。しかし連邦憲法裁判所は、憲法上保護された人格権から長年にわたって、情報の自己決定の権利を導いてきた。それによって、すべての者は、自ら、誰にその人格に関するデータを利用させるかについて判断することができるということを意味している。検査の試みがそこから出発するDNA分析において確定されるべき個人のDNA同一性確認標本〔DNA-Identifizeirungsmuster〕は、そのようなデータを示している。よって、その検査と利用は関係者の同意がなければ、情報の自己決定権への介入となる。もちろんそれに対しては、原則として、父性についての知識を保持するという人の正当な利益が対立する。自己の父性が存在するかまたは父性が存在しないかということについての知識を得る権利もまた、一般的人格権から導かれうるものであり、したがって憲法上保護されるのである。

　それにもかかわらず、ここからは、連邦通常裁判所の見解によれば、情報の自己決定についての子供の権利へ介入することについての正当性は生じてはいない。なぜならば、自己の父性が存在するかまたは父性が存在しないかについての知識を得る権利は、より高い価値を有するものとはみなされ得ないから、というのである。

　連邦通常裁判所の判例に対しては、いわゆる父親が連邦憲法裁判所に憲法異議をなし、彼の一般的人格権の侵害があると不服を申立てた。しかし連邦憲法裁判所の見解[22]によっても、秘密裏になされたDNA鑑定の結果を現行法の父性否認手続において裁判上利用しないことは憲法に適合するものとされた。連邦通常裁判所によってなされた情報上の自己決定についての子供の権利と人の父性の認識についての権利との間の衡量はその限りで承認された。

---

22) BVerfG NJW 2007, 753.

ところで、ここから法律関係が複雑になる。連邦憲法裁判所は、連邦通常裁判所と同様に、いわゆる父親に対して、その父性を法的意味において処理することを拒んだことにつき何ら疑問を抱いてはいない。しかるに連邦憲法裁判所は、遺伝学上（生物学上）の父性の解明が継続して不可能であることも憲法と調和するか否かという問題をこれと区別している。連邦憲法裁判所は、遺伝学上の父性を知ることについての父親の権利が憲法上保護が認められていることを強調しているのである。〔そこで〕いわゆる父親に対しては彼の遺伝学上の生みの親であることについての明確性を得る可能性はないという結論は、連邦憲法裁判所の見解によれば受け入れ難いものである。連邦憲法裁判所はむしろ、立法者は、法律上の父親の彼の子供の血脈を知ることについての権利の実現のために、父性の確定のためだけの適切な手続を作らなければならないと判示した。立法者は、換言すれば、その手続が必然的に法的意味における父性に対し影響を及ぼすことがないようにして、遺伝学上の父性の確定を可能にしなければならないのである。連邦憲法裁判所は、そのために、2008年3月31日までの期限を与えた。

　連邦政府は、そのことを計算に入れ、最近、〔父性〕**否認手続から独立した父性の解明に関する法律**〔Gesetz zur Klärung der Vaterschaft unabhängig vom Anfechtungsverfahren〕の草案を提示した[23]。血脈を知る権利をこれまで斟酌されていたよりも改善するために、この草案では、家族メンバー（法律上の父親、母親および子供）に、血脈の解明のための遺伝学上の検査についての同意請求権と、検査のための適切な試み〔geeignete Probe〕の実施の受忍請求権とを容認した。この請求権は、裁判所においても貫徹されるべきものである。遺伝学上の検査が、父親と子供との間に実の血脈がないという結果になった場合、通常は、たとえ当初はそのために妥当する期間が既に過ぎていた場合であっても、父性否認の訴えの提起は改めて可能となる。この法律草案の詳しい論証は、本講演の枠を超えるものであろう。

---

23）草案の文言は、FamRZ 2007, 1299 に掲載されている。これにつき、Willutzki ZRP 2007, 180 を見よ。批判的なのは、Frank/ Helms FamRZ 2007, 1277.

## VI 結び

　この講演で私は、ドイツにおける証拠法の新しい展開からの展望についてのみ報告をした。さらに、素材の選択は強度に主観的なものであった。それはつまり、講演者の学問的興味から素材が選ばれたということである。しかし、民事訴訟における証拠法の中心的な意味と、この法領域の活力〔Dynamik〕が明らかになったことを願うものである。

　〔**参照条文**〕　若干の、新しい、ないし改正されたドイツ民事訴訟法の規定
　**第 142 条〔文書提出命令〕**
⑴　裁判所は、当事者が引用した、当事者また第三者がその所持する文書〔Urkunden〕およびその他の書類〔sonstige Unterlagen〕を提出することを命じることができる。裁判所は、そのための期間を設定し、かつ、提出された書類は、裁判所が設定した期間中事務課に備え置くことを命じることができる。
⑵　第三者は、提出が期待できないかまたは、第 383 条ないし第 385 条によって証言拒絶の権限を有する限り提出を義務づけられない。第 386 条ないし第 390 条はこの場合に準用する。
⑶　裁判所は、外国語で書かれた文書に、州司法行政庁の基準〔Richtlinien der Landesjustizverwaltung〕によって権限を与えられた翻訳者によって作成された翻訳を添付することを命じることができる。その翻訳は、翻訳者によって書面で証明された〔bescheinigt wird〕ときは、正しくかつ完全なものとみなす。証明書は、翻訳の上につけ〔auf die Übersetzung gesetzt werden〕、翻訳の場所と日付および翻訳者の地位〔Stellung des Übersetzers〕を掲げ、かつ翻訳者によって署名されなければならない。翻訳の誤りないし不完全性の証明は許される。第 1 文による命令は、第三者に対してはすることができない。

　**第 144 条〔検証、鑑定人〕**
⑴　裁判所は、検証または鑑定人による鑑定を命じることができる。裁判所は、この目的のために、当事者または第三者に対し、その所持する目的物の提出を課し、かつ、このための期間を設けることができる。裁判所は、住居に関するものでないかぎり、第 1 文による処置の受忍を課することができる。
⑵　第三者は、このことが期待できず、または、第 383 条ないし第 385 条によって証言拒絶の権限がある場合には、提出または受忍の義務を負わない。第 386 条ないし第 390 条はこの場合に準用する。
⑶　この手続は、申立てによって命じられた検証または鑑定人による鑑定の実施が対象と

なっている規定に従う。

#### 第284条〔証拠調べ〕
　　証拠調べおよび証拠決定による特別の証拠調べ手続の命令〔die Anordnung eines besonderen Beweisaufnahmeverfahrens durch Beweisbeschluss〕は、第5節ないし第11節の規定によって定める。当事者の同意があるときは、裁判所は自ら適切であると思う方式において証拠を取り調べることができる。同意は、個々の証拠調べに限定することができる。同意は、引用された証拠調べの前に訴訟状態が根本的に変わった場合にのみ撤回することができる。

#### 第371条〔検証による証明〕
(1)　検証による証明は、検証の目的物を示し、かつ証明すべき事実を摘示して申し立てる。電子記録が証拠の目的物であるときは、証明は、提出またはデータの伝達により行う。
(2)　目的物が証明者の主張によれば、その占有にないときは、証明は、その他、いっぽう目的物の提出のための期間を定めるよう申し立てるか、または、第144条による命令によってなす。第422条ないし第432条はこの場合に準用する。
(3)　一方当事者が、彼に期待しうる検証の実施を妨げたときは、相手方の目的物の性状についての主張〔die Behauptungen des Gegners über die Beschaffenheit des Gegenstandes〕は、証明されたものとみなすことができる。

#### 第371a条〔電子的記録の証明力〕
(1)　資格ある電子署名が与えられている私的な電子的記録については、私文書の証拠力に関する規定を適用する。電子的な形式で提出された記載物〔eine in elektronischer Form vorliegenden Erklärung〕が真性であるとの外見〔Anschein der Echtheit〕は、その記載物が署名キーの所持人によって作成されたことについて、重大な疑い〔ernstliche Zweifel〕を根拠づける事実によってのみ動揺させることができる。
(2)　官公庁〔öffentliche Behörde〕によってその職務権限の範囲内で作成され、または、公的信用が付与された者〔eine mit öffentlichem Glauben versehene Person〕によって、彼に与えられた業種の内部において法で規定された形式によって〔in der vorgeschriebene Form〕作成された電子的記録（公的電子的記録）には、公文書の証明力に関する規定を準用する。記録が資格ある電子署名を伴っているときは、第437条を準用する。

#### 第411a条〔他の手続でなされた鑑定人による鑑定の利用〕
　　書面による鑑定〔die schirftliche Begutachtung〕は、他の手続において、裁判所または検察官が入手した鑑定人による鑑定〔Sachverständigengutachten〕によって、代替することができる。

#### 第416a条〔公的電子的記録による言葉の証明力〕
　　第371a条によって、官公庁がその職務権限の範囲内で作成し、または、公的信用が付与された者が、彼に与えられた業種の内部において法で規定された形式によって作成した、認証メモが付された公的電子的記録の言葉〔Der mit einem Beglaubigungsvermerk

versehene Ausdruck eines öffentlichen elektronischen Dokuments〕、および、第 298 条 2 項による管轄権を有する裁判所のメモが付せられている裁判所の電子的記録の言葉は、認証謄本における公文書と等しいものとする。

### 訳者付記

1　2007 年 10 月 13 日に慶應義塾大学において、フライブルク大学法学部ディーター・ライポルト教授を招いてセミナーが開催された。本稿は、そこでの教授の報告原稿「民事訴訟における証明と違法に収集された証拠方法の取扱い――ドイツ法における新たな展開について―― Die Beweisführung im Zivilprozess und die Behandlung rechtswidrig erlangter Beweismittel ―― zu einigen neueren Entwicklung im deutschen Recht ―」を翻訳したものである。

　本報告は、大きく 3 つの部分からなっており、第一は、ドイツ証拠法の概説部分であり（Ⅰ・Ⅱ）、第二は、証拠法に関し 2001 年の民事訴訟法の改正規定を中心に、ドイツにおけるその解釈論と問題点とを的確に指摘された部分である（Ⅲ・Ⅳ）。そして第三は、ドイツ民事訴訟に明文規定のない、違法収集証拠の取扱いについての近時の連邦通常裁判所および連邦憲法裁判所の判例を中心に、ドイツにおける最新の議論を紹介され、私見を展開された部分である（Ⅴ）。いうまでもなく、報告の中心は、第二と第三の部分である。

2　そこで、上記第二、第三の部分につき、個別的にみていこう。Ⅲにおいては、142 条の改正規定が興味をそそる。これによると、相手方当事者または第三者が文書を占有している場合は、申立当事者が当該文書を引用するだけで、裁判所は、文書の提出命令を出すことができるようになっている点である。この点、近時わが国でも、とくに金融機関が作成した稟議書につき文書提出命令が申し立てられた事件についての下級審裁判例が相次いで出されており、また最高裁判例もいくつも出されている（たとえば、民事訴訟法判例百選〔第 3 版〕79 事件、およびそこで触れられている判例参照）。そしてこれらの最高裁判例の態度を一般的にいえば、この種の文書の提出命令については、かなり厳格な態度をとっているといえよう。この点、本報告で説明されているドイツの新規定との差異は明らかである。セミナーでは、この点について議論がなされたが、ライポルト教授によると、この規定はまさに、内部文書に当たるようなものでも提出させることを意図しているとのことである。すなわち、ドイツの新規定は、相手方当事者が文書を所持しているときは、ほぼ無制限に文書提出命令を申し立てうるような内容となっており、逆に、将来的には、ドイツでは、文書の所持人の文書提出命令に対する利益保護

はいかにあるべきか、という問題が新たな問題として浮上してくるであろう。ライポルト教授自身、この条文の体裁には懐疑的であり、制限的に解釈すべきことを提唱されている。

3　次にⅣであるが、そこでは、「電子データによる証明」「他の手続における鑑定の利用」「自由な証明」に関するドイツの新規定が説明されている。ドイツ法は、電子的記録による証明を検証による証明と位置づけているようであるが、報告で述べられているように、形式的証拠力の点などは、実質的には、書証に近い形になっている。わが国では電子記録による証明についての詳細な規定はないが、おそらくは、ドイツ民訴法における新規定のような解釈で処理されているのではないか、と思われる。もし立法化する場合には、このような規定は1つのモデルになるであろう。

　次に、他の手続における鑑定の利用についてであるが、たしかに、この手続により、手続の簡素化と迅速化はある程度達成できるであろう。しかし、民事訴訟とは異なった目的をもつ他の手続においては、当然に重点の置き方が民事訴訟のそれとは異なるのであり、そこでの鑑定がそのまま証拠になるという扱いについては、わが国ではかなり抵抗が強いのではあるまいか。

　第三の自由な証明の妥当領域に関してはわが国には明文規定はない。しかし、ライポルト教授も指摘されているように、その適用領域を訴訟要件に限定するにしても、本案の要件との違いはそれほど大きくはないのであり、ここに自由な証明を妥当させるということの合理性は必ずしもない。また、法的審問請求権侵害の問題もあり、わが国では、このようなドイツの新法のような規定については拒否反応が強いのではないかと思われる。

4　Ⅴでは、いわゆる「電話漏れ聞き事件」と「DNA分析事件」とを取り上げて、違法収集証拠の取扱いの問題が論じられている。電話漏れ聞き事件については、連邦憲法裁判所は、一般的に漏れ聞きをさせることについては、関係者の同意を要求している。すなわち、同裁判所は、適正な民事裁判という利益は、語られた言葉についての話者の支配権への介入を許すものではないとしており、自己決定の憲法上の保護を前面に押し出している。その結果、ドイツの実務では、第三者に漏れ聞きを可能にしようとする者は、会話の相手方に対して、常に明示的にこの点を指摘する義務が課せられることになるが、このような扱いがわが国で受け入れられるか否かついては、かなり議論が生じると思われる。

　またDNA分析事件では、いわゆる父親であると主張されている者が、自己の唾液と、子供がはき出したチューインガムについていた唾液とを用いて、DNA鑑定をさせた結果、両者間には100％の割合で、父子関係が存在しない旨が確定された

が、このような DNA 鑑定の結果が訴訟上証拠能力を有するか否か、という点が問題となった。この点、連邦憲法裁判所は、この事例につき、情報の自己決定権への介入になるとして、その鑑定結果は裁判上利用し得ないものと結論づけた。ただ、父親が自己の父性の有無を知る権利も子の有している情報の自己決定権と同じく、憲法上の一般的人格権から導かれるとしており、理論的な問題として、なぜ、子供の自己決定権が父親の父性を知る権利に優先するのかという点の説示については、若干疑問がわくであろう。ただ、ライポルト教授の報告にあるように、このような父性を知る権利を実効性あらしめるために、父性の解明に関する法律草案が公表されているようである。これは、検査に対する同意権と検査のための適切な試みの実施についての受忍請求権を認め、そのための手続を定めるものであり、DNA 鑑定の結果を適法な証拠資料とするための方法を定めたものということができるであろう。もっとも、この DNA 分析事件は、そもそも分析に使われたチューインガムが本当に子供が嚼んだ後のものか否かの証明がなかった事件である。すなわち、その点で既に、父性を否定した鑑定の結果はかなり疑わしいものであり、実は、情報の自己決定権の有無を判断する前に、証拠価値なしとして排斥しうるような事件であったように思われる。

　ただ、これら一連のドイツでの裁判所の態度をみれば、わが国で問題となった、無断でなした録音テープの証拠能力が争われた事件において、「その証拠が、著しく反社会的な手段を用いて、人の精神的肉体的自由を拘束する等の人格権侵害を伴う方法によって採集されたものであるときは、それ自体違法の評価を受け、その証拠能力を否定されてもやむを得ない」とし（東京高判昭 52・7・15 判時 867 号 60 頁）、いわゆるドイツでいう情報の自己決定権よりも、むしろ真実発見という適正な裁判の実現という利益を重視している態度とは、明白なコントラストをなすものといえよう。

5　以上見てきたように、このセミナーを通して、ドイツ民事訴訟法における最新の議論状況を知ることができたとともに、ドイツ法を母法とするわが国民事訴訟法ではあるが、ドイツと共通点もあるが、条文解釈、民事訴訟実務においては、彼我大きな差異があることが明らかになった。法学における国際的学術交流の目的の一端が、外国法に関する最新の知識を得て、それに基づいて議論をすることにより、それぞれの国の法制度の同一性と異質性をお互いが認識することにあるとするならば、今回のセミナーでは、この目的はかなりの程度達成できたといえよう。報告の後の質疑応答では、ライポルト教授は、訳者の拙い通訳にもかかわらず、質問の趣旨を的確ご理解いただき、丁寧に答えてくださることにより、共通の議論の土台を形成するよう努力してくださった。このことに対して、心から

感謝申し上げる次第である。なお、訳文中〔　〕は、訳者が自己の責任で補った部分である。

最後に、本セミナーの開催については、慶應義塾大学小泉基金、および、手続法研究所から温かいご援助を賜った。ここに記して感謝申し上げたい。

初出：法学研究80巻11号71頁以下（2007年）

第4章

# 民法改正(630a 条から 630h 条)が ドイツ医師責任訴訟における 証拠法に及ぼす影響

ハンス・プリュッティンク

芳賀雅顯／訳

## I 2012年までの法状況

　医師と患者との契約は、ドイツ法上、これまで100年にわたりとくに規定されてこなかった。この契約は、民法611条に基づく雇用契約の特別な方式として扱われてきた。もちろん、判例は、数十年かけて医師の行為に関して特別な付随義務を判例法上発展させてきており、その限りにおいて双方の契約当事者の義務を具体化してきた。このことは、とりわけ、診療行為の経過に関する情報提供義務、危険に関する医師による説明、身体的侵襲が生ずる場合における患者の同意の取得、医師による診療行為に関する経過の文書化、および医師の黙秘義務についていえる。もっとも、医師と患者間の契約関係の形成において、判例法上一番目を引くのは、医師責任訴訟において特別な証拠規則または証明責任に関するルールを設けたことである。そのような証拠法上の特別ルールは、損害を被った患者が損害賠償請求訴訟において、一般的なルールに基づき、医師の過誤、損害、因果関係および医師の帰責性を証明しなければならないという問題に対処するものであるとされた。初期の頃は、訴えを提起した患者らは、しばしば、これらの証明の要求が〔高いことが〕原因で敗訴した。このことは市民に対して、医師責任訴訟では患者は勝訴の見込みが非常に少ないとの印象を与えた。また、訴訟において裁判所に鑑定人として呼ばれた医師は、患者らにとって有益な証拠方法であることよりも、むしろ同僚を擁護しているのではないかとの危惧を抱くことによってもまた、多くの人々は先に述べた印象を強く

もった。

## II　2013年患者の権利に関する法律

### 1　立法経過

　ドイツでは学説および実務において、患者の権利の強化および判例における展開を法律にまとめ上げることについて、長期間にわたり激しい論争が繰り広げられてきた。およそ20年前、ドイツのいくつかの州では、法案提出の準備に向けた努力がなされた。もっとも、10年前に、連邦司法省および連邦保健省は、法律による法典化は必要ないと明言した。当時は、"ドイツにおける患者の権利——患者と医師のための入門書"というタイトル付きの、患者へのパンフレットで十分であると考えられていたのである。しかし、2011年および2012年には、立法者は見解を改めた。2011年11月16日に転換点となる文書が公表され、2012年には報告者草案と政府草案がこれに引き続いた。そして、これらをもとに、2013年2月20日の患者の権利に関する法律が公布され（BGBl. 2013 I S. 277）、2013年2月26日に施行となった。この法律は、民法630a条から630h条までにかけて、医師の診療契約について独立したルールを設けた。立法理由書によると、立法者は、異なった法領域にわたって数多くの規定が不完全な形で定められていた患者に関する権利を、統一的に1つの法律にまとめることを達成しようとしていた。それによって、医療に関わる者が法状況を認識し、権利を追求することが容易になるとされた。したがって、総じてこの法律は、法的安定性や法的明確性をより一層もたらすことを意図していた。

### 2　法律に対する評価

　この新しい患者の権利に関する法律は、実務および学説において広く批判にさらされている。しばしば、この法律は必要なかったと指摘されている[1]。この専門領域においては、判例による法の発展は一般に知られているところであった。〔判例を通じて〕法が継続的に発展形成されていることが確認されてい

---

1)　Katzenmeier, NJW 2013, 817, 722.

ると、常々指摘されているところであり、また、この専門領域においては、法律上の規範が欠けていても不都合はないと考えられていた。また、この法律によって、法的安定性と法的明確性が著しく増すとの考えも批判を浴びている。いずれにしても、この法律は、私法上の契約問題のみを扱うものであり、社会法上、職業法上および刑法上の諸問題を扱っていない。また、私法上の領域でも規律は完結していない。そのため、たとえば、法律には、医師と患者との間の信頼関係にとって非常に重要な、医師の黙秘義務は規定されていない。とくに、専門家から批判を受けたのは、純粋に〔判例による〕法形成によって生じた領域が、そのような方法で法律により法典化されることを通じて、厳格に固定化されてしまうことになるという点である。なぜなら、成文法は判例法よりも、はるかに柔軟性に欠けるからである。まさに健康に関する部門は、医学の発展が非常に多彩かつ進展が速く、その結果、制定法を設けることはかえってブレーキとなってしまうことの証左となりかねないとされた。

　法律に対するそのような批判は、ほとんど説得性を有しないと反論することができる。また、成文法も、裁判官による法形成を認めている。さらに、立法者がそのような法典化を決めたのであるならば、明確性についての些細な点を問題とすべきではないだろう。

## 3　法律の内容

　立法者は、まず、民法630a条において、診療契約に関する通常の主たる義務を定めた。そして、立法者は、民法630b条において、以下に述べる特則が介入しない限り、独立した雇用契約に関する規定がこの診療契約に適用されることを補充的に示した。それによると、立法者は、630c条から630g条にかけて、医師の各種付随義務と、患者の記録を患者自身が閲覧する可能性について定めている。この法典化は、630h条において証明責任に関する詳細なルールを規定することによって完結している。それゆえ、この630h条は、一般的に新ルールの核心部分として認識されている。全部で5項あるこの規定は、まず完全に支配可能な危険がある場合における証明責任の分配を定め（1項）、そして、同意および説明の問題（2項）、さらに書類に不備がある場合の法的効果（3項）、医師が能力を欠く場合（4項）、および、最後に重大な診療過誤がある

場合（5項）を定めている。この証拠法上の規律は、様々な問題を投げかけている。とりわけ、証明責任を通じた危険分配の一般的体系との関係、さらに、契約法における民法280条1項2文という証拠法上の根本規範との関係、および、最後に、重大な問題であるところの医師責任訴訟における証拠提出責任と危険分配が、法律による規範化によって変更されたか否かという問題である。

## III　民事訴訟における危険分配の体系

### 1　主観的および客観的証明責任の分離

　証明責任という概念は、ローマ民事訴訟法からの逐語的翻訳である。この概念は、100年前までは、民事訴訟において判決に重要な事実の証拠提出義務を負うのは、いずれの当事者かという問題について主として用いられていた。これに対して、こんにち、証明責任という概念は、曖昧で多義的であると考えられている。この概念は、一方の当事者が証拠提出の義務を負っているという状況（主観的証明責任）を記述するだけでなく、重要な事実に関する主張が最終的に解明されなかった場合に、裁判官は具体的訴訟をいかにして判断しなければならないのか（客観的証明責任または確定責任）、という問題についても用いられる。

　ドイツ法における様々な議論からは、客観的証明責任と（抽象的）主観的証明責任は相互に一致し、また双方は抽象的に法規に則って定められていると、こんにちでは承認されている。

### 2　客観的証明責任の意味

　こんにち、客観的証明責任は、判決を下す際に重要となるメルクマールの存在が明らかでない場合に、いずれの当事者に不利益が生じるかという問題を意味している。したがって、客観的証明責任の問題は、両当事者の具体的義務でもなければ、〔訴訟〕活動中の意味における負担でもない。むしろ、客観的証明責任は、最終的に不明確さが残った場合における、法律に基づく危険の分配である。このことは同時に、現行法（成文法または不文法）において、裁判官が事実に関する主張について確信を抱くことができない場合に、裁判官が訴訟を判

第4章　民法改正（630a条から630h条）がドイツ医師責任訴訟における証拠法に及ぼす影響

断する証明責任規範が存在しなければならないことを意味する。この考えが示すところによれば、客観的証明責任の分配によって、同時に民事訴訟の一般的な構造が語られていることになる。すなわち、証明責任の分配を通じて、両当事者の主張や証拠提出における、原告による攻撃方法の提出や被告による防御方法の提出に際しての、〔原告・被告〕それぞれの領域への分配が明らかにされる。

## 3　客観的証明責任の分配

　すでに示唆してきたように、証明責任規範は裁判官の判断の根拠をなす機能を有する。それによって、必然的に明らかになるのは、証明責任の分配は規範的に行われなければならないということである。もちろん、これは、（いずれにしてもドイツ法においては）証明責任を分配する根本規範がないことと矛盾する。しかし、こんにちでは、そのような証明責任分配に関する根本規範は存在すると一般的に認められている。この規範は、民法典の歴史的解釈から導き出すことができる。また、民法典における法文の文構造においても、この証明責任分配の根本規範は間接的に含まれている。したがって、証明責任分配の根本規範は、しばしば、不文法と呼ばれる（ライポルト）。部分的には、この根本規範は慣習法上確定しているとみなされたりする。この根本規範は、「請求を申し立てる者は、権利を根拠付ける構成要件メルクマールについて証明責任を負い、その相手方は権利の発生を阻止し、権利を消滅させ、あるいは権利を停止させる構成要件メルクマールについて証明責任を負う」と述べる。個々の事案では、たしかに、具体的法規範を通じて、この基本原則から異なることが定められることがある。また、いわゆる文構造理論を通じて基本原則からの乖離が定められることがある。すなわち、立法者が、語法上の例外を設けることによって証明責任規範を創設したと考えられる場合である。さらに法律は、反証可能な法律上の推定を設けることで特別な証明責任規範を有している。最後に、判例によって、法律が定める証明責任の分配と異なることがある。

## Ⅳ 民法630h条の証明責任体系への分類

　証明責任の分配に関する一般的な根本原則によれば、医師責任訴訟においても請求権者は自己が有する請求権の構成要件、すなわち、権利を根拠付けるメルクマールを証明しなければならない。このことが、契約上の請求権にとって意味することは、損害を被った患者は、契約の存在、損害と因果関係のある契約違反、および、帰責性を証明しなければならないということである。損害を被った患者にとって非常に困難なこれらの証拠の提出は、これまで数多くの判例による特別な証明責任規範によって、幾分かは調整がなされた。判例上、ときには表見証明や、民事訴訟法287条による賠償額の評価が用いられた。

　今回、立法者は民法630h条において6つの異なった事例群を取り上げ、そこでは、推定や明示的な証明責任の分配を通じて法律による証明責任ルールの体系を精緻化したため、新しい法律の規定は、一般原則と異なることを示す特別な証明責任規範を設けたに過ぎないと説明することができる。これらすべての特別証明責任規範は、すでに判例において認められてきたものである。それゆえ、法律草案の理由書は、立法化によって、現時点の判例法を制定法に置き換えたものであることを強調している。立法理由書は、とくに証拠法の体系を根本的に変更するといったような、包括的な法政策的主張を意図しているものではないことを強調している。

## Ⅴ 民法280条1項2文と民法630h条の関係

　新しい民法630h条の様々な事例群は、個別事案において判例が発展させてきた、責任法上の特別ルールを含むものである。そこで、民法630h条では、証明責任の根本原則が適用されることは指示されておらず、また、特則であることを考慮して民法280条1項2文の契約法上の原則が適用されるべきかどうかについても、条文上指示はされていない。

　すなわち、立法者は、民法280条1項2文における一般契約責任の範囲内において、契約違反の場合は帰責性の証明責任を債務者に負わせた。それによっ

て立法者は、一般的な基本原則に対して、明示的な法律の規定に基づく証明責任の転換、すなわち、証明責任の特別ルールを定めた。しかしながら、このルールは、以前は、実務によっても、また学説においても診療契約では適用されていなかった。医師責任においては、患者のみならず、医師もまた立証困難に直面していることが指摘されていた。とりわけ、医療行為の場合、身体に与える影響が予測不可能なため、身体に生じた問題が致命的なものになりうることを考慮すべきであるとされている。医師による治療の試みが奏功しなかった、あるいは予期したようにはならなかったことのすべてが、必ずしも医師の帰責性に基づくものとはいえない。結局、帰責性がないことの証明責任を医師に負わせるとすると、雇用契約の範囲内では負っていないはずの治療の成功という義務が発生し、結果として医師に高度のリスクが生じることから、きわめて安全志向の医療がなされることに対する危惧が以前はあった。

　それゆえ新法についても、まず、民法280条1項2文による特別な証明責任は、医師責任の領域では適用されないとの考えが生じてくる。したがって、"民法280条1項2文の立証軽減"がこの場合にも適用され、また、そのことはすでにこれまでも結果としてそうであった、と立法理由書において述べられていたのは驚きであった。この規定は医師との契約に適用あるいは類推適用されないとする見解が、一貫した判例（こんにちにおいても変更を受けていない）であると連邦通常裁判所が述べており、このことと対比されなければならない[2]。

　〔もっとも〕こんにちの見方からすると、民法280条1項2文は、医師責任において適用されるとするのが適切であろう。その際、もっぱら帰責性に関する推定を含むこの規範の適用範囲と、診療過誤の確定という客観的構成要件事実は厳密に区別されなければならない。民法280条1項2文の適用に関する誤解の多くは、この規範の意味が客観的診療過誤と因果関係の〔双方を〕確定することを考慮して議論されていることに基づく[3]。法律によって推定される帰責性の連結点は予期した結果が生じなかったことではなく、むしろ、証明された

---

2) BGH NJW 1999, 860; BGH NJW 1991, 1541; BGH NJW 1969, 553.
3) Katzenmeier, in: D. Prütting, Fachanwaltskommentar Medizinrecht, 3. Aufl. 2014, §286 ZPO Rn. 70 ff., Rn. 75.

診療過誤であることが明らかになると、医師責任における民法280条1項2文の適用は納得のいくものとなる。

民法280条1項2文の適用範囲が医師責任契約に及ぶことを前提とすると、民法630h条に定められた推定および証明責任規範は、基本をなす特別規範を補充するものとして理解することができる。この立法の構造は、たしかに、取り立てて理解しやすいというものではない。問題を認識し、かつ、診療過誤という客観的構成要件と帰責性という主観的要件を注意深く区別する者だけが、民法630h条と280条の協力関係を理解し、正しく評価することになろう。

## VI 法律上の推定と条文の文言

新しい法律の条文で注意を引くのは、立法者が民法630h条において、5回、推定という言葉を用いているのに対して、診療提供者が何らかの証明をしなければならないという表現を2項において一度しか用いていないという事実である。ここで述べられた推定は、民事訴訟法292条にいう、いわゆる法律上の事実推定である。その決定的な特徴は、推定された事実に対しては反対事実の証明（Beweis des Gegenteils）が認められるということである。この反対事実の証明は、本証である。したがって、立証を行う者は、推定が違うということを、裁判官に対して完全な確信に至るまで証明しなければならない。それによって、民事訴訟法292条にいうところの法律上の推定は、内容上、明示された法律上の証明責任規範と一致する。立法者が推定という言葉と証明責任という言葉とを取り替えているならば、これは内容上問題ない。

また、立法資料における、立法者による専門用語に関する言及も注意を引くものであり、民法630h条においては、判例によって発展させられてきた証明軽減に関する諸原則が体系的にまとめられたとされる。判例も初期の頃は、被害者である患者には証明責任の転換に至るまでの立証軽減が認められなければならないと、しばしば述べていた。この用語法は、正当にも、ときには厳しく批判を受けた[4]。この非常に不適切な表現は、裁判官が個別事案において客観

---

4) Laumen, NJW 2002, 3739; Katzenmeier, Arzthaftung, 2002, S. 468 ff.

的証明責任の分配を行うのを許すことを意味してしまう。このことは、こんにちは、一致した見解によれば正当ではない。客観的証明責任の分配は、法的安定性および法適用の斉一性を理由に、前もって抽象的一般的に定まっていなければならない。連邦憲法裁判所は、証明責任の分配が抽象的一般的に形成されることは憲法上要請されていると、医師責任に関する裁判において明示した[5]。そこで、以下では、立証軽減と証明責任を厳密に区別する。

専門用語に関する別の問題は、立法者が、民法 630h 条との関係で繰り返し証明責任の転換と述べていることに端を発している。ここでは、証明責任の転換という専門用語が多様な用いられ方をしていることが指摘されなければならない。前提としなければならないのは、請求の申立人にその者の請求権が存在するための要件（つまり、権利根拠メルクマール）を割り当てている、証明責任分配の一般的な基本原則である。法律が個別事案において、この基本原則から乖離して、あるメルクマールの証明責任に関する分配を定めているならば、一般的に、証明責任の特別原則について語ることとなろう。しかし、そのような証明責任の特別ルールを証明責任の転換として表すことは不適切であろう。通常、証明責任の転換という概念によって、法律上定められた証明責任の分配から判例法が乖離していることが語られる。ただし、その際、そのような判例上の乖離は、一般的抽象的になされなければならず、個別事案において行うことはできない、という点を考慮することが重要である。

## Ⅶ　証明度の問題

証明度という概念は、証明が成功するとき、すなわち、裁判官がある事実の主張につき確信を抱くことが許されるときを確定するものである。この点について、民事訴訟法 286 条 1 項は、裁判官が弁論の全趣旨および証拠調べの結果を考慮し、自由な心証に基づき、事実に関する主張について真実か否かを判断すべきであると定める。したがって、真実性という基準が裁判官の確信形成を定め、それによって証明度を定めていることをドイツ法は前提としている。た

---

[5] BVerfGE 52, 131, 147.

しかに、法律は客観的真実の確定を求めておらず、むしろ、裁判官があることを真実であるとみなすことで十分であるとしている。したがって、疑念がかすかに残っているとしても、裁判官が個人的に真実であると確信を抱いているならば、裁判官は確信を形成することができると法律は定めている。このドイツ法上の、高度の原則的証明度は裁判官の確信を要求しているため、裁判官によって評価される個々の視点には、非常に高度な蓋然性が当然求められる。たんなる優越的蓋然性では、民事訴訟法286条の原則的な証明度には不十分である。

それゆえ、民法630h条において立法者が採用した専門用語については、つぎのことが非常に重要である。それは、推定ないし証明責任という概念を伴った規範が、証拠提出や裁判官の認識が最終的に不首尾に終わった段階になって初めて重要性を帯びる諸問題を、もっぱら規律しているということである。したがって、民法630h条において規定されている証拠法上の特殊性は、証明度に関するものではない。むしろ、法律の規定からは、民法630h条のすべての事例群において、民事訴訟法286条の原則的証明度が適用されなければならないという反対の結論が導き出される。

また、このことは、民法630h条5項2文が、この原則に対する唯一の例外を有していることからも支持される。それは、診療において必要とされる診療録を残したり、保存することを医師が怠った場合について定めている。この場合について、法律はつぎのように定めている。すなわち、この診療録保存義務違反があると、診療過誤が存在したことと義務違反との間には因果関係があるとの推定を生じさせるとしている。このこととの関係で、診療録は、"十分な蓋然性を伴って (mit hinreichender Wahrscheinlichkeit)"、その後の医療措置を講じる契機となる結果をもたらすはずであったと法律は定めている。十分な蓋然性という概念を用いて、因果関係の推定という特別な場合について、原則的証明度が引き下げられた。個別事案の特別な事情にかんがみて、重大な診療過誤と法益侵害との間の因果関係がおよそ蓋然性を有しない場合には、重大な診療過誤に基づく証明責任の転換または診療録保存義務違反は排除されなければならないという連邦通常裁判所の判例に、法律の規定は基づいている[6]。したがって、

---

6) BGH, Versicherungsrecht 2011, 1148.

結論としては、重大なミスと法益侵害との間に存在する因果関係を援用する場合には、すでに優越的蓋然性で十分であるとみなされていたのである。

## Ⅷ 患者が重大な判断の葛藤（Entscheidungskonflikt）を援用した場合

　立法者は、民法630h条2項において、患者に対する医師の説明義務の周辺領域である重要問題について規律していない。それは、患者に対して定められた説明がなされたが、この患者が重大な判断葛藤の状態であった場合である。ここで前提となるのは、民法630e条の医師による説明義務である。それによると、医師は、医師による診療行為に対して有効な同意を得るために不可欠な諸事情すべてについて、患者に詳細に説明する義務を負っている。すでに判例は、この説明義務を非常に集中的に形成してきた。立法者は、条文化するに際して、これに追随した。説明として認められるのは、とくに、その都度なされる医師による処置の方法、範囲、施術、さらには手術により期待される結果およびリスク、ならびに計画された処置の必要性および緊急性である。現在は法律によって要求されるこれらの説明義務、および医師の説明に基づいてなされる患者の同意は、新しい民法630h条2項1文により、医師が証明しなければならない。このこととの関係で、現在、民法630h条2項2文は、仮定的同意の問題を規律する。すなわち、医師が定められた説明を行わず、または同意を取り付けなかったときに、患者がいずれにしても手術を受けなければならなかった場合には、説明を受けなかったことと発生した損害との間には、損害賠償責任が認められるために必要な因果関係は欠けるとされる。そのような仮定的な因果関係が存在しないことについては、医師が援用しなければならない。したがって、争いがある場合には、仮定的因果関係が存在しないことについて、医師が主張し、立証しなければならない。

　このこととの関係で、今度は、患者が、定められた説明を受けたところ重大な判断の葛藤が生じた場合に、どのような判断をすべきかという法律には定められていない問題がある。この問題は、実務上、つぎのような形で現れる。すなわち、

患者が医師に対して損害賠償請求権を主張したとする。医師は、患者が民法630d条に基づき、実施された医療処置に同意していたとの抗弁を提出した。その後、患者が自分は診療行為の基本的事情を十分に説明されなかったにもかかわらず（民法630e条1項）、同意をしたものであると主張した。これに対して、医師は、患者は定められた説明を行った場合でも処置に同意したであろうから、定められたとおりに説明を行わなかったことは、患者が実際に行った同意と因果関係を有しないと主張した。これに対して、患者は、実施された手術を基本的に拒否したであろうし、また、〔外科的手術を伴わない〕保存療法の可能性について説明を受けなかったと主張した。もし、患者が十分な説明を受けていたならば、この患者は重大な判断の葛藤にあったであろうし、医師が医療上最善の処置であることを示したとしても、患者は医師による手術を拒否したであろうというものである。

　この最後の抗弁は、法律には規定はないものの、学説上一致した立場によれば、可能であるとされる。この抗弁については、患者が主張・証明責任を負う。もっとも、判例の説くところによると、患者はこの場合、自己が重大な判断の問題に直面していたということを十分納得のいくように主張することで足りるとされる。この〔患者の〕判断が合理的か否かは、ここでは基本的に重要ではないとされる[7]。この場合も、実際には判例によって証明度が下げられている。

## IX　結論

　立法者は、2013年患者の権利に関する法律によって、医師による診療契約の範囲内において、医師と患者との間の契約関係を法典化すること、および、法典化に際して、とくに証拠法に関する判例の特色を法律に反映させようと試みた。そのことについては、大体のところ、立法者は成功したといえよう。たしかに、完全な法典化は成し遂げられていない。とくに、実体法上は、医師の黙秘義務という問題には触れておらず、また証拠法上は、とりわけ、重大な判

---

7)　BGH, Versicherungsrecht 1993, 749, 750; BGH, Versicherungsrecht 1980, 428.

断の葛藤という抗弁は法律には含まれていない。さらに、民法280条という根本規範と新しいルールとの関係も扱われていない。また、契約上の請求権と不法行為請求権の関係も未解決のままである。それでも結果として、立法者は、幅広い意見の一致を得た。立法者は、新しいルールによって判例上発展してきた証拠法からは乖離していないということは、しっかりと留めておかなければならない。


[参照条文]（試訳）
**第280条〔義務違反による損害賠償〕**
① 債務者が債権債務関係から生じる義務に違反したときは、債権者はこれによって生じた損害の賠償を求めることができる。債務者が義務違反について責めを負わないときは、この限りでない。
② 以下　略

**第630a条〔診療契約における契約上の典型的義務〕**
① 診療契約により、患者の診療を合意した者（診療提供者）は、合意した診療を提供する義務を負い、相手方（患者）は、第三者が支払義務を負わない限り、合意した報酬を支払う義務を負うものとする。
② 診療は、別段の合意がない限り、診療の時点で存在する一般的に承認された専門的標準に従い行われなければならない。

**第630b条〔適用規定〕**
診療関係には、この款に別段の定めがない限り、第622条にいう労働関係ではない雇用関係に関する規定を適用するものとする。

**第630c条〔契約当事者の協力、情報提供義務〕**
① 診療提供者と患者は、診療の実施に協力するものとする。
② 診療提供者は、患者に対し、理解しうる方法で、診療の開始時、及び必要な場合には診療の途中で、診療にとって重要な事柄のすべて、とくに診断、予想される健康の変化、治療、並びに治療時及び治療後になされる措置について、説明する義務を負う。診療提供者は、診療過誤があったことを根拠付ける事情を認識したときは、照会に基づき、又は健康上の危険を回避するために、患者にそのことに関する情報提供を行わなければならない。診療提供者又は刑事訴訟法第52条第1項に掲げる者が診療の過誤を起こしたときは、第2文による情報は、診療提供者の同意がある場合にのみ、診療提供者又はその刑事訴訟法第52条第1項に掲げる者に対して行われる刑事手続又は過料事件手続において用いることができる。
③ 診療提供者が、第三者による診療費用の全額負担が確保されないことを知り、又は諸般の事情からそのことについて十分な手掛かりがあるときには、診療提供者は患者に対

して、診療の開始前に、予想される治療費用について文書で知らせなければならない。他の規定に基づくその他の形式的要件は、これにより影響を受けるものではない。
④ 患者への情報提供は、特別の事情により例外的に必要でない場合、とりわけ、診療が延期できず、又は患者が明示的に情報提供を放棄したときは、これを要しない。

#### 第630d条〔同意〕

① 医療措置、とくに身体又は健康への侵襲を実施する前に、診療提供者は、患者の同意を得る義務を負う。患者が同意する能力を有しないときは、第1901a条第1項第1文による患者の事前指示がその措置を許し又は拒むものではない限り、そのことについて権限ある者の同意を得なければならない。他の規定に基づく同意に関するその他の要件は、これにより影響を受けるものではない。延期できない措置についての同意が適時に得られない場合、患者の推定的意思に合致しているときは、同意を得ずにその措置を実施することができる。
② 同意が有効であるためには、患者又は第1項第2文の場合には同意権限を有する者が、同意をなす前に、第630e条第1項から第4項の基準に基づき説明を受けていたことを要する。
③ 同意は、いつでも、理由なくして、無方式で、撤回することができる。

#### 第630e条〔説明義務〕

① 診療提供者は、同意をするのに重要なすべての事項について患者に説明する義務を負う。それには、とりわけ、措置の種類、程度、実施、予測される結果及びリスク、並びに診断又は治療の点からみたその必要性、切迫性、適合性及び成功の見込みが含まれる。説明に際しては、医学上同程度に症状に適応する一般的な方法が複数あり、それらが著しく異なる負担、危険又は治癒の見込みにつながりうるときは、他に取りうる方法も示さなければならない。
② 説明は、以下の各号が規定するように行わなければならない。
 1．口頭で、診療提供者又は措置の実施に必要な教育を受けた者により行うこと。補充的に、患者に文書の形で手渡す書類を参照することもできる。
 2．患者が十分考慮した上で同意について判断を行うことができるよう、適時に行うこと。
 3．患者にとって理解しうるものであること。
 患者に対しては、説明又は同意と関連して患者が署名した文書の写しを交付しなければならない。
③ 患者への説明は、特別の事情により例外的に不要である場合、とりわけ、措置が延期できず、又は患者が説明を明示的に放棄したときは、必要ではない。
④ 第630d条第1項第2文により、権限を有する者の同意を得なければならないときは、第1項から第3項の基準により、その者に対して説明がなされなければならない。
⑤ 第630d条第1項第2文の場合には、第1項にいう重要な事項は、患者がその成長状況及び理解可能性があることを理由に説明を受ける状態にあるときは、かつ患者の福祉に反しない限り、患者に対してもその理解力に応じて説明しなければならない。第3項は、これを準用する。

## 第630f条〔診療の記録〕

① 診療提供者は、診療と直接的な時間的関連があるうちに、記録の目的で、書面により又は電子的に診療記録を作成する義務を負う。診療記録への記載事項の修正又は変更は、元の内容に加えて、それがいつ行われたのかがその後もわかるときにのみ、許される。このことは、電子的に作成された診療記録においても認められなければならない。

② 診療提供者は、専門的見地からその時点及びその後の診療にとって重大な措置のすべて及びその結果について、とりわけ、既往歴、診断、検査、検査結果、所見、治療及びその効果、侵襲及びその結果、同意、並びに説明を、診療記録に記載する義務を負う。医師の書簡は、診療記録に加えなければならない。

③ 診療提供者は、他の規定により別段の保存期間がない限りにおいて、診療の終了後10年間にわたり、診療記録を保存しなければならない。

## 第630g条〔診療記録の閲覧〕

① 患者には、重大な治療上の理由又は第三者の重要な権利を妨げない限り、求めに応じて、遅滞なく、自己に関する完全な診療記録を閲覧することが認められねばならない。閲覧を拒否するには、理由を挙げなければならない。第811条は、これを準用する。

② 患者は、診療録の電子的写しを求めることもできる。患者は、診療提供者に、発生した費用を支払わなければならない。

③ 患者が死亡した場合には、第1項及び第2項の権利は、財産権上の利益を保障するため、その相続人に認められる。同様のことは、非財産的利益を主張する限りにおいて、患者の近親者に適用される。これらの権利は、患者の明示的又は推定的意思に反するときは、排除される。

## 第630h条〔診療過誤及び説明に誤りがある場合の責任に関する証明責任〕

① 診療提供者にとって完全に支配しうるものであった一般的な診療リスクが発生し、患者の生命、身体又は健康を害するに至った場合には、診療提供者の過誤が推定される。

② 診療提供者は、第630d条による同意を得たこと、及び第630e条の要件に従って説明したことを証明しなければならない。説明が第630e条の要件を満たさないときには、診療提供者は、患者が規定通りの説明を受けたとしてもその措置に同意したはずであると主張することができる。

③ 診療提供者が、医学上必要とされる重要な措置及びその結果を、第630f条第1項若しくは第2項に反して診療記録に記さず、又は第630f条第3項に反して保存しなかったときは、診療提供者はこの措置を行わなかったものと推定される。

④ 診療提供者が診療を行う能力を有していなかったときは、その能力の欠如が生命、身体又は健康に対する侵害発生原因であったものと推定される。

⑤ 重大な診療過誤が存在し、そのことが、実際に発生した類の生命、身体又は健康に対する侵害を引き起こすのに原則として適したものであるときは、その診療過誤が侵害原因であったものと推定される。このことは、医学上適切な所見を適時に行い、又は確認することを診療提供者が怠ったときに、その所見が、その後の措置のきっかけとなり、かつその措置を行わなかったことが重大な過誤となったであろうとの結果をもたらすだけの蓋然性を十分に有する（mit hinreichender Wahrscheinlichkeit）場合にも認められるものとする。

## 訳者付記

　本稿は、ケルン大学法学部ハンス・プリュッティンク教授（Prof. Dr. Hanns Prütting）が、2014年10月16日に、慶應義塾大学民事訴訟法研究会主催で行ったセミナーでの報告原稿 "Der Einfluss der Reform des BGB (§§ 630a - 630h) auf das Beweisrecht im Arzthaftungsprozess in Deutschland" の翻訳である。プリュッティンク教授の来日に際しては、中央大学法科大学院二羽和彦教授、森勇教授に大変お世話になるとともに、講演に際しては、慶應義塾大学小泉基金、および手続法研究所からご支援を賜った。また、当日の司会および通訳は、慶應義塾大学法務研究科三上威彦教授に行っていただいた。セミナー開催に際しての、これらの先生方および諸機関に特記して感謝を申し上げたい。訳文中、訳者が補足した部分は〔　〕を用いて示している。

　なお、本報告のテーマとなったドイツ民法の改正に関しては、我が国においても、すでにいくつかの論文で紹介がなされている。たとえば、服部高宏「ドイツにおける患者の権利の定め方」法学論叢172巻4/5/6号255頁は、改正法に関する詳細な逐条解説を試みており、本稿での参照条文の訳出でも参考にさせていただいている。また、民事訴訟法研究者からの論考として、たとえば、春日偉知郎「医師責任訴訟における法律上の推定規定の意義——ドイツ民法630h条の推定規定を契機として——」伊藤眞ほか編『民事手続における法と実践——栂善夫先生・遠藤賢治先生古稀祝賀——』（成文堂、2014年）395頁があり、ドイツ民法630h条の推定規定が置かれる背景と改正法の検討を試みている。

---

初出：法学研究88巻5号75頁以下（2015年）

## 第5章

# 民事訴訟における証明度
――ドイツ法、国際民事手続法および
　ヨーロッパ法における近時の諸問題

　　　　　　　　　　　　　　　　　　　ヴォルフガング・ハウ
　　　　　　　　　　　　　　　　　　　芳賀雅顯／訳

## I　序

　裁判所は、事件、すなわち、現実の生活事実関係に法を適用する。その際、裁判を可能にするために、まず、どのような事実が根底にあるのかが明らかにされなければならない。民事訴訟においては、いわゆる提出原則（または弁論主義ともいう）が妥当している。その原則によると、裁判所は、自ら事実を確定することをしない。むしろ、事実は両当事者によって、――まずは、原告によって、その後に被告によって――訴訟に提出される。すなわち、汝は事実を語れ、我は法を語らん（*da mihi facto, dabo tibi ius*）ということである。原則として裁判所は、公知であること（参照、民事訴訟法291条）、および、両当事者の陳述に一致があることについては、それを前提にする。しかし、一方の当事者のみが陳述した事実であっても、相手方当事者がこの事実を認めた場合、または争わなかったか、争ったとしても不十分であった場合には、真実として扱われる（参照、民事訴訟法139条3項および4項、288条、331条1項）。では、一方の当事者が存在すると主張したものの、相手方当事者がこれを否定した事実に裁判所の判断が左右される場合には、裁判所は何をよりどころにすべきであろうか。それについては、訴訟法の核心問題とよばれる証拠法が述べている。この証拠法は多くの問題局面を有している。すなわち、とくに、どのような証拠方法を用いることができるのか、これらの証拠方法は当事者または裁判所によって選択されるのか、いつ・どのようにして・誰によって証拠調べは実施されるのか、

どのようなルールに基づいて証拠調べの結果が確定されるのか、そして、証拠調べがなされたにもかかわらず明確な結果が得られなかった場合には何が妥当するのか、といったことである。

　以下では、とくに重要かつ興味深い側面である、いわゆる証明度を問題とする[1]。すなわち、裁判所が争いのある事実を真実とみなし、そして法を適用する際にこの事実を基礎におくことが許されるためには、どの程度の心証が必要なのかという問題である。ドイツのように発展した法秩序では、長きにわたり、この中心問題について見解の一致を見ており、細部で議論があるにすぎないと考えられていたといえる。それゆえ、適切な証明度を決定することについて、依然として激しく争われていることは驚きに値しよう[2]。以下では、いくつかの導入的なコメント（これについては第Ⅱ章）の後に、証明度に関する最近のドイツでの議論を述べる（第Ⅲ章）。さらに、ドイツ訴訟法という枠を超えて2つの側面に言及する。すなわち、一方では、渉外事件において証明度はつねに法廷地法（lex fori）に服するのか、あるいは場合によっては外国法にも服するのか（第Ⅳ章）、他方では、証明度に関する基準がヨーロッパ法からどの程度生ずるのかである（第Ⅴ章）。本報告での説明は、ドイツ法ないしヨーロッパ法の側面からみた民事訴訟に焦点をあてる。また、本報告は、他の手続法秩序[3]、または他国の証明度に関する比較法的概観を含むものではない[4]。

---

1)　ときには、"証明基準（Beweiskriterium）"という同義語で語られることがある。そのように説くのは、Greger, Beweis und Wahrscheinlichkeit, 1978, S. 2.
2)　ドイツ語圏における新たな動きについては、ザンクト・ガレン（St. Gallen）大学に提出された以下の詳細な教授資格論文によって得られる。Schweizer, Beweiswürdigung und Beweismaß - Rationalität und Intuition, 2015. 同書は、とくに経験に関するアンケートにも基づいている（574頁以下）。この問題については、すでに以下のコメントがある。Ahrens, ZZP 129 (2016), 383; Rüssmann, Das flexible Beweismaß - eine juristische Entdeckung, Festschrift Gottwald, 2014, S. 539; Prütting, in: Münchener Kommentar ZPO, 5. Aufl. 2016, §286 Rz. 38a.
3)　たとえば、Frisch, Freie Beweiswürdigung und Beweismaß, Festschrift Stürner, 2013, Band I, S. 849, 863 ff. は歴史的発展を含めた民事および刑事訴訟を扱う。
4)　この点については、Brinkmann, Das Beweismaß im Zivilprozess aus rechtsvergleichender Sicht, 2005 を参照のこと。さらに、Huber, Das Beweismaß im Zivilprozeß, 1983, S. 5 ff. がある。

## II 基礎

### 1 原則的証明度

　証明度を決定するための出発点となるのは、ドイツの民事訴訟では、民事訴訟法286条1項の文言である。すなわち、"裁判所は、弁論の全趣旨および証拠調べの結果を斟酌して、自由な心証に基づき、事実に関する主張が真実か否かを判断するものとする。判決では、裁判官の心証を導き出した理由を摘示しなければならない"。この規定は、表題が示しているような、自由心証の原則を明確に設けているだけではない（この点については、同条2項も参照。それによると、裁判所は、この法律で掲げられた場合にのみ、法定の証拠規則に拘束される[5]）。むしろ、同時に、そこでは原則として妥当する証明度、つまり、いわゆる原則的証明度が明らかにされている。すなわち、裁判所は、事実に関する主張が"真実とみなされる""心証"に到達しなければならない。したがって、"完全証明"ともいわれる[6]。

　著名なリーディングケースであるアナスターシャ事件において、連邦通常裁判所は、この点について次のように詳細に述べている。すなわち、"民事訴訟法286条にしたがい、裁判官は、証拠調べ〔の結果〕に基づいて、ある主張が真実であるか否かを判断しなければならず、それゆえ、裁判官はたんなる蓋然性で足りるとすることは許されない。ところで、民事訴訟法286条は、裁判官自身がある主張につき真実であるとの心証を有したか否かだけを問題にしている。この〔裁判官〕個人の確信（Gewissheit）は、裁判をなすに際して必要不可欠であり、また、事実審裁判官だけが、法定の証拠規則に拘束されずに自己の確信に基づいて、それ自体に生じる疑念を克服したか否か、および、一定の生活事実について真実であると確信することができるか否かを判断しなければならない。その際、法律は、あらゆる疑念を払拭した心証を前提としていない。た

---

[5]　この点に関する比較法的考察については、Stürner, Beweisregeln und freie Beweiswürdigung im Zivilprozess der Europäischen Staaten, Festschrift Picker, 2010, S. 809 を参照のこと。
[6]　たとえば、Ahrens, Der Beweis im Zivilprozess, 2015, Kapitel 3 Rz. 6; Leipold, in: Stein/ Jonas, ZPO, 22. Aufl. 2008, §286 Rz. 5 を参照のこと。

とえ他の者が疑念を有し、または別の考えに到達するようなことになったとしても、判決裁判官自身の心証が重要なのである。しかし、裁判官は、実際に疑念が生じた場合に、実生活で利用可能な程度の確信で十分であるが、その程度とは疑念を完全に排斥するというものではなく、疑念を黙らせるもので十分である。もっとも、このことは、しばしば誤って表現され、裁判所は確実性に接する蓋然性で十分であると説かれる。それが、真実について裁判官自身が心証に到達することを問わないことを意味するならば、それは誤りである[7]"。

## 2　原則的証明度のバリエーション

"証明度（Beweismaß）"という概念は、すべてのケースにおいて適用される程度（ein Maß）だけが存在する、ということを示唆する。しかし、すでに、原則的証明度という言葉は、例外的にそのバリエーションが考慮され、一定の事実については一定の訴訟状態の下において異なった"複数の証明度"が適用される可能性があることを明らかに指し示している。まさしくこの意味において、英語の語法におけるところの、1つの"証明度（Standard of Proof）"だけでなく、複数の"証明度（Standards of Proof）"を認識するところとなる。

このバリエーションについては、理論的には2つの方向性が考えられる。すなわち、原則的証明度の引上げもしくは厳格化、または、引下げもしくは緩和化である。少なくとも、非常に高度な原則的証明度を出発点とするドイツ法では、証明度をさらに高度なものにすることは、たしかに、ほとんど意味をなさないように思われる。なぜならば、そのようにしてしまうと、実際には決して起こりえない"絶対的確信（absolute Gewissheit）"が要求されてしまうことになるからである[8]。これに対して、実務上重要であるのは証明度の緩和、すなわち、裁判官の心証について、より低い程度で足りるとするルールである。

この点について、複数の重要な例が民事訴訟法に定められている[9]。法律は、多くの場合、一方当事者からの、特定の事実に関する"疎明"だけを求めてい

---

7) 基本となるのは、BGH, 17. 2. 1970 - III ZR 139/67, BGHZ 53, 245 = NJW 1970, 946, 948 である。このケースに関する最近の視点による分析については、たとえば、Huber, Indizienbeweis, JuS 2016, 218 を参照のこと。

る。このことが妥当するのは通常の付随手続、たとえば、訴訟費用の確定（民事訴訟法 104 条 2 項）、訴訟費用の救助の承認（民事訴訟法 118 条 2 項）、原状回復（民事訴訟法 236 条 2 項）、および、とくに、一方の当事者が差押命令または仮処分の発令を求める場合である（民事訴訟法 920 条 2 項および 936 条）。法律は、疎明が何であるのか定義をしておらず、民事訴訟法 294 条において、疎明で用いることが許される証拠方法について言及しているにすぎない。しかし、疎明は原則的証明度を引下げることを意味し、したがって、裁判官は、完全証明における場合よりも低い、蓋然性に接した程度で十分であるとの理解の一致がある。このことは、通説によって、"優越的蓋然性（überwiegende Wahrscheinlichkeit）"で十分であると説明されている。すなわち、裁判官は、問題となっている事実が不存在であることよりも存在していることにつき、蓋然性がより高いと判断しなければならない[10]。

　民事訴訟法に規定された証明度の特則に関する実務上重要なその他の例は、民事訴訟法 287 条に基づく、いわゆる裁判官による損害の算定である。この規定をめぐっては非常に多くの議論があるが、少なくとも通説は、法律がこの点について原則的証明度の引下げを規定しているとの前提に立っている[11]。このことは、民事訴訟法 287 条 1 項 1 文が 286 条 1 項 1 文と異なり、裁判所が事実

---

8) 同趣旨を説くのは、Jäckel, Das Beweisrecht der ZPO, 2. Aufl. 2014, Rz. 749. 多くの見解は、情況が"明らか"でなければならないと法律が規定している場合（参照、民法 319 条 1 項、660 条 1 項、2155 条 3 項）も、原則的証明度が引上げられたと考える。そのように説くのは、MünchKommZPO/ Prütting, §286 Rz. 43; Laumen, in: Prütting/ Gehrlein, ZPO, 8. Aufl. 2016, §286 Rz. 27. これに反対するのは、Foerste, in: Musielak/ Voit, ZPO, 13. Aufl. 2016, §286 Rz. 20. 同書は、"明らか"というのは、"一見して（auf den ersten Blick）"を意味しているにすぎないという。もっとも同書は、原則的証明度を引上げているものとして別の例を挙げている（民法 826 条に基づいて既判力の拘束力を破る場合）。
9) 表見証明（Anscheinsbeweis; *Prima-facie*-Beweis）の場合にも原則的証明度が引下げられているのかという議論は、付随的にしか言及されていない。通説はこれを否定する。この点について、より詳細に論じているのが、Ahrens, Der Beweis im Zivilprozess, Kapitel 16 Rz. 12 ff.; MünchKommZPO/ Prütting, §286 Rz. 52 f. しかし、たとえば、これと異なるのは、Rosenberg/ Schwab/ Gottwald, Zivilprozessrecht, 17. Aufl. 2010, §113 Rz. 13 und 17; Stein/ Jonas/ Leipold, §286 Rz. 133 ff.
10) たとえば、Ahrens, Der Beweis im Zivilprozess, Kapitel 17 Rz. 89; MünchKommZPO/ Prütting, §294 Rz. 24 f. を参照のこと。
11) 詳細は、Ahrens, Der Beweis im Zivilprozess, Kapitel 17 Rz. 1 ff. を参照のこと。

に関する主張を"真実である"と判断することを要求していないことから導かれるとされる[12]。それゆえ、損害発生の存否に関する裁判官の心証との関係では、確固たる根拠に基づいた、優越的であることが明らかな蓋然性で十分である[13]。しかし、このことが妥当するのは、損害の発生、損害額の程度、および、いわゆる責任充足的因果関係についてだけであり、責任根拠的因果関係（すなわち、被告がそもそも非難されるべき行為を行ったのか否か、そして、それによって責任を根拠づける規範を充足したのかという問題）については当てはまらない。

また、いわゆる理由具備性も、理論上は原則的証明度が極端に下げられたものと理解することができよう。これは、裁判官が、法的審査に際して、一方当事者による事実に関する主張が真実であると仮定しなければならないことを、法律が命じている場合である。この点に関する最も重要な例は、民事訴訟法331条に定められた、被告が欠席した場合の手続である。しかし、理由具備性審査では裁判所の心証が問題となるのではなく、裁判所は主張された事実——自白の場合や主張の一致がある場合と同様に——をそのまま判断の基礎におかなければならないとしている。そして、そのことは、証明度の問題として分類することを否定する根拠となる。

原則的証明度のバリエーションが、民事訴訟法だけでなくさまざまな実体法規定にも定められていることは、注目すべき点である。著名な例は、損害賠償法に見出すことができる[14]。すなわち、民法252条によると、賠償されるべき損害は逸失利益をも含むのであり、それによって法律は、通常の事象経過によれば、または特別の事情のある場合には、"蓋然性の程度で発生することが予測可能な"利益〔の賠償〕を考えている。したがって、ここでは、法律は、裁判官の完全な心証を要求しているのではなく、たんなる"蓋然性"で十分であるとしている。

---

12) たとえば、そのように説くのは、MünchKommZPO/ Prütting,§287 Rz. 3 und 17.
13) たとえば、BGH, 12. 7. 2016 - KZR 25/14, BB 2016, 2188, 2192; Rosenberg/ Schwab/ Gottwald,§114 Rz. 5 を参照のこと。
14) その他の例は、Musielak/ Voit/ Foerste,§286 Rz. 21 を参照のこと。

## 3 証明度と関係する諸問題

　証明度は証拠法総論の一部分をなし、他の証拠法上の制度と密接な関係にある。そして、証明度と証拠評価の双方の問題が民事訴訟法286条1項1文において言及されていることからも、ドイツ法では双方が体系上近接する関係にあることが明らかである。どのような要件の下で証明に達しうるのかを、法律は、証明度を用いて一般的抽象的に定めている。そして、裁判所は、証拠評価の範囲で、具体的な個々の事件において関係する証明度によって評価したうえで、証明に達したのか否かを明らかにする[15]。ある重要問題に関する証明度が裁判官に高すぎる、あるいは低すぎると考えられる場合には、その裁判官は、自らが望ましいと考える結論に有利になるように、証明度の高低を証拠評価の範囲で即座に修正しようとする誘惑に打ち勝たなければならない。

　また、証明度は、証明責任とも関係がある。証明責任は、誰が裁判官の認識獲得のために手配をしておかなければならないのか、すなわち、事実を主張し、そして争いのある場合に証明しておかなければならないのかという問題である。ある事実の証明度が高ければ高いほど、いわゆる真偽不明（ラテン語で、"*non liquet*"）に至る場合が多くなり、それゆえ証明責任に関する規範を適用することが増える。このことは、敗訴当事者が証明責任ルールに基づく裁判を往々にして受け入れ難いとしたり、また、裁判所によって解明された事実関係に基づく法的問題の判断よりも法的平和をもたらす度合いが低いことから問題である。しかし、反対に、証明度を下げすぎると、満足のいく結論には至らない。なぜならば、その場合には、敗訴当事者は、裁判所があまりにも早く相手方当事者を信用したと、極めて容易に裁判所を批判することができるからである。

　さらに、証明度と証拠方法にも関連性がある。適法とされる証拠方法を制限することによって、特定の問題については証明度の高さを確保することがある（たとえば、民事訴訟法165条）。他方、これと反対のこともある。すなわち、証明度が低ければ低いほど、より多くの証拠方法が考慮され、その結果、裁判官の確信に必要な程度に到達するというものである。ドイツ民事訴訟法においては、

---

15) 同趣旨を説くのは、たとえば、Jäckel, Das Beweisrecht der ZPO, Rz. 731; MünchKommZPO/ Prütting, §286 Rz. 28.

疎明のために、通常の証拠方法の他に宣誓に代わる保証も可能である（民事訴訟法294条1項）。

## III　ドイツにおける近時の議論状況

すでに言及したように、ドイツの民事訴訟においては、証明度に関して従前と同様に多くのことが議論されている。そして、そのことは原則論のみならず個別的な問題についてもあてはまる。3つの局面に分けることで、議論を構造的に検討することができる。すなわち、第一に、真実性が問題なのか、それともたんに蓋然性が問題なのか、第二に、裁判官の確信に対する要求は、どのくらいの高さに設定されるべきか、第三に、証明度は一般的抽象的に定まっているのか、あるいは裁判官によって柔軟に定めることができるのか、である。

### 1　真実性か蓋然性か

民事訴訟法286条1項1文は、"真実である"および"真実でない"と述べており、そのことに依拠して連邦通常裁判所は、前記アナスターシャ判決で次のことを明確に強調した。すなわち、裁判所は、蓋然性で十分であるとすることは決して（keineswegs）許されず、また、蓋然性がたとえ確実性に接する場合であってもやはり許されないとした[16]。このような厳格な立場は、法律的というよりもむしろ哲学的な性質の問題、すなわち、何が"真実"なのかという問題に行き着く。

しかし結局のところ、この問題は未解決のままである。なぜなら、結局のところは真実性という問題や概念に関するさまざまな立場が理論的に区別されるだけであり、結論は異ならないからである[17]。とくに有用であるのは、以下のような見解である。すなわち、法律は、裁判官に対して、決して絶対的真実性に基づいて探究することを求めておらず、むしろ真実であるとの裁判官の確信

---

16) BGH, 17. 2. 1970 - III ZR 139/67, BGHZ 53, 245 = NJW 1970, 946, 948.
17) より詳細は、Katzenmeier, Beweismaßreduzierung und probabilistische Proportionalhaftung, ZZP 117 (2004), 187, 190 ff.; MünchKommZPO/ Prütting, §286 Rz. 33 f. を参照のこと。

に合致すること、ないしは、裁判官が"真実である"とみなすことを探し出すのを求めているとする見解である[18]。そのように考えると、連邦通常裁判所が述べた"真実性"と"蓋然性"の対立は重要ではないことになる。むしろ決定的であるのは、"真実であるとの裁判官の確信"であり、また、この確信はまさしく――非常に高度な――蓋然性の程度（Grad einer –sehr hohen– Wahrscheinlichkeit）であると解釈することができる。すなわち、裁判官が、具体的事件において、ある事実の証明に必要な蓋然性の程度に達したと認識した場合には、その裁判官は真実であると確信したのである。この心証形成のプロセスを追体験可能にするために、裁判官は、そのことについて説明しなければならない。すなわち、民事訴訟法286条1項2文は、心証を導き出した客観的理由を示すことを裁判官に義務付けている。

## 2 非常に高度の蓋然性またはたんなる優越的蓋然性のいずれであるべきか

関連問題としては、裁判官が裁判をなす際に、争いのある事実を基礎におくことが許されるためには、裁判官はどの程度の蓋然性に達していなければならないのかという問題がある。この点についても、連邦通常裁判所は、アナスターシャ判決において言及している。すなわち、"実生活で用いることができる程度の心証で十分であるが、その程度とは疑念を完全に排斥するというものではなく、疑念を黙らせるもので十分である"と[19]。非常に高度の蓋然性を要求するこのような厳格な基準は、こんにちの通説もまた前提としているところである[20]。とくに、これが意味するのは、裁判官は原則として、たんなる優越的蓋然性で十分であるとすることは許されない、ということである。これに反

---

18) 非常に簡にして要を得ている Musielak/ Voit, Grundkurs ZPO, 13. Aufl. 2016, Rz. 829 も参照のこと。また、より詳細については、Musielak/ Stadler, Grundfragen des Beweis-rechts, 1984, Rz. 137 ff. を参照のこと。
19) 基本となるのは、BGH, 17. 2. 1970 - III ZR 139/67, BGHZ 53, 245 = NJW 1970, 946, 948.
20) たとえば、Ahrens, Der Beweis im Zivilprozess, Kapitel 15 Rz. 43 ff.; Ahrens, ZZP 129 (2016), 383, 386; Greger, in: Zöller, ZPO, 31. Aufl. 2016, §286 Rz. 18 f.; Prütting/ Gehrlein/ Laumen, 286 Rz. 24; Stein/ Jonas/ Leipold, §286 Rz. 5 und 9; MünchKommZPO/ Prütting, §286 Rz. 35 f.; Musielak/ Voit, Grundkurs ZPO, Rz. 828; Musielak/ Voit/ Foerste, §286 Rz. 18; Schilken, Zivilprozessrecht, 7. Aufl. 2014, Rz. 478, 489 を参照のこと。

対する見解は[21]、以下に述べる理由から現行ドイツ法とは相容れない。すなわち、反対説は法律で規定された286条と294条の相違、つまり、一方では高度の原則的証明度、他方では例外的に疎明の場合に十分であるとされた引下げられた証明度という段階構造を、不明確にしているからである。訴訟で両当事者から矛盾する事実主張がなされた場合に、そのいずれの主張も原則的証明度に達していないときは、裁判官は安易に双方の主張のうち蓋然性がより高い方を基礎におくことは許されず、むしろ、証明責任に関するルールに従い裁判をしなければならない[22]。また、原則的証明度を下げる見解は、実体法上の責任に関する要件を著しく広げることになってしまう点も、この見解に対する批判として挙げられる[23]。

それゆえ、裁判官は、通常、争いのある事実の存在につき不存在よりも存在の方がより優越的であれば十分であるとするのは許されないということが、通説によって堅持されている。むしろ、裁判官は、合理的疑いがない場合にはじめて事実を裁判の基礎におくことが許されるのである。この点について、つぎのような例が説かれる[24]。すなわち、ある島で通行人がタクシーに轢かれて負傷した。タクシーは直ぐに立ち去り、そのタクシーの身元を確認することはできなかった。その島には10台のタクシーしかなく、そのうちの6台はある会社の所有であった。負傷者は、この会社を相手に損害賠償請求訴訟を提起し、そして、被告所有のタクシーのうちの1台がこの者をおそらく負傷させたと主張したが、このことを被告は争った。

他に利用可能な証拠方法（たとえば、証人やタクシー事故の痕跡）がないことを前提とした場合に、被告所有のタクシーのうちの1台が事故に関係しているとするには合理的な疑いがある。もっとも、60％という優越的蓋然性は、原告の

---

21) この立場を支持するのは、ふたたび、Schweizer, Beweiswürdigung und Beweismaß, S. 482 ff.
22) 正当にもそのように説くのは、Katzenmeier, ZZP 117 (2004), 187, 213 f.; Stein/ Jonas/ Leipold, §286 Rz. 9; MünchKommZPO/ Prütting, §286 Rz. 35 f.
23) そのように説くのは、たとえば、Katzenmeier, ZZP 117 (2004), 187, 214 f.; MünchKommZPO/ Prütting, §286 Rz. 35 f.
24) 同様の例が Braun, Lehrbuch des Zivilprozeßrechts - Erkenntnisverfahren, 2014, S. 740 で議論されている。

主張を支持しているということもできる。それでも、この考えだけに基づいて被告に不利な判決を下すことは、適切ではないであろう。なぜならば、事故を起こしたタクシーとして、まだ他に4台が考えられるからである。したがって、請求は棄却されねばならないであろう。民事訴訟法286条1項を厳密に解するならば、被告会社に10台中9台が属する場合であったとしても、この結論は何ら変わることはないであろう。ところで、先の例において、通説と異なり、〔被告に対する〕敗訴判決を下すのに優越的蓋然性で十分であるとするならば、会社が全損害について賠償責任を負うとの判決を下すのではなく、蓋然性に従った割合の損害についてのみ——したがって、損害の60％についてのみ——賠償を命ずる判決を下すことは、本来、一貫性を有するであろう。もっとも、そのような結論は、現行のドイツ損害賠償法とは相容れないであろう[25]。

### 3 法定の証明度か柔軟な証明度か

第三に、通説は、民事訴訟法286条が原則的証明度を定めていること、そしてまた、特定の事例群についてはバリエーション——厳格化または緩和化——が検討可能であるとしつつも、一般的抽象的に定められなければならないことを前提としている[26]。そのような段階構造は、すでに言及したように、第一に、法律（すなわち、民事訴訟法287条、294条または民法252条といった諸規定）によって明らかにされているが、慣習法によっても一般的に承認されている。そのような慣習法が認められるためには、必ずその前提として、特定の典型的な事例群について裁判官による——慎重な——法の継続的な形成も考慮されなければならない[27]。

これをさらに推し進めたものとして、いわゆる柔軟な証明度の理論がある[28]。これは、要するに、法律は、個々の裁判官に対して状況に応じて、つまり、事

---

25) 正当にもこのことを説くのは、Katzenmeier, ZZP 117 (2004), 187, 203 ff.; MünchKommZPO/ Prütting, §286 Rz. 39.
26) たとえば、Ahrens, Der Beweis im Zivilprozess, Kapitel 15 Rz. 42 f.; Zöller/ Greger, §286 Rz. 20; Jäckel, Das Beweisrecht der ZPO, Rz. 738; Stein/ Jonas/ Leipold, §286 Rz. 10; MünchKommZPO/ Prütting, §286 Rz. 35; Musielak/ Voit/ Foerste, §286 Rz. 18; Schilken, Zivilprozessrecht, Rz. 489 を参照のこと。
27) 明確に述べるのは、Prütting/ Gehrlein/ Laumen, §286 Rz. 26.

実の重要性、事案によって生ずる立証の困難性、あるいは実体法上の状況をも考慮して、異なった心証を容易に形成することを認めているという見解である。この理論によると、最終的には、個別事案において現実に則した段階的かつ柔軟な証明度が適用される。もっとも、この見解は、ドイツの立法者が証明度の確定を原則として自らの任務であると明らかに考えていたことと相容れない。

いくつかの見解は、少なくとも疎明については柔軟な証明度を支持することができると考えている[29]。しかし、すでに示したように、民事訴訟法294条の場合に優越的蓋然性で十分であるとの立場を前提にすると、証明度をさらに下げることはほとんど不可能である。とりわけ、裁判官がある事実の不存在について蓋然性がより高いと考えている場合に、その事実の存在について疎明があるとすることは考えられない[30]。

## Ⅳ 証明度と抵触法

### 1 基礎

これまでの考察は、証明度に関して、ただちにドイツのルールが適用されることを前提としてきた。しかし、渉外事案の場合には、まず、準拠すべき証拠法について抵触法上の問題が生ずる[31]。一般的な手続法については、原則として法廷地法ルール（*lex-fori* Regel）が妥当する。すなわち、ドイツの裁判所はドイツの訴訟法を適用し、そのことは、たとえ請求の理由具備性が国際私法という抵触法規範により外国法（いわゆる、効果法 *lex causae*（訳者注））によって判断され

---

28) これに賛成するのは、Gottwald, Das flexible Beweismaß im englischen und deutschen Zivilprozess, Festschrift Henrich, 2000, S. 165, 173 ff.; Rosenberg/ Schwab/ Gottwald, §114 Rz. 15; Brinkmann, Das Beweismaß im Zivilprozess aus rechtsvergleichender Sicht, S. 66 ff.; Rüssmann, Festschrift Gottwald, S. 539, 547 ff.
29) これに賛成するのは、Schweizer, Beweiswürdigung und Beweismaß, S. 550 ff. その限りで同意するのは、Ahrens, ZZP 129 (2016), 383, 386.
30) 正当にもこのことを説くのは、MünchKommZPO/ Prütting, §286 Rz. 38a. Zöller/ Greger, §294 Rz. 6 は、たしかに疎明の柔軟性を要求しているが、それは優越的蓋然性という文言を厳格化する意味においてのみ用いているのは明らかである。
31) 詳細は、Linke/ Hau, Internationales Zivilverfahrensrecht, 6. Aufl. 2015, §10 も参照のこと。
（訳者注） 以下では、より一般的な用語である準拠実体法という表現を用いる。

るべき場合であっても同様である。

　もっとも、通常の訴訟法と異なり、証拠法は、訴訟法と実体法規範の混合形態である。したがって、それぞれの証拠法上のルールについて、まず一度は、法律関係の性質決定という問題が設定されなければならない。つまり、いったい、訴訟法上のルールなのか実体法上のそれなのかが問題となる。たとえば、長きにわたって一般的に承認されているのは、証明責任は実体法と非常に密接に関係しているので実体法的であると性質決定され、それゆえ、準拠実体法に服すべきであるということである。このことは、債務法上の請求権について、ローマ(I)規則18条1項[32]およびローマ(II)規則22条1項[33]によって明確にされた。

　しかし、法律関係の性質決定によって、証拠法上重要なルールが訴訟法に属するとされた場合であっても、それによって準拠法に関する問題が確定的に解明された訳ではない。なぜならば、訴訟法においては例外なく法廷地法だけが適用されるとの伝統的見解は、こんにちでは過去のものとされているからでる。むしろ、それ自体は手続法と性質決定されている諸問題も何らかの実定法的な結合を示すことがありえ、また、この状況は準拠実体法を適用すること、または、少なくとも準拠実体法を考慮することを要求しているとの見解が認められてきた。

　この問題について、とくに先行しているのは、ダグマー・ケスター＝ヴァルチェン（Dagmar Coester-Waltjen）教授の提案である。同教授は、以下に述べるような"証拠抵触法（Beweiskollisionsrecht）"を定式化した。すなわち、真実確定を奪うことを可能にするルール、とくに、実体法の処分権能を制限することを求めたり修正したりするルールは、実体法からのみ導き出すことができるという[34]。この理論を前提とすると、国際証拠法における法廷地法は、判決国における司法判断の効率性を確保させることが問題となる場合、または外国の証拠法を適用することがドイツの公序に関わる場合にのみ問題となろう[35]。

---

32) 契約債務の準拠法に関する2008年6月17日の規則（Nr. 593/2008, ABl. 2008 L 177/6）。
33) 契約外債務の準拠法に関する2007年7月11日の規則（Nr. 864/2007, ABl. 2007 L 199/40）。
34) Coester-Waltjen, Internationales Beweisrecht - Das auf den Beweis anwendbare Recht in Rechtsstreitigkeiten mit Auslandsbezug, 1983, Rz. 658.

多くの個別的問題について、ケスター＝ヴァルチェンは、最終的には通説と同じ結論に到達している。また、国際証拠法において法廷地法を過度に強調すると、フォーラムショッピングという好ましくない誘惑が生じてしまうことも、認めなければならない。なぜなら、証拠法上の諸問題が訴訟の勝敗を決することがあり、それゆえ、原告による裁判籍の選択に影響を及ぼすことがあるからである[36]。それにもかかわらず、証拠法において、あまりに広範囲に準拠法を適用することに対しては根本的な疑念が生ずる。つまり、法廷地法の適用が実用性という点で長所を有するのである。この立場は、法的安定性をもたらすものであり、また、両当事者および裁判所が争いのある事実問題および法的問題に集中することを可能にさせるからである。さらに、証拠ルールの実体法的な結びつきが、必ずしも、その他の手続的ルールとの関連性を消し去って法廷地法の適用をすべて除去するほどまでに十分強固であるとは思われない[37]。通説は、ヨーロッパ法とも一致する。なぜなら、ヨーロッパ法は、これまで述べたテーゼ[38]と異なり、外国の証拠ルールを適用することを決して要求していないからである。それによると、ヨーロッパ国際私法規則は、国際証拠法について非常に個別的な準則を提供したのみで、その他の証拠法の分類を構成国の抵触法に委ねている（参照、ローマ(I)規則1条3項、同規則18条1項、ローマ(II)規則1条3項、同規則22条1項）。

## 2 とくに証拠評価および証明度について

訴訟では、準拠法が、どのような事実が本案に関する裁判所の判断にとって重要であるのかを決める。したがって、たとえば、原告が求めている法的結果が生じるために、請求原因がどのような事実に関する要件を有すべきかは、契

---

35) Coester-Waltjen, Rz. 648 ff.
36) 近時のフォーラムショッピングをめぐる証拠法上の観点については、Willer, Gegenseitiges Vertrauen in die Rechtspflege der Mitgliedstaaten als hinreichende Bedingung für die Anerkennung von Entscheidungen nach der EuGVVO?, ZZP 127 (2014), 99, 108 ff. が注目に値する。同論文では、ドイツとフランスの法的交流に関する例を基に説明がなされている。
37) 同様のことを説くのは、Schack, Internationales Zivilverfahrensrecht, 6. Aufl. 2014, Rz. 735 f.
38) そのように説くのは、Wolf, Abbau prozessualer Schranken im europäischen Binnenmarkt, in: Grunsky, Wege zu einem europäischen Zivilprozeßrecht, 1992, S. 35, 55 ff.

約または不法行為の準拠法から導き出されねばならない。これに対して、訴訟において裁判をなすのに重要な事実が証明を必要とするのか否かは、法廷地法によって定まる。したがって、ドイツで実施されている民事手続については、請求の理由具備性について基準となる法ではなく、ドイツ民事訴訟法が、争われていない事実をいつ自白されたものとみなすのか（民事訴訟法139条3項）、どのような拘束力が裁判上の自白に生ずるのか（民事訴訟法288条以下）、および、いつ公知の事実を証明不要とするのか（民事訴訟法291条）を定める。

　この原則についてドイツでは異論はない。しかし、証拠評価および証明度に関するルールの抵触法上の分類については、さまざまな判断がなされている。ケスター＝ヴァルチェンが定式化した"証拠抵触ルール"を適用すると、裁判所による真実確定を短縮化することになる証拠ルールは、準拠実体法に服することになる。このことは、とくに、証拠評価および証明度に関するルールに妥当するとされる。なぜならば、これらは性質上、実体法上の法的効果の発生を裁判上確定させることを可能にし、しかも、この効果を生じさせる要件が絶対的な確実性をもって証明されていなくてもよいとされているからである[39]。しかし、通説は、証拠評価および証明度の双方ともに法廷地法が適用されることを前提としている。

　証拠評価については、こんにち、法廷地法が基準になることは一般的に認められている[40]。したがって、ドイツの裁判所は、かならず民事訴訟法286条を適用している。この点に関する根拠は、むしろ実際上の理由に基づく。すなわち、自由心証という原則は、裁判所が弁論の全趣旨および証拠調べの結果に基づいて自由な心証に基づき判断するものであるが、外国法によるルールによって置き換えることが可能な、抵触法上有意な連結点として役に立つ対象とはならない。むしろ、現実的な合理的判断、自然科学および論理性が重要である[41]。

---

[39] Coester-Waltjen, Rz. 624 f.
[40] BGH, 30. 7. 1954 - VI ZR 32/53, JZ 1955, 702; BGH, 3. 5. 2006 - XII ZR 195/03, NJW 2006, 3416; Ahrens, Der Beweis im Zivilprozess, Kapitel 58 Rz. 22; Geimer, Internationales Zivilprozessrecht, 7. Aufl. 2015, Rz. 2338; Nagel/ Gottwald, Internationales Zivilprozessrecht, 7. Aufl. 2015, §9 Rz. 51; Stein/ Jonas/ Leipold, §286 Rz. 14; Schack, Beweisregeln und Beweismaß im Internationalen Zivilprozessrecht, Festschrift Coester-Waltjen, 2015, S. 725, 727.

しかしまた、法廷地法の適用は、いわゆる事実上の推定、すなわち、経験則からの推論、とくに表見証明（一応の証明 Prima-facie Beweis）についても妥当するのが適切であると考える[42]。これは、証明責任ルールではなく、裁判官による心証形成の問題であり、したがって、裁判官による自由な証拠評価という認識方法の問題である。事実上の推定では実体法による衡平の考慮が明らかであるとしても、この考慮は第一に裁判の効率性に貢献するものであり、それゆえ、——一般に普及している立場と異なり[43]——法廷地法に服するのが正しい[44]。

とくに大いに議論され、かつ困難な問題は、証明度に関する準拠法の確定である[45]。すでに言及したように、証明度に関するルールは、訴訟法においても、また実体法においても見出せることを考えると、このような事態は驚くに値しない。ここでも、通説は、法廷地法を基準にする[46]。しかしながら、このことについては、実体法的な衡量と密接な関係を有することを理由に、多くの学説から疑問が投げかけられており、これらの学説は反対につねに準拠実体法を適用することを望んでいる[47]。折衷説によると、原則的証明度および訴訟法上定

---

41) Spellenberg, in: Staudinger, BGB, Internationales Verfahrensrecht in Ehesachen, 2016, Anhang zu §106 FamFG Rz. 176 を参照のこと。
42) この点についての近時の議論は、たとえば、Musielak, Die sog. tatsächliche Vermutung, JA 2010, 561; Kopp/ Schmidt, Die richterliche Überzeugung von der Wahrheit und der Indizienbeweis im Zivilprozess, JR 2015, 51 を参照のこと。
43) 準拠実体法の適用を支持するのは、Coester-Waltjen, Rz. 331 ff.; Geimer, Rz. 2291; Zwickel, Der Anscheinsbeweis zwischen lex causae und lex fori im Bereich des französischen Straßenverkehrshaftungsrechts, IPRax 2015, 531.
44) BGH, 4. 10. 1984 - I ZR 112/82, NJW 1985, 554; LG Saarbrücken, 11. 5. 2015 - 13 S 21/15, NJW 2015, 2823, 2824; Nagel/ Gottwald, §9 Rz. 39; Linke/ Hau, Rz. 10.10; Schack, Rz. 746; Thole, Anscheinsbeweis und Beweis-vereitelung im harmonisierten Europäischen Kollisions-recht - ein Prüfstein für die Abgrenzung zwischen lex causae und lex fori, IPRax 2010, 285.
45) Schack, Rz. 775 を参照のこと。同書は、"国際証拠法の最も困難な問題である" とする。もっとも国際仲裁では特別な問題が生じる。国際仲裁では基準となる証明度を合意によって確定させることもできる。この点については、Kreindler, Praktiken und Verfahren im Hinblick auf die Beweisführung in internationalen Schiedsverfahren, ZVglRWiss 114 (2015), 431 を参照のこと。
46) そのように説くのは、たとえば、OLG Koblenz, 5. 2. 1993 - 2 U 338/89, IPRax 1994, 302; LG Saarbrücken, 9. 3. 2012 - 13 S 51/11, NJW-RR 2012, 885, 886; Linke/ Hau, Rz. 10.12; MünchKommZPO/ Prütting, §287 Rz. 36; Schack, Festschrift Coester-Waltjen, S. 725, 730 f.
47) Coester-Waltjen, Rz. 358 ff.; Geimer, Rz. 2334 ff.; Staudinger/ Spellenberg, Anhang zu §106 FamFG Rz. 178.

められた例外についてのみ法廷地法が適用され、他方で、実体法規定が有する証明度に関するルールは準拠実体法が基準となるとされる[48]。もっとも、このような区別を行うことに対しては、ルールが訴訟法または実体法に置かれているのは往々にして偶然でしかなく、法律関係の性質決定の問題にとってはさしたる重要性を有するものではないとの批判がある。したがって、通説にしたがい、法廷地法を適用すべきであろう。なぜならば、心証の程度（つまり、証明度に関するルール）および心証の形成（つまり、法廷地法に服する証拠評価に関するルール）は、相互に非常に密接な関係にあるので、両者を別個の法秩序に服させるとするならば、まったく実用性を欠くことになろう。

## V 証明度とヨーロッパ法

### 1 概観

EU は、証拠法を含む民事手続法の領域において一般的な立法権限を有していない。したがって、真の意味での"ヨーロッパ証拠法"なるものはなく、むしろ、この点に関するいくつかの個別的な示唆を有するにすぎない[49]。そして、すでに EU 法は、こんにちでは、渉外民事事件において重要な意義を有している。すなわち、国際民事手続法においては、EU は、ヨーロッパ機能条約 81 条に基づき、各構成国の法規定を平準化することが許され、しかも、証拠収集の協力に関してそのことを認めている（2 項（d））。すなわち、EU は、民商事事件における証拠調べの領域における構成国裁判所間の協力に関する 2001 年 5 月 28 日の指令（Nr.1206/2001）を発令する権限を有していた（EuBewVO[50]）。しかしながら、このヨーロッパ証拠規則では、国際司法共助および域外証拠調べを扱うだけであり、本報告で関心を有する問題は扱っていない。証明度は、その他のヨーロッパ法の立法においても普遍的に妥当するものとしては定められ

---

48) そのように説くのは、Bücken, Internationales Beweis-recht im Europäischen internationalen Schuldrecht, 2016, S. 185 ff.; Stein/ Jonas/ Leipold, §286 Rz. 14.
49) この点については、さまざまな法分野からの論稿が掲載されている、Mahraun, Bausteine eines europäischen Beweisrechts, 2007 を参照のこと。
50) ABl. 2001 L 174/1. ドイツの実施規定は、民事訴訟法 1072 条から 1075 条である。

ていない。もっとも、特別な法領域ではいくつかの指令および規則において、ヨーロッパ法の立法者は、構成国裁判所にむけた証明度ないし証拠評価について特定の準則を設けようとしていた。この現象は、近時、たしかに、さまざまな関係において認識され議論されているが、これまで、立法行為において支配的になるまで理論的に整理されているとはいえない[51]。以下でも、いくつかの局面について、例を挙げて言及するにとどめざるを得ない[52]。

## 2 カルテル法

　ヨーロッパ一次法は、競争保護に関するカルテル法上の諸規定を定めており、これらの諸規定はこんにちでは機能条約 101 条および 102 条において定められている。2002 年 12 月 16 日の規則（Nr.1/2003）が、EU 競争法の実施に貢献している[53]。同規則は、たしかに証明責任について規定しているが（2 条）、証明度および証拠評価に関する各構成国の規定に変更を加えるものではないことを明らかにしている（検討理由 5）。それゆえ、ヨーロッパ司法裁判所は、判例上一貫して構成国法が基準となることを出発点としている。しかし、同時にまた、ヨーロッパ司法裁判所は、各国の訴訟法は機能条約 101 条および 102 条の効果的な適用を害してはならないとする、いわゆる効果原則（Effektivitätsgrundsatz）を強調した。そのことから、ヨーロッパ司法裁判所は、たとえば、EU 競争法に違反していることの証明は、直接証拠に基づくだけでなく、情況証拠（Indizien）によることもできるとした[54]。

　EU 競争法を現実的に実施することをさらに改善するために、構成国およびヨーロッパ連合の競争法規違反に基づく構成国法による損害賠償訴訟のための

---

51) この点については、Bülow, Beweislast und Beweismaß im Recht der Europäischen Gemeinschaften, EWS 1997, 155, 163 f. がわずかな考察をしているにすぎない。
52) 国際法から証明度に関して何らかの基準が導かれるのか、といった別個の問題は付随的に論じられるにすぎない。この問題は、一方の当事者が主権免除を享有するのか否かが争われた場合に、民事上の判決手続または執行手続において生ずるものである。この点については、Weller, Vollstreckungsimmunität: Beweislast, Beweismaß, Beweismittel, Gegenbeweis und Beweiswürdigung, RIW 2010, 599, 600 ff. を参照のこと。
53) ABl. 2003 L 1/1.
54) EuGH, 21. 1. 2016 - C-74/14 (Eturas ua/ Lietuvos Respublikos konkurencijos taryba), EuZW 2016, 435, 437 f.

一定の規定に関する 2014 年 11 月 26 日の指令（2014/104/EU）が公布された[55]。この指令は、2016 年 12 月 27 日までに各構成国法に置き換えられるものとされている。この指令は、さまざまな証拠法上の重要なルール、とくに、証拠開示（5 条以下）、証明妨害（8 条）、表見証明（9 条 2 項）、および証明責任（13 条から 15 条、および 17 条）に関するルールを定めている。さらに、明らかに独自の証明度を前提としている規定がいくつかある。そのようなものとして、5 条 1 項 1 文がある。すなわち、"ヨーロッパ連合における損害賠償請求訴訟に関する手続において、合理的な支出によって入手可能な事実および証拠方法が損害賠償請求権の合理的存在を十分認める場合に、これらの事実および証拠方法を用いて根拠を示した原告の申立てに基づき、各国の裁判所が本章に定める要件にしたがい、被告または第三者を通じて、これらの者が処分権能を有する重要な証拠方法の開示を命ずることができることを、構成国は確保するものとする"と。

ところで、この指令は 4 条 1 文において、ヨーロッパ司法裁判所が発展させてきた効果原則を明示的に強調している。すなわち、"損害賠償請求権を主張するための各国の規定および手続はすべて、競争法違反によって生じた損害の完全な賠償を求める EU 法の行使を実際上不可能にしたり、または著しく困難なものとしないように構成され、また適用される"と規定している。17 条 1 項が明らかにしているのは、このことが、とくに損害範囲の確定に関する証明責任および証明度に関する各国の規定に適用されること、および、裁判官による損害額の評価が可能であることが定められなければならない点である。連邦通常裁判所は、最近の判決で、このことに依拠した[56]。その際に裁判所は、カルテル法に違反したことで損害が生じたか否か、損害が生じたとしたらどの程度かという問題については、民事訴訟法 286 条という通常の証明度が適用されるのではなく、民事訴訟法 287 条 1 項という軽減された証明度が適用されると判断した。したがって、確実な根拠に基づく、優越的であることが明らかな蓋然性で十分であるとされたのである。そして、このことは、連邦通常裁判所の

---

55) ABl. 2014 L 349/1.
56) BGH, 12. 7. 2016 - KZR 25/14, BB 2016, 2188, 2192.

考えによれば、指令の方向性から必要とされたのである。すなわち、"カルテル法違反により損害が発生したか否かという問題について、民事訴訟法287条1項ではなく286条の規定を適用した場合には、EUカルテル法の効果的な実施が阻害されてしまう危険が生じよう。なぜならば、市場に対して効果的な影響を及ぼす要素が多様であることにかんがみると、あるカルテル法違反に関与した市場関係者が実際上も損害を生じさせたということについて、裁判所が完全に確信するまでには至らないことが往々にして生じるからである"と[57]。

## 3　国際民事手続法

国際民事手続法の領域では、ヨーロッパ規則は実際上非常に重要である。これには、国際裁判管轄、外国判決の承認・執行および国際司法共助といった問題が該当する。しかし、これらは、通常、少なくとも明示的には証明度や証拠評価について言及していない。

そこで、ブリュッセル（Ia）規則の範囲では[58]、ドイツの受訴裁判所は民事訴訟法286条1項の基準に基づいて、原告によって主張された管轄を根拠づける事情が実際に存在するのか否かを審査しなければならない[59]。たしかに、ヨーロッパ法は、不法行為地裁判籍がいうところの損害を発生させる事象が何であるのかを定めている（こんにちの、ブリュッセル（Ia）規則7条2号）。これに対して、裁判官がどのような要件の下で、その事象が実際に生じたと前提にすることが許されるのかという問題は、〔ブリュッセル（Ia）規則という〕統一的な管轄に関する法ではなく、法廷地法〔すなわち、それぞれの構成国法〕によって定まる[60]。もっとも、証拠評価および証明度に関する統一的な基準がブリュッセル（Ia）規則において適用される場合があり、それは被告が応訴しなかった場合である。すなわち、"裁判所の管轄が本規則によって根拠づけられていない"ときには、裁判

---

57) BGH, 12. 7. 2016 - KZR 25/14, BB 2016, 2188, 2192.
58) 民商事事件における裁判管轄および判決の承認執行に関する2012年12月12日の規則（Nr. 1215/2012, ABl. 2012 L 351/1）。
59) このことを明確に述べるのは、たとえば、Mankowski, in: Rauscher, Europäisches Zivilprozess- und Kollisions-recht, Band I, 4. Aufl. 2016, Vorbemerkungen zu Art. 4 Brüssel Ia-VO Rz. 7; Schlosser/ Hess, EU-Zivilprozessrecht, 4. Aufl. 2015, vor Art. 4-35 EuGVVO Rz. 8.
60) EuGH, 7. 3. 1995 - C-68/93 (Fiona Shevill), NJW 1995, 1881 を参照のこと。

所は、ブリュッセル(Ia)規則 28 条 1 項に基づき職権で無管轄を宣言しなければならない。この規定に関するドイツの解説において、法廷地法あるいは民事訴訟法 286 条がまったく言及されていないことは、注目に値するように思われる。むしろ、〔当事者の管轄の利益に対する〕保護目的に依拠して、裁判所は管轄原因事実の存在を"確信"しなければならないと説かれる[61]。この意味において、ヨーロッパ司法裁判所もまた、このような場合に管轄の審査に際して、"証明力のある情況証拠"が重要であると折に触れ強調している。このような表現は、ヨーロッパ司法裁判所が規則独自の証明度を設定しているとの前提を窺わせるものである[62]。

とくに、規則がどの程度の証明度を定めているのかという問題は、ヨーロッパ手続法を独自に創設している各規則に委ねられる。このことについても、まだ不明確なことが多く、たとえば、ヨーロッパ少額請求規則がそうである[63]。この点について、ヨーロッパ少額請求規則 9 条 1 項 1 文では、裁判所は、"証拠の許容性について適用される規定の範囲内で、判決を下すのに必要な"証拠方法および証拠調べの範囲を決定すると述べている。これまでは、証拠方法の許容性、そしてまた証明度および証拠評価についても、ヨーロッパ少額請求規則ではなく法廷地法によるものと理解されていた[64]。しかし、ヨーロッパ司法裁判所がこの問題を扱う場合に、これと異なる判断をすることは排除されていない。まったく同様の問題は、ヨーロッパ督促手続についても生ずる[65]。たとえば、裁判所が、法廷地法の基準ではなく規則独自の基準に基づき、いかなる

---

61) ここでも、Mankowski, in: Rauscher, Art. 28 Brüssel Ia-VO Rz. 12 を参照のこと。
62) そのように説くのは、EuGH, 15. 3. 2012 - C-292/10 (G/Cornelius de Visser), EuZW 2012, 381 mit Anmerkung Bach. これに対して、法務官 Trstenjak は、Hypoteční banka/ Lindner 事件における 2011 年 9 月 8 日の最終弁論で、証明度は法廷地法が適用されるとした（C-327/10, Rz. 119）。
63) 少額債権のためのヨーロッパ手続創設に関する 2007 年 7 月 11 日の規則（Nr. 861/2007, ABl. 2007 L 199/1）。同規則は、2015 年 12 月 16 日の規則（Nr. 2015/2421, ABl. 2015 L 341/1）によって変更された。
64) そのように説くのは、たとえば、Hau, in: Münchener Kommentar ZPO, 5. Aufl. 2016, Art. 9 EG-BagatellVO Rz. 2. おそらくは、Varga, in: Rauscher, Europäisches Zivilprozess- und Kollisionsrecht, Band II, 4. Aufl. 2015, Art. 9 EG-BagatellVO Rz. 2 もそうである。
65) ヨーロッパ督促手続の創設に関する 2006 年 12 月 12 日の規則（Nr. 1896/2006, ABl. 2006 L 1）に定められている。

要件でヨーロッパ支払命令の発令申立てをヨーロッパ督促規則11条1項にいう"明らかに理由不十分"であると判断しなければならないかが、そのようなものとして考えられる。

　通説が証明度について統一的なルールであると理解する最近の例は、民商事事件における国境を越えた債権回収の簡素化を顧慮した口座の仮差押えに関するヨーロッパ決定のための手続の実施に関する2014年5月14日の指令（Nr. 655/2014）である[66]。申立てがなされた裁判所は、ヨーロッパ口座仮差押規則7条にしたがい、仮差押えを発令するために個別的に定められている要件を充足していることにつき、"裁判所がもっともであるとするに十分な証拠方法を債権者が提出した"場合には、仮差押え決定（Beschluss）を下す。この規定は、一般的には、規則の立法者が、"そう考えるのがもっともである（berechtigte Annahme）"という概念を用いて、証明度に関する各構成国のルールを適用することを指示せずに、規則独自の基準を創設しようとしていたと解されている[67]。もっとも、この規則独自の基準がどの程度厳格なのかという、さらに微妙な問題がある。多くの見解は、この場合には、ドイツ民事訴訟法294条にいう疎明と同様の原則が適用されるとする[68]。これに対して、他の見解は、裁判所の完全な確信を要求すべきではないが、民事訴訟法294条の場合よりも厳格な程度を規則は要求しているとすべきであり、そして、とりわけ申立人の宣誓に代わる保証では十分ではないとする[69]。ヨーロッパ司法裁判所が、規則の機能に

---

66) ABl. 2014 L 189/59.
67) この点については、たとえば、Lüttringhaus, Die Europäisierung des Zwangsvollstreckungsrechts im Bereich der vorläufigen Kontenpfändung - Der Europäische Beschluss zur vorläufigen Kontenpfändung und seine Wechselwirkungen mit der deutschen Zivilprozessordnung, ZZP 129 (2016), 187, 199; Rauscher/ Wiedemann, in: Rauscher, Europäisches Zivilprozess- und Kollisionsrecht, Band II, Art. 9 EU-KPfVO Rz. 2; Schlosser/ Hess, EU-Zivilprozessrecht, Art. 7 EuKtPVO Rz. 4 und Art. 9 EuKtPVO Rz. 3 を参照のこと。もっとも、Hess/ Raffelsieper, Die Europäische Kontenpfändungsverordnung: Eine überfällige Reform zur Effektuierung grenzüberschreitender Vollstreckung im Europäischen Justizraum, IPRax 2015, 46, 48 は法廷地法の適用を支持する。
68) そのように説くのは、Lüttringhaus, ZZP 129 (2016), 187, 199. Rauscher/ Wiedemann, in: Rauscher, Euro-päisches Zivilprozess- und Kollisionsrecht, Band II, Art. 9 EU-KPfVO Rz. 2 も、導入部分ではそのように説く。もっとも、同書は"厳格な証明度"が適用されることを強調する。

とって中心となるこの問題について明らかにする機会を直ちに有することが望ましい。

## 4　差別禁止法

　証明度に関するヨーロッパの基準が議論される別の例を、簡単に述べておかねばならない。すなわち、複数のヨーロッパ指令が差別を禁止し[70]、不当に不利益を被ったことを主張する当事者のために立証軽減を定めている。これらの指令の置換えは、ドイツでは、一般平等待遇法（AGG）によってなされている[71]。一般平等待遇法1条は、人種、民族上の出自、性別、宗教・世界観、障害、年齢または性的同一性を理由とする不利益な扱いを禁止している。一般平等待遇法22条は、つぎのような権利の保護に関係する。すなわち、"訴訟において、一方の当事者が、1条に掲げられた事由について不利益を受けたことを推定させる情況を証明した場合には、相手方当事者は、不利益を保護する規定に違反していないことを提示する証明責任を負う"。

　この規定は、主張責任を軽減し、証明度を下げ、そして証明責任を転換したものと解されている[72]。すなわち、原告が一般平等待遇法違反を援用し、一般平等待遇法1条に掲げられた事由に基づく不利益が生じていることを、優越的な蓋然性の程度で導くことができる情況を提示すると、原告は主張・証明責任を果たしたことになる。それにより、不利益について推定が生じ、そして被告は、平等待遇原則が侵害されていないことについて証明責任を負う。しかし、これについては通常の証明度、つまり民事訴訟法286条が適用される。すなわ

---

69) そのように説くのは、Schlosser/ Hess, EU-Zivilprozessrecht, Art. 7 EuKtPVO Rz. 4 und Art. 9 EuKtPVO Rz. 3.
70) 人種または民族上の出自による差別のない平等待遇原則の適用に関する2000年6月29日の指令（2000/43/EG, ABl. 2000 L 180/22)、就労または職業における平等待遇実現のための一般的枠組みの確定に関する2000年11月27日の指令（2000/78/EG, ABl. L 303/16)、就労、職業教育および昇進の機会ならびに労働条件についての男女平等待遇原則の実現に関する理事会指令（76/207/EWG）の変更に関する2002年9月23日の指令（2002/73/EG, ABl. L 269/15)、財産およびサーヴィスを伴う扶養の機会についての男女平等待遇原則の実現に関する2004年12月13日の理事会指令（2004/113/EG, ABl. L 373/37）。
71) BGBl. 2006 I, 1897.
72) より詳細は、BAG, 17. 3. 2016 - 8 AZR 677/14, ArbuR 2016, 217.

ち、被告は、一般平等待遇法1条に掲げられた事由以外の事由が原告に対する扱いを専ら生じさせたということを、裁判所に確信させるような事実を主張し、場合によっては証明しなければならない。もっとも、学説では、差別禁止に関する指令および立証軽減に関してヨーロッパ司法裁判所の判例が要求する規準を置き換えるのに、このような解釈で十分であるのか疑問も指摘されている[73]。

## 5　展望

　すでに述べたように、EUは目下のところ、民事訴訟法そして証拠法の領域で一般的な立法権限を有していないが、各国の訴訟法をヨーロッパ民事訴訟法によって暫時交換的に補充することに、やがて非常に多くの力を注ぐことになるのは避けられないように思われる[74]。このこととの関係では、"ヨーロッパ民事訴訟法（European Rules of Civil Procedure）"を制定することを任務とする、ウィーンに所在するヨーロッパ法律協会（ELI）の作業が指摘されなければならない。この野心的なプロジェクトは、アメリカ法律協会（ALI）や私法統一国際協会（UNIDROIT[75]）によってすでに2004年に発表された、"国境を越えた民事訴訟に関する諸原則（Principles of Transnational Civil Procedure）"と関連付けられる[76]。ヨーロッパ・ルールは、とくにヨーロッパの法的交流に向けられており、そのルールは渉外事案と国内事案の双方を含むものである[77]。

　計画中のヨーロッパ・ルールのうちで重要な部分は、ヨーロッパ法律協会の

---

73) より詳細は、Stein, Die Beweislast in Diskriminierungs-prozessen – ein unbekanntes Wesen?, NZA 2016, 849, 851 ff.
74) この点に関して、たとえば、Hess, Ein einheitliches Prozessrecht?, International Journal of Procedural Law 6 (2016), 55が近時注目される。また、ヨーロッパ議会からの委託による研究が、Manko, Die Europäisierung des Zivilverfahrens: Auf dem Weg zu gemeinsamen Mindestnormen?, 2015 である（以下でアクセスが可能である。http://www.europarl.europa.eu/RegData/etudes/IDAN/2015/559499/EPRS_IDA (2015)559499_DE.pdf）。
75) "Institut international pour l'unification du droit privé" bzw. "International Institute for the Unification of Private Law"; vgl. www.unidroit.org/instruments/transnational-civil-procedure.
76) ALI/UNIDROIT, Principles of Transnational Civil Procedure, 2006 が書籍として編集されている。ドイツ語による要約は、ZZPInt 11 (2006), 403 (mit Einführung Stürner, 381) で公刊されている。
77) このプロジェクトについては、さまざまな観点からの諸論稿が、Uniform Law Review 19 (2014), 171 ff. に掲載されている。

作業部会が独自に関わっている"情報および証拠へのアクセス"という問題領域である[78]。可能な限り作業部会はALI/UNIDROITに内容上沿っている。そしてこのことは、基準となる"証明度"という問題についても妥当する。この点について、原則21.2では、"裁判所が、ある事実が真実であると合理的に確信したときは、その事実は証明されたものとみなす"とされており[79]、また、作業部会は、2015年11月草案で極めて類似している規定を設けた。すなわち、"争いのある事実は、裁判所がその事実が真実であると合理的に確信したときは、証明された"とした。

この規定が、ヨーロッパ・ルールの最終草案に採択され――そして、いつの日か将来のヨーロッパ民事訴訟法にも採用されることは、非現実的であるとはいえない。一見すると、この提案は、まったくもって適切かつコンセンサスを得られるように思われる。しかし、この文言が非常に緩やかに定められているため多義的となることが、とくに考えられる。作業部会の文言を厳密に受け取ると、作業部会はむしろ軽減された証明度、さらには柔軟な証明度を提唱しているとの考えが生じるが[80]、しかし、これはドイツ法の通説とは一致するもの

---

78) この問題について、より詳細は、Trocker, From ALI-Unidroit Principles to common European rules on access to information and evidence? - A preliminary outlook and some suggestions, Uniform Law Review 19 (2014), 239.
79) この点については、ALI/ UNIDROIT, Principles of Transnational Civil Procedure, Comment P-21B. を参照のこと。すなわち、同箇所は、"「合理的な確信（reasonably convinced）」という基準は、実際にほとんどの法体系で用いられている。アメリカ合衆国および若干の他の国の基準は「証拠の優越（preponderance of the evidence）」であるが、機能的に見るならば本質的に同一である"としている。この点については、Brinkmann, Das Beweismaß im Zivilprozess aus rechtsvergleichender Sicht, S. 81 ff. も注目に値するものであり、原則21.2 を、適切な原則的証明度について国際的に広範囲な同意を得るための例証と考えている。
80) この点については、作業グループの未公刊資料において詳細に論じられている。"この状況における「真実（truth）」という用語は、哲学的含意からは離れて理解されなければならない。この用語は、事実について裁判所が宣言をするのに十分な確信のレベルまたは程度を記述することを意図しているに過ぎない。また、「確信した（convinced）」という用語は、注意深く扱われなければならず、「納得した（satisfied）」という同義語として理解されなければならない。それゆえ、一定程度の柔軟性があり、また、裁判所が「合理的に確信している」ときに判断するため諸々の状況に適合させる必要性がある、ということを仮定する必要がある。ある法体系が高度の証明（a high standard of proof）を求める事実には、一定の複数のタイプがある。たとえば、「詐欺」あるいは「不誠実」がある程度被告に認められる場合に、コモンローの伝統では、その主張を根拠づけるために提出される証拠は非常に高度のもの（高度の証明）でなければならないとの慎重な考えに立つ"。

ではない。その他に、原則的証明度についてコンセンサスが得られる文言にしたとしても、それ程多くのことは得られないとの疑念がある。なぜならば、現実の法適用に際しては、いかなる要件の下で証明度の変更が許され、あるいは変更が必要であるか、また、証明度、証拠評価および証明責任の相互作用がどのようにして形成されるのかが問題だからである。裁判官の職務への理解と発展した訴訟文化に密接な関連性を有するこの問題が、ヨーロッパの立法行為において意味のあるものとして定められるのかは、疑問のあるところである。

## 訳者付記

　本翻訳は、2016年10月31日（月）に慶應義塾大学三田キャンパスにおいて行われた、ドイツ連邦共和国パッサウ大学法学部教授ヴォルフガング・ハウ氏（Professor Dr. Wolfgang Hau）による講演会の原稿である。講演テーマの原題は、Das Beweismaß im Zivilprozess - Aktuelle Fragen im deutschen, internationalen und europäischen Recht である。講演者のハウ教授は、1968年にドイツで生まれ、ザールラント大学法学部、トリアー大学法学部などで学び、トリアー大学リンダッハー教授の下で博士論文、教授資格論文を作成している。その後、日本においても証明責任論で著名なムジラーク教授の後任として2003年にパッサウ大学法学部に赴任し（民法、民事訴訟法および国際私法講座を担当）、法学部長（2008年から2010年）、副学長（2010年から2014年）を歴任、また、2016年からミュンヘン高等裁判所判事も兼務している。また、学生向けの教科書として、Linke/Hau, Internationales Zivilverfahrensrecht, 6. Aufl. 2015 (Dr. Otto Schmidt); Musielak/ Hau, Grundkurs BGB, 14. Aufl. 2015 (C. H. Beck) などを著している。

　本稿翻訳に際しては、講演者のハウ教授の了解のもと、日本語の理解を優先して訳出したため必ずしも文法には忠実ではなく、また、適宜ドイツ語原稿にはない言葉を角括弧（〔　〕）を用いて補足している。

　最後に、ハウ教授の招聘に際しては、石川明教授記念手続法研究所（理事長・三上威彦慶應義塾大学法務研究科教授）による財政的援助を受けたことを特記し、謝意を表するものである。なお、本翻訳は科研費（課題番号15K03218）による研究成果の一部である。

初出：法学研究90巻2号61頁以下（2017年）

# 第 II 部
## ドイツ民事執行法の理論的問題

第 6 章

# 強制執行における
# 基本権侵害に関する問題について

ハンス＝フリードヘルム・ガウル

河村好彦／訳

## I 基本権の制約（Grundrechtseingriff）としての強制執行の干渉（Vollstreckungszugriff）

　強制執行は、債務者の基本権に対する制約を必然的に伴うものである[1]。金銭債権にもとづく強制執行は、差押可能なすべての債務者の財産、すなわち動産（民事訴訟法 808 条以下）、債権その他の権利（民事訴訟法 828 条以下）、ならびに不動産（民事訴訟法 864 条以下、強制競売法 1 条以下）また、基本法 14 条 1 項の所有権の保障によって保護される財産的価値のある私法上の権利のすべてを対象とする。なぜならば、連邦憲法裁判所の確定した裁判[2] によれば、「憲法上の所有権概念（verfassungsrechtliche Eigentumsbegriff）」は、「財産的価値のある権利（vermögenswerte Rechte）」のすべてに加え、債権（obligatorische Rechte）を含むからである。土地所有権の強制競売の場合、基本権に対する制約は特に顕著である。

　動産の差押えに先立ってなされる家屋の捜索は、これらに加えて、住居の不可侵についての基本権（das Grundrecht der Unverletzlichkeit der Wohnung）（基本法 13 条）も制約する。拘留命令（Haftanordnung）によって（民事訴訟法 901 条）、宣誓に代わる保証（eidesstattliche Versicherung）（民事訴訟法 807 条、883 条 2 項）を強制することは、個人の自由（基本法 2 条 2 項 2 文、104 条 2 項）に関する基本権を制約するも

---

1) Vgl. Rosenberg/ Gaul/ Schilken, Zwangsvoll-streckungsrecht, 10. Aufl. (1987), §3 I 参照。
2) Vgl. 特に BVerfGE 45, 142, 179.

のであり、これは強制拘留（Zwangshaft）あるいは秩序拘留（Ordnungshaft）による作為または不作為の強制執行についても同様である（民事訴訟法 888 条ないし 890 条）。

強制執行に対する保護に関する規定も、すでに強制執行を人道的なものにすることを目的として（aus Gründen der Humanisierung）設けられたものであるが、これもまた基本権と重要な関わりをもつ。債務者の人間としての尊厳を確保するために、最低限度の生活を営むための糧は債務者に残しておかなければならない（基本法 1 条 1 項）。またこれは、社会福祉国原理（Sozialstaatsprinzip）（基本法 20 条、28 条）からも導き出される。差押禁止の原理（Unpfändbarkeitsregeln）（民事訴訟法 811 条 1 号ないし 4a、850c 条）によって、債務者だけでなく、「その家族」も保護される（基本法 6 条 1 項[3]）。

「基本権に対する制約（Grundrechtseingriff）」という概念は、当然のことながら、さしあたりのところ肯定的な意味や否定的な意味を含まない価値的に中立なもの（in einem wertneutralen Sinne）である。強制執行による干渉が、これを超えて、現実に「基本権に対する侵害（Grundrechtsverletzung）」を生じさせるかどうかは、これとは別の固有の問題に関連する疑問点である。

## II 連邦憲法裁判所の判例における強制執行

基本権に対する制約は、強制執行法にほとんど「内在する（immanent）」ものであるといってよいし、また大変強力なものであり、さらに「制約の程度が厳しいかどうか（Eingriffsintensität）」が連邦憲法裁判所において民事裁判の判決の当否を再び審理するに際しての基準であるため[4]、執行機関の手続についての審理を求めて連邦憲法裁判所に訴願がなされるのは容易に考えられることであ

---

[3] Vgl. Lippross, Grundlagen und System des Voll-streckungsschtzes (1983), S. 117 ff., 121 ff. 著者はさらに、民事訴訟法 811 条 10 号に関して信仰の自由（基本法 4 条 2 項）との関係を、民事訴訟法 811 条 1 号によるラジオ受信機およびテレビ受像機の差押えの制限に関して通信の自由（基本法 5 条 1 項）との関係を、また、民事訴訟法 811 条 11 号に関して人格の自由な発展（基本法 2 条 1 項）との関係を指摘する。

[4] Vgl. BVerfGE 42, 143, 148 f.; Krauss, Der Umfang der Prüfung von Zivilurteilen durch das BVerfG (1987), S. 142 ff., 193; Scherzberg, Grundrechtschutz und Eingriffsintensität (1989).

る。同僚のゲルハルト氏（Herr Kollege Gerhardt）[5]は、チューリッヒで行われたその基本的な研究報告において適切にも、このような強制執行法の、憲法裁判所による審理に対する「脆弱性（Anfälligkeit）」(訳者注1)について言及された。このようなことからすれば、強制執行の分野に関する連邦憲法裁判所の裁判が、1949年5月23日に基本法が施行されてから30年たって、ようやく始まったということが不審に思われるかもしれない。債務者の保護について積極的に言及した最初の裁判は、強制執行手続の執行と基本権の保障との2つの要素の調和という観点（eine ausgewogene Sicht）を重視して判断を下した。また最近における連邦憲法裁判所の裁判の数は、明渡しを求められた債務者が自殺の危険にさらされるという事件の増加を除いては、むしろ減少している。しかしながら、裁判の傾向は、明確な方向をほとんど示していない。

## 1 土地の不当廉売（Grundstücksverschleuderung）に対する保護

もっとも、1976年から1979年にかけて、次々と引き続いて5つの有名な競落に関する連邦憲法裁判所の判決が出された。これらの判決は、それぞれがみな不動産の強制競売における競落の合憲性に関するものであった[6]。事案においては、わずかな売得金で土地の価額を廉売させることを阻止できるかどうかが問題とされた。連邦憲法裁判所は、最初の判決において、基本法3条の平等条項から導き出される「恣意の禁止（Willkürverbot）(訳者注2)」を根拠として土地価額の保護を支持し、またそれに続く4つの判決において、主として基本法14条1項、および所有権の保障と結び付けて論じられる「効果的な権利保護に関する基本権（Grundrecht auf effektiven Rechtsschtz）」を根拠としてこれを支持した。

この裁判所の判断は、強制競売法[7]における土地の不当廉売防止に関する初

---

[5] W. Gerhardt, Bundesverfassungsgericht, Grundgesetz und Zivilprozeß, 特に、Zwangsvollstreckung, ZZP 95 (1982), S. 47, 477 など。
(訳者注1) このように、執行機関が行った強制執行手続には、基本権侵害を理由とする反駁が容易になされる可能性が常に存在することを示す。
[6] 1976年3月24日決定（第2部）, BVerfGE 42, 64 ff.（Geigerの少数意見あり）; 1977年12月7日決定（第1部）, BVerfGE 46, 325 ff.; 1978年9月27日（第1部）, BVerfGE 49, 220 ff.（Böhmerの少数意見あり）; 1978年10月10日（第1部）, BVerfGE 49, 252 ff.; 1979年4月24日（第1部）, BVerfGE 51, 150 ff.

期の規定が、民事訴訟法817a条にもとづく動産執行における最低競売価格に関する規定にまったく反している点において誤っているということを明らかにした。1979年の改正法により、強制競売法85a条に〔最低競売価格を〕<sup>(訳者注3)</sup>50％を限度とする旨の規定が導入されたことに伴って、土地の競売に関する連邦憲法裁判所の判決は、この点については大幅に古ぼけたものとなった。第1回の競売期日において、競売申出の最高価額が土地の価額の半額に満たない場合には、強制競売法85a条1項にもとづいて競落は断念されなければならない。新しい競売期日において、価額の下限がもはや効力を有しない場合に限り（強制競売法85a条2項2号）、民事訴訟法765a条の苛酷条項は適用されるのである[8]。この領域において、連邦憲法裁判所は、単純な立法者に代わって、このような実践的な先駆的業績を挙げたのである。

注目すべきことは、近年1992年7月23日の部決定（Kammerbeschluß[9]）において、連邦憲法裁判所が、——競落に関する連邦憲法裁判所の最初の判決（連邦憲法裁判所判例集42、64）を引用して——基本法3条1項の「恣意の禁止」の原則を今度は反対に債権者の利益になるように適用したということである。す

---

（訳者注2）　基本法3条1項は一般的な平等原則を定め、2項および3項は、性別、血統、人種、言語、出身地、家柄、宗教、政治的見解による差別の禁止を定める。1項と2項および3項の差異については、2項および3項の禁止が絶対的なものであるのに対し、1項の禁止は相対的なものであり、法的に無視できない重要な事実上の差異がある場合には差別的取扱いが正当化されるとするのが一般である。そこで1項の禁止について法的に無視できない重要な事実上の差異とはどのようなものかが問題となるが、これは究極的には当該法的処遇が正義または合理的判断に合致しているかどうかによって決せられることになる。これについて連邦憲法裁判所は、ある規制について、「事物の本性から生じる、あるいはそうでなくても、事柄の性質上もっともな合理的根拠が見出されない」場合、「したがって正義の思想によって規定された考察方法にとって、その規制が恣意的であるとみなされざるをえない場合」には、その規制は禁止されるとする。これが恣意（的取扱い）禁止の原則である。ただし具体的に何が恣意的な取扱いであるかは、事案に即して決定していくほかはないといえる。この点については、コンラート・ヘッセ（阿部照哉ほか訳）『西ドイツ憲法綱要』217頁以下（日本評論社、1983年）など参照。

7)　これについてすでに批判的なのは、W. Henckel, Prozeßrecht und materielles Recht (1970), S. 388 f.; Gaul, Zur Struktur der Zwangsvollstreckung, Rpfleger1971, 1, 41, 81, 特に93.

（訳者注3）　以下この括弧は、訳者が原文の訳について補足を加える場合に用いることとする。

8)　Vgl. Rosenberg/ Gaul/ Schilken, a.a.O., §3 III 1 および Anm. 38. 参照。

9)　BVerfG（部決定), NJW 1993, 1699 f. = Rpfleger 1993, 32 ff. および Hintzen による批判。

なわち、後順位債権者が最高競売価格で申出を行うことにより自分の土地債務に関する権利が失効することを債権者が明らかに知らない場合には、執行裁判所は、〔基本法 3 条の平等条項から導き出される「恣意の禁止（Willkürverbot）」により、〕民事訴訟法 139 条〔釈明権に関する規定〕を根拠として釈明権を行使し、強制競売法 74a 条（後順位債権者を保護するための 10 分の 7 の限界に注意）にもとづく競落拒否の申立て、および、強制競売法 30 条にもとづく手続停止の申立てを行うよう債権者に促さなければならないとされたのである。

## 2　住居の捜索に際しての保護

1979 年 4 月 3 日の憲法裁判所の基本的決定[10] 以来、住居の捜索は執行官によってなされなければならないことになった。また同様に、1981 年 6 月 16 日の決定[11] 以来、税務署（Finanzamt）の執行係官（Vollziehungsbeamter）による捜索については、緊急の必要がない限り、裁判官の命令が必要とされることになった。この点について連邦憲法裁判所は、最近の判決において、基本法 13 条 2 項にもとづいて、〔捜索および威力の行使に関する〕民事訴訟法 758 条 1 項の条文を、憲法に適合するように以下のように補足して解釈している。すなわち、夜間における執行に関する民事訴訟法 761 条の類推によって、「区裁判所判事（Amtsrichter）」は捜索命令を出さなければならない、と。

執行の実務においては、今まで無造作に執行官の本来的な職務とされていた執行権限に対してこのような憲法による制約を加えることは、執行官の職務を限定する傾向を有するため、これに反対する見解が圧倒的に多かった。それどころか、一部の者は、これを「法治国家理念の実際的でない誇張（unpraktikable Ubertreibung der Rechtsstaatsidee）」であると受けとめた[12]。また、これによって債務者に対して有効な法的保護がなされるかどうかについても疑問が投げかけられ

---

10）BVerfGE 51, 97 ff. = NJW 1979, 1539 ff.
11）BVerfGE 57, 346 ff. = NJW 1981, 2111 f.
12）So Zöller/ Stöber, ZPO, 19. Aufl. (1995), §758 Rz. 13; Thomas-Putzo, ZPO, 19. Aufl. (1995), §758 Rz. 2（17. Aufl. から主張が弱まる）; Behr, NJW 1992, 2125, 2126（「不当な加重（unangemessene Erschwerung）」また、DGVZ 1980, 49, 50：「法治国家主義の強化（Stärkung der Rechtsstaatlichkeit）」); Rosenberg/ Gaul/ Schilken, a.a.O., §26 III 他参照。

ている。というのは、実務においては「裁判官による捜索命令はほとんど例外なく申立て通りに付与される」[13]からである。連邦憲法裁判所は、審理の範囲および基準の決定について、第一に、それが「比例原則（Grundsatz der Verhältnismäßigkeit）」に合致するかどうかによるように指示する。比例原則に合致する場合としては、たとえば債務者が病気であった場合であるとか、あるいは債権額が僅少であるために、執行が認められなかった場合などの例がある（連邦憲法裁判所 51、113）。比例原則に関する考慮は、税務署による強制徴収に関する第二番目の決定において、公法上の公租公課の請求権について行われたが、（連邦憲法裁判所判例集 57、356）、〔それは公法上の関係であるから、基本法が適用され、〕比例原則が国家と市民の間に直接関係を有してくることについて問題は生じなかった。そうでない場合には、比例原則は国家と市民の関係に直接には関わらないため、通常の強制執行の範疇に属する問題となる[14]。

しかしながら、連邦憲法裁判所は、最近の1987年6月16日の決定において[15]、複数の債権者のために住居の捜索を同時に行うことについては、自己の掲げた基準に忠実ではなかった。というのは、連邦憲法裁判所は、「個々の者の執行関係について比例原則を審理すること」を自ら放棄したからである。

判決が下った事件においては、執行官が民事訴訟法827条3項にもとづいて、同時に32名の債権者のために、債務者の事務所において、合計額17800マルクの動産を差し押さえた。合計35250マルクの額の債権を有する17名の債権者については捜索命令が出されたが、15名の債権者の分については、捜索命令が出されていなかった。連邦憲法裁判所は、執行官のとったこの措置は、基本法13条2項に反しないとした。

連邦憲法裁判所の見解によれば、基本法13条2項は、違法な「侵入（Eindringen）」だけでなく、住居内に「滞在すること（Verweilen）」も、その保護

---

13)（1995年の時点での）強制執行法第二草案についての職権による理由づけについては、BT-Drucks. 13/341, S. 15.

14) この点についてはすでに、Gaul, Billigkeit und Verhältnismäßigkeit in der zivilgerichtlichen Voll-streckung öffentlichrechtlicher Abgaben, JZ 1974, 279, 282 ff.

15) BVerfGE 76, 83 ff. = NJW 1987, 2499 f. = DGVZ 1987, 155 ff. および編集者による注；これに批判的なのは Gaul, Zwangsvollstreckung und Verfassungsrecht, Festschrift für A. Stelmakowski, Bialystok (1991), 237, 245.

の対象とする。しかしながら、たとえ捜索命令の出されていない債権者のためにも執行を行ったとしても、その執行において（たとえば、他の部屋あるいは貯蔵庫を捜索するなどの）さらなる追加的な措置がとられ、その結果として「住居内に強制的により長く滞在する」という状態が生じるわけではないから、これはしたがって「居住領域における、通常よりもより苛酷な制約」にはならず、そのため提出された捜索命令によって、すべての債権者のための執行がカバーされているとするのである。判決が下った事件においては、17800マルクに相当する物が差し押さえられたにすぎなかったのに対して、捜索命令は合計35250マルクの債務名義、すなわちその2倍を超える合計額について下されていた。このため、この、すべての債権者のための執行は、連邦憲法裁判所によって示された基本法13条の保護領域の範囲内にカバーされていたとするのである。

　そういうわけで、連邦憲法裁判所のこの新しい判決は注目すべきものである。なぜならば、新しい判決は、——以前の2つの判決とは異なって——、債権者と債務者の間における「個々の者の執行関係について比例原則に関する審理を行うこと……」は、「基本法13条によって保護されるべき目的の範囲を超える」ことを明言し、これを強調したからである。というのは、基本法13条は、住居の平穏の制約に対してだけを保障するものであり、「債務者に、執行の方法に対する保護を保障するものではない」としたからである[16]。このことは、連邦憲法裁判所が比例原則の審理に関して以前の立場に戻っていることを意味する。個々の具体的な事例において「比例原則」が、本当に重要なものであるとするならば、連邦最高裁判所は、その結果として、債権者のひとりひとりについて捜索命令の必要性を審理しなければならないことになるはずである。

　そのうえ連邦憲法裁判所は、その「賢明な（salomonisch）」判決によって、法的安定住をないがしろにした。なぜならば、捜索許可の数が債権者のすべてをカバーするについて充分であるか、それともこれでは足りず、より多くの捜索

---

16) BVerfGE 76, 83, 91、これによって連邦憲法裁判所は、判決以前に学説において支持されていた、基本法13条2項は居住範囲だけを保護するものであり、「債権者の侵害から債務者の財産を保護するものではない」という見解にたつことを承認する。; Vgl. Rosenberg/ Gaul/ Schilken, a.a.O., §26 III 3e aa 参照；特に、Münzberg, Rpfleger 1986, 485, 486 f.; さらに Stein-Jonas-Münzberg, ZPO, 21. Aufl. (1995), §758 Rz. 18.

許可が必要かどうかは、すべて前もって知ることのできない債務者の財産状態および捜索状況にかかってくることになるからである。たとえば、執行官が部屋において、債権者のすべてを満足させるに充分な高価な品物を見つける場合には、執行官は、一本の捜索命令で同時に債権者すべてのために執行を行うことができる。なぜなら、この場合には、執行官は部屋の中に、より長く「滞在する」必要はないからである。同様に、執行官がなにも見つけられず、執行がまったく成果を挙げずに進行する場合にも、ひとつの捜索許可によってすべての債権者のための措置が根拠づけられることになる。しかしながら、〔見つけた物がすべての債権者を満足させるには充分でなく、〕さらなる執行措置の必要がある場合には、許可を再び得るために執行官は捜索を中断しなければならず、住居の捜索はいったん中断し、その後再び行われることになる。これは「基本権に対する制約の繰返し（Vervielfachung der Grundrechtseingriffe）」を生じ[17]させることになるため、当初意図した基本権の保障が、保障しようとした当初の意図とは反対の方向に作用する結果となってしまう。

明渡しの執行に関する基本法 13 条〔住居の不可侵の規定〕の意味づけについての 1993 年 5 月 26 日[18]の連邦憲法裁判所第 1 部の新しい決定もまた、不明確さを生じさせるものであった。正当な解釈によれば、明渡しを認める判決については、捜索命令を付する必要はない。概念として考えても、部屋を「明け渡すこと」は、部屋を「捜索すること」とは若干異なるものだ〔からである〕。また、裁判所による明渡命令は、債務者の、居住を邪魔されない権利を当然のこととして否定するものだからである[19]。

連邦憲法裁判所が最近判決を下した事件においては、賃貸人自身の使用の必要（民法 564 条 2 項 2 号）によって認められた明渡判決に対して、賃借人は自己の賃借する住居の占有権が基本法 14 条および 13 条にもとづく基本権による保護を受けることを主張した。連邦憲法裁判所は、たしかに、賃借人に対してはじめて、——憲法上の所有権の概念が、広義において「すべての財産的価値を

---

17) Vgl. Bittmann, DGVZ 1989, 136 ff.; また Stein - Jonas-Münzberg, a.a.O., §758 Rz. 18 Fn. 92; "Verfassungsschutz als Bumerang".
18) BVerfGE 89, 1 ff. = NJW 1993, 2035 ff.
19) Vgl. Rosenberg/ Gaul/ Schilken, a.a.O., §26 III 3a.

有する権利（alle vermögeswerten Rechte）」を含むことを根拠として——基本法14条にもとづく財産権の保障の余地があることを認めたが、しかしながら当該具体的事案においては基本法14条違反を否定し、また結論として、基本法13条違反も否定した。

基本法13条について連邦憲法裁判所によってなされた理由づけは、しかしながら矛盾している[20]。まず第一に、判決は、明渡訴訟については、「基本法13条の保護領域（守備範囲）の外にある」とし、なぜならば、保障されているのは「住居についての占有権ではなくて、住居のプライヴァシー（Privatheit）」だからである、とする。しかしながら、判決は、この適切なる出発点に反して、以下のように続ける。すなわち、「これに対して、賃借人が自由意思にもとづかずに明け渡さないので、賃借人を強制的に立ち退かせるために執行官が住居内に立ち入る場合には、執行手続は、基本法13条の保護領域（守備範囲）の中にある。」とするのである。連邦憲法裁判所がたとえ、「〔このことは、〕賃貸人が、禁止されている自力救済によって（民法858条）住居内に立ち入り、再びその占有に移す場合と同様の関係にある」と言い添えたとしても、このことは、まったく理解できない。執行官の明渡行為は、判決の中にある裁判官の明渡命令によってカバーされているのであるから、したがって、禁止されている自力救済との比較は不合理であることが、連邦憲法裁判所によってまったく看過されている。

連邦憲法裁判所の新しい決定によって困惑がもたらされたにも関わらず、裁判官による明渡判決については捜索命令は追加的に必要とされることはないということは、確認することができる。

最後に、基本法13条1項の文言によって「住居」に限定されている保障が、仕事部屋、企業、店舗、事務室に拡大されるべきかどうかという問題に関して、連邦憲法裁判所とヨーロッパ裁判所（EuGH）の間における注目すべき相違点が存在する。連邦憲法裁判所は、この問題を肯定し、支配的見解もこれを支持する[21]のに対し、ヨーロッパ裁判所は、1989年9月21日の判決[22]で、EC法上

---

20) BVerfGE 89, 11f. = NJW 1993, 2037.
21) BVerfGE 32, 54, 71以来の確定した判例である。最近のものとしてBVerfGE 76, 83ff.

の住居の不可侵性に関する基本権は、自然人の個人の住居に対してしか適用されず、企業の店舗、事務室には適用されないとする。ヨーロッパ裁判所は、したがって、ヨーロッパ共同体委員会（EG-Kommission）が違法な価額の談合の疑いにもとづいて Hoechst 株式会社の店舗、事務室をヨーロッパ経済共同体命令第 17 号（EWG-VO Nr.10(訳者注4)）によって捜索することについては、住居の不可侵性を考慮する必要はないとした。

### 3  作為および不作為を求める執行に関する保護

（a）　ドイツの立法者は、債務者の財産開示義務（Pflicht des Schuldners zur Vermögensoffenbarung）を、不代替的作為（unvertretbare Handlung）の特殊な場合と考えていた（民事訴訟法 888 条23)）。このことから、立法者が、「宣誓に代わる保証および拘留（民事訴訟法 899 条以下）」の章を体系的な関連において、作為の執行に位置づけたということ、および、民事訴訟法 888 条 1 項 3 号において、強制拘留について開示の保証に関する強制的拘留の規定を参照するように指示することの説明がつく。

宣誓に代わる保証（民事訴訟法 901 条）を行う際の強制的拘留の合憲性について、連邦憲法裁判所は、最近、二度判断を下した。

1978 年 6 月 20 日に下された第一の決定[24]においては、連邦憲法裁判所は、16 マルクから 46 マルク 50 ペニヒの間の債権額について、これらが僅少であることを理由として拘留命令を認めないという法案を、充分な理由がないとして不適法と判断した。しかしながら連邦憲法裁判所は、万一のために、比例原則は、「金銭債権の額が僅少であることを理由とする強制的拘留を一般的に禁止するものではなく」、とりわけ、債務者には〔宣誓に代わる保証の延期に関する〕民事訴訟法 900 条 4 項の手段、および〔苛酷を理由とする執行制限に関する〕765a

---

22) EuGH, NJW 1989, 3080, 3081 = ZIP 1989, 1281, 1282.
（訳者注4）　ヨーロッパ共同体設立条約（EWGV）85 条および 86 条の実施に関する第一命令（Erste Durchführungsverordnung zu den Art. 85 und 86 EWGV）。
23) Vgl. Gaul, Grundüberlegungen zur Neukonzipierung und Verbesserung der Sachaufklärung in der Zwangsvollstreckung, ZZP 108 (1995), S. 3, 9 f.
24) BVerfGE 48, 396 ff.; dazu Morgenstern, NJW 1979, 2277.

条という法律上の救済手段が残されていることを指摘した。また 1982 年 10 月 19 日に下された第二の決定[25]においては、連邦憲法裁判所は、民事訴訟法 901 条の規定は比例原則に反するものでもなければ、基本法 2 条 2 項 2 号の個人の〔生命および身体の〕自由に関する基本権に反するものでもないこと、なぜならば債務者は宣誓に代わる保証をなすことによって、拘留を「いつでも免れる」ことができるからである、ということを明らかに強調した。同時に連邦憲法裁判所は、民事訴訟法 765a 条の苛酷条項を考慮するための申立要件の合憲性を確認した。

1982 年 10 月 19 日の決定は、したがってとりわけ重要である。なぜならば、連邦憲法裁判所は、この決定において、拘留強制によって裏づけを与えられた債務者の開示義務が、まさに債権者の国家に対する執行請求権の構成要素に属することを表明したからである[26]。これによれば、「執行権の独占的行使者としての国家が、自力救済を禁止した執行債権者にその有する請求権を実現すること、およびその前提条件として、開示によってめざされる差押可能な財産の確定を可能にすることにつき、公共の利益が存在する。」ことになったのである。

破産における破産者の説明義務（Auskunftspflicht）（破産法 75 条、101 条 2 項）に直接関係があるために、これまではあまり論じられていなかった問題に関する決定が、1981 年 1 月 13 日に下された[27]。この決定において連邦憲法裁判所はさらに、破産者が自己の犯罪となるべき行為を明らかにしなければならない場合には、連邦憲法裁判所は、破産者に対する説明義務が強制執行可能である旨を明らかにした。自己の犯罪を明らかにすることに対する保護は、刑法の領域のみで用いられる禁止であり、破産における説明義務の強制には及ばないとする。また連邦憲法裁判所は、「立法者が破産者に、債権者に対する債務の履行を強制し、また、破産者の説明によって債権者の最善の満足に寄与するよう強制することは、基本法 1 条 1 項の人間の尊厳、あるいは 2 条 1 項の人格権の保

---

25) BVerfGE 61, 126 ff.
26) BVerfGE の決定の意味については、Gaul, a.a.O. (Fn. 24), S. 22, 32 参照。
27) BVerfGE 56, 37 ff. = NJW 1982, 1431 ff. und dazu Stürner, NJW 1981, 1757 ff.

障を侵害するものではない」とする。

　この決定において連邦憲法裁判所はまた、一般的見解の表明として、〔宣誓に代わる保証に関する〕民事訴訟法807条について、説明義務を負う者として債務者だけが「必要な情報を得ることができる地位にあり、かつ、情報についての利害関係人がこの情報を得ることができなければ重大な不利益を受ける」場合、すなわち、権利の追求を阻止されるであろう場合には、債権者が情報を得る利益は債務者の利益よりも絶対的に重要であることを指摘する。すでにこの決定によって、連邦憲法裁判所はまた、執行債権者の情報を得る権利を、その請求権の効果的な権利保護に関する構成要素として承認した[28]。

　破産法107条2項および民事訴訟法915条にもとづく債務者表への記載により、将来の債権者の情報取得権（Informationsrecht）が拡張されるという関係についてさえ、連邦憲法裁判所は1988年7月25日の決定[29]において、ついにこれについて「情報に関する自己決定権（Rechts auf informationelle Selbstbestimmung）」の観点からする憲法上の問題は生じないことを表明した。ところで、「ブラックリスト（schwarze Liste）」であるという債務者表の縁起の悪い意味は、1995年1月1日に発効した情報保護に関する調整に関する法律（Gesetz zur Anpassung an den Datenschutz）においても変わっていない。なぜならば、宣誓に代わる保証あるいは拘留命令が行われるという事実は、民事訴訟法915条1項により相変わらず知れ渡るのであり、――破産法107条2項にもとづくように、――開示の否定的な結果のみが知れ渡るわけではないからである。さらに債務者表は、債務者が「支払を望ま（zahlungsunwillig）」ず、「信頼できない（unzuverlässig）」状態にあるということは明らかにするものの、それ以上に債務者が「支払不能（zahlungsunfähig）」であることを証明しない[30]。

---

28) これについては、Gaul, a.a.O. (Fn. 24), S. 31 f. 参照。
29) BVerfG, NJW 1988, 3009 f. 15. 12. 1983 BVerfGE 65, 1 ff. のいわゆる国勢調査判決に関しては、以下の文献参照。; Prütting, Datenschutz und Zivilverfahrensrecht in Deutschland, ZZP 106 (1993), 427, 446 ff. 私の知るところでは、15. 7. 1994 の「債務者表に関する規定の変更に関する法律（Gesetz zur Änderung von Vorschriften über das Schuldnerverzeichnis）」は、債務者表に記載すべきことがらの内容および範囲は変えないでおくこととしたが、情報の提供を機密保護の要請に添うものとした。これについては、Lappe, NJW 1994, 3067 f. und NJW 1995, 1657 f.

（b）　民事訴訟法890条にもとづく不作為義務の執行に関する秩序金（Ordnungsgeld）および秩序拘留（Ordnungshaft）の命令を下すためには、その客観的な法形式に〔そのような文言がないに〕もかかわらず、有責な違背（eine schuldhafte Zuwiderhandlung）があることが前提となる。連邦憲法裁判所は[31]、民事訴訟法890条1項は、その改正（1974年）によって刑事罰的な要素を含むに至っており、その限りにおいてまたここでも、この規定について、「責任なしになされたある行為について、刑事罰と同様の懲罰を科するならば、それは法治国家原理に違反し、利害関係人の基本法2条1項にもとづく〔各人の人格の自由に関する〕基本権を侵害することになる」という原則が妥当することを、くり返しはっきりと述べている。

しかしながら、1991年4月23日に下された最も最近の決定[32]において、連邦憲法裁判所は、債務の確認について表見証明の方法（Regeln des Ansheinsbeweises）による証明の軽減（Beweiserleichterung）を認めた。問題となった事件においては、「ビルト紙〔大衆向けの新聞紙〕」に「ハンブルグの偉大な治療士」という見出しのもとに載せられたセンセーショナルな記事についての1978年のハンブルグ地方裁判所の不作為を命じる判決によって、白衣を着て、聴診器をつけた写真に添えたその治療士の治療の結果をさらに新聞で発表することが、治療士に対して禁止された。〔その後、〕1986年8月になって、「ハンブルガーアーベントブラット紙」において、またその少し後に「ビルト紙」において新たに、〔目の〕虹彩の診断および注射を行う白衣を着た治療師を写した2枚の写真付きで同じような大見出しのついた大判の記事が掲載された。ハンブルグ地方裁判所は、これにもとづいて5000マルクの秩序金の支払いを命じた。その理由においてハンブルグ地方裁判所は、債務者の主張する、自分はその記事になんらの力も貸しておらず、それは単に記録資料が古かったにすぎないという異議を認めなかった。異なる髪型で撮られた写真および両方の記事の内容が現在のものであることから、表見証明によって、記事に債務者が協力したこ

---

30）これについてはすでに、Gaul, a.a.O. (Fn. 24), S. 10 f., 44 の批判がある。
31）BVerfGE 58, 159, 162 f.
32）BVerfGE 84, 82 ff.

とが明らかになったとするのである。

連邦憲法裁判所は、民事訴訟法890条にもとづく手続に表見証明を用いることを適法とした。秩序維持措置が刑事罰に類似する性質を有するにもかかわらず、これは「私人間における手続の私法上の義務の実現にすぎない」とするのである。連邦憲法裁判所は、刑事訴訟においては職権探知主義および固有の強制手段が公法上の刑罰権の実現に力を貸すが、強制執行手続においてはこのような手段は債権者に与えられていないことを挙げる。そして、したがって債権者は民事訴訟において用いられている証明軽減の方式を用いることができるのである、と。また、連邦憲法裁判所は、債務者に対して表見証明をぐらつかせることを要求しても、それは過大な要求ではないとする。なぜなら債務者は、解明されるべき事実に債権者よりも「より近い（näher）」立場にあるからである。〔法律上の審問を請求する権利に関する〕基本法103条2項の保障は、したがって刑事訴訟に限定されるのであり、「民事裁判上の手続には適用されない」。むしろこの保障は、法治国家原理によって、〔各人の人格の自由に関する〕基本法2条1項との結びつきにおいて保障されるものである。

## 4 明渡しを求める執行に関する保護

1979年10月3日の、自殺の危険がある債務者（suizidgefährdeter Raumungsschuldner）に関する連邦憲法裁判所のセンセーショナルな判決[33]以来、この判決に関して多くの批判があらわれたが、控訴審の判決[34]はまず第一に、この批判をなんとか沈静化させたようにみえた。しかしながら1991年以来、このような事例が連邦憲法裁判所にめだって繰り返されていることが確認できる。さらになされた5つの判決も合わせて考察することにより、ここで連邦憲法裁判所の上訴に関するある重要な見解に気づくことができる。

端緒となった1979年の判決におけると同様に、事案は、民事訴訟法765a条の苛酷条項にもとづく強制執行に対する保護を控訴審において否定された者の

---

33) BVerfGE 52, 214 ff.
34) Vgl. Rosenberg/ Gaul/ Schilken による証明, a.a.O., §3 III 5e und §43 III 1; さらに、OLG Köln, Rpfleger 1990, 30 f. und NJW 1993, 2248 f. その他の文献参照。; KG, DGVZ 1995, 114 f.; Scherer, DGVZ 1995, 33 ff.

行った憲法異議に関するものである。たしかに、基本権の作用と民事訴訟法765a条の一般条項に関する比例原則の作用は、強制執行の場面において特に近い関係にある。一般条項は、基本権の「侵入地域（Einbruchsstellen der Grundrechte）」として、基本法に関連する解釈を受入れやすい〔からである〕。

連邦憲法議判所は、「何が公序良俗に反する苛酷さであるかを判断すべき審理においては、また、基本法の価値判断および債務者に強制執行において保障される基本権」を考慮しなければならないということを、出発点となった判決においてすでに強調していた。そして連邦憲法裁判所は、明渡しを求める執行は、（自殺の危険を排除することができないという）「特別の事情のある個々の場合においては」それが基本法2条2項の規定する生命および身体が傷つけられないことに関する基本権に対する「極度に重大な侵害（ganz unverhältnismäßig schwerwiegender Eingriff）」であるため、「より長い期間停止することができる。」としたのである。問題となった事例においては、賃貸借期間が8カ月間しかなかったにもかかわらず、2年半もの明渡訴訟の後に敗訴した60歳の賃借人に対し、重大な負担であることを理由として、3カ月の明渡期間および半年の民事訴訟法765a条にもとづく執行制限期間に加え、さらに期限を定めない期間の延長が憲法にもとづいて認められたのである！

連邦憲法裁判所の民事訴訟法765a条に関する最近のいくつかの判決は、みな、部の判決（Senatsentscheidungen）（連邦憲法裁判所法93b条2項）と同様の、連邦憲法裁判所法31条1項にもとづく決定として認められる、いわゆる部の決定（Kammerbeschlüsse）である。

1991年8月21日の判決[35]の事案においては、地方裁判所は、明渡しについて民事訴訟法765a条による執行制限を行うことを保障しなかった。それはなぜならば、明渡債務者が明渡訴訟の前にマイン川へ飛び込んだり、睡眠薬を服用するなど、すでに何度も自殺を試みていたことが、提出された診断書から明らかにされたからである。このことから地方裁判所は、明渡債務者の憂鬱性症候群（depressibes Syndrom）は、住居を失うという現在の危険を原因として生じたものではないとするのである。〔これに対して〕連邦憲法裁判所は地裁の決定を

---

[35] BVerfG, NJW 1991, 3207 Nr. 1.

破棄し、利益衡量に際しては、寝るところがなくなることによる自殺の危険、あるいは代わりの住居の調達を具体的に考慮しなければならないと命じたのである。

1992年1月15日決定[36]の事案においては、地方裁判所は87歳の老人の、老齢から来る病弱さを理由とする執行制限の申立てを棄却した。それは、民事訴訟法765a条は、明渡しを時間的に延ばせることだけを内容とする規定であり、債務名義の効力を否定できるものではないことを理由とする。連邦憲法裁判所はこれに対して、当面改善の見込みがないというような例外的な場合においては、強制執行の「継続的差止め（eine Daueruntersagung）」を考慮できることを強調した。すなわち決定は、明渡債務者が「自ら老人などの社会福祉事業対象者のために設けられた他の住居を獲得し、それによってその自立的な生き方にその終わりを見いだす可能性がないわけではない」とするのである。この争点については、連邦憲法裁判所は、すでに1991年9月29日[37]に連邦憲法裁判所法32条1項にもとづく強制執行の停止命令を下している。

1994年2月1日の決定[38]において、連邦憲法裁判所は、明渡債務者の妻による憲法異議を適法な輔佐人（Beistand）によるものとして認め、民事訴訟法765a条にもとづく申立てについて、地裁の判決が確定するまで強制執行を停止した。地裁は、明渡債務者は入院して精神病の治療を受けることによって自殺のおそれに対処できることを理由として、執行制限をそれ以上に行うことを否定した。〔これに対して〕連邦憲法裁判所は、事案の解明が不充分であることを理由として地裁の決定を破棄した。連邦憲法裁判所は、地裁が「そのような治療が〔自殺の〕危険を除去するのに適している」ことを明らかにしていないことを理由とする。

また最後に、1994年5月2日決定[39]の事案において、地裁が民事訴訟法765a条にもとづく執行制限を認めないことに対する憲法異議について、連邦憲法裁判所はこれを認めた。〔事案は〕70歳の明渡債務者が、彼は支払不能と

---

36) BVerfG, NJW 1992, 1155.
37) BVerfG, NJW 1991, 3207 Nr. 2.
38) BVerfG, NJW 1994, 1272 f.
39) BVerfG, NJW 1994, 1719 f.

なった経営者であるが、強制競売にかかった邸宅の土地の明渡しに対して、強制的な明渡しは、彼に「清算としての自殺（Bilanzselbstmord）」を行う疾病を生じさせることを意味する旨が書かれた診断書を提出することによって、これに抵抗した〔というものである〕。地裁は、執行制限の申立てを認めなかった。その理由を地裁は、自殺の危険は精神的な発病から生じるのではなく、明渡債務者の「性格の構造および感覚的な精神状態（Charakterstruktur und emotionale Befindlichkeit）」から生じるものだからであるとする。連邦憲法裁判所の見解によれば、地裁は基本法2条2項の基本権の意味を正当に評価していないとする。すなわち、地裁は、「自殺に走りやすいという素質を理由とするのとは無関係に、自殺の危険が実際に存在するのかどうか、また〔自殺の危険があるとすれば〕、それはそれはどの程度のものとして評価できるのかという問題を提示しなければならなかったのである」とする。

　強制的な明渡しに対抗するものとしての民事訴訟法765a条による憲法と関連する執行制限とは直接の関係を有するものではないが、1991年1月16日の連邦憲法裁判所の決定[40]がある。その決定において連邦憲法裁判所は、異議手続および抗告手続において、その者に対する別個の債務名義がないにもかかわらずになされた強制執行に対抗した明渡債務者の成年の子供に対して、「憲法異議の補充性（Subsidiarität der Verfassungsbeschwerde[訳者注5]）」を理由として、――ほとんどまったく納得できないことに、――民事訴訟法771条による第三者異議の訴え、あるいは民事訴訟法256条による確認の訴えを参照するように指示した。ともかく連邦憲法裁判所は、明渡しを求める執行に第三者が関係し、〔その者に対する侵害が生じる場合でも〕「憲法上の侵害はない」とするのである。

　自殺の危険を理由とする明渡しの制限に関する連邦憲法裁判所の判決は、ある種の途方にくれる状態を生じさせる。基本法2条2項による「生命に関する

---

40) BVerfG, NJW-RR 1991, 1101; これについて批判的なのは Münzberg, Räumung gegen Familienangehörige ohne entsprechenden Vollstreckungstitel? Festschrift für Gernhuber (1993), S. 781, 790 ff.

（訳者注5）　何人も公権力によって自己の基本権が侵害されたことを理由として連邦憲法裁判所に憲法異議を申し立てることができる（連邦憲法裁判所法93条1項4号）。ただしそのためには、通常のあらゆる法的手段を取り尽くしたことが原則として必要となる。これが憲法異議の補充性である。

基本権」が実際に基本法 14 条による所有権の保障に対立する場合には、その関係は明らかである。なぜならば、――すでに同僚の Gerhardt 氏が強調するように[41]――「『生命に対立するような所有権』を考慮する余地はない」からである。生命は、絶対的な保障を受ける。しかしながら実務においては、基本権の位置づけは、たいていの場合、そのように簡単には分類できない。問題は、連邦憲法裁判所の判決もそれに対してなんの対処もできないような自殺の危険を理由として控訴するような、控訴の濫用の点にある。しかし反対に連邦憲法裁判所は、明渡債務者の病気は入院による精神病の治療によって対処できるという異議をほとんど認め〔ず、強制執行の停止を認めるにいたった。〕そうこうするうちに、執行裁判所に対する連邦憲法裁判所の審理命令は、明渡しによる自殺の危険をどのように証明するかということについての助言さえも与えるようになっている[42]。

　従来は、債権者の債務名義は民事訴訟法 765a 条を適用してもまったく無価値なものとなるのではなく、これによって権利行使を拒絶することが認められる〔だけである〕という原則があった[43]。しかしながら、このことは明渡しを求める執行に際しては、事態は異なる。なぜならば、明渡執行の際は、民事訴訟法 765a 条によるそれ自体可能な「個々の執行に関する措置」を継続的禁止によって、「禁止」すること (Untersagung der (einzelnen) Voll-streckungsmaßnahme) は、債務名義によってカバーされる「執行の禁止 (Verbot der Zwangsvollstreckng)」とまったく同じことになるからである。このようなことは、しかしながら法規（〔夫婦の同居を命ずる判決などについての罰金または拘留の禁止に関する〕民事訴訟法 888 条 2 項！）によってしかなしえないはずであり、また、判決裁判所に対して執行裁判所が口をはさむことのできることではない。〔民事訴訟法 765a 条の〕このような禁止は、執行に時間的な制限をつけ、期限を区切るという方法によってのみ実現可能なのである。

---

41) Gernhardt, a.a.O. (Fn. 6), S. 488.
42) Vgl. Thomas-Putzo, ZPO, 19. Aufl. (1995), 765 a Rz. 8 の、連邦憲法裁判所（NJW 1991, 3207）が展開する、威嚇的な強制執行による自殺の危険についての「対策」に対する批判参照。
43) Vgl. Rosenberg/ Gaul/ Schilken, a.a.O., §43 III 4.

既判力〔の概念〕および受訴裁判所と執行裁判所の間の機能分担〔の概念〕は、執行裁判所から、事件を再び審査する資格を剥奪する〔ための〕ものである。民事訴訟法 765a 条の規定する「苛酷」に該当する新たな原因をつけ加えることなく、すでに受訴裁判所によって〔賃借人およびその家族にとって賃貸借契約の内容が苛酷であることを理由とする賃貸借契約の解約に対する異議に関する〕民法 556a 条 1 項の「社会条項（Sozialklausel）」の枠内で「苛酷なことがらとして正当に理由づけられることではない（nicht zu rechtfertigenden Härte）」と審理された事案、あるいは〔住居の明渡しを命ずる判決について事情により相当と認める明渡期間を認める〕民事訴訟法 721 条にもとづいて保障された明渡しについての制限に修正を加えることは、司法機関（Rechtspflege）の職責ではありえない。心理状態あるいはより以前に自殺を試みたことがすでに明渡訴訟において明らかになっているにもかかわらず、自殺の危険が執行の段階になってはじめてしばしば口実にされるというのは奇妙なことである。したがって、第三者異議の訴えによる執行名義に対する実体法上の異議としては、明渡債務者の心理状態は民事訴訟法 767 条 2 項の〔基準時前の事由であることを理由とする〕排除規定によって遮断されるであろう[44]。これに対して、執行措置に対する民事訴訟法 765a 条にもとづく訴訟法上の抗弁としては、明渡債務者の心理状態は考慮の余地がある。この点に評価の内的矛盾が生じる。

しばしば、明渡期日の直前になってようやく執行制限の申立てがなされるのに対処するために、1995 年に提出された強制執行法第二草案[45]の 765a 条 3 項において、〔住居の明渡しについて猶予期間を認める〕民事訴訟法 721 条 3 項を手本として、執行制限の申立てのために明渡期限前に 2 週間の停止期間を導入することが見込まれている。しかしながら、責に帰すべき事由のない遅滞の際に追完を認めるような期間を設けたとしても、それによっては自殺の危険を回避することはほとんどできないし、また執行裁判所は、連邦憲法裁判所が〔法律審であることにより事案の具体的な事実関係を検討し、審査して判決を行うことができず〕、事案から離れた判決を下すことになるため、ほとんど解決不能な「比較考量の

---

44) Vgl. 現在は Stein-Jonas-Münzberg, a.a.O. (Fn. 17), §765 a Rz. 8 も同旨。
45) BT-Drucks, 13/341, S. 5; 予備草案については、Schilken, Rpfleger 1994, 138, 142 も参照。

ジレンマ（Abwägungsdilemma）[46]」から解放されない。

## III　総括（Gesamtwürdigung）

### 1　連邦憲法裁判所の裁判の意味について

〔連邦憲法裁判所の職責である〕「憲法上の固有の権利（spezifisches Verfassungsrecht）」に対する侵害を再審理することと、下級審の職責である「専属の裁判管轄」としての職責に対して制約を加えることとの間のはっきりとした線引きが、依然としてほとんど成功していないことは、連邦憲法裁判所における最も初期の裁判もまた述べるところである[47]。連邦憲法裁判所は、依然として、「超上告審（Superrevisionsinstanz）」としての役割を非常に軽く考えている。たしかに連邦憲法裁判所は、1992年7月23日の強制競売に関する最近の部決定[48]において、「単純な法的瑕疵」は「基本権に配慮しなかった」という場合に限り、再審査できるに過ぎないということを強調する。しかしながら、審査基準として基本法3条1項の「恣意の禁止」を考慮することは、これとは反対に、個々の判決についての憲法による規制の余地を連邦憲法裁判所に認めるものである。

連邦憲法裁判所法31条1項にもとづく連邦憲法裁判所の「判決」の拘束力によって、ある判決およびその理由に関する連邦憲法裁判所の自己の見解もまた拘束されるべきものであるということは、少なくとも1987年6月16日の複数の債権者のために行われた家屋の捜索に関する決定[49]に関わってくる。すなわちその決定において連邦憲法裁判所は、それ以前の判決が設定した「個々の者の執行関係における比例原則」の基準を自ら放棄したのである。

### 2　強制執行の構造についての考察——基本権の衝突（Grundrechtskollision）

まず第一に、強制執行の固有の構造について考察しなければならない。強制執行の固有の構造は、まず、第三の競落決定[50]についてのBöhmerの大変悪名

---

46) Schilken, a.a.O., S. 142.
47) 批判については、Rosenberg/ Gaul/ Schilken, a.a.O., §3 III その他の文献参照。
48) Vgl. BVerfG oben zu Fn. 10.
49) Vgl. BVerfG oben zu Fn. 16.

の高い補足意見において、競落に対する異議を「公法上の争訟（offentlich-rechtliche Streitigkeit）」の追求とみるというかたちで誤って判断された。強制執行における差押えを、単なる行政権による制約と同視することは許されない。強制執行における差押えは「没収（Enteignung）」ではなく、債務者がそれによって同時に債務から解放される、債権者のための民事上の財産についての責任の実現である。国家は、その機関によって、債権者—債務者の関係（Glaubiger-Schuldner-Beziehung）における中立な第三者として、私法上の権利秩序の実現（Durchsetzung der Privatrechtsordnung）に従事する。強制執行はたしかに公法に属するが、しかしながら、目標として設定されるのは私法上の権利の達成である。民事訴訟法890条の、不作為を求める執行の際に秩序金を命じるための債務確認に関する 1991 年 4 月 23 日の決定[51]において、連邦憲法裁判所はこのことを正しく認識している。すなわち、秩序金を命じるということがらは公法上の刑罰ではなく、「私人間における手続において、私法上の債務を実現するためのものである」とする。したがってここでは、強制執行の構造にもとづいて、行政権による国家行為とは異なり、国家と市民との間における一方的な基本権の侵害の問題は生じる余地がなく、基本権を担う2人の者、すなわち債権者および債務者のそれぞれの基本権の衝突が常に問題となってくるのである。なぜならば、債権者の権利もまた、——すでにはじめの部分で強調したように[52]——私法上の「財産的価値を有する権利」のすべてを含む、基本法14条の所有権の保障の規定の下にあるからであり、また、憲法上保障される効果的な権利保護に関する請求権をこれによって有することになるからである。

1982 年 10 月 19 日の強制拘引の際の債務者の開示義務の実現に関する決定以来、連邦憲法裁判所は、ようやく最近になって、債権者の基本権を大変強調するようになった。ただし連邦憲法裁判所は、1981 年 1 月 13 日の、自己の責めに帰すべき理由によって破産した債務者の説明義務に関する決定において、効果的権利保護に関する請求権の構成部分として開示義務を認めた[53]。とりわ

---

50) Vgl. Sondervotum Böhmer zu BVerfGE 49, 220 ff., 241; s. schon oben zu Fn. 7.
51) Vgl. BVerfG oben zu Fn. 33.
52) Vgl. oben zu Fn. 2, 最近のものとしては BVerfGE 89, 1 ff. oben zu Fn. 19 f.
53) Vgl. oben zu Fn. 26 ff.

け、連邦憲法裁判所が最近の 1992 年 7 月 23 日の決定[54]において、その「競落に関する司法権（Zushlagsjudikatur）」を「執行に関係する債権者」の利益にもまた適用したこと、また以下のような表現を見いだしたことについては注目する価値がある。すなわち連邦憲法裁判所は、「強制競売手続は、第一に執行に関係する債権者の利益に資するものであり、土地を強制執行に付し、債権者の権利にもとづいてその土地の売却収益から満足を受けることに資するものである。」とするのである。

### 3　比例原則

　比例原則は、たしかに基本権から直接導き出されるものではないが、法治国家原理の帰結として憲法上保障される水準にあるものであり、それゆえまた強制執行法においてこの原則が適用することが必要となる。比例原則は、国家と国民の制約の関係を規律する伝統的な行政法の分野においてそもそも認められたものであり、したがって、国家の執行機関によって仲介されるにすぎない債権者と債務者の間の執行関係にこの原則を適用することについては大変控えめな態度がみられた。もしも Böhmer の補足意見[55]が、連邦憲法裁判所の第三番目の競落決定について「比例原則」を強制執行の合憲性についての一般的な基準に昇格させることがなかったとしたら、ひょっとしたら比例原則の強制執行への適用などということはこのように多く論議されることはなかったかもしれない。

　というのは、奇妙なことに、連邦憲法裁判所の裁判自体においては、比例原則は Böhmer の補足意見によって裁判に補足された役割をまったく果たしておらず、彼の補足意見は、むしろまったく賛同を得られなかったのである。家屋の捜索に関する裁判においては、連邦憲法裁判所は 1987 年 6 月 16 日の決定[56]で比例原則の適用をついにまったく否定した。連邦憲法裁判所はまた、強制勾引に関する決定において、価額が僅少な債権についての競落決定におけるよう

---

54) BVerfG oben zu Fn. 10.
55) Sondervotum Böhmer, a.a.O.; s. schon zu Fn. 7 und 51.
56) Vgl. BVerfG zu Fn. 16.

にそれを「不釣り合いである（unverhältnismäßig）」とはみなさず[57]、「より穏やかな手段」がなく（mangels eines "milderen Mittels"）、債務者は「宣誓に代わる保障を行えば剥奪された自由をいつでもとりもどすことができる」ということを強調する[58]。明渡しを求められた債務者に自殺の危険がある場合に関する決定においては、連邦憲法裁判所はたしかにそれぞれの決定において、基本法2条2項の生命および身体の不可侵に関する基本権と並んで、比例原則に関する指摘を行っている[59]。しかしその指摘は、裁判の結論に関わるような、明らかに重要なものであるわけではない。

誤っているのは、強制執行において「国家行為の適法性を明らかにする（dir Rechtsmäßigkeit seines Handelns darzutun）」のは国家の義務であり、だからこそ執行機関による個々の制約が比例原則に合致するかどうかは、「職権によって審理されなければならない」[60]とするBöhmerの基本的立場である。強制執行法に規定がない場合には、このような審理は執行機関にいたるところで要求されているわけではない。むしろ連邦憲法裁判所は、1982年10月19日の強制拘留に関する第二の決定[61]において、執行に対する保護について民事訴訟法765a条による申立てによる法律上の救済を参照することは合憲である旨を明示し、これを強調した。

現行の強制執行法は、比例原則をすでに大変考慮している。その考慮は、超過差押えおよび無剰余差押えの禁止（das Verbot der Über - und zwecklosen Pfandung）（民事訴訟法803条1項2号、2項）、「不釣り合いな（unverhältnismäßig）」家具の差押え（Hausratspfändung）（民事訴訟法812条）、交換差押え（Austauschpfändung）（民事訴訟法811a条）、財産の投げ売りを防止するための最低競売価額（民事訴訟法817a条、強制競売法85a条）、民事訴訟法777条による「物的検索の抗弁権（beneficium excussionis realis[訳者注6]）」、およびその他の数多くの債務者を保護するための規定にあらわれている。

---

57) BVerfG zu Fn. 25.
58) BVerfG zu Fn. 26.
59) Vgl. BVerfG oben zu Fn. 34 ff.
60) Sondervotum Böhmer, a.a.O., S. 236.
61) Vgl. BVerfG oben zu Fn. 26.

民事訴訟法765a条の一般的な苛酷条項は、比例原則の具体化として挙げることができる。すなわち苛酷条項の具体的な構成要件要素を考慮しさえすれば、さらにそれに加えて比例原則における全体的考慮を行うたてまえへ立ち戻るのは不必要となることは確かである。ある執行行為が、債権者の保護の必要性を充分に評価したとしても債務者に対して「公序良俗に反するほど苛酷（sittenwidrige Härte）」であるということは、それはまた、不釣り合いであるということである。だからこそ、現実に「自殺の危険のある」債務者に対する明渡しを求める執行は不釣り合いだけではなく、また、「公序良俗にも反する」のである。

しかしながら、民事訴訟法765a条を憲法によって解釈しても、その適用範囲は拡張されず、せいぜい受訴裁判所が考量に際して基本権を侵害したことを根拠として、「終審裁判所としての」連邦憲法裁判への上訴が行われる可能性が生じるにすぎないということが判明する[62]。それに加えて、連邦憲法裁判所が――連邦憲法裁判所は、自殺の危険を有する債務者に対する家屋の明渡しを求める執行に関する規定の解釈についてもまた、重大な疑念をもつかもしれないが（同2項4号）、――行った裁判のうちに、現行の民事訴訟法765a条の文言を不充分であるとして異議を唱えたものはひとつとして存在しないということが重要である。むしろ連邦憲法裁判所は、1982年10月19日の決定[63]において、申立ての要件を「債務者の自己責任の尊重（Respekts vor der Selbstverantwortlichkeit des Schuldners）」という表現で明言して確認したのである。したがって、ドイツ司法補助官連盟（Bundes Deutscher Rechtspfleger[64]）およびWieser[65]による、民事訴訟法765a条の苛酷条項を一般条項的な意味をもつものに改正しようとする提案、あるいは民事訴訟法765b条に比例原則規範を加えることによって苛酷条項を補足しようとする提案は、退けられるべきものである[66]。

---

（訳者注6）　物的検索の抗弁権。債権者が執行力ある債権について充分な担保を有しているにもかかわらず、債務者の財産に対して強制執行を行う場合には、債務者は強制執行の方法に関する異議を述べることができるとするもの。

62）Gerhardt, a.a.O. (Fn. 6), S. 491 に関連して、Vgl. Rosenberg/ Gaul/ Schilken, a.a.O., §43 I 5.
63）BVerfG oben zu Fn, 26.
64）Vgl. dazu Behr, Rpfleger 1989, 13 f.
65）Wiser, ZZP 98 (1985), S. 50, 85 f.

## IV 結び

　憲法上の議論がなされることによって、強制執行の実効性に関する懸念は増加した。なぜならば、「債権者には、強制執行に対して異議を唱えうる支払いの遅れた債務者、とりわけもっともひどい悪意の債務者に対してさえも、充分な保護が与えられていない」という批判が事実として存在するからである[67]。

　しかしながら、反応はさまざまである。一部の者は、債務者の公法上の開示義務の代わりに民事法上の概念として債務者に対する債権者の情報請求権というものを観念することによって、これを憲法上の問題とすることから逃れ、議論を民事法の範囲に戻そうとする[68]。とにかく歴史の車輪は逆回りできないのであり、そうこうするうちに、確固たるものとされていた強制執行の公法的性格が、国家の執行機関の介入によらない私法上の権利の実現という性格を重視する方向に戻りつつある。しかし他方、1995年の第二強制執行法草案（Entwurf zur 2. Zwangsvollstreckungsnovelle）[69]が、民事訴訟法新807条1項3号において開示手続を開始するための原因としてさらに「債務者が家屋の捜索（758条）を拒んだとき」という場合を予定するならば、この草案には賛成できない。なぜならばそこには、連邦憲法裁判所の裁判に対するまったく「不適切な反応（inadaquate Reakton）」があるからである[70]。

　強制執行において国家は――伝統的な行政権の侵害におけるとは異なり――債務者という形であらわれる基本権の主体に対処するだけではなく、債権者の基本権行使の実現に従事するという意識を明確にすることが全体として重要で

---

66) S. dazu Gaul, Treu und Glauben sowie gute Sitten in der Zwangsvollstreckung oder Abwägung nach "Verhältnismäßigkeit" als Maßstab der Härteklausel des §765a ZPO, Festschrift für G. Baumgärtel (1990), S. 75, 96 ff., 102 ff.
67) Vgl. Rosenberg/ Gaul/ Schilken, a.a.O., §3 III 5 b mit Hinweis auf die Erl. zum ZPO-Entwurf 1931, S. 400.
68) So W. Luke, ZZP 105 (1992), 432 ff.; これに反対するのはGaul, a.a.O. (Fn. 24), S. 29 ff.
69) Vgl. oben Fn. 14.
70) すでにこれに反対するのは、Gaul, ZZP 105 (1992), 426. 最近ではa.a.O. (Fn. 24), S. 36 ff.; また、Schilken, DGVZ 1991, 97 ff. und ZZP 105 (1992), S. 426, 429.

ある。強制執行における国家の主要な任務は、債権者の権利の実現であり、また、それにともなう私法秩序の実現である。基本権によって保障されている債務者の財産権に対する制約は、私法上要請される責任を実現するという目的のためにのみ行われ、また制約は、債務者の自由な活動領域内において、私法上の作為および不作為義務を実現するためにのみ行われる。制約は、その正当性を基本法によって同様に保障された債権者の権利のなかに見いだすのであり、結局「基本権侵害（Grundrechtsverletzungen）」は常に基本権と基本権が衝突することに由来するのである。だからこそ基本権侵害は債務者の側、債権者の側という両方の側面から生じるのである。したがって基本権侵害は債務者の側、債権者の側の両側面について考慮することによって回避されるべきである。

### 訳者付記

本稿の原題はZur Problematik der Grundrechtsverletzungen bei der Zwangsvollstreckungであり、本稿は平成8年10月23日慶應義塾大学民事訴訟法研究会において行われたセミナーの報告原稿である。セミナーを引き受けられ、かつ本稿の訳出を承諾されたガウル教授に感謝したい。諸般の理由から本稿の発表が遅れたことについて、同教授にお詫びしたい。なお右セミナーについては手続法研究所から援助を受けた。

初出：法学研究71巻8号85頁以下（1998年）

第 7 章

# 執行における憲法上の近時の諸問題

エベルハルト・シルケン

石川　明／訳

　債権者の自力救済を禁じている国家は、裁判所が確定した、あるいは法律の定める文書〔債務名義〕に記載された債権者の権利〔執行債権〕を強制的に実現するために、強制執行によって権利保護を行う。

　この司法上の保障は、債務者が債務を任意に履行しないときに、そして履行しないがゆえに、債務者の権利に対する国家の高権的干渉（Eingriff）によって行われる。主として債務者の一定の基本権は尊重すべきであるのみならず、公法に属する執行において他の憲法の規定および諸原則は特に尊重されなければならないものである。強制執行法は公法として就中合憲性のコントロールに服するものである[1]。

　ドイツ訴訟法をめぐる過去の議論を支配し、且つ今日なお部分的に支配している若干の標語をとりあえず示しておこう。Rosenberg-Gaul-Schilken の教科書 Zwangsvollstreckung のうち[2]、§3「強制執行と憲法」に 1996 年中頃迄の当面の問題の概観が記述されているので、ここでは 1999 年 1 月 1 日施行された強制執行第二次改正法（2. Zwangsvollstreckungsnovelle）による改正を視野に入れて近時の発展の内容について報告したい。

---

1) Gaul, Festschirft für Stelmachowski, 1991, S. 237.
2) Rosenberg/ Gaul/ Schilken, Zwangsvollstreckungsrecht, 11. Aufl. 1997.

## I 若干の標語[3] (Stichwort)

　執行債務者の基本権に関していえば、金銭債権執行においてボン基本法〔以下GGと略す〕14条による、基本法上の所有権の保障が適用される債務者のすべての財産権に対する攻撃が検討の対象になる。金銭債権執行については、債務者のこの基本権は債権者のそれに劣る。けだし債務名義に表示された請求権〔執行債権〕の実現を債権者はGG14条に基づいて主張しうるからである。引渡執行（Herausgabevollstreckung）にあっては、同様の場合GG14条のほかにGG13条、すなわち住居の不可侵性の原則がしばしば援用される。GG13条は、金銭債権執行にあたり債務者の住居が捜索されるときも問題になる。

　作為不作為執行にあたり、更に、例えば財産開示手続において、GG2条〔一般的人格権に関する規定〕の一般的自由権が侵害されることがあり、強制拘留にあっては、GG104条2項〔自由の剥奪に関する法的保障〕という特定の自由権の侵害がなされることがある。

　執行制限を定める若干の規定は、特定の基本権に関係している。例えば、一定の差押え可能性に関する規定にあっては、GG6条〔婚姻、家族および非嫡出子に関する規定〕によって婚姻や家族に関係し、あるいは全く一般的且つ基本的にGG1条1項の人間の尊厳の維持に関係している。

　各種の基本権のほかにも、別の憲法上の諸原則が重要な役割を演じる。例えば、執行上の債務者保護に関連して、社会的国家原理（GG20条・28条）があるし、あるいは、執行制限として援用されることがあり、且つ多くの議論がなされた比例原則——それは法治国家原理（GG20条3項）に由来するものであるが——がこれである。

　更に加えて、債務者のほか第三者の基本権が執行によって干渉されることがありうることも指摘されなければならない。債務者の所持しない（schuldnerfremde）物が差押えられ且つ換価されるとき、第三者の所有権の保障が問題になるし、第三債務者がその意思がないのに債権執行において執行関係に

---

[3]　Zum Folgenden s. Rosenberg/ Gaul/ Schilken, §31.

引き込まれるとき、一般的に自由権が問題になる。加えて、さらに、明渡執行において、同居している債務者に対する金銭債権執行において〔これらの者について〕住居の不可侵性という基本権が問題とされる。

## II 強制執行第二次改正法との関係における解決の試み、残された問題および新たに提起された問題

　強制執行第二次改正法は、特に債務名義の貫徹性（Durchsetzbarkeit）を債権者の有利に改善している。たしかにその場合、債務者の正当な利益もしかるべく尊重しようとする[4]。まさにその中心におかれているのは憲法の視点からすれば、住居基本権の問題である。

### 1　住居の捜査の新規定（ZPO758a 条）

　憲法的観点からみた改正法の最も大きなポイントは、同法に追加されたZPO758a 条にみられる住居の捜査をめぐる新規定である。昔からある ZPO758 条 1 項が、執行目的から見て必要であるとき、執行官が債務者の住居を捜査することができる権限を規定していることは明白である。そこで連邦憲法裁判所[5]〔以下 BVerfG と略す〕は、1979 年に同条の解釈を GG13 条 2 項と調和させて、遅滞の危険がない限り、捜索は裁判官の命令（Anordnung）を必要とする旨判示し、同条を補充したのである。この判断は連邦憲法裁判所法（BVerfGG）31 条 1 項により〔全国家機関に対して〕拘束力を有するものとされている。既述のように考えることによって、BVerfG は GG13 条 2 項〔旧〕という基本法の規定を最大限に拡張して解釈したのである。しかもその場合、執行におけるこの債務者の基本権が GG14 条の債権者の基本権——有効な執行を求める権利をも保障するものであるが——を侵害するとの疑問をもつことはなかったのである[6]。BVerfG の裁判の拘束力という観点からみると、住居に対するこのような原則

---

4)　BT-Drucksache 13/341, S. 1 und 13/9088, S. 1; Schilken, InVo 1998, 304.
5)　BVerfGE 51, 97.
6)　Kritisch deshalb Rosenberg/ Gaul/ Schilken, §26 IV 3.

の強調を悲しむことは無益なことである。——過去 20 年間 BVerfG の裁判に
したがわざるをえなかった通常裁判所の実務を基礎に——立法者はこの拘束力
をもって確定された法律状態を尊重したのである[7]。その際に立法者は若干の
特に重要な問題点、すなわち捜索命令の適用範囲〔金銭債権執行については必要、
明渡執行については不要、動産の引渡執行については疑問あり等執行の種類をいう〕およ
び射程距離〔債務者例えば親族等の第三者等執行に関与せしめられる人の範囲〕並びに
手続内容いかんという問題点の解明に論点を絞った。当然のことながら疑問は、
問題の解決と執行制限が現実に成功したか否かという点にある。

（a）　ZPO758a 条は、BVerfG の裁判の趣旨を立法〔により明文化〕することに
よって、以下の点を明らかにしている。すなわち債務者の住居は債務者の同意
がないとき、命令をもらうことが捜索の効果を危殆に陥らせるときを除いて
（2 文）、裁判官の命令がある場合に限り捜索が許される（1 文）ということであ
る。

　立法者は「債務者の同意がないとき」という文言を附加することによって、
債務者の同意があるとき捜査命令を必要としないことを明らかにしようとした
のである。それはこれまでも一般的見解であったし[8]、GG13 条 1 項の基本権
の放棄の適法性と調和する見解である。より正確にいえば〔基本権自体は放棄で
きないので〕基本権の行使の放棄が表明されているのである。

　しかしながら、この同意は、債務者不在のとき債務者以外の者、例えば家族
に属する成年者によっても有効になされうるか否かの点に疑問を残し、且つ不
明であった[9]。この問題は ZPO758a 条の立法理由書によって明示的に肯定され
ている[10]。そして、この見解は、結果的にみて疑いのあるときは、債務者が、

---

7）　BT-Drucksache 13/341, S. 15. S. dazu Goebel, KTS 1995, 143; ders., DGVZ 1998, 161; Rosenberg/ Gaul/ Schilken, §26 IV 3 und 4; Schilken, Rpfleger 1994, 138. 140 f.; ders., InVo 1998, 304.

8）　Vgl. BverfGE 32, 54, 75 f.; Rosenberg/ Gaul/ Schilken, §26 IV 3e m.w.N.; s. auch Evers, DGVZ 1999, 65.

9）　S. dazu Goebel, KTS 1995, 143, 172; Rosenberg/ Gaul/ Schilken, §26 IV 3e m.w.N.

10）　BT-Drucksache 13/341, S. 16; Zöller/ Stöber, Zivilprozeßordnung, 21. Aufl. 1999, §758 a Rn. 11.

その限りで保護された権利の行使を、これらの範囲の者に託したとの前提をとってよいことに帰着するが、この見解は当然のことながら疑問がないわけではないのである[11]。事実これら推定された基本権〔の行使の〕放棄が認められるか否かはかなり疑問である。

　GG13条2項は、BVerfGの判例にしたがって[12]、〔捜索命令を得ることが〕「遅滞の危険をもたらす場合」裁判官の留保〔裁判官の命令にかからしめること〕の明示的制約を規定している〔すなわち右の命令を不要としている〕。捜索命令を予め得ることが捜索の効果を損なう危険があるときにのみ存在するとされる「遅滞の危険がある」とき、明示的に裁判官の留保を制限している〔すなわち命令を不要としている〕のである。そこで立法者はBVerfGの「危険概念」を条文に取り込んだのである。だがしかし、その詳細な内容は裁判に委ねたのである[13]。「危険概念」は、捜索のそれぞれの目的と関連すべきものであること、例えばZPO808条による有体動産執行にあっては差押物の発見と関係があるし、ZPO883条による〔特定物〕の引渡執行にあっては、引き渡すべき物の発見と関係すべきものである。これら例外が適用される場合〔すなわち右の命令を不要とする場合〕があるか否か[14]は疑わしい。というのは、執行官がこれ迄GG13条2項の意味における「遅滞の危険」のゆえに捜索命令なしに執行したことは稀であったし、且つこれを職務上の責任追及や法的救済〔異議等〕を提起されることを恐れて将来も控えめに行為するであろうと考えられるからである。

　〔住居の捜索を規定する〕ZPO新758a条1項の条文は債務者の住居（Wohnung）をあげるにとどまる。他方、これと時を同じくして規定されたAO287条4項という新規定は、租税債権の執行における同種の問題に関して明示的に債務者の住居のほか営業所（Geschäftsräume）について捜索命令を要件としているので

---

11) Kritisch Goebel, KTS 1995, 143, 172; Musielak/ Lackmann, Zivilprozeßordnung, 1999, §758a Rn. 4.
12) BVerfGE 51, 97, 111.
13) BT-Drucksache 13/341, S. 16.
14) S. dazu Musielak/ Lackmann, §758a Rn. 9; Rosenberg/ Gaul/ Schilken, §26 IV 3c; Schuschke/ Walker, Vollstreckung und Vorläufiger Rechtsschutz, Band I Zwangsvollstreckung, 2. Aufl. 1997, §758 Rn. 4; Thomas/ Putzo, Zivilprozeßordnung, 22. Aufl. 1999, §758 Rn. 11; Zöller/ Stöber, §758a Rn. 2.

ある。そのことはこれ迄既に争われた問題[15]、すなわち、民事執行の枠内において債務者の営業所が裁判官の命令なしに捜索されうるか否かという問題を提起している[16]。ZPO758a 条の公式理由書は、判例が既に諸原則を確立したと思われるので、営業所を規定に取り込む必要のない具体的事例とみたことを明らかにしている[17]。事実、これ迄の立法状況の下で、通説は、GG13 条に関する BVerfG のその他の判例からみて、営業所、作業場（Arbeitsräume）、事業場（Betriebsräume）〔営業所は商店のように一般人に開かれたところであるのに対して、後二者は例えば工場のように一般人に開かれていない〕もまた GG13 条 2 項に入ると理解している。そのことからはさらに住居概念の広い理解をもたらすと思われる[18]。換言すれば債務者の考えている目的の枠内でのみ必要とされる空間の不可侵性（Unantastbarkeit）について有する債務者の保護が必要とされているのである。AO287 条 4 項の明示的規定との関係でみると、立法者は、確実に発生してくる紛争を回避するために、ZPO758a 条 1 項の適用領域を同様に親切に宣言するべきではなかったろうか。

（b）　ZPO758a 条 2 項は〔758a 条 2 項は Titel auf Räumung oder Herausgabe von Räumen としている。厳密にいえば前者は住居等を空にすることであり、後者は占有を移転することである。〕、住居の明渡しの債務名義の執行にあたり、裁判官の捜索命令を必要としない旨規定する。この点は従来も判決たる債務名義については通説であった[19]。判決以外の債務名義、例えば土地の強制競売において司法補助官によって発せられた競落許可については厳しく見解が対立しているところであり[20]、

---

15) nur Rosenberg/ Gaul/ Schilken, § 26 IV 3e m.w.N.
16) So Behr, JurBüro Sonderheft 1998, 5; vgl. auch Münzberg, DGVZ 1999, 177, 178 = Festschrift für Schütze, 1999, S. 569.
17) BT-Drucksache 13/341, S. 15.
18) Ebenso Musielak/ Lackmann, § 758a Rn. 3; Schilken, InVo 1998, 304, 305; Zöller/ Stöber, § 758a Rn. 4.
19) S. nur Rosenberg/ Gaul/ Schilken, § 26 IV 3a m.w.N. - A.A. namentlich Baur/ Stürner, Zwangsvollstreckungs-, Konkurs- und Vergleichsrecht, Band 1, 12. Aufl. 1995, Rn. 39.9 und 8.21 (auch zum neuen Recht).
20) S. dazu nur Rosenberg/ Gaul/ Schilken, § 26 IV 3a m.w.N.; Schilken, DikIntern 1996, 99, 107 f.; eingehend auch Goebel, KTS 1995, 143, 185 ff.; Schultes, DGVZ 1998, 177, 182 ff.

不要説が優勢であるといってよいであろう。新規定の幅をもたせた文言の意味は今日明白である。公式理由書[21]も、ドイツ強制競売強制管理法（ZVG）93 条による競売落許可について〔すべての〕債務名義の同価値性を指摘して捜索命令の不要性を明らかに認めている[22]。

　かような法規律があっても勿論まだその合憲性が保障されたわけではない。公式理由書[23]はその正当化のために以下のように述べている。すなわち、〔住居の〕明渡しはGG13条2項の意味における「捜索」ではないし、債務名義は債務者に対して、その住居所持（Innehabung）権をまさに否定しているのであるというのである。そのことは正当であるかもしれないが、しかしだからといって住居の不可侵という基本権に対する干渉は、なお積極的に正当化されるわけではない[24]。明渡債権者の基本権は――殊にしばしばそれは貸主の基本権である――住居所持者（Inhaber）の基本権と対立し、前者による後者の内在的制約を財産権の保障に関するGG14条から考えることができる。2つの基本権のかような対立関係が〔執行〕制限を導くことがある点は認められるのである。私自身は強制執行における基本権侵害に関する1995年のSyrosにおけるシンポジウムにおいて、GG13条3項――その後改正によってGG13条7項となる――に立ち返ることによってこの侵害を正当化することを試みたし、且つこの点を指摘することは許されるであろう[25]。債権者の基本法上保護された利益のほか、執行債権者にその債務名義上の請求権の実現を可能にすることに関する公の利益も存することを考えるとき、本条〔GG13条7項〕の意味における明渡しはZPO885条という条文に基づいて、公の安全及び秩序に対する緊急の危険を避けるためになされるものであるといえよう。

　明渡しを既に原則的にGG13条1項の保護領域の制限によってあるいは

---

21) BT-Drucksache 13/341, S. 16.
22) Ebenso jetzt Münzberg, DGVZ 1999, 177, 178; Musielak/ Lackmann, §758a Rn. 3; Zöller/ Stöber, §758a Rn. 33; s. ferner die Nachweise in Fn. 20.
23) BT-Drucksache 23/341, S. 16; ebenso Musielak/ Lackmann, §758a Rn. 3; Zöller/ Stöber, §758a Rn. 33.
24) Zum Folgenden Schilken, DiklIntern 1996, 99, 102 ff.; ders., InVo 1998, 304, 305; Schultes, DGVZ 1998, 177, 182 ff.
25) Schilken, DiklIntern 1996, 99, 102 ff.

GG13条7項の援用によって正当化しようとするならば、例えば上述の競落許可決定のような非裁判官による明渡名義の執行におけるように、相違もまた確定するべきものではない。捜索の不存在という（適切な）考え方について議論〔明渡しは捜索概念に該当するか否かという議論〕するまでもなく基本権の干渉は同様に正当化される。

　明渡しの和解に基づく執行にあっては、このような議論をする必要すらない。けだし、右和解によって、同時に債務者がGG13条1項の基本権の主張を放棄したとみること[26]ができるからである。そのことは、新規定の公式理由書の述べるところである[27]。基本権の内在的限界あるいはGG13条1項についての正当化はもはや必要ではない。しかし、その正当化は補完的方法としては、もちろん可能なものではある。債務者が、言及すべき新規定ZPO794条1項5号〔後出4参照〕によれば、明渡執行が執行証書によるときについても同じことがいえなければならない。それ〔執行証書による明渡執行〕は住居空間に関する賃貸借関係ではたしかに排除されている〔ZPO794a条5項〕。

　（c）　ZPO901条による開示保証手続における拘留命令の執行にあっても、ZPO758a条2項によって裁判官の捜索命令は不要である。それは従来の多数説[28]と一致している。そして、立法者はその根拠を以下のように述べている。すなわち、自然な見方からすれば、拘留命令の付与をもって、その自由剥奪的効果を伴った住居の私的領域への介入（Eindringen）を含む、執行手続における裁判官の判断が行われたというのである。

　拘留命令の付与とその執行にあたり、疑いもなく第一に、個人の自由への干渉（Eingriff）が、問題になる。したがってGG2条2項2文の基本権並びに自由剥奪に対する特別保護規定を伴ったGG104条1項及び2項のいわゆる司法基本権（Justizgrundrecht）への干渉が、問題になるのである。債務者に対する拘留命令の執行は必ずしも常にその住居において行われなければならないというわ

---

26) Schilken, InVo 1998, 304, 306; Schultes, DGVZ 1998, 177, 185.
27) BT-Drucksache 13/341, S. 16.
28) nur Rosenberg/ Gaul/ Schilken, §26 IV 3a m.w.N.; ausführlich Goebel, KTS 1995, 143, 163 ff.
29) BT-Drucksache 13/341, S. 16 f.

けではないのであるから、GG13 条の〔住居〕基本権への干渉が必然的に含まれるというわけではない。他面、住居における拘留は原則的な事例であり、且つ拘留命令は、明らかに債務者の捜索（Aufspüren）に対する裁判官の指示を含むものである。その限りで、立法者の以下のような考え方、すなわち、拘留命令は、債務者の自由領域（Freiheitssphäre）への極端な干渉であると同時に、GG13 条 1 項の基本権への目的をもった干渉をなすべき旨の裁判官による許可を含むという見解[30]が正当化される。

仮に人が憲法異議の危険を排除しようとするのであれば、与えるべき拘留命令の主文中（in das zu entwickelunde Heftbefehlsformular）に捜索命令を記載しておくことがよいのではないかと思われる。

(d) 動産の引渡執行は——それは常にというわけではないが——原則として、住居の捜索を伴うのであるが、第 2 項において例外として言及されなかった。そこで捜索とは債務者が自ら提供しようとしない物に目標を定めて追及することをいうのである[31]。立法者[32]はこの動産引渡執行を、意識的に、裁判官の命令を必要とするという原則の例外としたのではない。立法者は、この点について、一般的性質を有するものとしてではなく、引渡しの債務名義の種類や内容によって憲法上の疑問を提している。このような理由から、立法者は、明らかに、疑問の憲法上の解明を将来の課題として残したのである。事実上憲法の判断について見解は分かれるであろう[33]。〔動産の〕引渡執行のために、上述の意味における捜索を必要としないとすれば、——例えば、住居中の知られた場所に置かれた家具——干渉は、明渡執行の場合と同様に、債務名義の種類とは関係なしに許される。すなわち、その根拠は債権者の所有的基本権による〔債務者の〕住居基本権の一般的制限か、あるいは GG13 条 7 項との関係におい

---

30) Schilken, InVo 1998, 304, 306; Zöller/ Stöber, §758a Rn. 33; kritisch Goebel, KTS 1995, 143, 163 ff.
31) Rosenberg/ Gaul/ Schilken, §26 IV 3b.
32) BT-Drucksache 13/341, S. 17.
33) Schilken, InVo 1998, 304, 306. Schlechthin für die Notwendigkeit eines Durchsuchungsbeschlusses nach neuem Recht hingegen Musielak/ Lackmann, §758a Rn. 2; wohl auch Zöller/ Stöber, §758a Rn. 6.

てか、この二者の、そのいずれかの理由で許されることになるのである。住居への立入りに対する債務者の抵抗が ZPO892 条により排除されるべきとき——ある賃借住居において新しい窓の取り付け——ZPO890 条の受忍名義の執行も ZPO890 条、GG13 条 2 項の意味における捜索に入らない。更に GG13 条 7 項による執行、又は住居基本権の内在的制約（eine immanente Beschränkung）〔明規されない制限を指す〕に関する執行は、裁判官の許可なしでも許される[34]。これに反して捜索がなされなければならないとするとき、債務名義の質も——殊にそれが裁判官の作成した名義か否か——、重要ではないし当該名義の「住居関係性——（Wohnungsbezogenheit）〔引き渡すべき物が債務者の住居にあるか否かという点〕も重要ではなく、それゆえに、すべての生活経験によれば、引渡執行が債務者の住居においてのみなされうるか否かという問題も重要ではない。その場合むしろ、裁判官の捜索命令が必要であり、右命令を発するにあたり裁判官はBVerfG の考え方にしたがって就中具体的事実状況を顧慮して処分の比例性（Verhältnissmässigkeit）を検討すべきことになる。それゆえに債務者の住居の捜索の必要性が予期できないときにのみ、債権者は動産の引渡執行において捜索命令の申立てをしなくてよいとみるのが適切である。

（e）　ZPO758a 条 3 項は以下の問題点について規定している。すなわち、債務者以外の者が住居を占有していること、それゆえに就中すべての種類の共同居住（Wohngemeinschaft）につき住居の捜索によって生じる諸問題点を規定している。債務者が捜索に同意しているという事情、あるいは債務者に対して捜索命令が出されたか、あるいは不要であるという事情は、それ自体共同住居者の基本権に対し存在する干渉を常に正当化するものではない。この点で就中 GG13 条 1 項が再び指摘されなければならないし、更にまた GG2 条 1 項の一般的な自由権もまた指摘されなければならない。従来の学説のなかでは、関係共同居住者に対する捜索命令の必要性は少数説[35]によって強調されたにとどまる。

---

34) S. schon zum bisherigen Recht MünchKomm ZPO/ Schilken, 1992, §892 Rn. 3 und Rosenberg/ Gaul/ Schilken, §26 IV 3a m.w.N.. aber streitig.
35) S. etwa Guntau, DGVZ 1982, 17, 22 f.; Pawlowski, NJW 1981, 670.

たしかにこの要件は、債権者の権利の実現を継続的に（nachhaltig）妨げることになるであろう。けだし、いかなる法律上の根拠によって債権者が債務名義のない共同居住者に対する裁判官の捜索命令を取得すべきなのかという点は、そもそも不明だからである[36]。必要なら債権者がまずもって債務者の共同占有権（Mitbesitzrecht）を差し押えることができるとしても、つぎにこの差押えにもとづいて共同占有者に対して訴を提起しなければならない——これは更に不確実な出口を伴う全く受忍しえない権利実現の遅滞をもたらす。けだし共同居住者が交替することもあるし、また債務者がその交替を操作しうるからである。立法者はしたがって従来の通説にしたがって[37]、ZPO758a条3項において捜索を受忍すべき旨の共同占有者の義務を規定した。同条文は憲法上の検討に耐えるべきものである[38]。共同居住者の住居基本権の内在的制限は債務者と住居共同体を組もうという共同居住者の意思に求められ、就中GG14条に由来する債権者の基本権の中核に関係し、且つしかるがゆえに債権者の基本権が優先順位にあることになる。他方債務者に対する捜索は、共同居住者の住居基本権及び自由基本権に副次的に干渉している（am Rande berührt）に過ぎない。

立法者は何といってもZPO758a条3項2文において明示的に共同居住者に対して不当な苛酷性な執行をしてはならない旨規定したことで、残っている疑問に配慮したのである。立法者の示した理由[39]は共同居住者の利益の完全無視はGG13条にも且つGG1条・2条にも反することになるという点に求められる。すなわち基本的に受忍義務はあるにしても、共同居住者に固有の個人的事情が尊重される例外的事例があるときには捜索を中断しなければならないことが可能とされなければならないのである。執行官の執行に対して第三者はこの点に関してZPO766条の執行異議を申立てることができるが、裁判官の捜索命令に対しては、ZPO793条の即時抗告を申立てることもできる[40]。勿論「不

---

36) Rosenberg/ Gaul/ Schilken, §26 IV 3g; Schilken, InVo 1998, 304, 306; ebenso BT-Drucksache 13/341, S. 17. Anders z.B. Münzberg, DGVZ 1999, 177, 178 ff.
37) S. nur Rosenberg/ Gaul/ Schilken, §26 IV 3g m.w.N.
38) zum Folgenden Schilken, InVo 1998, 304, 306. Kritsch jedoch Münzberg, Festschrift für Lüke, 1997, S. 525ff., S. 536 ff.; ders., DGVZ 1999, 177, 178 ff.; Stein/ Jonas/ Münzberg, Zivilprozeßordnung, 21. Aufl. 1994, §758 Rn. 26.
39) BT-Drucksache 13/341, S. 18.

当な苛酷性」の概念は今後の実務を勘案しより以上に詳細に詰めがなされなければならない[41]。

ZPO758a 条 3 項は ZPO758a 条 2 項の事例について共同占有者の受忍義務を規定していない。したがって明渡執行と拘留命令の執行について右受忍義務を規定していない。

明渡執行に関してはそれが一貫している。というのは、そこでは住居の捜索が行われるのではなく、その引渡しが行われるからである。別の非常に激しく争われている問題は、ZPO885 条の明渡しの債務名義をもって共同占有者に対する執行をなしうるかという点である[42]。立法者は残念ながらこの問題についても ZPO885 条の改正をしなかったのである。しかし、拘留命令の執行に関していえば、この点について共同居住者に受忍義務が立法されるべきであったといえよう。というのは、ある居住のなかで債務者を追跡するということは、捜索と全く同じことであるからである。他面、かかる場合に受忍義務に関する前述の諸理由が存在しているのであるから、これら適用法規のない事例について、ZPO758a 条 3 項の類推適用をすることは正しいと思われる[43]。

## 2 夜間および日曜・祭日における執行の新制限

旧規定によると夜間および日曜・祭日における執行は、ZPO761 条によって裁判官の許可を必要とされていた。第 2 次改正法のもともとの草案によると、同時に住居の捜索がなされるべきときを除いて、当該〔許可の〕申立てに関する判断の権限を有するものは司法補助官であるとされていた。その理由は GG13 条に反しないかぎり、裁判官の行為は憲法上要請されていないと説明さ

---

40) Schilken. InVo 1998, 304, 307; Schuschke/ Walker, §758 Rn. 8; vgl. auch Musielak/ Lackmann, §758a Rn. 16.

41) S. dazu Baumbach/ Lauterbach/ Albers/ Hartmann, Zivilprozeßordnung, 58. Aufl. 2000, §758a Rn. 13; Goebel, KTS 1995, 143, 157 ff.; Musielak/ Lackmann, §758a Rn. 5; Zöller/ Stöber, §758a Rn. 34.

42) S. dazu aus neuerer Zeit insbes. Becker-Eberhard, FamRZ 1994, 1296; Schilken, Beiträge zum Zivilprozßrecht V, herausgegeben von W. Buchegger. 1995, S. 141 ff.; Schuschke, NZM 1998, 58 ff., jeweils m.w. N.

43) Schilken, InVo 1998, 304, 307.

れていたし、この説明には賛成できる。事実、夜間および日曜・祭日執行は、通常の執行と比較して格別に債務者の基本権に干渉するというものではない。したがって公式理由書は既に以下のように記している。すなわち、立法者はZPO761条の規定を全面削除し、且つ通常の執行時〔夜間および日曜・祭日を除く執行時〕に不奏功に終わった執行の後に〔執行官が自ら直ちに——したがって債権者の申立ておよび裁判官あるいは司法補助官の許可なしに——〕同じことを行う権限を執行官に与えたのであるとしている[44]。

ドイツ連邦議会法律委員会はこのような考え方を取り入れ[45]、ZPO761条を裁判所の負担軽減のために全面削除した。それに代わって立法者は新規定ZPO758a条を設け、そこで住居への介入を伴う、および伴わない執行事件についての規定をおいている。夜間あるいは日曜および祭日執行が「住居以外のところで」なされる場合、当該執行は、同条によれば加重的要件を必要とすることなく執行官によってなされうる〔原則〕。執行が債務者及び共同占有者にとって不当に苛酷である場合、あるいは期待すべき効果が侵害と比較して不相当に小さい場合、例外的に、それは許されないことになる〔例外〕。執行官によるこれら要件の判断は、異議の申立てによりZPO766条の裁判官の審査（Überprüfung）に服する。

たしかに、「住居における」執行の例外をいかに理解すべきかという点については問題がある。住居の捜索はZPO808条による動産の執行の枠内でこれ〔住居における執行〕に含まれる、加えて特別な裁判官の許可を必要とする住居の内部におけるZPO901条による拘留命令も同様である。夜間および日曜・祭日執行は、通常時における執行よりもより以上のGG13条1項の基本権の侵害になるのであり、捜索命令または拘留命令よりもより以上に裁判官の許可を必要とするものである[46]。この新制度は、債務者の基本権によって必要とされた

---

44) BT-Drucksache 13/341 S. 18.
45) BT-Drucksache 13/9088 S. 23.
46) S. nur Schultes, DGVZ 1998, 177, 187; ebenso Baumbach/ Lauterbach/ Albers/ Hartmann, §758a Rn. 17; Hornung, Rpfleger 1998, 387; Musielak/ Lackmann, §758a Rn. 22; Thomas/ Putzo, §758a Rn. 27. -A.A. (keine besondere Anforderung erforderlich) Funke, NJW 1998, 1029, 1030; Münzberg, DGVZ 1999, 177. 180; Steder, RpflStud 1998, 36; Zöller/ Stöber, §758a Rn. 35.

制定法上の保護規定すなわち不相当な執行干渉からの保護規定なのである[47]。

しかしながら明渡執行について後者〔758a条〕が適用されないことは当然である。明渡執行は——既述の通り、捜索とは解されえないのであるから、明渡執行はGG13条2項の適用を受けるのではなく、GG13条1項又は、7項によって許される。したがって、夜間および休日・祭日における明渡に関する裁判官の命令は、憲法上必要とされない。むしろGGはその限りにおいて司法補助官の管轄〔旧規定では既述のように司法補助官の管轄とされた〕と同様執行官の管轄〔夜間および日曜・祭日執行を執行官の判断に委ねること〕を肯定する[48]。それにもかかわらず、明渡執行はこの規定における「住居に対する執行」とみられるというZPO758a条の解釈の根拠になるのは、——このような解釈は憲法上の要請を越えるものである。〔憲法はかかる解釈を要求していない〕——、住居における種類の異なる執行を区別せず且つその限りで明渡執行を含めてしまう文言が使われている点である。立法者がたとえ明渡しの事例を考えていなかったとしても、もともとの草案の理由書[49]には、GG13条が侵害されないとすれば（そこではなお司法補助官とされているが、この司法補助官への）権限移譲について問題はないとされている。それゆえに、住居の不可侵性という基本権が関係しているときは、それだけで裁判官の管轄が認められなければならないことは明らかである。そのこととは、夜間および日曜・祭日の明渡執行において常に同様であり、その結果ZPO758a条はその限りでも裁判官の決定を必要とするのである[50]〔夜間並びに日曜・祭日執行なるがゆえにではなく住居の捜索を必要とするがゆえに裁判官の決定を必要とする〕。

## 3　明渡執行に関する法律改正

第2次改正法はZPO885条による明渡執行の直接の領域においても改正をしている。憲法上の観点からでてくる問題、すなわち共同居住者に対する明渡執行の適法性という、しばしば取り上げられた問題は——前述のとおり——残念

---

47）Schultes, DGVZ 1998, 177, 187.
49）Schilken, Gerichtsverfassungsrecht, 2. Aufl. 1994, Rn. 71; Schultes, DGVZ 1998, 177, 187 f.
49）BT-Drucksache 13/341 S. 18.
50）Schilken, InVo 1998, 304, 307; Schultes, DGVZ 1998, 177, 187 f.

ながら〔改正法では〕規定されなかった。ここではGG13条のみならず、GG20条3項により債務名義が欠けていること、すなわち法治国家理論から生じる法律の留保のゆえに疑問が生じる。〔加えて〕GG103条1項の法的審問請求権も関係してくる。けだし債権者・債務者間の明渡執行に第三者が関与しなかったからである〔第三者の法的審問請求権が侵害されることになる〕。私はSyrosのシンポでこの問題を取り上げたのでここでは更に論じることはしない[51]。

立法者はZPO885条3項および4項によって遺留財産の取扱いについて改正している。

(a) 新ZPO885条3項2文は差押えの対象でない物および換価代金が期待できない物は執行官が債務者の申立てにより〔債務者に〕直ちに引き渡さなければならない旨規定している。立法者[52]はこの規定の導入にあたり、ZPO811条〔差押禁止動産の規定〕によって差押えできない物に関して、GG20条、28条の社会的国家原理が援用されるし、また換価しえない物については比例原則が援用されるとした。新規定は合理的であり且つ特別な問題を引き起こすものでもない。

(b) その他の、債務者が費用の支払いをすることなく引渡しを求めた遺留物について新885条4項は執行官が直接売却をしその売得金を供託する旨規定している。換価し得ない物は第4項2文によって、2カ月後に廃棄される。執行官事務処理規則（GVGA）180条5項6項にこれ迄も類似の規定があったが、他人の所有物のこの種の廃棄がGG14条との関係から法律上の基礎を必要とするのではないかという強い疑問[53]があった。GG14条1項2文の意味における内容制限的規定がZPO新885条4項2文をもたらしたのである。したがって勿論換価不能な遺留物をもGG14条との関係でさしあたり債務者のために保管すべきなのである。立法理由書は、かかる保管義務を無価値物についても認め

---

51) S. die Nachweise oben Fn. 42.
52) BT-Drucksache 13/341 S. 39.
53) S. dazu Schultes, DGVZ 1998, 1, 5 f.

ている[54]。

### 4 執行証書による執行の拡大

重要で且つ実務上の影響のある新規制をもたらすのはZPO794条1項5号である。債務者の執行受諾約款を伴う執行証書による執行についていうと、今後は、和解による解決に馴染むが、しかし意思表示の付与を内容としない請求権が執行できることになった。但し、住居に関する賃貸借の存続に関する請求権はその限りではない。

最後の例外は、おそらくGG13条の住居基本権（Wohnungsgrundrecht）と間接的に関係があると考えられる。〔しかし〕住居基本権というのは、明渡請求権を公正証書に債務名義化することをそれ自体として禁ずるものではないであろう。〔この種の請求権について公正証書の作成は可能であっても〕新法によれば、これに適合しない方法で証書が作成されたとき、——例えば混合賃貸契約の事例で常に考えられるように〔事務所プラス住居の賃貸借〕——債務名義はいずれにせよ憲法違反を理由に無効になるのではなく、執行がZPO794条1項5号違反によって取消されることになるのであろう[56]。

更に立法者はこの新規定において以下の見解を示している。すなわち、社会的国家原理（GG20条、28条）に由来して必要とされた債務者保護は、明示的な執行受諾なる要件によっておよび公証人の包括的な釈明義務及び教示義務（die umfassende Aufklärungs-und Belehrungspflichten des Notars）によって"しかるべき方法によって確定された"ものであるとの見解[57]をとっているのである。それが現実にそうであるか否かは、例えば大量取引〔定型化された同一内容の取引〕における（bei Massengeschäften）綜合建築業者（Baurträgerverträgen）にみられるように、事実としての力関係および経済的利益に関して、公証人職が十分な注意を払っているか〔公証人による契約内容の十分な教示〕疑問な点もある。立法理由が以下の

---

54) BT-Drucksache 13/341 S. 40. S. dazu und zu weiteren Einzelheiten Schultes, DGVZ 1998, 1. 3 ff.
55) S. dazu Schilken, InVo 1998, 304, 308 f.; Schultes, DGVZ 1998, 177 ff.
56) Ausfuhrlich Schultes, DGVZ 1998, 177 ff.
57) BT-Drucksache 13/341 S. 20.

ように指摘しているのは正しい。すなわち、この種の契約では、買主もまたその請求権について執行しうる債務名義を、したがって、——GG3条の適用において——武器平等（Waffengleichheit）を取得することができるであろう。——そこで問題は綜合建築業者がそれと関わり合うか否かという点にのみ存することになる[58]〔関わらなければ債務名義を作成しない〕。

## 5 債務者保護（Vollstreckungsschutz）規定の改正

今上に述べた執行債務者保護に関してであるが、ZPO811条2項において規定された所有権留保売主の利益になる差押可能性の拡大は原則として正当と考えられる。すなわち、所有権留保売主は将来所有権留保によって担保された債権をもって債務者の手元にある物に対し、それらがZPO811条1項1、4、5の各号により執行禁止とされていても執行ができるようになったのである。社会的国家における〔債務者〕保護思想はこれを否定するものではない。けだし売主は元来引渡しの訴えを提起することができるからである。すなわち、GG14条によって保護された債権者の権利は手続が簡易化され促進されるがゆえにこのような方法をもって効果的に保護される[59]。

立法者はZPO765a条の執行制限の異議の領域においても改正を行ったのである[60]。基本法の立場からみると、明渡執行のための申立ての時間的制限（eine zeitliche Antragssperre）の導入は注目に値する。新3項は執行制限の申立てが確定された明渡期限の遅くとも2週間前になされなければならないことを規定している。但し申立てが債務者の非有責的な事由により遅滞したとき（bei sehuldlose Verhinderung）又は事後的に成立したときには例外が認められる。そのことは、債権者債務者双方の基本権を顧慮して相当と思われる取扱いであろう。すなわち、明渡期日が債務者に対し2週間の制限（zweiwochensperre）以前にすでに通知されていることを前提とする。その限りで状況上なるほど確定時の明示

---

58) Vgl. Schilken, InVo 1998, 304, 308.
59) Vgl. BT-Drucksache 13/341 S. 24 ff.; Funke, NJW 1998, 1029, 1031; Goebel, KTS 1995, 143, 150 f., 174 ff.; Seip, DGVZ 1998, 1, 4. Zu Einzelfragen der neuen Regelung s. Münzberg, DGVZ 1998, 81 ff.
60) S. dazu eingehend Schultes, DGVZ 1999, 1 ff.

をなされてはいないが、しかし、学説の一部にはGG19条4項の法的救済の保障（Rechtsweggarantie）を援用して1週間の期間を最小限である旨強調している[61]。

## 6　管轄を執行官へ移管すること

第二次改正法は、執行手続における一連の管轄をこれ迄執行裁判所すなわち司法補助官の管轄から執行官へと移管したのである。第一に、全開示手続がドイツ連邦議会の法律委員会において執行官に委ねられたことを指摘すべきである[62]。はじめはこのことは、執行法体系へのあまりにも広範な介入として拒絶されたのであるが、後者〔全開示手続の執行官への移管〕は十分な理由をもって主張されたのである。しかも全管轄を執行官に移すことについては憲法上の疑義が生じるであろうと考えることはなかった。債務者が十分な理由をもって宣誓に代わる保証をなすべき義務を期日において争うとき、必要とされた債務者の法的審問（GG103条1項）は、新規定によって、特に異議（Widerspruche）（ZPO900条4項）の可能性が存続することによって十分に保証された。ZPO909条2項新規定は発令後3年が経過したとき拘留命令の執行が許されない（unstatthaft）旨を規定している。かかる時間的制限は、改正前存在しなかったが、しかし判例学説により、一部は憲法上の理由から、特に比例原則から肯定されたのである[64]。立法者はこの見解を援用してGG14条において保護された債権者の利益とGG2条2項及びGG104条1項から生じる債務者の自由権を抽象的に考慮して、3年間を相当なものと考えたのである[65]。新規定は、この点は別にしても評価されなければならない。けだし、新規定は、自由の剝奪という基本権に関する領域において耐え難いような従来の統一なき実務を終了せしめたからである。旧法上存在していたHaft（Anordnung）〔ZPO旧901条——裁判としての拘留命令——〕と拘留の命令（Haftbefehl）〔ZPO908条——拘留命令に付する執行文——〕という

---

61）S. etwa Jesse, DGVZ 1993, 85 f.; Schultes, DGVZ 1998, 1, 2.
62）BT-Drucksache 13/9088 S. 22.
63）Ausführlich zur neuen Regelung Gilleßen/ Polizius, DGVZ 1998, 97 ff.; Schilken, DGVZ 1998, 145 ff.; ders., InVo 1998, 304, 310 f.
64）S. etwa Grein, DGVZ 1982, 49, 51; weitere Nachweise in BT-Drucksache 13/341 S. 51.
65）BT-Drucksache 13/341 S. 51 f.

区別をなくした点も評価される。裁判官により GG104 条 1 項の当然の遵守の下に、ZPO901 条によって、直ちに債務者に対する拘留命令が付与されるのである。執行の機能性、したがって債権者の権利の実現性のために、ZPO901 条 3 文の規定——その執行前に拘留命令の送達を必要としない旨規定する——もまた評価される。それによって、債務者が拘留を回避する危険も減るからである。学説上この上手な解決 (schneidige Lösung) に対しては一部で疑義が提されている[66]。というのは、法治国家の観点からみると、自由剥奪の処分に対して許される法的救済がそれによって利用できなくなるからである。それにもかかわらず、債権者の債権を履行することによってあるいは開示表示をなすことによって拘留命令の付与を避けることが債務者としてはできるのである。この点に関連して一方では拘留命令の付与と送達、他方ではその執行との間で法的救済の期間 (Rechtsmittelfrist) が再度入りこむ余地がなくなることは決して比例原則に反するとはいえないものと思われる[67]。

因みに管轄を執行官へ移すことに伴う法務委員会の期待が充たされたか否かは、将来の問題であるということになる。この点について法務委員会は高い執行の機能性を約束した。けだし——動産執行は執行官に、開示手続は司法補助官へという——従来の二重構造は債権者の不利に時間的遅延をもたらし、さらには、債務者に不必要な負担をもたらすことになるからである[68]。双方の不利益が将来回避されうるならば、法制度が〔債権者債務者〕双方の〔基本〕権を事実上強化することになる。

他の重要な管轄の移転は、差押物の換価の領域において行われた。強制競売によるのとは異なる換価——例えば任意売却 (durch freihändigen Verkauf) 又は債権者への移付 (Zuweisung an den Gläubiger) ——は執行裁判所 (司法補助官) から執行官の管轄へ移されたのである。ここでも執行官の経験の活用そして、執行官の実体に適った権限 (Sachkompetenz) 並びに従来予定された裁判手続から来る遅滞の回避によって債権者の権利の機能的実現がなされることになった[69]。

---

66) S. dazu Behr, JurBüro 1998, 231, 234; m.w.N.; Goebel, KTS 1995, 143, 180 ff.; Steder, Rpfleger 1998, 409, 418.
67) Vgl. BT-Drucksache 13/341 S. 43; Schilken, InVo 1998, 304, 311.
68) BT-Drucksache 13/9088 S. 22.

GG103条1項により必要とされる法的審問の保障のために、執行官は申立ての相手方に対し、予定された換価について通知しなければならないし、換価は同意がなくても少なくとも2週間後にこれをなすことが許される。そこで、申立ての相手方——それは原則として執行債務者であるが——の権利は方法異議の提起により保障されることになる。

## 7 開示手続の要件に関する改正

　最後に第二次改正法による改正のうち開示手続の要件の改正について述べておきたい。けだし、そこでは新たに GG13条による住居の不可侵性が中心的議論の対象となったからである。ドイツの立法者は、ZPO807条1項において、差押えの不奏功（1号）と奏功の見込みの欠缺（2号）という原因に2つの更なる原因——この2つの原因から、将来債務者に対する開示手続が行われることになる——を〔宣誓に代わる保証の要件として〕追加したのである。

　債務者が捜索を拒否したこと（3号）又は執行官が〔執行を2週間以前に〕告知（Ankündigung）した後、その責めに帰することなく〔債務者に住居において〕繰り返して会えない（4号）ことがそれにあたる。この改正提案に対しては Bonn の 1992年4月の〔ドイツ〕民訴法学会においてすでに私は批判的見解を表明した[70]。殊に Gaul のように別の学者はこの批判を正当としている[71]。この点に関連して私はここに議論の繰り返しをいとわず簡単に要約しておきたい。

　立法理由は以下のごとく述べている。すなわち、GG13条に保障された住居の不可侵性は、債務者を単に住居の占有者として保護するものの、（その他の）執行処分に対して保護するものではないと。そのことは適切であるが、しかし、そのことによって、強い不快感（Unbehagen）すなわち——基本的には債務者にその行使が開示手続の端緒になる——捜索拒否権を認める BVerfG の判例を妨

---

69) BT-Drucksache 13/341 S. 30 f.; zustimmend auch Münzberg, (Fnn. 38) S. 525 ff., S. 549 f.; Schilken, Rpfleger 1994, 138, 144 f. S. zu §825 ZPO n.F. ferner Gilleßen/ Coenen, DGVZ 1998, 167, 169.
70) Schilken, ZZP (1992), 426, 428 f. und schon DGVZ 1991, 97.
71) ZZP 106 (1995), 3. 36 ff.; abl. auch Goebel, KTS 1995, 143, 177. Zustimmend hingegen Münzberg, (Fn. 38) S. 525 ff., S. 543 f. und jetzt Behr, JurBüro 1998, 231 f.

害することになるという不快感を解消することにはならない。したがって開示手続により生じる、より以上に重大な威嚇的干渉を回避するために基本権の主張を放棄させようとする強い圧力が成立することになる。そこで債務者は、なるほど拘留による威嚇を以てする債務者のその自由権（GG2条2項2文、104条2項）に対する干渉に開示表示をすることによって対抗することができる。しかし債務者表への記載という重大で且つ信用侵害的な対価は残ることになる。そのことによって開示手続は事案解明手続というそれ本来の機能に役立つのではなく、債務弁済（Schuldbereinigung）と、むしろ基本権放棄への圧力としての古風な意味しかもたないことになる。Gaul[72]はそれを適切にも"制度乱用"（Institutemißbrauch）と表現している。そしてむしろBVerfGがZPO807条1項3号の新規定を、さらには4号をも大目に見るであろうか否か、〔その判断が〕待たれている。立法者は、新規定は捜索命令の数を減少させるであろうとの期待[73]を率直に宣言しているが、いずれにしても新規定を以て疑わしい方法で圧力がかけられることが明らかになる。その場合、債務者による基本権の度重なる乱用が嘆かれ、GG14条および法治国家原理から債権者に効果的権利保護の保障請求権が帰属することが正当にも指摘されているにしても〔上記の圧力がかけられていることは明らかである〕。

　申し分のない解決は執行における捜索のためにGG13条を改正するか、あるいは執行の申立てをなすにあたってすでに発せられた捜索決定を認めるかのいずれかであろう。

## III　結語

　私は、総括的にいえば執行において憲法が持つ意味は常に現時のものとして存在しているということができる。第二次改正法は若干の問題を解決したが、しかし、その際に新たな問題を生ぜしめたし、且つ更にはそれ以外の他の問題には言及もしていない。未解決の問題の例として私は〔本稿において〕共同居住

---

72) ZZP 106 (1995), 3, 37.
73) BT-Drucksache 13/341 S. 22.

者に対する明渡執行に若干言及した。私がなお指摘しうる他の問題は ZPO739 条の配偶者に不利益になる占有擬制（Gewahrsamsfiktion）が GG3 条 1 項および GG6 条と調和するか、あるいは逆に、右擬制の内縁生活共同体（nichteheliche Lebensgemeinschaften）への拡大——それは改正者が当初考えていたことであるが——、比例原則との関連において ZPO765a 条の執行制限〔債務者保護〕の根本的改正、土地競売における比例原則の適用等である。今回の議論の中心は、明らかに住居の不可侵性をめぐる基本権であってこの点こそが私の講演の中心になったのである。

### 訳者付記　1

　本稿は手続法研究所の招聘、並びに早稲田大学・ボン大学の交流協定により、ボン大学法学部 Eberhard Schilken 教授が来日され、平成 12 年 3 月 22 日慶應義塾大学において行ったセミナーの報告原稿である。
　同教授は、3 月 16 日龍谷大学において "Zur Ermittelung ausländischen Rechts nach der deutshcen Zivilprozeßordnung" と題するセミナーを開催された。また早稲田大学において、3 月 18 日 "Die Rolle des Richters im deutschen Zivilprozeß" と題するセミナーを開催された。いずれも民事訴訟法学の核心的問題に関するテーマでわが国の民事訴訟法学に裨益するところが大きかった。
　本稿の翻訳は私が担当したが、セミナーの通訳は横浜市大三上威彦教授、明海大学河村好彦助教授にお願いした。
　なお、本文中、加筆すると理解しやすい箇所に〔　　〕を付して言葉を補足した。
　来日並びにセミナーの開催につき同教授にここに謝意を表するものである。

### 訳者付記　2

　セミナーにおいて以下の討議がなされた。
1　Ⅱ1 に関連して
　**質問**　動産執行において目的動産が住居内の特定の場所にあることが明白であって、特に捜索の必要がないと思われるとき、債務者の住所に立ち入るについて裁判所の命令が必要か。

答　この点について、立法者は意識的に規定をおかなかった。私見によれば、目的物の存在場所が知られているときは、捜索が行われるわけではないから、捜索命令は不要であると考える。

2　Ⅱ 1d に関連して

質問　758a 条は強制執行の総則規定であるが、動産執行および特定動産の引渡執行以外にも適用される余地があるか。

答　ZPO758a 条は総則規定として、住居の捜索を必要とするすべての執行に適用される。たしかに同条にあっては債務者の動産に対する金銭債権執行および動産の引渡執行への適用が問題になることが殆どである。というのは他の種類の執行にあっては、通常捜索はなされないからである。これに加えて私は報告中にⅡ 1d において、不作為執行の例を挙げている。

3　Ⅱ 1a について

質問　758a 条の適用にあたり、債務者不在のとき債務者の家族のうちの成年者の同意をもって債務者の同意に代えるということは条文に明記がない。理由書をもってそのように解することができるか。

答　公式理由書では家族による同意の効力は事実上認められている。立法者は、なぜこの問題を条文に規定しなかったのかは理由書からは残念ながら明らかではない。いずれにしても、結果的にはこの点について見解の対立はないが、いかなる見解が出てくるかは将来の問題である。

なお、この点に関する石川私見は、本来かような解釈は法律事項であると考える。

4　Ⅱ 1a に関して

質問　GG13 条 2 項は「遅滞の危険がある場合」(bei Gefahr Verzuge) という文言を用いているが、758a 条は「命令を求めることが捜索の奏功を脅かすおそれがあるとき」(wenn die Einhaltung der Anordnung den Erfolg der Durchsuchung gefährden würde) としている。前者より後者が広い概念か。

答　この問題はⅡ 1a で取り扱った。立法者は、ZPO758a 条のなかで、"遅滞の危険"(Gefahr im Verzuge, GG13 条 2 項)なる概念を以て文言上明らかにしているのに関連して BVerfG が「命令を受けると捜索の結果が危殆に瀕するとき」として説明した通りである。それゆえに 2 つの概念は一致する。ZPO758a 条の文言は、GG13 条 2 項の文言より若干正確性に欠けるので、実務上は当然のことながら、より以上に具体化されなければならない。

5

質問　758a 条 2 項の "Titel auf Räumung od. Herausgabe von Räumen" の相違につい

て

　　**答**　両者の相違は、ZPO885条1項における相違と同じである。不動産の引渡し（Herausgabe）と明渡し（Räumung）は異なる。たしかに実務上殆どの場合両者は合体している（例えば債務者はある住居の明渡しと引渡しの判決を受ける）。しかし正確にいえば、両者は異なる。すなわち、明渡しにあってはすべての物（及び人）を住居から排除することであり、引渡しは住居に対する直接の占有を得させることである。

6　Ⅱ 1aについて

　　**質問**　758a条3項の共同居住者（der Mitgewahrsaminhaber an der Wohnung des Schuldners）の受忍義務の根拠を上記占有者の意思に求めることは無理ではないか。共同居住者は共同居住についてそこまでの意思をもつか。

　　**答**　立法者は758a条3項の新規定を設けるにあたり、共同居住者のこの種の受忍義務を前提としている。これは新規定以前の通説を採用したものである。しかし事実その当否には疑問があるし、反対説もある。例えばMünzbergは新規定3項は違憲の疑いありとしている。

7　Ⅱ 2について

　　**質問**　ZPO758a条4項によると、夜間および日曜・祭日における住居における執行行為（Vollstreckungshandlung......in Wohnungen）については裁判所の許可を必要とするとされているが、ここでいう執行行為とは具体的に何を指すのか。

　　**答**　残念ながら条文上は"住居における……執行行為"が何を指すのか明確になっていない。特に質問にあるように、ここに夜間における明渡執行も含まれるのかという問題については条文上明らかではない。この場合、捜索がなされるというわけではないから、憲法上はGG13条2項による裁判官の許可は絶対的に必要であるとはされていない。したがって、質問は次のようなものになると解される。すなわち、立法者がZPO758a条4項において、法律上（einfachgesetzlich）この種の裁判官の命令を規定したか否かという問題になる。条文の文言や立法理由書からみると裁判官の命令を必要とすると解することは困難である。私はこの問題が提起されるであろうことを疑わない。夜間および日曜・祭日における明渡執行について、これに関する裁判官の命令が必要か否かの問題に関してこれ迄のところ学説上の見解は表明されていない。

## 訳者付記　3

　関連する拙稿に以下のものがある。

石川明・出口雅久編訳『憲法と民事手続法』慶應義塾大学法学研究会叢書(46)
　（慶應義塾大学出版会・1998 年 3 月）、特に Arens, Vollkommer 論文を参照されたい。
石川明「ドイツ強制執行法における基本権の保護―その素描―」
　Toward Comparative Law in the 21st Century（中央大学比較法研究所・1998 年 3 月）
石川明『ドイツ強制執行法の改正』
　（信山社・1998 年 3 月）、特に第 1 編を参照されたい。
石川明「憲法と民事執行法」
　判例タイムズ 964 号（判例タイムズ社・1998 年 4 月）
石川明「不動産競売の最低売却価額と財産権の保障」
　判例タイムズ 976 号（判例タイムズ社・1998 年 9 月）
石川明「ドイツ倒産法と破産者の郵便制限」
　判例タイムズ 979 号（判例タイムズ社・1998 年 10 月）
石川明「強制執行と憲法上の財産権の保障」
　『民事紛争をめぐる法的問題』（信山社・1999 年 4 月）
石川明「ドイツ民訴法 765 条の苛酷執行条文について」
　法学研究 72 巻 11 号（慶應義塾大学法学研究会・1999 年 11 月）
石川明「憲法改正の実体験」
　判例タイムズ 1011 号（判例タイムズ社・1999 年 12 月）
石川明「強制執行における比例原則―ドイツと比較して―」
　判例タイムズ 1021 号（判例タイムズ社・2000 年 4 月）
石川明「強制執行と比例原則―序論的考察―」
　平成法政研究 4 巻 2 号（2000 年 3 月）
石川明「住居の不可侵性と住居明渡執行―ドイツ民訴法の場合―」
　清和法学研究 6 巻 2 号（1999 年 12 月）
石川明「ボン基本法の基本権と強制執行法の交錯―ゲルハルト・リュケ教授の論文を読んで―」
　法学研究 73 巻 6 号（慶應義塾大学法学研究会・2000 年 6 月）

　本稿に関連する翻訳として以下のものがある。

ハンス・フリートヘルム・ガウル著　河村好彦訳「強制執行における基本権侵害に関する問題について」
　法学研究第 71 巻 8 号（慶應義塾大学法学研究会・1998 年 8 月）


## 訳者付記　4

　Eberhard Schilken 教授のプロフィール
　（なお、プロフィールの資料は同教授から提供されたものである。）

1 経歴
| 1945 年 2 月 | ドイツ Offenbach に出生 |
|---|---|
| 1969 年 1 月 | Köln において司法試験第 1 次試験合格 |
| 1969 年 3 月 | 司法修習生 |
| 1969 年 4 月 | Bonn 大学民事訴訟法研究所補助助手 |
| 1973 年 4 月 | 司法試験第 2 次試験合格 |
| 1973 年 7 月 | Bonn 大学助手 |
| 1975 年 4 月 | Bonn 大学より法学博士号授与 |
| 1981 年 7 月 | Bonn 大学　法・国家学部において民法・民事訴訟法の教官資格（venia legendi）取得 |
| 1981 年 10 月 | Köln 大学　C3 教授 |
| 1982 年 6 月 | Osnabrück 大学　C4 教授 |
| 1990 年 4 月 | Osnabrück 大学　手続法研究所所長 |
| 1993 年 9 月 | Bonn 大学　民法・民事訴訟法担当教授 |
| 1993 年 10 月 | Bonn 大学　C4 教授、民事訴訟法研究所所長 |
| 1997 年冬学期～ 1998 年夏学期　Bonn 大学　法学部長 |

なお、この間にも Passau 大学、Köln 大学、Wien 大学などからの招聘を辞退している。

2　著作としては以下のものがある。

I. Buchveröffentlichungen

Die Befriedigungsverfügung

Zulässigkeit und Stellung im System des einstweiligen Rechtsschutzes. Bd. 43 der Schriften zum Prozeßrecht, 1976 (Dissertation)

Wissenszurechnung im Zivilrecht

Eine Untersuchung zum Anwendungsbereich des §166 BGB innerhalb und außerhalb der Stellvertretung.

Bd. 98 der Schriften zum deutschen und europäischen Zivil-, Handels- und Prozeßrecht, 1983 (Habilitationsschrift)

Rosenberg/ Gaul/ Schilken

Zwangsvollstreckungsrecht, 10. Aufl. 1987

　　Schilken:　　2. Buch　　Die Durchführung der Zwangsvollstreckung　　§§ 47-73
　　　　　　　　　3. Buch　　Der einstweilige Rechtsschutz　　§§ 74-80

-Zwangsvollstreckungsrecht, 11. Aufl. 1996

Veränderungen der Passivlegitimation im Zivilprozeß

Studien prozessualen Bedeutung der Rechtsnachfolge auf Beklagtenseite außerhald des Parteiwechsels.

Bd. 11 der Osnabrücker Rechtswissenschaftlichen Abhandlungen, 1987

Gerichtsverfassungsrecht

Reihe Academia iuris, Lehrbücher der Rechtswissenschaft, 1990

-Gerichtsverfassungsrecht, 2. Aufl. 1994

Zivilprozeßrecht

Reihe Academia iuris, Lehrbücher der Rechtswissenschaft, 1992

-Zivilprozeßrecht, 2. Aufl. 1995
-Zivilprozeßrecht, 3. Aufl. 2000 im Druck, erscheint am April 2000
Münchener Kommentat zur Zivilprozeßordnung
hrsg. von Lüke und Walchshöfer, 1992.
1) §§ 59-63 Streitgenossenschaft
2) §§ 64-77 Beteiligung Dritter am Rechtsstreit
3) §§ 803-806a Zwangsvollstreckung in das bewegliche Vermögen Allgemeine Vorschriften
4) §§ 808-827 Zwangsvollstreckung in körperliche Sachen
5) §§ 883-898 Zwangsvollstreckung zur Erwirkung der Herausgabe von Sachen und zur Erwirkung von Handlungen und Unterlassungen
-2. Aufl. 2000 im Druck, erscheint im Sommer 2000
J. von Staudingers Kommentar zum Bürgerlichen Gesetzbuch mit Einführungsgesetz und Nebengesetzen
1) Stellvertretungsrecht ( §§ 164-181 BGB), 13. Bearbeitung 1995
2) Erbscheinsrecht ( §§ 2353-2370 BGB), 13. Bearbeitung 1996

II. Aufsätze und Buchbeiträge
Zur Zwangsvollstreckung nach § 888 Abs. 1 ZPO bei notwendiger Mitwirkung Dritter JR 1976. 320
Zum Handlungsspielraum der Parteien beim prozessualen Anerkenntnis ZZP 90 (1977), 157
Die Bedeutung den "Taschengeldparagraphen" bei längerfristigen Leistungen FamRZ 1978, 642
Grundlagan des Beweissicherungsverfahrens ZZP 92 (1979), 238
Wechselbeziehungen zwischen Vollstreckungsrecht und materiellem Recht bei Zug-um-Zug-Leistungen AcP 181 (1981), 45
Die Abgrenzung von Grund-und Betragsverfahren ZZP 95 (1982), 45
Zur Bedeutung der "Anhängigkeit" im Zivilprozeß JR 1984, 446
Gerichtsverfassung, Gerichte, Richter
Lexikon des Rechts 18/30 (1985), S. 1 ff.
= Lexikon des Rechts, Zivilverfahrensrecht, hrsg. v. Lüke und Prütting, 1989, S. 90
-Gerichtsverfassung, Gerichte, Richter, 2. Aufl. 1995, S. 95
Gesetzlicher Richter und Geschäftsverteilung
Lexikon des Rechts 18/140 (1985), 1-12
= Lexikon des Rechts, Zivilverfahrensrecht, 1989, S. 107
-Gesetzlicher Richter und Geschäftsverteilung, 2. Aufl. 1995, S. 116
Rechtliches Gehör
Lexikon des Rechts 18/290 (1985), S. 1-7
= Lexikon des Rechts, Zivilverfahrensrecht, 1989, S. 229
-Rechtliches Gehör, 2. Aufl. 1995, S. 254
Verfassungsrecht und Zivilprozeß
Lexikon des Rechts 18/240 (1985), S. 1-11
= Lexikon des Rechts, Zivilverfahrensrecht, 1989, S. 363
-Verfassungsrecht und Zivilprozeß, 2. Aufl. 1995, S. 401

Verfahrensrechtliche Probleme nach dem AGB-Gesetz
Eine Untersuchung zu §§ 19, 21 AGBG
in: Recht der Wirtschaft Bd. 1 der Osnabrücker Rechtswissenschaftlichen Abhandlungen, 1985, S. 99
Zur Pfändung von Sachen im Gewahrsam Dritter
DGVZ 1986, 145
Brockhaus-Enzyklopädie, 19. Aufl. 1987 ff. und permanent Bearbeitung sämtlicher Stichwörter zum Zivilprozeßrecht und Gerichtsverfassungsrecht
Abstrakter und konkreter Vertrauensschutz im Rahmen des § 15 HGB
AcP 187 (1987), 1
Probleme der Herausgabevollstreckung
DGVZ 1988, 49
Ansprüche auf Auskunft und Vorlegung von Sachen im materiellen Recht und im Verfahren
Jura 1988, 535
Reform der Zwangsvollstreckung
Rechtswissenschaftliche Verträge und Berichte des Fachbereichs Rechtswissenschaften der Universität Osnabrück, Bd. 4, 1988, S. 307
Die Bewilligung von Teilzahlungen bei der Haftvollstreckung
DGVZ 1989, 33
Zur Bedeutung des § 822 BGB
JR 1989, 363
Auf dem Weg zum einheitlichen Zivilprozeß
Zur Bedeutung des oldenburgischen Gesetzes betreffend den bürgerlichen Prozeß vom 2. November 1857
in: Festschrift 175 Jahre Oberlandesgericht Oldenburg, 1989, S. 159
Der Gerichtsvollzieher als Vermittler Zwischen Gläubiger und Schuldner bei der Realisierung titulierter Geldforderungen
DGVZ 1989, 161
Grundfragen der vorläufigen Vollstreckbarkeit
JuS 1990, 641
Zur Abnahme der Offenbarungsversicherung durch den Gerichtsvollzieher nach Haftanordnung
DGVZ 1990, 97
Reform der Zwangsvollstreckung
in: Vorträge zur Rechtsentwicklung der achtziger Jahre, Bd. 27 der Osnabrücker Rechtswissenshaftlichen Abhandlungen, 1991, S. 307
 (überarbeitete und aktualisierte Fassung des o.a. Vortrages)
Der praktische Fall-Zwangsvollstreckungsrecht: Die "verlängerte Vollstreckungsgegenklage" JuS 1991, 50
Miterbenklage nach rechtskräftigem Unterliegen eines einzelnen Miterben
NJW 1991, 281
Die Beurteilung notwendiger Kosten der Zwangsvollstreckung nach Verrechnung von Teilzahlungen

DGVZ 1991, 1
Gedanken zu Anwendungsbereich und Reform des § 807 ZPO
DGVZ 1991, 97
Vollstreckung zivilrechtlicher Entscheidungen-Konflikt zwischen Gläubiger-und Schuldnerinteressen
Tagungsberichte der Evangelischen Akademie Bad Boll (mit dem Bund deutscher Rechtspfleger), 1992, 25/92, S. 30
Zur Erstattungsfähigkeit nutzlos aufgewandter Räumungskosten
DGVZ 1993, 1
Vereinfachung und Beschleunigung der Zwangsvollstreckung
Rpfleger 1994, 138
Der Gerichtsvollzieher auf dem Weg in das 21. Jahrhundert
DGVZ 1995, 133
Überlegungen zu einer Reform des Zustellungsrechts
DGVZ 1995, 161
Die Räumungsvollstreckung gegen Personenmehrheiten
in: Beiträge zum Zivilprozeßrecht V, 1995, hrsg. v. W. Buchegger, S. 141
Beweis
in: Fachlexikon der sozialen Arbeit, 3. Aufl. 1993, S. 164 - 4. Aufl. 1997, S. 153
Unverletzlichkeit der Wohnung und Räumungsvollstreckung, DikIntern 1996, 99
Abwägung im Verfahrensrecht, insbesondere im Zivilprozeßrecht, in: Abwägung im Recht, hrsg. v. Erbguth u.a., 1996, S. 55
Die Vorschläge der Kommission für ein europäisches Zivilprozeßgesetzbuch einstweiliger und summarischer Rechtsschutz und Vollstrekung, ZZP 109 (1996), 315
Die Angleichung der Zwangsvollstreckung in der EG, InVo 1996, 255
Zum Umfang der Pfändunfg und Überweisung von Geldforderungen, in: Vervahrensrecht am Ausgang des 20. Jahrhunderts. Festschrift für Gerhard Lüke, 1997, S. 701
Die Geltendmachung des Erfüllungseinwandes bei der Handlungs-und Unterlassungsvollstreckung, in: Festschrift für Hans Friedhelm Gaul, 1997, S. 667
Verzicht auf Zustellung und Wartefrist in vollstreckbaren Urkunden, DGVZ 1997, S. 81
Zur Zuständigkeit des Gerichtsvollziehers für die Ladung des Schuldners im Offenbarungsversicher ungsverfahren nach § 900 ZPO n.F., DGVZ 1998, 129
Die Einziehung von Teilbeträgen durch den Gerichtsvollzieher gemäß §§ 806 b, 813 a, 900 Abs. 3 ZPO n.F., DGVZ 1998, 145
Schwerpunkte der 2. Zwangsvollstreckungsnovelle, InVo 1998, 304

III. Besprechungen, Urteilsanmerkungen, sonstige Veroffentlichungen
Diskussionsbericht zum Vortrag Picker vor der Zivilrechtslehrervereinigung 1983 in Stuttgart AcP 183 (1983), 521
Besprechung von Stefan Smid, Zur Dogmatik der Klage auf Schutz des "räumlich-gegenständlichen Bereichs" der Ehe, 1983
AcP 184 (1984), 608
Besprechung von Kurt Schellhammer, Zivilprozeß, 1982

DVBl 1983, 721
Besprechung von Zeller/ Stöber, Zwangsversteigerungsgesetz, 12, Aufl. 1987
DVBl 1987, 1280
Besprechung von Zöller, Zivilprozeßordnung, 15. Aufl. 1987
DVBl 1988, 64
Besprechung von Meyer/Höver, Gesetz über die Entschädigung von Zeugen und Sachverständigen, 16. Aufl. 1987
DVBl 1988, 119
Besprechung von ilias N. Iliakopoulos, Die Grenzen der Befriedigungsverfügung im deutschen und griechischen Recht, 1983
ZZP 101 (1988), 20
Besprechung von Stelios Koussoulis, Beiträge zur modernen Rechtskraftlehre, 1986
ZZP 101 (1088), 94
Besprechung von Manfred Winter, Vollzug der Zivilhalt, 1987
ZZP 102 (1989), 503
Besprechung von Monika Fahland, Das Bürgerliche Recht in der Verwaltung, 1988
DVBl 1990, 271
Besprechung von Stefan Smid, Rechtsprechung - Zur Unterscheidung von Rechtsfürsorge und Prozeß, 1990
DVBl 1990, 1124
Besprechung von Eberhard Wieser, Der Grundsatz der Verhältnismäßigkeit in der Zwangsvollstreckung, 1989
DVBl 1990, 1191
Besprechung von Peter Hartmann, Kostengesetze, 23. Aufl. 1989
DVBl 1991, 507
Besprechung von Arno Wettlaufer, Die Vollstreckung aus verwaltungs-, sozial- und finanzrechtlichen Titeln zugunsten der öffentlichen Hand, 1989
ZZP 104 (1991), 377
Besprechung von Christoph Herz, Die gerichtliche Zuständigkeitsbestimmung-Voraussetzungen und Verfahren, 1990
DVBl 1991, 1218
Besprechung von Wurm/ Zartmann/ Wagner, Rechtsformularbuch, 12. Aufl. 1989
DWiR 1991, 43
Besprechung von Ewald Kininger, Einstweilige Verfügungen zur Sicherung von Rechtsverhältnissen, 1991
FamRZ 1992, 641
Besprechung von Zöller, Zivilprozeßordnung, 17. Aufl. 1991
DVBl 1992, 929
Besprechung von Rolf L. Jox, Die Bindung an Gerichtsentscheidungen über präjudizielle Rechtsverhältnisse, 1991
DVBl 1992, 1177
Besprechung von Zöller, Zivilprozeßordnung, 16. Aufl. 1990

DVBl 1992, 1326
Anmerkung zum Urteil des Bundesarbeitsgerichts-8 AZR 146/84-vom 10.5.1987 (gemeinsam mit M. Lieb)
EzA § 611 BGB-Beschäftigungspflicht-Nr. 28
Anmerkung zum Urteil des Bundesarbeitsgerichts-6 AZR 410/87-vom 13.1.1988
EzA § 64 ArbGG 1979 Nr. 22
Anmerkung zum Urteil des Landesarbeitsgerichts München-5 Sa 292/88-vom 9.11.1988
LAGE § 63 HGB Nr. 8
Anmerkung zum Urteil des Bundesgerichtshofes-IVb ZR 26/88-vom 5.4.1989
ZZP 103 (1990), 209
Kurzkommentar zum Urteil des Bundesgerichtshofes-IVb ZR 26/88-vom 5.4.1989
EWiR 1989, 825
Anmerkung zum Urteil des Bundesgerichtshofes-VIII ZR 26/88-vom 21.12.1988
JR 1990, 458
Anmerkung zum Urteil des Bundesarbeitsgerichts-4 AZR 56/90-vom 16.5.1990
EzA § 840 ZPO Nr. 3
Kurzkommentar zum Urteil des Landesarbeitsgerichts Köln-10 (9)Sa 480/90-vom 16.8.1990
EWiR 1991, 355
Kurzkommentar zum Urteil des Oberlandesgerichts Köln-7U 104/90-vom 15.11.1990
EWiR 1991, 993
Anmerkung zum Urteil des Bundesgerichtshofes-III ZR 53/90-vom 28.2.1991
ZZP 105 (1992), 83
Anmerkung zum Urteil des Bundesarbeitsgerichts-7 ABR 72/90-vom 28.8.1991
EzA § 113 BetrVG 1972 Nr. 21
Anmerkung zum Urteil des Bundesgerichtshofes-VI ZR 241/90-vom 2.4.1991
JR 1992, 281
Anmerkung zur Entscheidung des BAG vom 9.4.1991
SAE 1993, 302
Anmerkung zur Entscheidung des LG Arnsberg vom. 4.2.1993
FamRZ 1993, 1227
Anmerkung zur Entscheidung des BGH vom 7.7.1993
ZZP 107 (1994), 524
Besprechung von: Stefan Vogg, Einstweiliger Rechtsschutz und vorläufige Vollstreckbarkeit, 1991
ZZP 106 (1993), 421
Besprechung von: Michael App, Verwaltungsvollstreckungsrecht, 2. Aufl. 1992
DVBl 1993, 516
Besprechung von: Dirk Heckmann, Der Sofortvollzug staatlicher Geldforderungen, 1992
ZZP 107 (1994), 136
Besprechung von: Rudolf Kissel, Gerichtsverfassungsgesetz. 2. Aufl. 1994
NJW 1994, 2340
Besprechung von: Udo Hintzen, Taktik in der Zwangsvollstrekung (II), 2. Aufl. 1994
Rpfleger 1994, 434

Besprechung von: Dassler/ Schiffhauer/ Gerhardt/ Muth, Gesetz über die Zwangsversteigerung und Zwangsverwaltung, 12. Aufl. 1991
DVBl 1994, 129
Besprechung von: Jens Meyer-Ladewig, Sozialgerichtsgesetz, 4. Aufl. 1991
DVBl 1994, 299
Besprechung von: Blankenberg/ Leipold/ Wollschläger, Neue Methoden im Zivilverfahren, 1991
DVBl 1994, 439
Besprechung von: Werner Bienwald, Betreuungsrecht, 1992
DVBl 1994, 601
Besprechung von: Susanne Sticker, Das Zusammenwirken von Art. 24 EuGVÜ und §§ 916 ff. ZPO, 1992
DVBl 1995, 1031
Besprechung von: Udo Hintzen, Taktik in der Zwangsvollstrekung (III), 2. Aufl. 1994
Rpfleger 1995, 388
Anmerkung zur Entscheidung des BAG vom 10.12.1996-5 AZB 20/96-, EzA ArbGG 1979 § 2 Nr. 37
Anmerkung zum Urteil des BGH vom 5.12.1996-VII ZR 108/95-, LM § 209 BGB Nr. 86
Besprechung von: Carl Wolfgang Hergenröder, Zivilprozessuale Grundlagen der Rechtsfortbildung, ZZP 110 (1997), 230
Besprechung von: Oliver Scharpennack, Der Widerrufsvergleich im Zivilprozeß, DVBl 1997, 1297
Besprechung von: Udo Hintzen, Taktik in der Zwangsvollstreckung (II), Rpfleger 1997, 43
Besprechung von: Schuschke/ Walker, Vollstreckung und vorläufiger Rechtsschutz, Band I: Zwangsvollstreckung, 2. Aufl. 1997, Rpfleger 1998, 43

\*　本文中において注29、注55、注63の指示表記がないが、原典ママとした（編者）。

初出：法学研究73巻9号75頁以下（2000年）

第 8 章

# ドイツ民訴法における
# 作為・不作為執行の今日的諸問題

エベルハルト・シルケン

石川　明／訳

　金銭債権執行は、差押物を換価した債権者に、金銭給付により満足をもたらすものとされている。このような金銭債権の重要性は、金銭債権が我々の経済体制の中心にあり、したがって、これに対応して民事法上の請求権の中心にあることに基づいている。

　これらの場合、債権者は執行における換価代金の債権者に対する支払いによるその一般的財産的利益の充足によって満足をうけることになる。ローマ法にはもっぱらこのような金銭執行のみが存在していた。したがって、請求権が非金銭的給付である場合でも純金銭的制裁（Geldkondemnation）の原則が支配していた[1]。しかし、更なる歴史的発展は、請求権が（作為・不作為・特定物の引渡し等）非金銭的給付を内容とするところでは、どこでも実体的制裁（Sachkondemnation）〔作為・不作為・受忍請求権の本来的給付内容の実現〕を許すようになった[2]。したがって、非金銭請求権、殆どの場合いわゆる個別的給付請求権（Individualleistungsansprüche[3]）（訳者注）の直接的貫徹性を規定し、ZPO893条と並んで途を開いている「利益の給付（die Leistung des Interesses）」への——したがって

---

1) S. nur Rosenberg/ Gaul/ Schilken, Zwangsvollstreckungsrecht, 11. Aufl. 1997, §9 IV 2 mit weiteren Nachweisen.
2) Dazu näher Nehlsen-von Stryk, AcP 193 (1993), 529, 537 ff.; Rütten, Festschrift für Gernhuber, 1993, S. 939, S. 941 ff.
3) S. nur A. Blomeyer, Zivilprozessrecht, Vollstreckungsverfahren, 1975, Vor §88 I; Bruns/ Peters, Zwangsvollstreckungsrecht, 3. Aufl. 1987, §42 II.
（訳者注）　作為・不作為・受忍の内容はそれぞれの請求権によって異なるという点で個別的という。以下同じ。

金銭賠償——移行という選択肢に加えて、ドイツ執行法がZPO883〜898条において規定していることは、なるほど当然のこととはいえないまでも原則として利益適合的（interessengerecht）なのである〔作為・不作為・受忍請求権の本来的給付内容を実現することが債権者の利益に適うという意味[4]〕。ZPO883条以下の規定の構造は、この個別的給付請求権〔個別の意味は上記のとおり〕の領域において、現実執行（Realexecution）——それは自然執行（Naturalexecution）ともいわれるが——の原則が単なる金銭的制裁（Geldkondemnation）にとって代わるものとして標準的であるべき旨を明らかにしている。すなわち、立法理由中[5]に既に宣言されていることは、執行の目標としては現実の履行〔作為・不作為・受忍請求権の本来的給付内容の履行〕が求められているのであって、金銭による補償（Geldentschädigung）は例外にとどまるという——債権者により実体法のしかるべき要件の下にではあるが選択しうる例外——点である。特定物の引渡執行（ZPO883〜886条）と並んで、ZPO887条以下による作為・不作為（受忍を含めて）の実行を求める執行は個別〔個別の意味は上記のとおり〕執行の重要な領域である。厳密にいうと、当然のことながら、特定物の引渡しも債務者の一定の行為すなわち引渡し（Herausgae）あるいは執行機関による特定物の取り上げの受忍を求めるものである。執行の目的物は債務者から力をもって単純に取り上げられるのであるが、その目的物の有体性のゆえに、その限りで立法者は、それ本来の強制的実現というより単純な方法を規定することができたのである。ZPO887条3項はこのことを明示的に規定している。すなわち、同条が作為執行に関する諸規定は特定物の引渡執行には適用されてはならないことを命じているのである。

これに対して、その他の作為を行う執行は不作為を強いる執行と同様に、そう簡単に実現しうるものではない。そこでは、むしろ原則として、債務者が作為・不作為の実行の決断をなすという点で、自らの意思を曲げさせるという債務者の意思に対する強制が必要である。直接身体的強制を加えることはいずれ

---

4) Zum Begriffs. Dietrich, Die Individualvollstreckung, 1976, S. 10 f.
5) In Hahn, Die gesammten Materialien zu den Reichs-Justizgesetzen, 2. Band: Die gesammten Materialien zur Civilprozeßordnung, 1. und 2. Abtheilung 1880, S. 465.

にしても今日の執行法上の理解からすれば許されないから、この種の請求権の実現にあたり、債務者を一定の法的不利益をもって威嚇し、場合によっては、当該不利益を課すことが必要となり、その結果、債務者が作為・不作為の実行をより小さな負担（Übel）として実行させることになるのである[6]。

　立法者は、必要な場合他者によって代替しうるような債務者の作為については、より適切な手段の選択について苦労することはない。この場合 ZPO887 条は債務者の費用をもって代替作為をなす権限を債権者に与えることを規定している（ZPO887 条 1 項）。債務者にこのために申立により費用の前払いを求めることができる（ZPO887 条 2 項）。債務者がなすべき作為が意思表示の付与であるという特別な場合について、立法者は執行をトリック（Trick）により簡易なものとしている。すなわち、当該意思表示は ZPO894 条 1 項 1 文によって、それを宣言する判決の確定力の発生と同時に、表示されたものとするのである。不代替的作為（ZPO888 条）および不作為（ZPO890 条）にあっては、これに反して、意思決定の最高人格性（Höchstpersönlichkeit）のゆえに、かように単純な方法をとれないために、ここでは立法者は、もっぱら債務者の意思決定への影響に重点を置かなければならなかったのである。ZPO888 条は、不代替的作為について、強制金（Zwangsgeld）および強制拘留（Zwangshaft）に処すること、また ZPO890 条は、不作為について秩序金（Ordnungsgeld）および秩序拘留（Ordnungshaft）に処することを規定している。不作為については、なおそれに適合した定めすなわち、ここでは執行処分は違反行為によってはじめて始まりうるのであり、それゆえに、直接に予防的（präventiv）にはなされえないのであり、勿論戒告（Androhung）はなされうるのに対し（ZPO890 条 2 項）、他面受忍が含まれる事件では——それゆえ作為の実施に対し抵抗を許さないという事件では——ZPO892 条により債務者の抵抗（Widerstand）は、原則として必要があれば力をもって排除され、それによって受忍が実現されうるという特殊性がある。

　それゆえにドイツ法上は全体的にみて、作為・不作為義務の強制的実現につき多様な制度があり、その取扱いについて法律上多くの問題をかかえている。私の以下の論述のなかで、私は、現在ドイツの判例・学説において特に議論さ

---

6) Rosenberg/ Gaul/ Schilken, §71 vor I, §73 vor I.

れている現実的問題を取り上げようと思う。私はその際にZPOの構造にしたがい、代替的作為（後出Ⅰ）および不代替的作為（後出Ⅱ）さらには不作為執行の問題（後出Ⅲ）、最後に意思表示の付与を行うための執行における特殊性を論じるものである（後出Ⅳ）。

## Ⅰ　債権者の代替的作為の実行のためにZPO887条によりなされる執行

　ZPO887条1項において、法律は、債務者の代替的作為それ自体を以下のように規定している。すなわち「第三者によりその実行がなされうる」と。そのような事例であるか否かは、一方では債権者の側から、他方では債務者の側からという2つの観点から定まる[7]。作為（Handlung）の経済的意味は債権者の観点からみると、債務者が自らそれをなすことを必要とするものであってはならないし、逆に作為は債務者の観点からも第三者によってなされうるものでなければならない。しかしその場合、義務づけられた給付の結果の実現に関する債権者の利益が重要なのであるから、第三者による代替的実行が債務者自身の行為よりも債務者にとりより高価であることは、当該行為の代替性を否定するものではない[8]。債務者はこのより高いコストを義務ある行為がその以前に自ら適時になすべきことを決断することによって簡単に免れることになる。そのほか、かような解決は、——例えば、BGB633条2項による請負契約における製造上の欠陥（Herstellungsmangel）の排除におけるように——重要な領域で一定の要件の下に債権者の依頼した第三者によって代替的実行が予定されているときは、実体民法に従うものである。したがってドイツの判例は、債権者の優先する利益を尊重して、個別的事例を判断している点、そして疑いのある場合には、直接強制が欠けているがゆえに、〔代替執行という〕債務者により負担の少ない執行をZPO887条により選択している点は正当である。

---

[7] MünchKommZPO/ Schilken, 3. Aufl. 2001, § 887 RdNr. 5; Rosenberg/ Gaul/ Schilken, § 71 I 1, jeweils mit weiteren Nachweisen.

[8] S. bereits RGZ 55, 57, 59; MünchKommZPO/ Schilken, § 887 RdNr. 5 mit witeren Nachweisen.

## 1　代替的作為と不代替的作為の区別に関する具体例

　この区別の具体的事例として、代替的作為の下に、請負契約又は雇用契約上のメカニックな労務提供のすべてが入る。例えば実際には別の職人による代替的実行の方法によって行われうる建物の建築、収去、修理作業がこれである。

　労務の給付（Arbeitsleistungen）又はより高度な役務の提供（Leistung höherer Dienste）が義務の内容である場合、一部で以下の見解が主張されている。すなわち、それらはZPO888条の意味における不代替的作為にあたり[9]、その理由はそれらが厳格に人格的な（persönlich）ものであり、執行が被用者又は役務提供者の人格を侵害するからであるとされる。この種の〔義務を内容とする〕判決——特に仮処分も——ZPO888条3項によりそもそも執行可能ではない、と説く。通説[10]がこの見解を否定するのは正当であり、通説は具体的事例について債務の内容である作為の執行可能性を検討している。事実、一般的に執行を禁止することは法の認めるところではない。というのは、ZPO888条3項は、役務および労働の給付（Dienst- und Arbeitsleistung）につき1項の強制執行を排除するが、しかしかかる種類のすべての役務および労働の給付が不代替的であるとはいっていない。しかしながらこの点から役務及び労務の給付の一般的高人格性を導くことはできないし、いわんや執行禁止を導くこともできないし、更にいえば——既述の通り——ZPO887〜888条に関するかぎり債務者の利益を確かに尊重すべきであるが、しかし債権者の利益も重要である場合にそうである〔執行禁止を導くべきではない〕。ZPO887条の代替的実行による執行は（基本法2条における）債務者の人格権に対する回避しえない侵害をも意味するものではない。けだし、この場合——強制金あるいはいわんや強制拘留におけるように——債務者の行為の自由を侵害するものではなく、単に費用の支払を求められたにすぎないものだからである。

---

[9] So seit langem überwiegend die arbeitsgerichtliche Rechtsprechung, s. etwa LAG Düsseldorf BB 1958, 82; LAG Frankfurt BB 1961, 678; LAG Baden Württemberg AP Nr. 5 zu §611 BGB; zustimmend Wenzel, JZ 1962, 590.
[10] S. nur G. Lüke, Festschrift für Ernst Wolf, 1985, S.461 ff.; MünchKommZPO/ Schilken, §887 RdNr. 7; Stein/ Jonas/ Brehm, ZPO, 21. Aufl. 1995, §888 RdNr. 39 ff. mit zahlreichen Nachweisen.

ZPO887条が情報提供（Auskunftserteilung）及び計算の提出（Rechnungslegung）の事件に適用されるか否かも今日的事例として争われている。たしかにこの種の義務の履行は、債務者自身の協力なしには原則として不可能であるから、その原則的事例は強制金又は強制拘留によってのみ実現可能な ZPO888 条の意味における不代替的行為なのである[11]。〔上記の事例でも〕例外的に債務者自身の協力が必要とされない場合に、ZPO887 条の意味における代替的行為がなされうるのである。帳簿の抄本（Buchauszug）の交付（例えば帳簿の鑑定人（Buchsachverständigen）による代替的交付という方法による（im Wege der Ersatzvornahme zum Beispiel durch einer Buchsachverständigen）[12]）、貸借対照表の作成（Erstellung einer Bilanz）[13]あるいは手数料計算書の作成（Provisionsabrechnung）[14]（例えば会計士あるいはその他の鑑定人によるそれ）がそれである。しかし、この点は常に個別事例毎に判断すべきものと考えるのが正しい。その判断にあたって基準となるのは、債務者の補助が不要か否かという点である。極く最近あった別の事例としては、住居所有共同体の管理人の年間計算書（Jahresabrechnung des Verwalters einer Wohnungseigentümer-gemeinschaft）の作成がある。それは、半分以上代替的行為であるが[15]、しかし部分的には不代替的行為である[16]とされる。それは事業年度内に発生した支出（die im Geschäftsjahre angefallenen Kosten）について必要とされるべき書類に基づいて、管理人以外の鑑定人でもなしうる作業なのである。したがって、ZPO887 条による代替行為が可能な作業なのである。与えられた計算の正当性の保証を命じる判決をいかに執行すべきかという問題は、──ZPO888 条（Verurteilung auf Versicherung der Richtigkeit einer erhalten Rechnung）による──厳格にこ

---

11) MünchKommZPO/ Schilken §887 RdNr. 7 und §888 RdNr. 4; Rosenberg/ Gaul/ Schilken, §71 I 1 und 2, jeweils mit umfangreichen Nachweisen zur Rechtsprechung, aus neuerer Zeit zum Beispiel OLG Frankfurt NJW-RR 1992, 171 und InVo 1997, 274; OLG München NJW-RR 1992, 704; OLG Zweibrücken DGVZ 1998, 9 und InVo 1999, 29; OLG Bremen JZ 2000, 314 mit zustimmender Anmerkung von Walker.
12) S. aus jüngster Zeit etwa OLG Koblenz NJW-RR 1994, 358; OLG Köln JurBüro 1995, 550 und MDR 1995, 1064; OLG Hamm InVo 1999, 32; OLG Nürnberg InVo 1999, 287.
13) S. zum Beispiel OLG Hamm NJW-RR 1994, 489; OLG Zweibrücken DGVZ 1998, 9.
14) S. etwa OLG Köln NJW-RR 1996, 100; OLG Zweibrücken InVo 1999, 29.
15) S. zuletzt OLG Düsseldorf NJW-RR 1999, 1029 mit zahlreichen Nachweisen.
16) So zuletzt OLG Köln InVo 1999, 29 mit umfangreichen Nachweisen.

の点と区別されなければならない。

　最後に近時議論されている点として、すなわちZPO894条の特別規定（後述Ⅳ参照）が、「敗訴判決（Verurteilung）」〔意思表示の付与を命じる判決〕の存しないがゆえに適用されないときに、ZPO887条が意思表示の付与に適用されるか否かという問題がある[17]。特に、一方当事者に、例えば譲渡（Übereignung）の意思表示の付与の義務を負わせる訴訟上の和解が考えられる。私の弟子の一人は[18]あらゆる観点を詳細に評価したうえで以下の結論に達した。すなわち、通説[19]は現行法の構造上ZPO887条の援用を否定し、債権者はZPO888条によるものとする——そして私はこの見解を正当とみるが——旨立証したのである。すなわち、887条は第三者が債務者のためあるいは債務者に対して効果を伴って意思表示をなすべき代理権——Vertretungsmacht（BGB164条）——の発生のための法的基礎を含むものではないのである。

## 2　履行した旨の異議 (Erfüllungseinwand) の主張

　ZPO887条による執行は明文の規定によると、債務者が代替的作為を実行する義務を履行しないことを要件とする。したがって債権者は、執行の申立をなすにあたり、作為義務の不履行を主張しなければならない[20]。他方当然のことながら履行〔を実行したこと〕が、一般的立証規定によれば権利消滅的事実として債務者が証明しなければならないことになる。

　かかる履行した旨の異議を債務者は、ZPO767条の請求異議の訴えを以て、当然主張することができる[21]。債務者がZPO891条によって必要とされる執行申立についての審訊の枠内で履行した旨の異議を述べることによってZPO887

---

17) Für eine zumindest analoge Anwendung des §887 dZPO zuletzt Gerhardt, 50 Jahre Bundesgerichtshof, Festgabe aus der Wissenschaft, 2000, Band III, S. 463 ff., S. 487 f. mit weiteren Nachweisen.
18) Grau, Die Bedeutung der §§894, 895 ZPO für die Vollstreckung von Willenserklärungen, 2001, S. 87 ff.
19) S. nur MünchKommZPO/ Schilken, §887 RdNr. 6 mit umfangreichen Nachweisen; weitere Nachweise bei Grau (Fußnote 18).
20) S. nur MünchKommZPO/ Schilken, §887 RdNr. 8 mit weiteren Nachweisen.

条の執行の不許が明らかになるということも可能である[22]。激しく争われているのは、債務者の提出になる履行した旨の異議は、ZPO887条による執行手続のなかで既に、受訴裁判所の面前で審理すべきか否かという点である。この問題は、ZPO888条の不代替的作為義務の執行についても、更には、またZPO890条による不作為義務の執行についても同様に争われているのである[23]。第1審受訴裁判所（Instanzgericht）の見解は、この点について分かれており、上級地方裁判所のなかでさえ、部によって見解を異にしている。連邦通常裁判所の裁判は、ZPO567条4項により抗告が許されないために期待できない。私は最近私の先生 Gaul 教授記念論文集の論文のなかで、この点を詳細に取り扱った[24]ので、私はここで、極く簡単に以下の点を記述するにとどめたい。すなわち、ZPO887、888および890条の文言及び沿革からみて受訴裁判所における執行手続の対立構造および更には、訴訟経済の観点は、履行した旨の異議を執行手続のなかですでに無制限に審理するための根拠になるということである。

## 3 実行すべき作為の特定表示と費用の予納

債権者が執行の申立てにおいて——裁判所がそれを認容すべき決定のなかで——代替的実行行為を正確に記述しなければならないか、あるいは、債務の内容である作為の結果の表示をもって十分とするのか[25]、という点が争われている。就中、ZPO887条2項による費用の予納——十分な助言を受けた債権者はこの申立てを常になすとされている——との関係で、代替的実行行為の個別化をすでに要求することを求める[26]。すなわち、具体的に表示された行為と関連

---

21) BGH NJW 1993, 1394, 1395 mit wieteren Nachweisen, ständige Rechtsprechung; MünchKommZPO/ Schmidt, §767 RdNr. 11; MünchKommZPO/ Schilen, §887 RdNr. 8; Rosenberg/ Gaul/ Schilken, §71 II vor 1.
22) Allgemeine Meinung, s. etwa OLG Bamberg FamRZ 1993, 581; OLG Nürnberg NJW-RR 1995, 63; MünchKommZPO/ Schilken, §887 RdNr. 8 mit weiteren Nachweisen.
23) S. dazu ausführlich Gerhardt (Fußnote 17), S. 468 ff.; Schilken, Festschrift für Gaul, 1997, S. 667 ff. mit umfangreichen Nachweisen.
24) A.a.O. (Fußnote 23).
25) S. dezu zuletzt Gerhardt (Fußnote 17), S. 466 ff.; MünchKommZPO/ Schilken, §887 RdNr. 11, jeweils mit umfangreichen Nachweisen.
26) So zutreffend Gerhardt (Fußnote 17), S. 468.

させてのみ、受訴裁判所は代替的実行の予見される費用をある程度正確に算定することができるのである。

債務者が求められた費用予納額に異議を申立てたいとき、この異議は、連邦通常裁判所の近時の正当な裁判[27]によれば、執行手続の枠内で主張すべきであるし、必要なときは、ZPO793条の即時抗告によって主張すべきことになる。

## II　ZPO888条による債務者の不代替的作為の実行のための執行

なすべき作為がZPO888条の意味における不代替的作為の実行である場合において、さしあたり立法者が1999年の第二次強制執行法改正法の枠内で、これまでに論争のあった問題[28]、すなわちZPO888条1項の強制手段の戒告が必要か否かという問題を解決したことを指摘しておかなければならない。ZPO888条2項の改正規定によると、強制手段の戒告は許されないのである。立法者によりこの明確な規定によって、事前の戒告は「明らかに排除され」たのであり[29]、その結果、事前の戒告は新法によれば、不適法とみられることになる[30]。これに対し、債務者が例えば計算の提出（Rechnungslegung）にあたり、相当な期間必要とする場合には、作為実行の期間設定は有意義でありうるし、適法である[31]。

ZPO888条の適用領域に関する具体的諸問題は、――ZPO887条の適用範囲および履行した旨の異議という既述の問題を別にすれば、――就中なすべき作為が不可能である旨の異議、ZPO888条3項の適用あるいは類推による執行の排除――この排除は考えうるものである――に関するものであり、更には、このほかZPO894条の意思表示の執行との区別等である。

---

27) BGH NJW 1993, 1394; zustimmend Gerhardt (Fußnote 17), S. 471; Walker, JZ 1994, 990, 999.
28) S. Rosenberg/ Gaul/ Schilken, §71 II 2 mit weiteren Nachweisen.
29) Bundestags-Drucksache 13/341, S. 41.
30) Zutreffend Musielak/ Lackmann, ZPO, 2. Aufl. 2001, §888 RdNr. 14; Zöller/ Stöber, ZPO, 22. Aufl. 2001, RdNr. 16.
31) Bundestags-Drucksache 13/341, S. 41; MünchKommZPO/ Schilken, §888 RdNr. 16 mit weiteren Nachweisen.

## 1　ZPO894条との区別の問題

　意思表示の付与の義務があるが、それを命じる判決がなく、ZPO894条の適用がなされない場合（なお後出Ⅳをみよ）、ZPO888条による執行のみが許されることはすでに指摘したとおりである。そのことは、そこですでに言及した訴訟上の和解の事例において問題になる——そこでは義務づけられた意思表示、例えば譲渡（Übereignung）が、ZPO888条による困難な執行方法を避けるために、より適切にすでに直接になされるのである——。しかし意思表示においてこの種の仮処分が許されると一般に考えられている限り、仮処分においてもまたそうである[32]。この種の仮処分については確定力（Bestandkraft）が欠けているために一部で主張されているZPO894条[33]の適用可能性を否定すべきであるし、その代わりにZPO888条に帰るべきなのである[34]。

　次に特に争われている問題は、虚偽に名誉を侵害すべき主張（Behauptung）の撤回につき存する債務名義のある請求権の強制執行である[35]。この点については、一説によると、ZPO894条の準用が主張され[36]、他説は、ZPO887条による判決の単なる公開（die bloße Veröffentlichung des Urteils）を説き[37]、通説[38]は、ZPO888条1項を援用する。撤回（Widerruf）は表示された主張の内容的真実性に対する内容的態度決定を含むものではなく、判決に基づいて距離をおくこと（Distanziernung）にすぎないのであるから、債権者は、ZPO887条による判決の単なる公開を実行させるのではなく、債務者にZPO888条による不代替的撤回

---

32) S. dazu MünchKommZPO/ Schilken, §894 RdNr. 8 mit weiteren Nachweisen; Schilken, Die Befriedigungsverfügung, 1976, S. 152 ff.
33) So zuletzt noch OLG Köln InVo 1996, 153, 155 mit weiteren Nachweisen.
34) Ausführlich und überzeugend Grau (Fußnote 18), S. 534 ff.
35) S. dazu zuletzt Gerhardt (Fußnote 17), S. 485 ff.; MünchKommZPO/ Schilken, §888 RdNr. 5 jeweils mit zahlreichen Nachweisen.
36) So in neuerer Zeit noch OLG Hamm OLGZ 1992, 64, 66 ff.; Baur/ Stürner, Zwangsvollstreckungs-, Konkurs-und Vergleichsrecht, Band I, 12. Aufl 1995, RdNr. 41. 4; Zöller/ Stöber, §894 RdNr. 2.
37) Zuletzt Stein/ Jonas/ Brehm, §888 FdNr. 5 f.
38) S. zunächst die Nachweise in Fußonte 35; ferner zuletzt OLG Zweibrücken NJW 1991, 304; OLG Köln MDR 1992, 184; OLG Frankfurt JurBüro 1993, 749 und MDR 1998, 986; Jauernig, Zwangsvollstreckungs- und Insolvenzrecht, 21. Aufl. 1999, §27 III 1 sowie die restliche Lehrbuch- und Kommentarliteratur.

作為の執行を受けさせうる。ZPO894条の類推適用は〔類推適用に〕必要とされる法の欠缺がない〔ので許されない〕。債務者の積極的作為なしにする撤回の単なる擬制は、債権者の正当な利益を十分に尊重しないことになるといえよう[39]。

## 2 不代替的作為の実行の不可能性

実務上重要な論争問題（Streitkomplex）は、ZPO888条に関して、債務者が不代替的作為をそもそもなすべき状況に（今なお）なければならないという点から生じてくる[40]。同条はこの要件を作為はもっぱら債務者の意思にかかるものでなければならないという形で明規しているのである[41]。したがって、いずれにしても888条による執行は債務者の作為が第三者の協力にかかり、且つ第三者の協力が排除されていることがすでに確定しているときには不可能である。この問題は近時の判例において、就中、特に供給者（Lieferanten）と取引先（Kunden）に依存している取引営業（Geschäftsbetrieb）の実施義務との関連で議論されている[42]。第三者の協力が確保されているときは、ZPO888条によって執行がなされうる。更にいえば、いずれにしても債務者は、第三者の協力をうるべく自らに帰属する事実上及び法律上の可能性のすべてを尽くさなければならない[43]。

しかしながら債務者による作為の実行の不可能性が債務者自身に由来することもありうる。作為の客観的不可能性という全状況（sämtliche Situation）がこれに含まれる。しかし、継続的個人的（eine dauernde und subjektive Situation）〔subjektivとは債務者の個人的事情をいう〕不可能性もこれに含まれる[44]。それ自体ZPO888条について、執行すべき情報提供義務も重要な実務上の適用事例である。しか

---

39) So überzeugend bereits Ritter, ZZP 84 (1971), 163, 173 f. De lege ferenda ist der Vorschlag von Leipold, ZZP 84 (1971), 150 überlegenswert, in solchen Fällen statt des vollstreckbaren Widerrufsurteils ein Feststellungsurteil entsprechend §256 dZPO mit Bekanntmachungsbefugnis des Gläubigers vorzusehen.
40) S. dazu zuletzt Gerhardt (Fußnote 17), S. 471 f.
41) Dazu und zum Folgenden ausführlich MünchKommZPO/ Schilken, §888 RdNr. 7 f.
42) S. etwa OLG Celle NJW-RR 1996, 585; OLG Düsseldorf InVo 1997, 245; OLG Naumburg NJW-RR 1998, 873; vgl. auch OLG Zweibrücken NJW-RR 1998, 1767.
43) Vgl. zuletzt etwa KG InVo 1998, 108, 110; OLG Zweibrücken NJW-RR 1998, 1767; ausführlich bereits Schilken, JR 1976, 320, 321.

しながら不可能性はもっぱら債務者個人による給付にあたり、その実行に特別な能力の適用を必要とし、したがって彼の意思のみにかかるものではないことから生じることがありうる。すなわち、ことに請負契約の範囲で特に芸術的又は学問的給付が問題になる[45]場合がそれである。この種の場合、債務者に故意過失（Vertereten müssen-Verschulden-）〔BGB276条1項1文参照〕は無用とみるのが正しく、〔故意・過失は〕ZPO893条との関連でBGB280条および325条の損害賠償請求権の枠内ではじめて意義を有するものである[46]。したがって、ZPO888条の範囲で重大な主観的〔個人的〕不可能性（beachtliche subjektive Unmöglichkeit）は債務者が不代替的作為の実行について必要な費用を払えないことからも生じる〔故意・過失は問題にならない〕。その場合、当然のことながら考えうる措置、例えば与信を受ける（Kreditaufnahme）あるいは、債権者による予納金の受領（Annahme eines Vorschusses des Gläubigers）がなされなければならない[47]。

履行した旨の異議について既に述べたのと同様に不可能性の異議もまたZPO767条の請求異議の訴えによるのみならず、ZPO888条による執行手続の範囲内でも主張しうるとするのが正しい[48]。

最後に言及するが、不代替的作為の実行の可能性あるいは不可能性に関する証明責任の分配が問われる。債務者が作為の立証を請求されたときは、債務者は実体法上原始的不能にあっては権利障害的異議を、事後的不能にあっては権利消滅的異議を立証しなければならない。しかしながらZPO888条は、作為の可能性を債務者の意思にもっぱら依存させるという既述のメルクマールを執行

---

44) S. etwa OLG Frankfurt NJW-RR 1992, 171, 172; OLG Köln JurBüro 1994, 613 und OLG Bamberg InVo 1999, 219; OLG Hamm InVo 1998, 54; OLG Celle MDR 1998, 923; MünchKommZPO/ Schilken, §888 RdNr. 7 mit weiteren Nachweisen.
45) MünchKommZPO/ Schilken, §888 RdNr. 7 mit Nachweisen. Der gelegentlich vertretenen entsprechenden Anwendung des §888 Abs. 3 dZPO zur Begründung des Vollstreckungsausschlusses bedarf es in solchen Fällen deshalb nicht.
46) S. MünchKommZPO/ Schilken, §888 RdNr. 7 mit weiteren Nachweisen, auch zur im Schrifttum vertretenen Gegenansicht.
47) MünchKommZPO/ Schilken, §888 RdNr. 7 mit zahlreichen Nachweisen.
48) S. aus neuerer Zeit OLG Hamm WuM 1996, 568, 569; OLG Düsseldorf FamRZ 1997, 830; OLG Hamm FamRZ 1997, 1094, 1095; OLG Celle MDR 1998, 923, 924; Gerhardt (Fußnote 17), S. 471 f.; MünchKommZPO/ Schilken, §888 RdNr. 7, jeweils mit weiteren Nachweisen.

の要件にまで高めたのであるから、執行に関する今日の通説は債権者の証明責任から出発する[49]〔「作為が専ら債務者の意思に依存する」というのは、作為の原則的可能性を意味するので、執行手続内ではそれを要件とする以上債権者が執行の可能性につき証明責任を負う〕。債権者はたしかに、殆どの場合債務者の領域に存する不可能性を理由付ける事実について正確な認識をもっていないのであるから、債務者がZPO888条による手続において不可能性に関して特別な説明責任を負うとすることは合理的である[50]。すなわち、債務者こそが債務としての作為の実行の不可能性のよって来る事実を理由付ける、且つ債権者に対して跡づけるように説明しなければならないのである。

## 3 ZPO888条3項による強制執行の排除

　ZPO887条における制限との関係で既に説明したZPO888条3項（前掲Ⅰ1をみよ）は、一定の例外的事例、特に（高度の種類の）不代替的労務提供について執行を排除している。この背景にある法的見解は、かかる場合、強制執行は、労務提供義務者の人格権に対して不当な侵害になるという点である[51]。過去においてこの法的見解は、折にふれて判例によりZPO888条3項の類推適用のために援用された。例えば宗教的作為（eine religiöse Handlung）の実行義務[52]、更にはBGB2303条によって規定された遺留分請求権（Pflichtteilsanspruch）は別にして、相続契約を締結する義務[53]がこれである。ZPO888条3項の類推適用をめぐる具体的争いは、子供に対し父とみられるべき人に関する情報を与えるべき旨の母に対する子供の請求権がZPO888条によって執行できるか否かという問題である。一部の見解によると、かかる情報請求権の執行については、

---

49) In der Rechtsprechung zuletzt OLG Stuttgart OLGZ 1990, 354, 355; OLG Köln InVo 1996, 107; s. ferner Gerhardt (Fußnote 17), S. 472; MünchKommZPO/ Schilken, §888 RdNr. 8 mit weiteren Nachweisen.
50) S. etwa OLG Hamm NJW-RR 1988, 1087, 1088; OLG Köln InVo 1996, 107; zum Schrifttum s. die Nachweise in Fußnote 49 sowie bereits Schilken, JR 1976, 320, 322.
51) MünchKommZPO/ Schilken, §888 RdNr. 10; Stein/ Jonas/ Brehm, §888 RdNr. 41; Walker, JZ 2000, 316.
52) OLG Köln MDR 1973, 768 unter Berufung auf Art. 4 GG (Freiheit des religiösen Bekenntnisses).
53) OLG Frankfurt Rpfleger 1980, 117 unter Berufung auf Art. 14 GG (Schutz der Testierfreiheit).

ZPO888条3項の類推適用により否定されている。そしてその理由は、それを認めることが、基本法2条1項によって保護されている母親の一般的人格権、特にそのプライバシー（Intimsphäre）の尊重を求める権利に対する不適法な侵害にあたる点に求められている[54]。この点について基本法2条並びに基本法6条5項の双方によって保護された子の権利、すなわち血縁上の父を知る権利と母親の人格権との間で憲法上要求される衡量は判決手続においてなされなければならないとの議論がなされている[55]のは正当である。そこでは基本権の配慮は子の利益においてなされ、母親はしかるがゆえに情報を与えるべき旨の判決を受けるのであって、この判決がZPO888条3項を類推して執行を排除することによって無為に帰せられることは許されないのである。

## III ZPO890条による不作為および受忍の強制執行

ZPO892条に関するある行為の受忍の強制にあたり、債務者の抵抗が力（Gewalt）によって排除されるという最も効果的で直接的な履行強制が行われなければならないことは冒頭で指摘したとおりである。これに対してここで詳細に検討された純粋な不作為執行において、法律は、単なる間接的強制[56]の方法を選択した。すなわち債務者が違反後にはじめて事前に戒告されていた秩序措置――秩序金（Ordnungsgeld）あるいは秩序拘禁（Ordnungshaft）――の一つを命じられるのである。

### 1 作為執行と不作為執行の区別

旧くからあるがしかし常に具体的な争点は、作為命令と不作為命令の区別、すなわち、一方ではZPO887条888条による執行、他方ではZPO890条による執行の区別の問題である[57]。この点の論争が、特に重要なのは侵害の原因（die Quelle der Beeinträchtigung）――例えば公害状態――が既に存在し、その侵害の拡

---

54) So LG Münster NJW 1999, 3787 mit weiteren Nachweisen.
55) OLG Bremen JZ 2000, 314 mit zustimmender Anmerkung von Walker; MünchKommZPO/ Schilken, § 888 RdNr. 10 Fußnote 55; Zöller/ Stöber, § 888 RdNr. 17.
56) Gerhardt (Fußnote 17), S. 473.

大の恐れがあるような場合である。このような場合、債権者は実体法上、排除の債務名義（Beseitigungstitel）（BGB1004 条 1 項 1 文参照）を得ることができるし、不作為の債務名義（BGB1004 条 1 項 2 文参照）を得ることもできる。内容的に対応する 2 つの債務名義が存するとき、ZPO887 条以下による排除と、ZPO890 条による不作為執行ができる。しかし見解が対立するのは、不作為名義のみがある場合の執行の方法は争われている。判例通説は以下のように説いている。すなわち、債権者はこの場合 890 条によって〔間接強制の〕執行をなすべきであって、同条の執行と並んで、あるいはそれに代わって ZPO887 条以下によって執行しうるものではないとしており、これは正当である[58]。種類を異にするが内容的に対応する債務名義化された訴訟上の複数請求に与えられる（ankunüpfen）複数の執行方法は恣意的に混合しうるものではないし、この手続段階において債権者に選択権を認める余地はない。そのような余地を認める実務上の必要もない。第一に既述のとおり債権者は、上記の場合、付加的に排除名義をえることができるし、第二に、不作為義務は、単なる不作為（Nichtstun）のみならず、それに先だって生ぜしめられた違反状態（Störnmgszustand）の排除という作為の実行をも含む――さもなくば不作為命令が履行されないとき――ことがある[59]のである。そのことは、かような場合、不作為名義に基づいて、当然 ZPO890 条の方法によって、違反の原因の排除（Störunmgsquelle）も強制されうることを意味している。

## 2　不作為命令の特定性

不作為命令は、判決手続に適用される諸原則にしたがって、すでに、それぞれの債務名義のなかで（ZPO253 条 2 項 2 号参照）特定され且つ一義的に表示されている。しかしながら、その場合判決理由は、解釈のために援用されうる。こ

---

57) S. dazu Gerhardt (Fußnote 17), S. 475 ff.; MünchKommZPO/ Schilken, §890 RdNr. 3 f.; Stein/ Jonas/ Brehm, §890 RdNr. 5 f., jeweils mit umfangreichen Nachweisen.

58) S. etwa BGHZ 120, 73, 76 f.; OLG Köln MDR 1995, 95; Gerhardt und Schilken (Fußnote 57) mit zahlreichen weiteren Nachweisen. - Anders insbesondere Brehm (Fußnote 57) und bereits ZZP 89 (1976). 192.

59) BGH a.a.O. (Fußnote 58); Rosenberg/ Gaul/ Schilken, §73 I.

の点に関しては、いわゆる「中核理論」(Kerntheorie) が形成されており、維持されている。同理論によると、債務名義に表示された不作為命令は、不作為義務の中核 (Kern) を侵害するすべての違反を内に含むことになるのである[60]。たしかに判例は繰返して正確な限界づけ (Abgrenzung) をしているが、中核理論について、債務者に乱用的な回避を可能にすることなく、特定性の要件を計算した実質に適った解決が発見されることが広く認められている。

### 3　秩序処分 (Ordnungsmaßnahme) の法的性質とその帰結

　秩序処分の法的性質については古典的論争が今日まで続いている[61]。既になされた違反行為にそれが課せられるのであるから、秩序手段 (Ordnungsmittel)〔秩序金あるいは秩序拘留〕の抑止的性質 (ein repressiver Charakter) が前面に出る。しかしあるいはなされうるかもしれない事後の違反行為との関係では抑止的要素 (ein Element der Prävention) をも含むといわなければならない。しかし予防的効果 (Beugeeffekt) は第一に ZPO890 条 2 項による秩序手段という不可欠の戒告において示されているのである[62]。そこでその限りにおいて今日なお通説である見解[63]、すなわち ZPO890 条の秩序拘留は、刑事罰又は秩序罰と同様に行刑規則によって執行すべきであるとの刑法的考察方法との明確な区別が当然に成立つのである。いずれにせよ、義務の内容たる不作為が強制されるべきことになるのであるから、強制執行法への組込み (Einordnung) は、ZPO888 条 1 項 3 文が強制拘留について明示的に規定しているのと同様に秩序拘留を ZPO904 条以下の民訴法上の拘禁規定によって債権者の費用によってなさしめることの根拠になる[64]。他面 ZPO890 条の秩序処分の第一次的抑止的性質は債務者個人の責任

---

60) RGZ 147, 27, 31; BGHZ 5, 189, 193; 126, 287, 296 und ständige Rechtsprechung; Gerhardt (Fußnote 17), S. 477 f.; MünchKommZPO/ Schilken, §890 RdNr. 7 jeweils mit zahlreichen weiteren Nachweisen.
61) S. dazu übersichtlich Gerhardt (Fußnote 17), S. 478 ff.
62) S. nur MünchKommZPO/ Schilken, §888 RdNr. 21; Rosenberg/ Gaul/ Schilken, §73 III, jeweils mit umfangreichen Nachweisen.
63) S. etwa Jauernig, §27 IV; Stein/ Jonas/ Brehm, §890 RdNr. 3 mit weiteren Nachweisen.
64) OLG München Rpfleger 1988, 540; MünchKommZPO/ Schilken, §890 RdNr. 24; Rosenberg / Gaul/ Schilken, §73 II 4; jetzt anch Gerhardt (Fußnote 17), S. 480.

(故意・過失) を必要とする[65][66]。

それと関連する具体的でなお未解決の問題は、不作為命令に債務者が繰返し違反する場合の判断である。債務者の同種の違反行為が繰返されたとき、これ迄、多くの場合1箇の秩序処分による包括的「処罰」(eine zusammenfassende Bestrafung) が行われた。刑法上展開された法概念である、いわゆる継続的関係 (Forsetzungszusammenhang) に類似したものである。しかしながら、1994年連邦通常裁判所の刑事大法廷 (der grosse Strafsenat) は[67]、刑法上この法概念を否定し、その結果、ZPO890条による執行について複数の同種の違反が継続的違反行為の状態にあるとき、1つの制裁のみを以て包括的に対応することが許されるか否かが争われることになった[68]。ZPO890条の秩序手段の抑止的且つ予防的な法的性質を顧慮して、回数、違反程度、責任形式 (Verschuldensform) を考慮して全体像 (Gesamtschau) が制裁を受けるべきであろう。違反を繰返したとき、当初より継続全体を考えることによって、債務者が優遇されることがあってはならない。そうでないと頑固な債務者に有利になり、執行の目的すなわち、不作為命令の目的、すなわち不作為命令の継続的貫徹は否定されることになる。

以下の疑問に答えることも秩序処分の法的性質と関係している。すなわち、不作為名義か違反行為のあった後に取消されたか、あるいは将来に向けて効力を失った場合に、ZPO890条の秩序手段がなお存続せしめられうるかという問題である[69]。名義の遡って (ex tunc) の取消と将来へ (ex nunc) の取消を区別する今日なお通説である見解に従うのが正しい。執行名義が遡及的に排除されるとすれば、〔秩序手段を〕課すことも、すでに課せられた秩序手段の執行も排除されなければならない。けだし、それらは執行の目的に適合しないからである。

---

65) Heute ganz herrschende Meinung, s. etwa BverfGE 58, 159, 162 f.; BGH NJW 1994, 45, 46; BayObLG NJW-RR 1995, 1040; Gerhardt (Fußnote 17), S. 480 f.; MünchKommZPO/ Schilken, § 890 RdNr. 9 mit zahlreichen Nachweisen.
66) S. dazu ausführlich Gerhardt (Fußnote 17), S. 481 ff. mit umfangreichen Nachweisen.
67) BGH NJW 1994, 1663.
68) Bejahend zum Beispiel OLG Frankfurt NJW 1995, 2567; OLG Celle NJW-RR 1996, 902, 903; KG InVo 1997, 110 und 1998, 166; Gerhardt (Fußnote 17), S. 481 ff. mit weiteren Nachweisen. - Verneinend OLG Nürnberg NJW-RR 1999, 723; OLG Oldenburg WRP 1996, 169; MünchKommZPO/ Schilken, § 890 RdNr. 11 mit weiteren Nachweisen.
69) S. dazu MünchKommZPO/ Schilken, § 890 RdNr. 15 mit umfangreichen Nachweisen.

すなわち、抑止（Repression）も予防（Prävention）〔抑止は秩序手段のもつ一般的抑止、予防は秩序手段が課された後、将来に向けての抑止〕も、債務名義の遡及的取消によって、その基礎を失うことになるのである。これに反して例えば本案の終結宣言等により将来に向けて債務名義が失効する場合、それ以前の違反行為のゆえに秩序手段を課すること、およびその執行は可能にとどまる。けだし、債権者について過去につき成立すべきであるが、しかし債務者により失わせしめられた満足に関して、優先的（vorrangig）抑止効果は続いているからである[70]。

## Ⅳ　ZPO894条による意思表示の付与を得るための執行

債務者が意思表示の付与を命じる判決を受けたとき、ZPO894条1項1文によるこの意思表示は、当該判決につき確定力が発生したときに当該意思表示はなされたものとされる。ここでいう意思表示には、それが実体法的性質をもつか手続法的性質をもつかは別にしてすべての種類の法律行為上の表示（rechtsgeschäftliche Erklärungen）が含まれる[71]。これに対して撤回の表示（Widerrufserklärung）は、――既述のとおり（前出Ⅱ1）――ここに含まれない。ZPO894条は、意思表示のすべての判決ではなく終局的且つ形式的に確定した判決を対象としている[72]ので、判決のほか確定決定（rechtskräftige Beschlüsse）も含むが、訴訟上の和解や仮処分はこの擬制的効果をもたない。同じ問題は、すでに前掲箇所（Ⅰ1およびⅡ1）において、これらの場合に関連する一般的作為執行との関係において取り扱われた。たとえそれが意思表示の付与の義務を含むものであっても、執行証書もまたZPO894条の擬制的効果をもちえない[73]。強制執行法改正第二次法によるZPO794条1項5号の新規定はそれを明示的に排除している。したがってそこではZPO888条の執行がなされることになる。

他面、ZPO894条の特別規定はその適用領域の枠内でZPO887条888条によ

---

70) S. aus neuerer Zeit etwa OLG Nürnberg WRP 1996, 79; KG InVo 1999, 91; OLG Koblenz InVo 1999, 123.
71) Gerhardt (Fußnote 17), S. 484; MünchKommZPO/ Schilken, §894 RdNr. 3 mit Nachweisen.
72) Grau (Fußnote 18), S. 397 ff., S. 499 ff.
73) MünchKommZPO/ Schilken, §894 RdNr. 10.

る執行を排除する[74]。特にそのことは——ここではこれ以上取り扱わないZPO895条の土地法に関する特殊事例を別にすれば——債務名義に示された意思表示にあっては、例えばZPO887条888条による仮執行の可能性はなく、確定力の発生が待たれなければならないということから明らかである[75]。

## V 結論

私はこの原稿の中でZPOによる作為・不作為執行における各種の問題の一部について取り扱うことができたにすぎない。しかし私は読者に最も重要で最も具体的な問題について、概略的な情報提供をすることができたことは確かである。

**訳者付記 1**

1　原文の訳のみでは意味が理解しにくいところでは〔　〕による説明を加えた。
2　本稿は、2001年5月18日、慶應義塾大学において、手続法研究所の主催により開催されたボン大学法学部 Eberhard Schilken 教授のセミナーの報告原稿の翻訳である。Schilken 教授のプロフィールは法学研究73巻9号（2000年）98頁以下に掲載されているので参照されたい。短い滞日期間であるにもかかわらず、このセミナーを開催された同教授に深い感謝の意を表するものである。原稿は"Aktuelle Probleme der Handlungs- und Unterlassungsvollstreckung nach der dZPO"である。
3　本稿にいわゆる「中核理論（Kerntheorie）」については、以下の文献を参照されたい。
　（1）　上村明広「差止請求訴訟の訴訟物に関する一試論」岡山大学法学会雑誌28巻3・4号（1978年）335頁、同「差止請求訴訟の機能」新堂幸司編『講座民事訴訟第2巻』（弘文堂、1984年）273頁
　（2）　野村秀敏「債権名義における不作為命令の対象の特定（1〜4）」判タ559号11頁、560号15頁、562号20頁、565号30頁

---

74) Gerhardt (Fußnote 17), S. 484 f.; MünchKomm-ZPO/ Schilken, §894 RdNr. 1.
75) Grau (Fußnote 18), S. 461 ff.

4　本文中に引用されているドイツ民事訴訟法（ZPO）の条文は以下のとおりである。
　　887条　代替的作為義務の執行
　　888条　不代替的作為義務の執行
　　890条　不作為義務・受忍義務の執行
　　894条　意思表示義務の執行


### 訳者付記　2

報告終了後以下の質疑があった。ここに収録しておく。
1　質問者　訳者　石川明
　問1　たとえば既判力のない訴訟上の和解で一方当事者に意思表示をなす義務を課したとき、その履行はZPO894条によるのではなく888条によるべきであるとする通説に賛成であるか。
　答　通説に賛成である。ZPO894条は明らかに確定力のある判決を対象としている。訴訟上の和解には確定力がない。したがって888条によってのみ執行ができる。887条の代替的作為は当該作為〔意思表示〕について代理権をもつ代理人はそれをなしうることになる（BGB164条参照）。さに非ざる通常の場合有能な弁護士は訴訟上の和解の和解条項としてかかる意思表示の作為義務ではなく、意思表示があったことを定める。
　問2　名誉侵害行為の撤回に関して888条を適用しようとする。この点は理解できる。これに対して894条適用の余地はないか。あるいは887条適用の余地はないか。
　答　不真実且名誉毀損的行為の撤回にあたり、ZPO894条は適用されない。けだし894条の意味の意思表示は問題になっていないからである。887条の適用は問題にならない。債権者は撤回請求権は名誉侵害者自身によってのみ満足せしめられるものだからである。888条の適用が通説であるが異論がないわけではない。
　問3　Schilken教授は不代替的作為の実行の可否に関する証明責任の分配について通説に従うと理解してよいか。
　答　Schilken見解はおそらくドイツの通説といえよう。債権者は代替的作為の実行の可能性について証明責任を負う。これに対して債務者は不可能の原因たる事実の主張責任（Behauptungslast）を負う。というのは、債務者は通常不可能の原因たる事実を債権者以上に承知しているからである。しかし債権者は不可能でない

ことの証明責任を負うと考えるべきである。

問6　意思表示の付与を命じる判決の執行について888条を適用して執行する可能性も考えられないか。

答　ZPO894条は意思表示の付与すなわち代替的作為を命じる判決の執行に関する特別規定である。それは888条の特別規定である。

## 2　質問者　栂善夫（早稲田大学教授）

問1　作為の代替性の有無について、債権者が第三者の作意をもって満足するのであれば、代替性ありとしてよいのではないか。

答　賛成である。作為の代替性については就中債権者の利益を基準とする。この点について、報告でも、私も、債権者にとって第三者による実行をもって満足できるのであれば作為は代替的であると説明している。

問2　代替的作為義務の場合は代替執行、不代替的作為義務の場合は間接執行というのが通説であるが、代替的作為義務についても間接強制が許されるという見解もある。この見解についてどう考えられるか。

答　この見解に賛成である。それ自体代替的であり、ZPO887条による代替的実行によって執行すべき作為にあっては、原則としてZPO888条による執行である強制金または強制拘留すなわち間接強制によることもできる。——日本の民執法172条とは異なり——887条による執行または888条による執行を選択することができる。例えばOLG Köln BB 1981, 393; Münch Komm ZPO/ Schilken, §885 RdNr. 5がある。しかしかような考え方は争われている。

## 3　質問者　大濱しのぶ（大月市立大月短期大学助教授）

問1　ドイツでは間接強制金は国庫に帰属するが、フランスのアストラントは債権者に帰属する（日本の間接強制金も同様）。フランス法の立場には必ずしも反対されないというお答えであったが、フランスでは、債権者が不当に利するのを回避できるから、アストラントを国庫に帰属させる方がよいとする有力な主張がある。この点も踏まえたうえで、間接強制金の帰属に関し、ドイツ法の立場とフランス法の立場と、いずれがよいとお考えか。（また、関連して、とくに伺いたい点として）間接強制金が国庫に帰属する場合と、債権者に帰属する場合とでは、間接強制の実効性に違いが生じるとお考えになるか（Storme試案では、間接強制金が債権者に帰属する場合の方が、実効性が高まると考えられているようであるが、どうお考えになるか）。

答　アストラントおよび大濱助教授の質問に対して、私はStorme委員会の草案

に関する講演のなかで詳細に私見を述べた。私はドイツ民訴雑法—ZZP— 109 号（1996 年）掲載の私の論文の中の該当箇所である 334 頁以下、特に 335 〜 336 頁を参照されたい。私見は就中 335 頁の下欄および 336 頁の説明から明らかになる。総体的にいうと、アストラントは不代替的作為の執行にあっては（そしてその場合に限って！）なるほど論ずべき価値があると思うが、しかし、アストラントが執行をより効果的にするか否かは疑問に思う。大濱助教授にはこの点に関して Remien, Rechtsverwirklichung durch Zwangsgeld, 1992 および Treibmann, Die Vollstreckung von Handlungen und Unterlassungen im europäischen Zivilrechtsverkehr, 1994 の詳細な説明を読むことを薦める。

　問2　ドイツ法は、1 つの債務（請求権）について 1 つの執行方法しか認めず、執行方法の選択を許さないことを前提としているが、（法文がそのように定めていることは別として）その実質的な根拠をどのようにお考か（債権者による執行方法の選択を認めた場合に生じる不都合は、具体的には如何なるものとお考えになるか）。〔以下は後に文書により付加された質問〕講演の質疑応答の際に、例外的に、代替的作為と不代替的作為の区別が極めて困難な場合には、債権者が代替執行と間接強制を選択することが許される、と回答されたように記憶している。仮にそのようなお考えであれば一層、執行方法の選択を一般的に認めることは、法文上はともかく、実質的には差支えがないということになるまいか。

　答　ドイツ執行法において執行方法の選択ができない点については複数の理由がある。主たる理由は、ボン基本法にまで遡る。というのは、所有権の侵害を防ぎ、債務者の人格を護るために厳格に定められた法律上の授権が必要とされ、その枠内で執行が行われなければならないとされるからである。ドイツ民訴法の立法者はここで以下の選択をしたのである。すなわち、代替的作為については代替的実行（Ersatzvornahme）、不代替的作為についてはこれに対して強制金あるいは強制拘留による間接強制を課することにしたのである。

　立法者がこれとは別の立法をすること、たとえば代替的作為についても場合によっては選択的に間接強制をも許すということも考えられる。私が既にこの研究会で述べたように、更には栂教授の質問に対する答えの中でも述べたように代替的作為と不代替的作為との区別が困難である場合、通説は現行法の下においてさえ、ZPO887 条と 888 条を選択することを認めているのである。

　問3　ドイツの間接強制は、金銭（罰金）の場合と拘留の場合があるが、拘留については、人格尊重の理念に反するとお考えにならないか。罰金の場合については、どうか。なお、執行方法（間接強制）として拘留を認めることについては、人格尊重の理念に反する虞があるとする学説が、ドイツにも存在するようであるが、

罰金についてはそのような学説が存在するか。また、拘留は実効性があるということであったが、罰金の実効性はどうか。

　**答**　強制拘留は当然のことながら、ボン基本法104条による債務者の自由権的基本権と衝突する。しかしながら、同条によれば自由の制限はZPO888条のごとき手続法に基づいて、裁判官の裁判によって許される。国家の認めた債務名義——それによって債権者がボン基本法14条に保障された権利を与えられる——の実現がなされるのであるから、強制拘留を否定する十分な疑問も存しない。たしかに、強制手段の選択にあたって、比例性原理が尊重されなければならず、そのため通常の場合、第一に強制金による執行を試みるべきであることは認める。

　強制金が基本法違反ではないかとの見解はドイツではみられない。強制金を課すことは当然のことながら、債務者の所有権的基本権を侵すことになるか、国家の認めた債務名義に表示された債権者の請求権の実現のために実行されるものであるから、したがって正当化されるものである。債務者は更に威嚇的強制拘留においてもそうであるのと同様に、自らの義務である不代替的作為を実行し、したがって自発的に債権者の請求権に対し履行を行えば、全く簡単に干渉（Eingriff）を避けることができることを付言しておこう。

　強制金制度の実効性について、私は統計のような確かな資料をもっていない。私のみるかぎり、勿論、実務側——例えばZPO888条による執行には実効性がないと主張する弁護士側——からの書かれた資料はない。債務者に支払能力がなければ当然のことながら強制金は機能しない。

　**問4**　間接強制としての拘留の期間及び罰金の金額は、どのように決定されるのか（決定する基準となるものはあるか。因みに、フランスでは、アストラントの金額を決定する基準として、判例は、債務者の帰責事由の程度（gravité de la faute）及び資力を挙げ、損害賠償額を決定する基準とすることを否定する。なお、法文上は「仮定的アストラントの金額は、命令を宛てられた者の態度及びその者が命令を履行するのに遭遇した困難を考慮して金額が確定される（Loi du 9 juillet 1991, art. 36, al. 1, « Le montant de l'astreinte provisoire est liquidé en tenant compte du comportement de celui à qui l'injonction a été adressée et des difficultés qu'il a rencontrées pour l'executer »）」と定められている）。

　**答**　各強制金はZPO888条1項2文によれば5万ドイツマルクを超えてはならないとされ、強制拘留は同項3文およびZPO913条によると6カ月の期間を超えてはならないとされている。しかしながらこれら2つの強制方法は債務者がそれでもなお履行しないときは、その執行後に改めてこれを課することが許される。

　強制金の額の裁量については、例として、NJW-RR 1992, Heft 11 S. 704のミュンヘン上級地方裁判所の決定およびMDR 2000 S. 229のカールスルーエ上級地方裁判

所の決定を参照されたい。

　**問5**　子に父の情報を与えるべき旨の、母に対する子の請求権の執行に関して、ZPO888条3項の類推適用を否定すべしとされている（報告原稿Ⅱ3）が、ZPO888条3項の類推適用について、一般的に、消極的な立場をとっておられるのか（判決は許されるが執行は許されないというケースは、できるだけ認めるべきではないというお考えか）。

　**問6**　日本の従来の通説は、不作為義務について、違反行為がない限り、不履行が問題にならないから、間接強制を命じることができないと解している。御報告でも、同趣旨の説明があった（報告原稿の序の部分「執行処分は違反行為によってはじめて始まりうるのであり、それ故に、直接に予防的にはなされえないのであり……」）が、同時に、ZPO890条2項による、刑の戒告は、不作為義務の違反がなくとも行いうることに言及されている（「……勿論戒告はなされうる……（ZPO890条2項）」）。この刑の戒告の法的性質については、どのようにお考えか。

　問5、問6については解答がなかった。

### 4　質問者　金炳学（早稲田大学大学院法学研究科博士後期課程）

　**問**　不作為命令の特定に関するKerntheorieには、訴訟物の特定、執行対象の特定などにおいて、不明確な点があるのではないか。この点を、判例・学説はいかにして克服しているのか。Kerntheorieの適用範囲は、不正競争防止法の領域に限られるのか。

　ドイツにおけるImmission関連訴訟では、判決手続においては、具体的防止措置に関して詳細に特定する必要はないとしているが（BGH 1993. 2. 5 JR 1994. 61）、執行手続においては、具体的な防止措置を特定する必要があるのか。債権者側が特定するのが困難な場合は、執行が不可能であるのか。Immission関連訴訟において、作為執行を命じた判例においては、近年、執行段階における、具体的防止措置の特定性に関して、緩和している判例が目立つが（OLG Hamm 1982年9月7日決定 MDR 1983, 850; OLG Hamm 1983年9月23日決定 OLG 1984, 184; NJW 1985, 274; OLG Hamm 1984年3月21日決定 MDR 1984, 591; BauR 1984, 547; OLG Stuttgart 1985年12月4日決定 BauR 1986, 490; OLG Köln 1990年5月2日決定 NJW-RR 1990, 1087; OLG Düsseldorf 1975年12月3日決定 OLGZ 1976, 376; OLG Düsseldorf 1987年6月19日決定 NJW-RR 1992, 768）、887条と888条のどちらに条項によって執行するのが適切であるか。また、890条による不作為執行の際にも特定を緩和する判例がでているのか。

　**答1**　中核理論の正当性は事実今日にいたるまで争われている。けだし債務名義の特定性という憲法上の要請と矛盾するからである。近時P. Backmeierの博士

論文 "Das Minus beim unterlassungsrechtlichen Globalantrag", 2000 が出版され、本書は中核理論を強く批判している。しかし、いずれにしても判例は中核理論を堅持しており、就中不作為の「中核」なる概念をもって、給付判決の本質的限界が十分に画されること、更には執行に要求される実効性もまた憲法上の要請であることが中核理論の根拠となっている。さもなくば、禁止された行為を若干変えさえすれば債務者は不作為命令を無為なものになしうるからである。それはもちろん妥協的解決である。

2 中核理論の適用領域は第一に競争法（Wett bewerbsrecht）の領域である。たとえば、判例によれば中核理論はイミッション法（Immissionsrecht）の領域（たとえばBGHZ 67, 251; 121, 248）において、更には氏名権（Namensrecht）の領域（たとえばBGHZ 124, 173, 175）においても適用される。

3 イミッション法の領域において排除請求権の執行にあたりZPO887条の枠内で排除措置を具体的に示さなければならないか否かという点は激しく争われている（報告原稿Ⅱ3参照）。またたしかに判例上も対立がある。金氏の挙げた諸判例もそのことを示している。しかしおそらく多数説と思われる見解によると債権者はその申立のなかで代替的措置を正確に個別化しなければならないとされる（この点に関する詳細な説明は、本講演原稿注25および26のGerhardt 466頁以下参照）。それを理由づけるものとして、そのようにしてのみZPO887条2項による費用の予納につき代替的措置の費用が算定されうるという事情がある。かような具体的な特定がそもそもなされうるときおよびその限りにおいてのみそれが成り立ちうるのである。

4 3で説明したように排除請求権は基本的にはZPO887条によって執行される。債務者のみが排除をなしうる場合にはZPO888条が適用される。

5 不作為執行における特定性の要請の緩和（Lockerung）は、Schilken教授が取扱った中核理論——判例では認められているものの、学説上は見解が対立している——（報告原稿Ⅲ2）が説明している。

＊ 訳者付記中における質問者の肩書き等については、本論考発表当時ママとしている（編者）。

初出：法学研究74巻9号73頁以下（2001年）

# 第 III 部

## ドイツ民事手続理論と EU 法

## 第9章

# 欧州人権裁判所
―― その改革と国内裁判所の役割

ゲオルク・レス

入稲福　智／訳

## I　欧州人権裁判所の地位

### 1　第11議定書に基づく義務的裁判管轄権

　欧州人権条約付属第11議定書の制定によって、欧州人権裁判所には義務的裁判管轄権（obligatorische Gerichtsbarkeit）が与えられることになった。国際司法・人権保護制度史上、最も壮大なこの試みが長期に亘り効を奏するならば、封建的な裁判制度（Fede- und Grundherrengerichtsbarkeit）を廃止し、近代的な国内裁判制度を導入したことに匹敵する大きな発展にあたると捉えてよいであろう。かつて、ソビエト連邦やすべての東側諸国は、強制的な性質を有さない、任意的な国際司法制度であれ、その導入に否定的であったことを考慮すると、これらの国々（旧ユーゴスラビア連邦構成国を含む20カ国、なお、欧州評議会には、現在45カ国が加盟している[1]）が義務的管轄に同意したことは、国際法上、画期的である。

### 2　（まだ実現されていない）非常設裁判所から常設裁判所への移行

　他方、非常設裁判所から常設裁判所への移行は、法的にも、また、実務的にも、もだ完了していない。現在、審議中の「条約制度」の改正は、このような状況の改善をも目的としているが、法的には、第11議定書に盛り込まれた改

---

[1]　最も新しい加盟国はセルビア・モンテネグロであるが、欧州人権条約はまだ締結していない。

正点（例えば、独自の登録部署〔registry〕[2]の設置）が完全に実行に移されるだけではなく、EC 裁判所をモデルにした司法行政制度や法務書記官・判事補制度が導入され、また、その他の国際裁判所と同じように、裁判所や裁判官の法的地位が規定されるようになれば実現するであろう。他方、実務上の移行手続は、適切な期間内にすべての申立てが処理されるために必要な財政・人的環境が整備されれば完了すると解される[3]。

## 3　裁判所規程の欠缺

　第 11 議定書の採択に際し、締約国は裁判所と裁判官の地位について明定することを見送った。また、同議定書の批准を迅速にするといったもっともな理由に基づき、その他の国際裁判所（国際司法裁判所、国際刑事裁判所、国際海洋法裁判所、EC 裁判所など）が有するような規程（Statut）も制定されていないが、一般に国際裁判所の規程では、裁判所の法人格や、その他の法人ないし機関との関係についてだけではなく、裁判官の地位に関する個々の問題点について定められている。なお、裁判所規程や裁判官の地位に関する詳細な規定は、どの機関によって制定されるべきかといった問題も明らかにされていない。従来の委員会と裁判所が「並存する」年（1999 年）に関し、望ましくない規定が設けられる一方で、例えば、裁判所の法的な定義など、重要事項に関する判断は示されていない。

## 4　人権裁判所は国家共同体の機関にあたるか

　従来の通説によれば、第 11 議定書発効前の段階において、人権裁判所は国際条約（欧州人権条約）に基づき設立された国家共同体の機関にあたる（なお、法人格は有さない）。また、締約国は、欧州評議会の機関（協議総会と閣僚委員会）や組織（事務総長）を、その機能に鑑み、補助機関として扱っている。条約が国際機関によって起草され、その事務総長の下に寄託される場合[4]、このような

---

2)　欧州人権条約 25 条参照。
3)　1998 年 11 月以降、この点が改善されているかどうか疑問である。
4)　人権条約 59 条参照。

捉え方がよくなされる。例えば、国連やその専門機関も同様に解されている。もっとも、このような「雇い入れ」によって、国際条約に基づき設置された機関〔ここでは、人権裁判所を指す〕が国際機関〔欧州評議会〕の機関ないし組織になるわけではない。確かに、人権裁判所が欧州評議会に属するかどうかという点について、異なる捉え方もできるであろうが、法的には明瞭に否定すべきである。それゆえ、人権裁判所の判決は、欧州評議会ではなく、人権条約締約国の判決として捉えるべきである。また、（従来）人権裁判所には法人格が与えられていないため、その判決は、条約違反者に対する全締約国の集団的措置と捉えるべきであろう。

## 5　人権裁判所の地位に関する閣僚委員会の決議（1997年9月10日）

閣僚委員会は、（第600回目の会議において）決議97（9）を採択し、「第11議定書に基づき設置される欧州人権裁判所の判事の地位と職務条件」について定めた。その法的根拠として、委員会は欧州評議会規程16条を挙げているが、同条は、欧州評議会の組織や内部事項に関するあらゆる案件について、拘束力のある決定を下す権限を委員会に与えている。その行使に際し、委員会は協議総会の権限を侵害してはならないが、財政・行政措置の執行に必要な措置を講じることができる。もっとも、これまで、裁判官の地位や職務（労働）条件は、欧州評議会の組織や内部事項に関する案件として扱われてこなかった。また、各締約国が指名する3名の候補者の中から協議総会が裁判官を選出することも、欧州評議会の人事にあたるわけではない。しかし、閣僚委員会は、第11議定書を補充するために[5]「締約国の代表の総体」として（欧州評議会の枠外で）行動したか、または、16条を拡張解釈し、裁判所や判事に関する案件を欧州評議会の「内部事項」として捉えることによって、決議を採択している[6]。従来、

---

[5]　締約国は条約を補充するために行動したと捉えることもできるが、他方、16条が根拠条文として明瞭に指摘されていることは、このような解釈に反する。

[6]　閣僚委員会の権限踰越を否定するためには、第11議定書の中に根拠を見出す必要があろう。確かに、同議定書は「新しい機関」の創設について定めているが、これが欧州評議会とより緊密な関係にあるものかどうか、また、閣僚委員会に新たな決定権を与えるものかどうかは検討を要する。

判事は、欧州評議会の職員として扱われていないが、このことには現在でも変わりがない。それゆえ、裁判所は広義の「内部事項」にあたる、または、閣僚委員会は条約を補充しうる[7]と捉えるにせよ、規定の内容（裁判官の地位）は欧州評議会の法秩序ないし絶対的要請に完全に反している。

## 6 法的問題の原因

このような法的不整合性について、人権裁判所の大法廷（Plenum）は、近時、他の国際法廷と比較すると異常であるとする決議を全会一致にて採択しているが、このような状況は以下の理由による。第11議定書は人権委員会の廃止ないし人権裁判所との統合について定めているが、その採択に際し、締約国は、人権条約制度の経費削減ないし欧州評議会の財政負担軽減を想定していた。もっとも、それと同時に多数の東欧諸国を受け入れることによって、申立件数は少なくとも3倍以上に増加し、裁判所の負担が重くなるであろうことは、関係者間で広く知られていた。つまり、ロシアやウクライナといった「大陸」の欧州評議会加盟を承認するならば、裁判所に及ぼす影響についても対策を講じる必要があったが、締約国は、政治的にもっともな理由に基づき[8]、この問題の解決を先送りした。しかし、それに関連する諸問題は決して度外視されるべきではない[9]。

## 7 裁判官の「特別な地位」――個人的なリスク

締約国は、これまで非常勤とされてきた裁判官に関する規定をまとめ直したに過ぎず、前述した決議1条が定める「特別な地位」（special status）を裁判官に与えていない。かつての人権裁判所は常設の書記局（Sekretariat）を有しており、決定案や判決案の起草、また、最終版の作成は、書記局によって統括されていた。委員会も同様に書記局を持ち、決定の第一草案や最終案または報告書の作

---

[7] その法的根拠として、16条を指摘することはできない。
[8] ロシアの加盟を拒むより、承認するほうが良いとする政治的判断が法律専門家の反対意見を凌駕した。
[9] このような政策の一例として、「フランス、ドイツ、イギリス、ロシアといった欧州評議会の大財政負担国のゼロ成長政策」を挙げることができる。

成にあたっていた。両書記局は欧州評議会の常設機関（組織）であり、裁判官や委員が出廷しない場合であれ、年間を通じて活動していた。また、欧州評議会の条約上、その職員は欧州評議会の常勤職員として位置づけられていた。このように、法的な意味における裁判所は、非常勤の裁判官と欧州評議会の職員で構成されていた（委員会についても同様である）。〔非常勤である〕裁判官や委員には、日当、実費ないし〔本職の〕欠勤手当、また旅費が支給されたが、出廷しないときは、何ら支払われることはなかった。

　このような制度は新しい人権裁判所にも継承されることになったが、これは暫定的な措置とされている（筆者はこの点を評価する）。したがって、まだ確定しているわけではないが、新制度の下、常勤となった裁判官には、現在、月給が支払われている。ただし、病休時には全額支給されるわけではなく、（重度の）疾病により91日以上、欠勤するときは、支払いが完全に停止される。このような取扱いは、従来どおり、報酬は労働に対して包括的に支給されるに過ぎず、全任期中の受給が保障されるわけではないことを示している。裁判官を公務員としてではなく、いわば、自営業者のように扱う制度は、異常ではないにせよ、常設の国際法廷としては異例である。筆者のフランス人同僚の言葉を借りるならば、裁判所は裁判官の健康を前提にしてのみ機能しうる。なお、前掲決議の附属書5条によれば、裁判官は、一時的ないし長期にわたる労働不能、疾病または事故や死亡に対し〔自ら〕備えるものとされている。欧州評議会は、その方法を裁判官に提案しなければならないが、実際に示されたものは、給料の支払停止の危険性を完全にカバーするものではない。欧州評議会によって提案されたのは、1年分の報酬を支払い、その他のあらゆる義務を免除するというものであったが、裁判官が辞職を余儀なくされたり、裁判官の総会が、ある裁判官は職務の遂行に必要な要件を満たすことができなくなったと決定する場合には（人権条約24条参照）、どう対処すべきであろうか[10]。確かに、裁判所の機能維持は重要な問題であるが、他の方法によってこれを確保することもできるであろう。例えば、長期にわたる疾患の後に休職する場合には、人員を補充することもできよう。なお、裁判官の「雇い主」は誰かという点も明らかにされて

---

10) 健康であることが、27条の定める「必要な要件」に該当するかどうかは疑問である。

いない。人事体系上、裁判官は「上官」ではない。また、その懲戒は裁判所自身によってのみ行われる。その採用や法的関係に関し、本来、「パートナー」がいなければならないが、これが「契約のパートナー」であるならば、「契約関係」が存在することになる。

このような不完全な制度の背後には、常設裁判所の経費を非常設裁判所（委員会を含む）の経費と同程度に抑えようとするねらいがある。その他のあらゆる国際法廷とは異なり、また、欧州評議会が社会保障や関連するILO条約について自ら下した決定に反し、欧州理事会の裁判官には社会保障が全く整備されていない。このような状況に鑑み、裁判官はその独立性（出身国からの独立性）が脅かされかねないと捉えている。

なお、裁判官は、裁判所書記局長（Kanzler）による一種の「監視状態」に置かれる（前掲決議附属書3条参照）。つまり、裁判官の出勤・勤務状況は書記局長によって調査され、病休を取る際に必要な書類は同人に提出しなければならない。

## 8　財政的および人事的独立性に関する欠陥

人権裁判所は、財政的にも、また、人事的にも独立性が保障されているわけではない。つまり、財政的には、欧州評議会の「下宿人」であり、事務総局が閣僚委員会に対して行う提案に委ねられている。このような手段を通し、事務総局は裁判所の職務に大きな影響を与えるだけではなく、個々の締約国が裁判所のために提供する特別な給付を欧州評議会に対する拠出金の中に組み入れ、それを自由に使用することができる（少なくとも事務総局はそのように捉えている）。

現行条約25条は、旧制度を改め、裁判所は独自の行政組織（書記局）を有すると定めるが、その人事体系は基本的に修正されていない。つまり、人事採用に関しては、従来どおり、煩雑で、裁判所の職務には不適切な手続（欧州評議会の人事制度）が適用されるが、その決定に裁判官は関与しえない。これに対し、条約の注釈書（rappport explicatif）では、25条2項は、裁判官が法務書記官ないし判事補（référendaires/ legal secretaries/ wissenschaftliche Mitarbeiter）によって補佐されることを可能にするために新たに設けられたとされている。また、法務書記官ないし判事補は裁判官としての地位を有し、人権裁判所裁判官より委託された

公務を遂行するとされている。

〔しかし、この規定に基づき、裁判所独自のスタッフは採用されておらず、〕まず、欧州評議会の臨時職員組織への組み入れを拒んだ法務研修生（Rechtspraktikanten）に対し批判が向けられることになった。現在は、書記局次長の任命に関し、裁判所と事務総長（Generalsekretär）の間に争いがある。確かに、人事に関する裁判所長官の拒否権は行政裁判所によって強化されているが、人権条約25条に関する問題は、基本的に、まだ解決されていない。

裁判所の人事に関し、裁判官は従来どおり部外者である。また、常設の独立組織である書記局（Sekretariat）は裁判官の指示にではなく、書記局長（Kanzler）の指示にのみ服している。確かに、書記局長は裁判官によって選出されるが、その指示にではなく、事務総長（Generalsekretär）の支持に服す（同委員会の見解によれば、法的にもそのように解すべきとされる）。要するに、裁判官と裁判所職員の間に上下関係はないが、このことは、助手が全く異なる意見を有するため、裁判官はその原稿を書き直さなければならないことも少なくないといった状況にも現れている。また、裁判官は独自の秘書を有しないばかりか（3人で共有する）、独自の助手があてがわれていないことも、その「部外者的な」立場を浮き彫りにしている。つまり、裁判官は、秘書や助手といった欧州評議会の職員に囲まれて職務を遂行している。確かに、現在の制度はすべての者の善意によって機能しているが、法的にも、また、実際上の問題としても、恒常的に耐えうるものではない。

## 9　裁判所の独立性に対する脅威

人員に対する支配を通し、欧州評議会の行政機関は、裁判所の職務環境（また、セクション〔Sektion〕の事務局長の非選出など、各セクションの職務遂行方法）に直接、影響を及ぼすことができる。それゆえ、裁判官が自らの独立性に対し、危険性を感じているのはもっともなことである。それに加え、社会保障の欠如も独立性を脅かす要素になりうるが、報酬の支払停止に際しては、出身国に補填を求めるべきとする取り扱いは特に問題である。このような従属性は完全に受け入れがたい。

## 10　免責制度（欧州評議会規程にかかる第6議定書）の誤った適用

　裁判官の独立性は、さらに、外交官の免責・特権制度の適用といった完全に不適切な措置によっても脅かされている。前掲決議2条によれば、裁判官には欧州評議会規程40条および欧州評議会に関する第6議定書の意味における特権と免責制度が適用される。もっとも、同議定書は外交官について定めているのに対し、判事は出身国の代表ではない。また、裁判官の特権と免責は、その任期中だけではなく、退職後も、すべての締約国──とりわけ、出身国──との関係において保障されなければならないが、外交官に関する制度は、この要請を満たしていない。なぜなら、同制度は、本国との関係において、外交官を保護するものではないためである。過去の経験が示しているように、欧州人権裁判所の裁判官は、その本国の干渉から保護されなければならない。なお、現行法上、〔人権裁判所が設置されている〕フランスは、フランスの裁判官のみをその他の一般国民と同等に扱い、また、納税義務を部分的に免除しているが、これはほんの一例に過ぎず、判事間に顕著な不平等があることも事実である。

## 11　小括

　欧州評議会規程は、裁判所を欧州評議会の機関として定めているわけではない。しかし、同規程16条を根拠に、閣僚委員会の決議97（9）は裁判所を内部機関（特別な地位を有する部分的な機関）として扱っていると解釈するならば、同決議の有効性について検討する必要がある。確かに、締約国の代表機関は、全会一致の決定により条約を補充することができるが、1997年9月10日の決議をそのように捉えるならば、裁判官は、広い意味における「欧州評議会の職員」となる。そうであるならば、報酬の支払いや社会保障に関し、欧州評議会の一般原則が適用されなければならず、「二流職員」という扱いは受け入れがたい。行政裁判所への提訴も、その他の職員と同様に認めるべきであろう。

　人権条約25条によれば、裁判所には独自のスタッフが配属される〔が、まだ実現していない〕。N. Engel が指摘するように、EU は、前述した問題が解決されない限り、人権条約に加盟しえないとも解される。

## II 条約制度の改正

### 12 裁判所の負担増——近い将来、負担の増加は収まるか

　常設裁判所として設置されて以来、欧州人権裁判所は、財政的圧迫（ゼロ成長政策）の下で申立て件数の増加に対応し切れておらず、係属件数は増える一方である。現在でも、裁判所の処理能力を1000件ほど上回る申立てが提起されている。つまり、係属件数は、1月に1000件増加している。44（ないし45）カ国、8億人以上の市民（ないし将来の申立人）の近時の傾向を踏まえるならば、1988年以降、申立ては、毎年約4500件ずつ増えており、現在の年間申立件数は、約3万5000件に達すると解される。また、公式の係属件数（処理されずに残る申立ての数）は、6万5000件であるが、紙切れに過ぎないようなものもあるので、実質的には、約5万件とみるべきであろう。いずれにせよ、非常に多くの申立てがまだ処理されていないが、裁判所のスタッフを拡充し、毎月、新規に提起される申立てと同等数の処理能力を備えるだけではなく、未解決のケースを今後10年間のうちに処理しうるようにしなければならない。現在、シナリオはまだドラマチックであるが、改善の可能性も残されている。過去の状況が劇的であったのは、欧州人権条約を部分的にしか遵守しえない東欧諸国に対し、非常に多くの申立てが提起されたためであるが、他方、イギリス、フランス、ドイツといった西欧諸国に対する申立ても著しく減少しているわけではなく、オランダでは大幅に増加している。しかし、全締約国を平均すると、住民1000人あたりの申立件数は、0.4に過ぎないため（つまり、2万5000人の中から1件の申立てが提起される）、多少は楽観的に捉えることができよう。オーストリアは0.5（住民2万人より1件の割合である）、また、ロシアは0.3（約3万3000人より1件）となっている。確かに、「反動」もあろうが、トルコやウクライナといった国でも、平均値に近いことは喜ばしいことである。新規加盟国に対する申立ては、初めのうちは並外れて低かったが（例えば、グルジアは0.1）、比較的速いスピードで平均を上回るようになった（スロベニアは1.2、スロバキアは1、ルーマニアは0.8、ポーランドは0.9、モルダビアは0.6、リトアニアは0.9、ラトビアは1.0、エストニアは0.9、ブルガリアは0.6）。また、以下のような説明がなされている。

「最も人口の多い10カ国中、ルーマニア、ポーランド、ウクライナおよびトルコは平均を上回っているが、トルコとウクライナの値は格段に高いわけではない。他方、スペイン、イタリア、フランス、イギリス、ドイツおよびロシアは平均以下である。これらの国の中には、今後、申立てが増える国もあろう。例えば、人口約1億4500万のロシアの割合（10万人あたりの申立率）が0.1上昇すれば、申立ては1500件増加することになる。」

このように、将来の申立件数増も否定しえないが、多くの国には、特別な要因が存在する。例えば、チェチェン問題や東アナトリア問題であるが、このようなケースでは、完全ではないにせよ、申立件数が大幅に減少するものである。それゆえ、この4～5年の内に、裁判所の負担はある一定のレベルで安定するであろう。また、将来、加盟が想定されている国（モナコや白ロシア）は少なく、加盟国数は47に抑えられると解されるため、裁判所の負担増も確実に予測できるであろう。第11議定書の発効から5年が経過した本年〔2003年〕10月末、判決の総数は4000に達した。これに対し、1960年から1998年末までに下された判決は837である。このことからも、裁判所の負担は急激に増加したことが読み取れるが、申立件数が最も多いのは、トルコ、ロシア、ポーランドであり、ルーマニアとウクライナがこれらの国に続いている。

### 13　必要な改正点

制度改革を適切に行うためには、以下の措置を講じる必要があろう。

（a）　まず、裁判所が毎月、提起される申立てをその月の内に処理しうるようにしなければならない（つまり、制度の機能を長期的に保障するため、裁判所の処理能力を少なくとも3分の1以上、高める必要がある）。なお、統計は本質的な問題を正確に反映しているわけではない。なぜなら、難解なケース（裁判部に回されるケース〔Kammerfälle〕）は係属し続けるか、または審理に長期間を要するのに対し、部会のケース（Committee-Fälle）は比較的迅速に処理されるためである。つまり、毎月、処理されずに残る1000件のケースは、裁判部に係属しているが、この点を考慮するならば、裁判所の処理能力は、3分の1ではなく、50％程度、高める必要がある。また、比較的重要ではないケース（これが全申立ての95％以

上を占める）は放置し、部会のケースに集中して取り組むことも有意義であろう。

（b）　裁判所は未解決の申立件数を、今後10年間にわたり、持続的に削減しうるような状況に置かれなければならない。つまり、年間、約5000件の申立てを追加して処理する必要がある。そのためには、裁判所の能力を、さらに25％強、高めなければならない。過去の譬えを用いるならば、現在、裁判所は、神聖ローマ帝国の最高裁判所がレイクキャビックからウラジオストクにまでまたがる、長いベンチを有していたのと同じ状況にあるといえる。

## 14　裁判所の改善策

裁判所は、1999年3月29日、つまり、第11議定書の発効から5カ月足らずのうちに、独自の作業グループ（working party on the working methods）を設け、法的安定性と判決の質を維持したままで、裁判所の作業を合理化する方策について検討させている。その報告書は、2002年1月に完成しているが、それに基づき、手続規則（2002年10月1日）には重要な改正が施されることになった。例えば、申立ては、まず、Provisional Files として扱われ、後に登録されるといった従来の実務は廃止された。また、申立てが却下される可能性とその理由について、申立人の母語で指摘する、いわゆる Warning Letter も廃止された。申立ての適法性に関する部会（Committee）の判断も、従来のように正式な決定の形式をとらず、書簡で申立人に通知されることになった（手続規則第53条第2項）。さらに、作業グループの提案に基づき、適法性に関する判断は、原則として部会が下し、裁判部の判断は例外的な場合に限定されることになった。それと同時に、裁判所の処理能力を高めるため、目標が定められることになった。つまり、1人当たり、年間に110件の申立てが割り当てられる。また、裁判所は、申立ての登録後、遅くとも12カ月以内に審査を開始しなければならない。さらに、第11議定書の発効後、口頭弁論手続の回数は削減されるようになった。1999年には81回、開かれているが（特に、人権委員会より付託されたケースでは、口頭弁論手続が義務付けられていた）、2002年はわずか41回であった。それに加え、手続が過度に長期化する場合や、テスト・ケースないし"Pilot Case"によって裁判所の判断が確立している場合は、適法性と本案に関する審査を同時

に行えるようになった（手続規則54a条）。しかしながら、前述したように、裁判所は自らが定めた目標を達成しておらず、旧制度下で提起された申立てのすべてが処理されているわけではない。

## 15　評価委員会および検討委員会の提案と裁判所の意見書

2001年2月、閣僚委員会は、欧州人権の実効性を確保するために可能な手段について検討すべく、いわゆる評価委員会（Evaluation Group）を設けている。人権統率委員会（Lenkungsausschuss für Menschenrechte［CDDH］）も、2001年3月に作業グループ、すなわち、いわゆる検討委員会（Reflection Group）を設置し、人権保護制度の強化について審議させている。両委員会の見解を参考にした上で、CDDHは、2003年4月4日に最終報告書を発表し、具体的な改革案を示している。この点について裁判所は検討し、2003年9月12日の総会において、意見書を全会一致で採択している。その中で、裁判所は独自の提案を行っているが（後述参照）、これを受け、CDDHは、2003年11月14日に報告書を公表し、多数の附属書の中で締約国に勧告している（それらは閣僚委員会によって採択されるべきとされている）。具体的には、第1附属書は欧州評議会の加盟国に（国内）権利救済制度の改善を勧告し、第2附属書は法案および現行法だけではなく、行政行為が欧州人権条約のスタンダードを満たしているかどうか審査する手続について提案している。さらに、第3附属書は人権法に関する大学・職業教育の改善について、また、第4附属書は人権裁判所の判決でも指摘されている加盟国の構造的問題の解決について定めている。そして、最後に第5附属書は第14議定書（条約制度の改革）の制定について提案しているが、これには、EUの人権条約加盟に必要な技術的要件に関し、委員会が起草した改正案が含まれている。

## 16　人権条約改正に関する提案

人権条約20条は判事の定数について定めているが、協議総会の提案に基づき、閣僚委員会は一国あたりの裁判官の定数を増やすことができるように改正すべきとされている。この案によるならば、閣僚委員会は、ある特定の締約国の判事数を決定するとともに、定員増より生じる財政問題について検討しなけ

ればならない。また、新たに加わる裁判官の選任には従来の手続が適用されるが（つまり、協議総会によって選出される）、将来、裁判官の任期は9年とし、再任は認められないとされている。

　このような提案は、著しく多くの申立てが提起される締約国（例えば、トルコ、ポーランド、ロシアなど）の裁判官の負担軽減を意図しているが、ある国に対する申立ての審理には、同国出身の裁判官が参加しなければならないとする現行制度の抜本的改正も不可能ではない。確かに、従来どおり、各国より一名の裁判官が選出されるべきであるが、すべての「判断」、つまり、申立ての許容性や本案の審査（なお、申立ての割振りに関する決定は含まれない）に被申立国出身の裁判官が関与する必要性はなかろう。このような提案は、まだ各国によって支持されるには至っていないと解されるが、例えば、人口1億4400万のロシアのように、非常に人口の多い国は、当初より複数の裁判官の擁立を検討していたのも事実である。また、自国の裁判官の参加を回避するため、裁判部内の他の判事を「自国出身の判事」として指名するケースも増えている。

　裁判官の任期を制限するだけではなく、再任を認めないことにも一理ある。なぜなら、再任を認めるならば、任期切れを控えた裁判官は、個人的に非常に困難で、場合によっては、喜ばしくない状況に直面するものであるためである。他方、それゆえに、任期を短くし過ぎないよう、配慮する必要がある。ドイツ連邦憲法裁判所のように、任期を12年とするのも適切であるが、これに伴い、定年を70歳から75歳に引き上げることも必要になろう。従来の人権裁判所判事の多くは、この年齢に達するまで有能であり、裁判官としての職業に必要な法的経験や学識に優れていた。それゆえ、23条2項が掲げる定年は、75歳に引き上げるべきである。

## 17　部会（Komitees）、裁判部および大裁判部

　裁判部と大裁判部の構成や権限の見直しが議題に上ったことはないが、3名の判事からなる部会（Komitees）は実効性に欠けるとされ、一人制（1名の裁判官が2人の判事補〔assesors〕の補助を受け審理する制度）の導入が提案されている。もっとも、判事補の採用については、まだまだ議論のあるところである。裁判官同様、判事補は「倫理感が強く、法律職の任務に必要な資格を備え、かつ、

法曹としての実務経験を豊富に有する者」でなければならない（Article 21 bis）。判事補は、各締約国の提案に基づき、閣僚委員会によって選任されるが（現在の提案では、任期は5年である）、協議総会は関与しえない。そのため、裁判官のように、「民主的正当性」が担保されるわけではないが、その身分は裁判官と同じように保障される（裁判官が3分の2の多数決にて、必要とされる条件が満たされなくなったと判断する場合を除き、罷免されない）。なお、根本的な問題は、書記局（Sekretariat）のスタッフが非常に少ないという点にあるため、判事補の採用は裁判官の負担軽減に大きく貢献しないであろう。しかし、全く効果が得られないわけでもない。

条約の解釈や適用に関する争点がすでに従来の判例法で明らかにされている場合、部会（Komitees）は申立ての適法性と本案について審議するものとされているが（48条1項）、適法性に関する審査であれ、本案の審査であれ、national judge の原則を排除する提案が初めてなされている。つまり、これらの判断に際し、申立人と同じ出身国の裁判官が関与しなければならないわけではない。この提案によれば、将来、出身国の裁判官は、「当該国〔非申立国〕が1項b号に基づく手続に異議を述べているかどうかも含め、すべての関連事項を考慮し」、必要と判断される場合にのみ召喚され、部会の正式なメンバーに入れ替わることになるが、まだまだ不明瞭な点が多数残っている。この規定の適用が関係国の介入や発言（例えば、部会の権限を否認すること）に左右されるとすれば問題であるが、national judge が出席するケースは、徐々にでも削減されるよう努めるべきであろう。なお、29条に関しては、3項を削除し、個人の申立ての許容性と本案の審査を同時に行うという旨の提案がなされているが、他方、国家請求に関しては、このような手続はまだまだ例外的である。

## 18　申立受理要件の改正

アメリカ合衆国最高裁の certiorari のように、その裁量判断に基づき、申立てを受理するか否かの判断権限を人権裁判所にも与えるべきかどうかについては、これまで意見が大きく分れていた。この点については、まず、個人の申立権は条約制度の「核」であり、東欧諸国に対しても大きな成功を収めることのできた要因のひとつであることを指摘すべきであろう。また、現行条約の下で

も、裁判所には広範な判断権限が与えられている点を見過ごすべきではない（つまり、明らかに根拠に欠ける（manifestly illfounded）という要件は明瞭ではなく、裁判所の裁量判断を可能にしている）。さらに、34条の意味における条約侵害の被害者（victim status）の解釈についても、多かれ少なかれ、自由な判断が許されている。それゆえ、新たな要件を導入し、個人の申立権をさらに制限すべきかどうかについては、裁判官の間でも争いがあり、裁判所としての統一見解は出されていない。他方、統率委員会（CDDG）は、35条3項に新たに規定を挿入し、申立人が著しい不利益を被っていない場合、裁判所は個人の申立てを不適法として却下すべきとする提案を行っている。もっとも、申立人の人権に鑑み「対応」（Behandlung）が必要とされる場合は別とされるが、これはドイツ法上の制度（憲法訴願の受理要件）に類似している。

しかし、このような提案は、裁判所の負担を真に軽減するものではないと批判しえよう。つまり、申立ては、従来通り、裁判所の書記局（Sekretariat）が登録し、一通り目を通した後に、部会（Komitee）ないし1人で審理する裁判官（一人制）に割り振られなければならない〔が、前述した改善策は、この負担を軽減するものではない〕。実際に、この点は非常に重要であり、何千もの申立ての中から選別し、比較的簡易な審査しか行わないアメリカの制度とは比較しえない。前述した新要件が裁判所の負担軽減にどの程度効果があるか、人権裁判所が疑問視するのももっともであるが、裁判所の内部で実際に試してみることも必要であろう。

さらに、正当に理由付けられた申立ては、申立人が著しい不利益を受けていないからといって、不適法として却下することはできないであろうという、むしろ形式的な批判もなされている。重要性に欠けるとはいえ、これにも一理あろう。もっとも、35条の後に新しい規定を挿入し、「申立人が著しい不利益を被っていないときは、裁判所は申立てを受理してはならない」と定める方が良いであろう。

著しい不利益という要件の導入に対する批判としては、さらに、この要件に関する判断は決して容易ではなく、その解釈・適用をめぐっては、大論争に発展しかねないという点を指摘しうる。確かに、その通りであるが、裁判実務を通し、判断基準が形成されていくだろうと筆者は考えている（基準の類型化）。

著しい不利益という要件に関しては、国内裁判所が人権条約や人権裁判所の判例に照らし、事前に審査している場合に限り、申立ては不適法として却下されうるという提案もなされている。これは、国内裁判所による「フィルター」機能を設けるだけではなく、人権条約や判例法の適用を要求するものであるが、その趣旨が「迅速な却下」の防止にあることは明らかである。なお、この審査手続は、すべての締約国で整備されているわけではない。それゆえ、多くの国では、著しい不利益の要件について全く審査されることなく、条約違反が否定されることもあろうが、他方、人権裁判所によって、著しい不利益の存在が確認されることもあろう（その場合には、著しい不利益と人権侵害の因果関係について、さらに検討されることになる）。

著しい不利益がどの要件（侵害の形態、侵害される権利、損害の程度または適正な補償額）に関連付けられるのか、事前に決定するのは困難であるが、申立てが受理されないこと自体が著しい不利益を意味するわけではないと規定すべきとの提案もなされている。このように定めるならば、不利益は侵害や損害ではなく、むしろ、申立てが受理されないことの結果に強く関連付けられることになる。本来、申立人というものは、自らの権利の侵害を重大な不利益と捉えがちであるが、申立てが受理されないからといって、それが重大な不利益にあたるわけではないことは理解しうるであろう。なお、この提案は、従来の要件、つまり、欧州人権条約の解釈ないし適用に関する重大な問題が存在するか、または、一般的な意義を持つ重要な問題が含まれているかという点について触れていない。この点は規定されないにせよ、根本的な法律問題や一般的な意義を有する問題が含まれているとき、申立ては受理されると考えてよかろう。

かつては、CDDHも、著しい不利益という新しい要件の実効性を大きく疑っていた。なぜなら、この要件に該当するのは、適法と判断されるすべての申立ての約5％に過ぎないためである（例えば、訴額が500ユーロ未満の訴訟遅延に関するケース、隣人間の争いや年金の振込み先に関するケースなど）。他方、私見によれば、裁判所はこの要件を緩やかに適用し、些細なケースの大部分を迅速に処理することによって、重大な事件により集中して取り組むことができるであろう。確かに、個人の申立てを制限すべきかどうかについては、裁判所内でも争いがあるが、個人の申立権は欧州人権条約の最も重要な要素にあたり、条約制度に

どのような改正が施されようとも、個人の申立権が保障されなければならないことは疑問視されていない。

## 19　その他の改善の可能性

　評価委員会（Evaluation Group）が提案するような、いわゆる Filtering Body（篩い分け機関）を裁判所の内部に設け、裁判所の負担を軽減しようという考えも、効果的かどうか疑わしい。この提案によるならば、前述した判事補（裁判官としての地位を有する独立した職員〔assesors〕）が Filtering（篩い分け）を行うことになるが、第 11 議定書に基づき、1 人の裁判官による許容性の審査制度が導入されたばかりであり、Filtering Body はこれに抵触しかねないとして、CDDH は懸念を示している。また、裁判所の人員不足やそれに伴う負担過重という問題は、裁判官レベルよりも、むしろ、書記局レベルで生じているため、前述した措置はその解決に適さないとされている。

　他方、人権裁判所は、明らかに根拠に欠ける申立てや反復性のあるケース（repetitive cases）を処理するために、篩い分け制度を導入すべきであると捉えている。そして、この手続のために、現在の裁判官とは異なる地位を有する裁判官を新たに任命すべきとされる。もちろん、この裁判官は裁判所に属し、従来の人権委員会のように、独立した機関が設けられるわけではない。部会のケース（Committee-cases）や反復性のあるケースのみを（交替して）扱うセクション（第 5 セクション）を新たに設けるべきかどうかという点についても、人権裁判所の裁判官は長期にわたり検討しているが、まだ合意には至っていない。半年間、あるセクションは部会のケースのみを審理するという案に裁判官が否定的であることは容易に理解しえよう。本来、篩い分け作業は、申立てがそのような部会に送られる前に行われるべきであり、原則として、すべてのケースは、かつての人権委員会のように、この専門部会によって審査され、「小麦」と「もみ殻」が迅速に選別されるべきである。この作業のために、かつての委員会メンバーや退職した裁判官を再び登用することも可能であろうが、Filtering Body の詳細はまだ明確に決まっていない。もちろん、従来の委員会制度を復活させることにつながりかねないとする締約国の懸念も理解できないわけではないが、新しい制度は裁判所の内部に導入することも可能であるため、このよ

うな心配は無用である。

## 20　反復性のあるケース

　反復性のあるケース（repetitive cases）とは、国内法体系の構造的欠陥や改善が困難な状況に基づき、大量の申立てが提起され、争点を共通にする事例を指すが、クローン・ケース（Clonfälle）とも呼ばれる。欧州人権裁判所は、最初に判決を下すケースを pilot case ないしテスト・ケースとし、その他のケースを repetitive cases として扱っている。その例として、イタリアの刑事・民事手続の審理期間、住居明渡しに関するイタリア国内裁判所の判決、フランス、ポーランドおよびスロバキアにおける民事手続の審理期間、トルコの国家安全保障裁判所（Staatssicher-heitsgerichte）の構成、イギリスの軍事裁判所、トルコにおける没収や補償の支払いの遅延、スペインのナタネ油訴訟、イギリスにおける人頭税（Wahlsteuer）や未亡人の年金に関するケースを挙げることができる。また、この問題の説明に特に優れたケースとして、Kalashnikov v. Russia 事件（no 47095/99, ECHR 2002-VI）を指摘することができるが、この事例において、人権裁判所は、ロシアにおける申立人の拘留条件は欧州人権条約3条に違反するとの判断を下した。これに対し、ロシア政府は、申立人の拘留条件は、その他の者と同じであるか、少なくとも、悪いわけではないと述べているが、この判決をきっかけに、ロシアの刑務所に収容されている者の大部分が人権裁判所に申立てを提起するとすれば、申立件数は著しく増加するであろう。ロシアの拘留条件は、財政不足に基づいているため（または、ロシアがその他の政策に資金を投じているためである）、数多くの判決が下されたとしても、近いうちに本質的な改善がなされるとは解しがたい。つまり、人権裁判所が、このような repetitive cases の多くを処理することができたとしても、そのことのみに基づき、締約国が構造的欠陥を改善することはないであろう。

　ところで、人権裁判所長官は、repetitive cases を判決執行手続上の問題として扱い、閣僚委員会に委ねることを提案している。つまり、裁判所の本来の任務は原則的な判決を下すことにあるべきとされるが、判決が迅速かつ詳細な理由を付して下されれば、国内裁判所はそれを実効的に実施することができよう。長期にわたり人権を侵害する国に対し、閣僚委員会は改善を促さなければなら

ないが、人権裁判所長官の提案は、この制度を踏まえたものである。もちろん、形式的には、repetitive cases を裁判所、厳密には、新たに設置される部会 (Committees) に割り振ることができよう。明らかに根拠付けられた申立てについて、部会も判断を下すことができるが、人権裁判所は、このようなケースのために、以下のような新しい手続の導入を検討している。

（1） Pilot judgment によって、ある法体系の構造的欠陥ないし特別な状況が指摘される場合、欧州人権裁判所は、repetitive cases に関する審査を拒否ないし中止することができる。

（2） 条約違反を除去するだけではなく、過去に遡り人権を救済するため、閣僚委員会は執行手続を迅速に実施する。

（3） ある一定の期間内に救済措置が講じられない場合、人権裁判所は中断された手続について再び審査しうる。人権裁判所によれば、この新たな提案は、前述した第28条改正案を不要にするものではなく、明らかに根拠付けられたケースを部会 (Committes) の管轄に服せしめるという点において、これを適切に補充するものである。つまり、人権裁判所の裁判官は、pilot judgment によってカバーされない申立てが今後も多数提起されるであろうと考えている。

さらなる改善策として、新しい国内救済制度の導入や、欧州人権条約違反について審理する国内特別裁判所の設置が提案されているが、驚くべきことに、前述したすべての提案（篩い分け機関の設置など）にかかる費用やその効果は詳細に検討されていない。提案の実現には、裁判所の人員増が不可欠であることは言うまでもない。

## III 締約国と国内裁判所の役割

### 21 新しい国内救済制度 (Lex Pinto など)

イタリアの Lex Pinto のような、新しい国内救済手続は、repetitive cases への対応に貢献しうるであろう。Lex Pinto の導入後、イタリアでは、過度の訴訟遅延に対する申立ては、この法律が定める救済手続を完了しなければならなくなった（Brusco v. Italy, Entscheidung no 69789/01, CEDH 2001-IX; Giacometti and others v. Italy, Entscheidung no 34939/97, ECHR 2001-XII）。この国内救済手続の導入により、イタリ

アは Kulda v. Polen 判決で示された 13 条の要請を満たすことができたが、これに対し、北キプロス〔トルコ系キプロス〕の補償法は、いわゆる post Loizidou cases の実効的な救済方法として評価することができるかどうかは、さらなる検討を要する。この救済手続が欧州人権裁判所の判例法の意味における実効的な救済手続とみなされ、また、北キプロスの法的状況にはまだまだ争いがあるものの、人権裁判所がこのような救済手続を承認するならば、申立ての提起に先立ち、この手続を完了しなければならない。なお、イタリアに対するケースでは、部会（Committee）は Lex Pinto を指摘し、多数の申立てを不適法と判断している。他方、北キプロス・トルコ共和国の領土内における不動産の補償に関する法律は、2003 年 6 月 30 日に発効しているが、欧州人権裁判所は、2 件の post Loizidou cases を適法とし、本案の審査を行っている。つまり、新しい補償法は両ケースに影響を及ぼしていない。

ポルトガルでは刑事訴訟法が改正され、訴訟遅延に対する不服申立てが可能になった。新法は補償についてまで定めてはいないが、手続を迅速化する効果がある。Tomé Mota v. Portugal 事件において、人権裁判所は、この救済方法を欧州人権条約の意味における実効的な救済方法と認め、この手続を利用する前に提起された申立てを不適法として却下している。

## 22 欧州人権条約違反に関する締約国独自の特別審の設置

改正協議では、欧州人権条約違反に対して異議を申し立てることのできる裁判所を各国に設置することも提唱された。現在、そのような独立した裁判所は、どの締約国内にも設けられていないが、国内の憲法裁判所ないし最高裁判所の他に、そのような裁判所を設けることは合理的ではないと解される。むしろ、（スペインの amparo 手続のように）国内救済手続が完了する前に、国内憲法裁判所への申立てを認めるべきであろう。つまり、新しい裁判所ないし特別審級を設けるのではなく、欧州人権条約違反（著しい訴訟遅延など）に対する特別な申立てを認め、条約違反が認定される場合には、適切な措置（例えば、手続の迅速化、補償など）を講じる権限を国内の最高裁判所に与えるべきである。このような観点から、国内のすべての法制度を見直す必要があるが、Badinter が提唱する、地方人権裁判所の創設ではなく、少なくとも国内の最上級審を人権裁判所とし

て位置づけることが重要である。これによって、人権裁判所の負担は大きく軽減されることになろうが、以下では個々の点について述べることにする。

## 23 憲法裁判所の関連する権限

スペインの憲法裁判所は、ある特定の基本権侵害に関し、個人の申立てを認めているが、このいわゆる amparo 手続は、基本権を制約する行政行為だけではなく、すべての裁判所の判断を対象とする。また、欧州人権条約が国内憲法と同等の地位を有する締約国では、憲法裁判所は同条約違反についても審査しうる。

## 24 国内レベルでの権利保護の改善 (特に、1998年の Human Rights Act)

国内レベルにおける権利保護の改善策としては、前述した法令 (Lex Pinto など) 以外にも、その他の例を挙げることができる。例えば、ドイツ連邦憲法裁判所は、2003年4月30日の大法廷判決において、法律上の審問 (rechtliches Gehör) を受ける権利の著しい侵害に対し、司法救済手続が整備されていないときは、ドイツ基本法103条3項だけではなく、法治国家原則に違反すると判断している。このケースでは、申立人の法律上の審問を受ける権利を侵害する控訴審判決が問題になったが、控訴審が上告を認めず、また、上告額 (Revisionssumme) に達していなかったため、連邦通常裁判所 (BGH) は上告を却下した。つまり、同裁判所は、明白な法令違反が存するにもかかわらず、特別な権利救済手続としての上告を認めなかった。これに対し、連邦憲法裁判所は、法律上の審問を受ける権利の侵害に関しては、裁判所による救済が保障されなければならないとし、2004年12月31日までに必要な規定を設けるよう、立法機関に要請している。

国内レベルにおける権利保護改善策の適例として、さらに、2000年10月2日に発効した Human Rights Act 1998 を挙げることができる。イギリスは成文憲法を有さないが、この法律は通常の法律よりも高位にある成文法として初めて制定された (なお、形式的には、議会の優位が認められる)。欧州人権条約は、イギリスの国内法に置き換えられておらず、国際法としての性質を有しているに過ぎないが (なお、効力面での違いはない)、同法に基づき、人権条約2条ないし

14条および第1議定書の1条ないし3条は、イギリスで効力を有する"convention rights"として扱われることになった。また、欧州人権条約に合致した法律の制定を裁判所と行政機関に義務付ける一方で（同法3条）、裁判所に対しては、さらに、人権裁判所の判例法と人権委員会の決定を考慮することを義務付けている。また、行政機関も人権条約に合致した行動が義務付けられる（6条）。人権条約に沿った形で国内法を解釈しえないとき、裁判所は、この国内法は人権条約に違反すると宣言することができる（4条〔Declaration of Incompability〕）。これによって国内法が無効になるわけではないが、管轄大臣は、条約との整合性を確保するため、規則（order）によって国内法を改正することができる（10条）。この手続は、"fast tract procedure"と呼ばれるが、すでに存在する条約との不整合性も遡及的に取り除くことができると解される。Human Rights Act 1998が設ける特別な措置としては、さらに、あらゆる法案には、同法案が人権条約に合致しているとする管轄大臣の所見（statement of compablity）が盛り込まれなければならなくなった点を指摘しうる（19条）。また、すべての者は人権条約違反を別個の裁判手続上で争い、損害の賠償を求めることができる（7条）。このような措置は、条約違反に基づく特別な損害賠償請求や裁判の迅速化請求（Beschleunigungsklage）を認めない締約国にとって、良いモデルとなろう。イギリスでは、裁判所があらゆる公的機関の行為や行為案を違法と判断したり、判断するような場合は、適切と考えられる救済を与えたり、その権限の範囲内において適切な措置を講じることができる（8条1項）。

　Human Rights Actの効果について、まだ包括的に評価しうる段階には達していないが、すでにいくつかの変化を指摘することができる。特に、同法の発効後、人権裁判所とイギリスの裁判所が「同じ言葉」を発しているという点に注目すべきであろう。これは、人権裁判所だけではなく、イギリスの裁判所も人権条約の侵害について審査するようになったためであるが、これによって、実り多い対話が促進されることになった。なお、イギリスの裁判所よりも、人権裁判所の方が影響を強く受けていることは驚くに値する。その特に良い例として、Pretty v. UK事件を挙げることができるか、このケースにおいて、人権裁判所は、House of Lordsの見解を支持しながら何度も引用している。

　ところで、Human Rights Act 1998がイギリスに対する申立件数にどのような

影響を与えているかは容易に判断しえない。2000〜2004年間の申立ては、年間1500件で比較的安定しているが、もっとも、部会（Committee）によって不適法と判断された申立ては著しく増加している（2000年は465件、2001年は529件、2002年は737件）。このような状況は、Human Rights Act 自身に原因があるとも言える。つまり、申立人の中には、国内救済手続、特に、欧州人権条約違反に対する救済手続を完了していない者があり、それゆえに申立ては却下されている。Sawoniuk v. UK 事件において、人権裁判所は、申立人が、とりわけ Human Rights Act を援用し、国内裁判所に提訴していないため、国内救済手続は完了していないと述べ、その申立てを却下している（裁判部決定）。なお、Lex Pinto や北キプロスの新しい補償法とは異なり、Human Rights Act は権利救済を補充するものではないが、その質を高めている。なぜなら、申立人は国内レベルでも、条約上の権利を直接、援用することができるようになったためである。もっとも、Human Rights Act は申立人が事前に完了しなければならない救済手続を補充的に設けているわけではないため、Lex Pino とは対照的に、新しい国内救済手続が完了していないことを理由に、申立てを却下することはできない。それゆえ、部会（Committee）も、Human Rights Act は権利救済の一例として挙げているに過ぎない。

　Human Rights Act に基づく、その他の変化としては、明らかに根拠に欠ける申立てが増加していることを指摘しうる。大半のケースにおいて、人権条約違反は、すでに国内裁判所によって幅広く審査されているため、人権裁判所の負担は著しく軽減されている。なお、人権条約が憲法と同じランクにあるオーストリアの場合も同様である（すべての締約国において、人権条約は憲法と同等に扱われているわけではない）。

　イギリスにおける発展として、さらに、条約違反を認定する裁判部決定が減少していることが挙げられる。将来、明白な条約違反は国内レベルで解決されることになろう。もっとも、イギリスの裁判所が条約違反を否認するものの、個人がそれを争い、人権裁判所に申立てを提起することもあるであろう。

## 25　国内法体系における欧州人権条約の位置付け

　国内における権利救済は、欧州人権条約の地位を上げることでも改善される

であろう。現在、欧州人権条約は、アイルランドを除き、締約国の国内法の一部をなしている。唯一の例外であるアイルランドでは、人権条約は直接的に適用されないため、訴えの審理に際し、裁判所は同条約を考慮しなければならないわけではない。むしろ、同国では、かつてのイギリスのように、国内法は条約に合致しているとの前提に立っている。

オランダにおいて、人権条約は憲法にも優先する最高位の法規範として扱われている。他方、オーストリアでは憲法の一部であり、また、フランスでは、憲法よりは下位であるが、通常の法律よりは上位の規範として位置づけられている（autorité supérieure）。このような理由に基づき、従来、フランスの憲法評議会（Conseil Constitutionnel）は人権条約を審査基準（憲法の一部）としてみなしていないが、これは適切である。

ドイツでは、人権条約と法律は同等の段階にあるので、条約違反は、憲法違反（例えば、法治国家原則）が同時に問題になる場合に限り、連邦憲法裁判所によって審査される。

すべての加盟国内において、人権条約を通常の国内法よりも上位に位置づけることも有意義であろう。チェコ、ポーランド、スロバキアなどの東欧諸国、つまり、新規加盟国では、そのように扱われている（もっとも、その適用については違いがある）。また、イギリスの Human Rights Act のように、国内裁判所（憲法裁判所を含む）は、国内法の解釈に際し、人権条約を考慮しなければならないと定めることも有意義であろう。合憲性について審査するだけではなく、国内法と条約の整合性についても審査しうる権限を憲法裁判所に与えることもできるであろう。

## 26　人権裁判所の判断を通じた判決執行改善の可能性

国内権利救済手続の改善に関しては、判決の執行についても検討する必要があろう。従来、人権裁判所は、ごく少数のケースでしか条約違反を除去する方法について指摘していないが、私見によれば、裁判所はこのような判断を非常に躊躇している。このような消極的態度は、一連の少数・反対意見の中でも批判されているが、他方、裁判所の第3セクションは、有罪判決を下した国内裁判所は条約に違反する形で構成されているとの判断を下した際、再審手続の必

要性について指摘している。これは、条約違反を確定するだけでは、違反状態を除去しなくともよいという誤った印象を締約国に与えかねないために付け加えられたものであるが、人権裁判所はさらに、6条1項の意味における独立し、かつ公平な裁判所によって判決が下されていない場合は、原則として（en principe）、独立のかつ公平な裁判所によって適時に再審査されるべきであると判断している。なお、原則として、再審手続が必要とされているのは、それが不適切な場合も充分に考えられるためである。例えば、申立人の刑期が終了しているとき、国内裁判所は再び審判してはならない。将来、人権裁判所は、このようなケースについて判断しなければならなくなるであろう。なお、国内の裁判手続が条約、特に、6条1項に違反すると判断される場合に関し、締約国が再審の要件を緩和するとすれば、非常に有意義と解される。もっとも、判決が条約に違反する形で下されたということが完全に立証されることは通常ありえないため、再審が認められることはないであろう。

### 27 Kulda v. Poland 事件が締約国に与える影響

Kulda v. Poland 事件において、人権裁判所は、13条に照らし、締約国は著しい訴訟遅延に対する救済措置を設けなければならないと述べているが、多くの締約国では国内法の整備が滞っている。人権裁判所は、特に、国内救済手続が完了する前の段階でも、このような条約違反に関する異議申立てを認めるべきかという問題について見解を示す必要があろう（また、損害賠償や手続の迅速化に関する請求を認めるべきかという問題もある）。なお、多くの締約国では、訴訟の係属中、手続の迅速化を求めて憲法裁判所等に訴えることは認められていない。その他にも、ドイツで議論されているように、訴訟遅延に関する責任を裁判官に追及しうるかという問題もある。

## IV 条約制度の改正と EU の人権条約加盟

### 28 加盟方法

人権裁判所は、締約国の行為ないし不作為に関する審査を通し、ECの行為ないし不作為と欧州人権条約の整合性について、少なくとも間接的に審査して

いるため、憲法条約の制定後、EU が欧州人権条約を締結することにも意義がある。欧州評議会や EU 憲法制定会議も、これを全会一致で支持しているが、そのために必要とされる条約制度の改正案は、すでに人権統率委員会（CDDH）によって提唱されている。主な改正点は、締約国という概念を「条約締結の当事者」（Hohe Vertragsschliessende Partei）として捉え直す点にあるが、判決の執行が問題になる場合、EU も閣僚委員会に出席できるようにし、議決権も与えるべきである。

### 29　加盟の条約制度に及ぼす影響

　EU 法上の問題に関し、EC 裁判所は（全 EU 加盟国にとって）一種の憲法裁判所にあたると捉えるならば、EU 法（憲法裁判所としての EC 裁判所の判断を含む）の審査は人権裁判所にとって大きな負担とはならないであろう。つまり、現在、EC 裁判所には、400〜500 件の訴えが係属しているが、人権条約違反が EC 裁判所によって徹底して審査されるとすれば、人権裁判所も対応しきれないわけではない。なお、EC 裁判所に係属するケースで、基本権の侵害が争点になることは非常にまれである。確かに、欧州人権条約 6 条 1 項に鑑み、一般的な手続問題が提起されることもあろうが、少なくとも初期の段階においては、申立てが急増することはないであろう。また、人権裁判所は、法令の（適切な）適用や事実関係について判断しえず、事実認定は国内裁判所や EC 裁判所の任務である。むしろ、人権条約違反に関する特殊な問題について、人権裁判所は取り組まなければならないであろう。

## V　おわりに

### 30　閣僚委員会と締約国の役割

　条約を改正する上で最も重要なのは、同条約の目的である。個々のケースにおける侵害（苦痛）の除去（個人の権利保護）が重視されるべきであるのか、または、ヨーロッパのスタンダードの発展（規範の確立）が主たる課題とされるべきであろうか。国内の上級審（憲法裁判所）も、この問題について検討しなければならないが、従来は、この 2 つの機能のそれぞれを生かすような取り組みがな

されてきた。つまり、重要性の異なる無数の苦情を処理しなければならないあまり、規範の確立という不可欠な要素が見失われたり、または、完全に失われることのないよう、国内裁判所は努めてきた。人権条約の規範性とは、ヨーロッパ権利保護制度の補完性に基づき、まず締約国やその裁判所が、欧州人権裁判所の判例法に照らし、条約違反について審査することを指す。なお、EC裁判所の判決とは異なり、人権裁判所の判決は国内法に優先するものではなく、各締約国の国内法体系における位置付けを考慮し（国内法の衣を着た欧州人権条約）、検討されなければならない。そのため、人権裁判所の判決に万世効（erga omnes-Wirkung）を与えることは問題の根本的解決に貢献しないであろう。つまり、人権裁判所の判断は、ヨーロッパ全土において、EC裁判所の判断と同様の効力を有するわけではない。確かに、人権条約にEC法と同等の効力（国内法に対する優先性）を与えるとすれば別であるが、このような構想は非現実的である。

　閣僚委員会は、1999年9月10日の決議に代わる新たな決議を採択し、人権裁判所と裁判所の地位をさらに発展させる責務を負っている。これは同時に締約国の責務でもあるが、裁判所の人的・物的資源（これには裁判所の建物の新設、必要に応じた（コンピュータ）機器の整備、優秀な通訳の採用、判決の適切な公開などが含まれる）の拡充に消極的であればあるほど、裁判所の機能を維持するために条約改正が必要となる。それには痛みの伴う改革が不可欠であるが、3～4年後には、未処理の申立てが10万件に達する状況から目をそらし、欧州人権保護制度の実効性を自賛するようなことがあってはならない。

### 訳者付記

　本稿は、ゲオルク・レス教授（Professor Dr. Dr. Dr. h.c. mult. Georg Ress）の未発表の論文を翻訳したものである。原題は Der Europäische Gerichtshof für Menschenrechte, seine Reform und die Rolle der nationalen Gerichte である。翻訳に際しては、手続法研究所の助成を受けた。

　ゲオルク・レス教授は、ドイツ・ザールラント大学附属ヨーロッパ研究所の所長を務める傍ら、1994年から1998年にかけては、欧州人権委員会の委員、また、

1998 年から 2004 年にかけては、欧州人権裁判所の判事として活動した。現在は、ドイツ・ブレーメン国際大学の教授である。2006 年 1 月から 2 月にかけて来日し、立命館大学や早稲田大学で、欧州人権条約に関する集中講義ないし講演を行った。

初出：法学研究 79 巻 6 号 77 頁以下（2006 年）

第 10 章

# ヨーロッパ倒産法の改正について

ヴォルフガング・ハウ

芳賀雅顯／訳

## I　序論

　ヨーロッパ連合（EU）は、1957年に設立されたヨーロッパ経済共同体（EWG）を法的に引き継いだものである。現在、28あるEUの構成国は、ヨーロッパ機能条約（AEUV）26条に基づき、モノ、ヒト、サーヴィスおよび資本の自由な往来が保障された、障壁を有しない域内空間を形成している。この域内市場の主役はヨーロッパ企業であるが、これらの企業は、より一層各国の国境を越えて活動し、相互に協力し合い、場合によってはコンツェルン法上の観点で結びついている。ヨーロッパは、ここ数十年、相互に発展してきた経済交流によって非常に多くの利益を得てきた。もちろん、その反面、企業の危機あるいは倒産が、その企業の本拠（Sitz）を有する国を越えて生ずることもある。このことは、倒産法、とくにその国際的局面が、EUにおいてもはや各国の法秩序の問題だけではなく、ヨーロッパレベルで規律されなければならないのはなぜなのかを長きにわたって再確認させている。以下では、まず、この関係で現在極めて重要な、倒産手続に関する2015年5月20日の規則（Nr. 2015/848）の背景と重要な改正（第Ⅱ章および第Ⅲ章）、そしてヨーロッパ倒産法におけるその他の現在の展開を略述するものである（第Ⅳ章）。

## II　2000年EU倒産規則から2015年EU倒産規則へ

### 1　背景

ヨーロッパ国際倒産手続法の出発点は、1968年の裁判管轄および執行に関するブリュッセル条約（EuGVÜ）であり[1]、これはすでに1973年に当時の6つのヨーロッパ経済共同体加盟国（ベルギー、ドイツ、フランス、イタリア、ルクセンブルクおよびオランダ）で発効したものである。ブリュッセル条約は、民事および商事事件について、国際裁判管轄および判決の執行を定めるものであったが、"破産、和議およびそれらに類する手続"を明確に除外していた（1条2文2号）。それにもかかわらず、国際倒産法に関する統一的な規律も切望されていた。いくつかの試みが失敗に終わった後、1995年11月23日に倒産手続に関する条約が合意に至った[2]。もっとも、条約の発効はイギリスの反対により実現しなかったが、それは条約の内容に問題があったのではなく、政治的な理由によるものであった。

### 2　2000年EU倒産規則

1999年のアムステルダム条約発効後、ヨーロッパ倒産法は大いに発展することができた[3]。この条約の一般的な目的は、ヨーロッパ連合を"自由、安全および法についての単一の領域"として形成することとされていた。ヨーロッパ一次法についてなされた変更によって、域内市場の円滑な機能に必要な限りにおいて、ヨーロッパレベルで渉外民事事件に関する措置が認められることとなった。それによって、国際民事手続法は、初めて、もはや国際条約を通じてではなく、ヨーロッパレベルで直接適用される規則を通じて規律されることが

---

1) 民商事事件における裁判管轄および裁判の承認に関する1968年9月27日のブリュッセル条約（ABl. 1972 L 299/32）。
2) ヨーロッパ理事会文書（Ratsdokument）であるCONV/INSOL/X1. ZEuP 1996, 325などで公刊されている。この点に関する、VirgósとSchmitによる公式報告書は、たとえば以下において閲覧可能である。http://euzpr.eu/eudocs/01prozessr/40insolvenzverf/01eginsu/eginsu-095-virgosschmitbericht_6500-1-96rev1.pdf.
3) ABl. 1997 C 340/1.

可能となった。この新たな権限に基づいた最初の立法行為が、倒産手続に関する 2000 年 5 月 29 日の規則（Nr.1346/2000）であった（以下では 2000 年倒産規則とする[4]）。2000 年倒産規則は、2002 年 5 月 31 日の施行日以後に開始した（43 条および 47 条）、デンマークを除くヨーロッパ連合のすべての構成国における倒産手続をカバーするものであった。直接適用されるヨーロッパ法として、2000 年倒産規則は、その事項的、時間的、そして場所的・人的観点における適用範囲が満たされる限りにおいて、国際倒産に関する各構成国の規定（ドイツでは、倒産法 335 条から 348 条）に優先する。

2000 年倒産規則を施行した理由および規律の重点は、規則の検討理由に書かれている。すなわち、企業がますます各国の国境を越えて活動するため、1つの倒産は、域内市場の秩序だった機能にマイナスの影響を及ぼすこととなり、それゆえ、支払不能となった債務者の財産に関する措置についての協力を定める共同体の立法行為が必要とされた（検討理由 2 および 3）。とくに問題視されたのは、担保権および個々の債権者の優先権について、各国の倒産法の扱いが大きく異なっていたことである（検討理由 11）。このような背景から、債務者が財産または法的紛争をある構成国から別の構成国へと移動させ、それによってより有利な法的地位を得ようとすることは、阻止されなければならないとされた（検討理由 4）。渉外的効力を有する倒産手続の効率性および実効性を高めるために、国際倒産管轄、〔外国倒産手続の〕承認および〔国際倒産に適用される〕準拠法〔決定〕に関する規定が必要であると考えられた（検討理由 8）。

2000 年倒産規則は、各構成国の法秩序において定められた倒産手続に関するもののうち、債務者の財産の全部または一部の差押えおよび管財人の選任を結果として生じさせる包括手続だけをカバーする（2000 年倒産規則 1 条 1 項）。これに対して、債務者が自然人か法人か、商人か非商人かは問題ではない（検討

---

[4] ABl. 2000 L 160/1. この後、わずかの期間を置いてブリュッセル条約もまた、2000 年 12 月 22 日の民商事事件における裁判管轄および裁判の承認執行に関する規則（いわゆるブリュッセル (I) 規則）に取って代わられた（Nr. 44/2001, ABl. 2001 L 12/1）。この規則は、やがて、2012 年 12 月 12 日の民商事事件における裁判管轄と裁判の承認執行に関する規則（いわゆるブリュッセル (Ia) 規則）によって再度補充されて、さらに発展した（Nr.1215/2012, ABl. 2012 L 351/1）。

理由9)。もっとも、保険会社、信用機関および証券会社の財産に関する倒産手続は、除外された（2000年倒産規則1条2項）。

2000年倒産規則によると、普及効を伴う主たる倒産手続は、債務者が主たる利益の中心を有する場所（2000年倒産規則3条1項）、すなわち、いわゆる主たる利益の中心地（center of main interests）、つまりCOMIを有する構成国において開始する。また、同規則は、主たる倒産手続と並行して、債務者が営業所を有する構成国で第二倒産手続（Sekundärinsolvenzverfahren）を開始することを認めている（2000年倒産規則3条2項ないし4項、27条以下）。3条1項にいうところの債務者の主たる利益の中心地が構成国以外にある債務者は、2000年倒産規則によってカバーされないし、また、この場合にはEU内で第二倒産手続が開始することもない。もちろん、問題となっている債務者企業が第三国（たとえば、日本）に定款上の本拠（Satzungssitz）を有していても、ヨーロッパの観点からCOMIがEUにあると考えることはできる。

抵触法上は、主たる倒産手続についても、また場合によって生じる属地的倒産手続（Partikularverfahren）についても、原則として倒産手続開始地国法（*lex fori concursus*）が適用される（2000年倒産規則4条および28条）。すなわち、関係人および法律関係に対して倒産手続が有するすべての手続法上・実体法上の効果、さらに手続開始要件、倒産手続の進展および終了はそれぞれの手続開始地国法によって定まる。この基本原則を補充するものとして、手続開始地国法を基準としない特別連結が定められている（2000年倒産規則5条以下）。すなわち、物権法上の権利には特別連結が妥当し、その根拠、有効性および適用範囲は通常は物の所在地法によって定まるのであり、また、一定の労働法上の諸問題についても特別連結が妥当する。

2000年倒産規則は、2002年の施行以来、実務上重要かつ信頼性のある法的枠組みであることが実証され、ヨーロッパ以外でも大きな関心を引き寄せた[5]。その後の改正は、主として〔倒産規則の〕附則に掲げられたリストに含まれる手

---

[5] 2000年倒産規則が、第三国に対してどの程度モデルとしての役割を果たしたのかという問題については、Haga, Das europäische Insolvenzrecht aus der Sicht von Drittstaaten, in: Gottwald, Europäisches Insolvenzrecht - Kollektiver Rechtsschutz, 2008, S. 169を参照のこと。

続と管財人に関するものであった[6]。ヨーロッパ倒産規則の成功に貢献してきたのは、とくに、一連の先行判決手続を通じて、ヨーロッパ司法裁判所が、疑念が生じた解釈問題について回答する機会を有してきたことである[7]。そうすることで、主たる利益の中心という2000年倒産規則の管轄システムにとって中心となる概念や、これに関係する規則3条1項2文の法律上の推定がどのように解釈されるべきかを、ヨーロッパ司法裁判所は示すことができた[8]。また、債務者が手続開始後に主たる利益の中心地を移動させた場合でも〔当初の〕管轄は維持される（管轄恒定：*perpetuatio fori*）ことや[9]、主たる利益の中心地は各企業ごとに個別に審査されなければならないこと、つまり、管轄は債務者企業以外の企業に拡張されることはないこと[訳者注1]が明らかにされたことも重要である[10]。しばしば、ヨーロッパ司法裁判所は、どの手続が倒産法上の性質を有し、また、それによってブリュッセル(I)規則（現在ではブリュッセル(Ia)規則）1条2項(b)に基づき、一般的な民商事事件とみなすことが否定されるのかという問題に関わってきた。通常の給付訴訟は、たとえ倒産管財人によって提起された場合であっても、倒産した請求権者がその訴訟を提起することができたのであれば、ブリュッセル(Ia)規則にいう一般的民商事事件に含まれるとされる[11]。これに対して、ヨーロッパ司法裁判所は、とくに否認訴訟を2000年倒産規則に含まれるとし[12]、また、たとえ被告がEU構成国内に住所を有しな

---

6) この点については、Nr. 603/2005, ABl. 2005 L 100/1; Nr. 694/2006, ABl. 2006 L 121/1; Nr. 1791/2006, ABl. 2006 L 363/1; Nr. 681/2007, ABl. 2007 L 159/1; Nr. 788/2008, ABl. 2008 L 213/1; Nr. 210/2010, ABl. 2010 L 65/1; Nr. 583/2011, ABl. 2011 L 160/52; Nr. 517/2013, ABl. 2013 L 158/1; Nr. 663/2014, ABl. 2014 L 179/4 を参照のこと。
7) 概観を示すものとして、たとえば、Fehrenbach, Die Rechtsprechung des EuGH zur Europäischen Insol-venzverordnung, ZEuP 2013, 353 を参照のこと。
8) EuGH, 2. 5. 2006 - C-341/04 (Eurofood), EuZW 2006, 337; EuGH, 20. 10. 2011 - C-396/09 (Interedil v. Intesa), EuZW 2011, 912.
9) EuGH, 17. 1. 2006 - C-1/04 (Staubitz-Schreiber), EuZW 2006, 125.
（訳者注1）コンツェルンを形成するA会社の国際倒産管轄は、同じコンツェルンを形成するB会社が倒産した場合に当然に拡張されるものではないこと。
10) EuGH, 15. 12. 2011 - C-191/10 (Rastelli v. Hidoux), EuZW 2012, 153.
11) EuGH, 4. 9. 2014 - C-157/13 (Nickel & Goeldner Spedition v. Kintra), RIW 2014, 673, 674 f. 個々の債権者が提起した訴訟を民商事事件に分類することについては、EuGH, 18. 7. 2013 - C-147/12 (ÖFAB v. Koot), EuZW 2013, 703, 704 を参照のこと。
12) 基本となる判例として、EuGH, 12. 2. 2009 - C-339/07 (Deko Marty), NJW 2009, 2189.

い場合であってもそのように扱われるとした[13]。さらに、ヨーロッパ倒産規則についてヨーロッパ司法裁判所が下した裁判のうち、別の重点領域は、〔外国倒産手続の〕承認に関する法[14]、さらに第二倒産手続に関する個別問題[15]、および、倒産手続開始地国法（lex fori concursus）の及ぶ範囲とその例外に関するものである[16]。

## 3　改正作業の動き

二次法に関する立法作業につき通常なされるのと同様に、2000年倒産規則もまた審査条項を46条に有し、それによるとヨーロッパ委員会は、おそくとも2012年6月までにヨーロッパ議会、理事会および経済社会委員会に対して、倒産規則の適用に関する報告書を提出する義務を負っていた。ヨーロッパ委員会は、若干遅れて2012年12月12日に報告書の提出を行った[17]。報告書が示したところによると、倒産規則は一般的には十分機能していると判断されたものの、国境を越えた倒産手続の一層効率的な実施を可能にするために、いくつかの規定の適用を改善する余地があるとされた。その際、委員会は、とくに26の構成国における規則の評価に関する比較法的研究に依拠した[18]。同時に、委員会は、2012年12月12日に、報告書とともに、2000年倒産規則の変更に関する提案を行ったが[19]、それは大きな関心を呼び、学説において詳細な議論

---

13) EuGH, 16. 1. 2014 - C-328/12 (Schmid v. Hertel), NJW 2014, 610; EuGH, 4. 12. 2014 - C-295/13 (G.T. v. H.K.), EuZW 2015, 141.
14) EuGH, 2. 5. 2006 - C-341/04 (Eurofood), EuZW 2006, 337.
15) この点については、EuGH, 11. 6. 2015 - C-649/13 (Nortel Networks), EuZW 2015, 593; EuGH, 4. 9. 2014 - C-327/13 (Burgo v. Illochroma), EuZW 2015, 34; EuGH, 22. 11. 2012 - C-116/11 (Handlowy v. Christianapol), EuZW 2013, 141; EuGH, 17.11.2011 - C-112/10 (Zaza Retail), EuZW 2011, 966; EuGH, 21. 1. 2010 - C-444/07 (MG Probud), EuZW 2010, 188 を参照のこと。
16) この点については、EuGH, 10. 12. 2015 - C-594/14 (Kornhaas), NJW 2016, 223; EuGH, 16. 4. 2015 - C-557/13 (Lutz v. Bäuerle), EuZW 2015, 429; EuGH, 15. 10. 2015 - C-310/14 (Nike European Operations Netherlands v. Sportland Oy), EuZW 2016, 35 がある。
17) 倒産手続に関する2000年5月29日の理事会規則（（EG) Nr.1346/2000）の適用に関する委員会報告書（COM (2012) 743 final）。
18) Hess/ Oberhammer/ Pfeiffer, European Insolvency Law - The Heidelberg-Luxembourg-Vienna Report, 2014 として、書籍の形で公刊されている。
19) COM (2012) 744 final.

がなされた[20]。委員会草案は、その後、立法手続において担当機関によって審議され、その際に、この種の事案でよくあることであるが少なからず修正が加えられた。

## 4 2015年EU倒産規則

改正に向けた努力の結果、倒産手続に関する規則（Nr. 2015/848. 以下では2015年倒産規則という）は、2015年5月20日に、すなわち、2000年倒産規則施行15年を間近に迎える日に公布された。それまでの倒産規則と比べて、2015年倒産規則は、非常に規模が大きくなった。すなわち、検討理由は33から89になり、また条文数は47から92に増えた。2015年倒産規則は、従前の基本構造や多くの基本的判断を踏襲ないし発展させたが、細部では多くの変更を行っている。そこで、規則の立法者は、たんなる規則の変更ではなく、むしろ、まったく新しい立法手続を行うように指示したものと考えられる[21]。2015年倒産規則の附則Dに掲げられた表は、多くの修正がなされたものの、双方の規則を比較する手助けになる。

2015年倒産規則の外形的構造は、従前の法と広範囲にわたり一致している。すなわち、詳細な検討理由に基づき、第1章においては、とくに適用範囲、国際倒産管轄、および準拠法に関する一般規定が続いている。それに引き続き、第2章は承認問題、第3章は——かなり増加したが——第二倒産手続、そして

---

[20] たとえば、ドイツ法の観点からは、Beck, EU-Kommission gibt Reform des Insolvenzrechts neuen Schub, ZVI 2013, 250; Kindler, Hauptfragen der Reform des Europäischen Internationalen Insolvenzrechts, KTS 2014, 25; Mock, Das (geplante) neue europäische Insolvenzrecht nach dem Vorschlag der Kommission zur Reform der EuInsVO, GPR 2013, 156; Prager/ Keller, Der Entwicklungsstand des Europäischen Insolvenzrechts, WM 2015, 805; Reuß, Europäisches Insolvenzrecht 3.0 oder doch nur Version 1.1? - Der Vorschlag der Kommission vom 12.12.2012 zur Reform der Europäischen Insolvenzverordnung, EuZW 2013, 165; Thole, Die Reform der Europäischen Insolvenzverordnung - Zentrale Aspekte des Kommissionsvorschlags und offene Fragen, ZEuP 2014, 40; Thole/ Swierczok, Der Kommissionsvorschlag zur Reform der EuInsVO, ZIP 2013, 550 を参照のこと。

[21] 同様にブリュッセル(I)規則を改正し、ブリュッセル(Ia)規則に移行する際も、そのようになされた。これとは異なって定められたのが、いわゆるヨーロッパ少額事件手続の場合である。すなわち、少額債権に関するヨーロッパ手続の導入に関する2007年7月11日規則（Nr. 861/2007. ABl. 2007 L 199/1）は、2015年12月16日 Nr.2015/2421規則によって瞬時に変更された（ABl. 2015 L 341/1）。

第4章は債権者の情報提供および債権届出である。経過規定および最終規定に関する最終章（これまでは第5章、現在は第7章）の前に、2015年倒産規則では2つのまったく新しい章、すなわち、コンツェルン倒産に関する章（第5章）、およびデータ保護に関する章（第6章）が挿入された。

2015年倒産規則は、すでに2015年6月25日に発効している（92条）。もちろん、この倒産規則は、2017年6月26日以降に開始した倒産手続に対してのみ適用される（84条1項1文[22]）。2000年倒産規則は廃止されるものの（91条1項）、2017年6月26日よりも前に開始した、あるいは開始するであろう手続については、引き続き基準となる（84条2項）。また、債務者がそれ以前になした法的行為についても、従前の法状況が引き続き妥当する（84条1項2文）。2015年倒産規則において定められたいくつかの変更は、各構成国レベルで、新たな実施規則の制定を要するものである。そこで、ドイツについては、連邦司法省が2016年7月27日にドイツでの実施法に関する参事官草案を提出している。そして、その計画によると、倒産法施行法（EGInsO）に新たな規定（102c条）を挿入し、その規定は25の条文を有するとされている[23]。

場所的・人的観点からは、2015年倒産規則は2000年倒産規則と同様に、デンマークを除くEU全体に適用されるものである（参照、検討理由88）。イギリスおよびアイルランドは、司法協力に関する立法については選択権を留保しているが、両国は2015年倒産規則の適用を認めるとの選択権を行使した（参照、検討理由87）。もっともイギリスについては、〔現実に〕そのようになるのかは、間近に迫ったEU脱退（"Brexit"）にかんがみると大いに疑問がある[24]。

---

22) 84条1項の条文の文言は、条文の編集ミスがある（2017年6月26日"後！"）。つぎの文献も参照のこと。Wagner, Aktuelle Entwicklungen in der justiziellen Zusammenarbeit in Zivilsachen, NJW 2016, 1774 Fn. 5.
23) たとえば以下において閲覧可能である。https://www.bmjv.de/SharedDocs/Gesetzgebungsverfahren/DE/Verordnung_ueber_insolvenzverfahren.html. この点については、Skauradszun, Anmerkungen zum RefE des BMJV für ein Durchführungsgesetz zur neuen EuInsVO 2015, DB 2016, 2165を参照のこと。
24) この点については、Hess, Back to the Past - BREXIT und das europäische internationale Privat- und Verfahrensrecht, IPRax 2016, 409（416, 同頁は、とくにヨーロッパ倒産規則についてである）を参照のこと。

## III 2015年倒産規則の重要な改革

　以下では、2000年倒産規則と比較して、2015年倒産規則が有するもっとも重要な改革を紹介する[25]。説明の順番は、2015年倒産規則の外形的枠組みに沿うものである[26]。

### 1 事項的適用範囲の拡大

　2000年倒産規則と同様に、2015年倒産規則は、固有のヨーロッパ倒産手続を創設したのではなく各構成国の倒産法に積み上げたものであり、そして、各構成国によって指定された附則Aで掲げられた手続を対象とする（2015年倒産規則1条1項3段、従前は2000年倒産規則2条（a））。その際、附則Aにおいて手続の種類を掲げるというのは、たんにリストに掲げたということだけではなく、規則の適用との関係において創設的な効果をも意味する。とくに、この附則において掲げられた手続の種類の効力だけが、2015年倒産規則19条以下（従前は、2000年倒産規則16条以下）の規定に基づき、ただちに他のすべての構成国において承認される。

　2015年倒産規則は、これまでと同様に、包括手続という概念と結びついている。この概念は、現在、2条1号において定義づけられており、そこでは、すべての債権者が関与するのではなくて、債権者のうち主要な者だけが関与する手続も考えられていることは、注目に値する（参照、検討理由14）。また、倒

---

25) さらに、Albrecht, Die Reform der EuInsVO ist abgeschlossen - eine Übersicht, ZInsO 2015, 1077; Frind/ Pannen, Einschränkung der Manipulation der insolvenz-rechtlichen Zuständigkeiten durch Sperrfristen - ein Ende des Forum Shopping in Sicht?, ZIP 2016, 398; Fritz, Die Neufassung der Europäischen Insolvenzverordnung: Erleichterung bei der Restrukturierung in grenzüberschreitenden Fällen?, DB 2015, 1882 und 1945; Kindler/ Sakka, Die Neufassung der Europäischen Insolvenzordnung, EuZW 2015, 460; Parzinger, Die neue EuInsVO auf einen Blick, NZI 2016, 63; Vallender, Europaparlament gibt den Weg frei für eine neue Europäische Insolvenzverordnung, ZIP 2015, 1513; Wimmer, Übersicht zur Neufassung der EuInsVO, jurisPR-InsR 7/2015 Anm. 1 の紹介論文も参照のこと。

26) データ保護に関して2015年倒産規則78条から83にかけて新たに採用された規定は、とくに倒産法上の内容を有するものではないため、ここでは詳細には論じない。

産手続の開始が公に知らされることがなく、それゆえ、"公開の包括手続"ではない、秘密裏に実施される倒産手続もまた将来にわたり除外されたままである（検討理由12および13）。

とくに重要と思われるのは、附則Aに掲げる対象となった各構成国の手続の数が非常に増えたことである（この点については、検討理由9から18を参照）。2000年倒産規則が、"債務者の倒産を前提とし、債務者のすべてまたは一部の財産の差押、および管財人の選任を生じさせる"（2000年倒産規則1条1項）包括手続についてのみ適用されたのに対して、2015年倒産規則は、その事項的適用範囲を明らかに拡大した。すなわち、今度は、"暫定的手続を含む公開の包括手続が対象となるが、この包括手続は、倒産に関する法律上の規定に基づいて実施され、かつ救済、債務調整、更生または清算するために、(a) 債務者から、その者の財産に関する処分権能を全面的または部分的に奪い、そして管財人が選任される場合、(b) 債務者の財産および行為が、裁判所の管理もしくは監督に服する場合、または (c) 債務者と債権者との交渉を可能にするため、裁判所によって、または法律の規定に基づき個別執行手続が一時的に中止されることが認められ、その中止された手続が総債権者の保護のために適切な措置を規定しており、かつ、(a) または (b) に掲げられた手続のうちの1つを前置することに合意が見いだされなかった場合"になされる手続のすべてを含むものである（2015年倒産規則1条1項1段）。

2015年倒産規則1条1項の新規定、および2条3号での新たな法律用語の定義に基づき、倒産手続における債務者自身による財産管理もまた〔規則の適用に〕含まれることが明らかになった。これは自明のことのように思われる。なぜならば、すでに2000年倒産規則は、たとえば、倒産法270条に基づくドイツ倒産法上の自己管理に対して適用可能であったからである（2000年倒産規則2条(b)に関する附則Cは、倒産法274条にいうところの監督人（Sachwalter）も記載している）。さらに、注目すべきと思われるのは、将来、倒産開始前または倒産回避のために実施されるものの、管財人が選任されず、また債務者の財産に対する差押もなされない、たんなる再建手続も含まれる可能性があることである。倒産の蓋然性があるということだけで、そのような手続が開始するならば、その手続の目的は債務者の倒産を回避することか、あるいは債務者の営業活動停

止を回避することである（2015年倒産規則1条1項2段）。このことは、ドイツ法の視点からすると、倒産法270a条に基づく暫定的自己管理手続および倒産法270b条に基づくいわゆる傘の保護手続（Schutzschirmverfahren）も、それぞれ暫定的な監督人だけが選任されることから（倒産法270a条1項2文、同法270b条2項1文）、2015年倒産規則の適用範囲に含まれる可能性があることを意味する[27]。

## 2　主たる倒産手続の国際倒産管轄

　主たる倒産手続を開始する国際倒産管轄は、これまでと同様に主たる利益の中心地（COMI）に連結しており、現在は、——ヨーロッパ司法裁判所の判決にしたがい[28]——規則独自に定義されている。すなわち、"債務者が、通常、自己の利益を管理し、かつ第三者によって確認することができる場所" がそうであると考えられている（2015年倒産規則3条1項1段2文）。外形的な認識可能性を基準にしたことは（いわゆる、*business activity approach*）、重要であると思われる。なぜならば、それによって、これと反対の立場（いわゆる、*mind of management approach*）が否定されたことになるからである。

　これまで妥当してきた推定、すなわち、企業または法人の主たる利益の中心地（COMI）がその本拠地（Ort ihres Sitzes）であるとの推定は、維持されている（2015年倒産規則3条1項2段1文）。補充的に、規則の立法者は、今度は、それに相当する推定を自然人について規定した。すなわち、債務者が独立した営業活動または自由業を営む場合には主たる営業所、その他の場合には常居所が基準として設けられた（2015年倒産規則3条1項3段1文および4段1文）。これら3つの推定はすべて、反対事実の証明（Beweis des Gegenteils）によって覆すことが可能であり、検討理由30は、——ここでも、ヨーロッパ司法裁判所にならって[29]——これに近いことを示している。

　基準となる状況（本拠、主たる営業所または常居所）が、倒産手続開始申立前の

---

27) Kindler/ Sakka, EuZW 2015, 460, 461. この点について、附則Aにおいてこの種の手続を明示的に取り上げる必要があったのかは疑問である。取り上げる必要性を否定するのは、Fritz, DB 2015, 1882, 1883.
28) 基本となる判例として、EuGH, 2. 5. 2006 - C-341/04 (Eurofood), EuZW 2006, 337.
29) EuGH, 20. 10. 2011 - C-396/09 (Interedil v. Intesa), EuZW 2011, 912 を参照のこと。

一定期間のうちに別の構成国に移動した場合には、推定は適用されないことが明示された（2015 年倒産規則 3 条 1 項 2 段から 4 段の各 2 文）。この、いわゆる不信期間（Suspektperioden）または *lock back periods* は 3 カ月間であるが、常居所については 6 カ月とされている。この新しい規律の背景は債務者によるいわゆるフォーラム・ショッピングを阻止することにあるが、規則の立法者は、このフォーラム・ショッピングを好ましくないと考えただけでなく、詐欺または権利濫用に近いものである――正しくは区別ができない――と考えた（検討理由 29 および 31[30]）。不信期間は法律上の推定だけを覆すことに注意すべきであり、主たる利益の中心地（COMI）が個別具体的事案において申立ての直前に実際に移動したと証明することは依然として可能である[31]。

これと関連して、倒産手続の申立てがなされた裁判所が、あるいは、裁判所に申立てがなされなかった場合には管財人が、職権で倒産手続開始のための国際管轄を審理することに関して新しい規律が設けられたことも言及に値する（2015 年倒産規則 4 条[32]）。さらに、債務者、債権者および――倒産法廷地法に基づき――他の手続関係者が、主たる倒産手続開始の判断を取消す可能性も新たに定められた（2015 年倒産規則 5 条）。どのような法的救済がこれに対して認められるのかは、もちろん、規則では定められておらず、倒産法廷地法である〔各構成国の倒産に関係する国内〕手続法に課されている[33]。

先に挙げた措置が、いわゆる免責を追い求めるツアー（Restschuldbefreiungs-Tourismus[訳者注2]）のインセンティヴをなくさせるのに実効性があるのか、その判断には今しばらく時間を要する[34]。その他に、外国倒産手続の承認に関する法については、新しくルール化がなされていないことに注意を要する。すなわ

---

30) フォーラム・ショッピングとは区別をして考えることに賛成するのは、たとえば、Fritz, DB 2015, 1882, 1885.
31) 明確に述べるのは、Fritz, DB 2015, 1882, 1885; Parzinger, NZI 2016, 63, 65.
32) この点については、Vallender, ZIP 2015, 1513, 1515 f. を参照のこと。
33) Vallender, ZIP 2015, 1513, 1516; Wimmer, jurisPR-InsR 7/2015 Anm. 1, II.4.
（訳者注2）　免責の可否や条件については各構成国で異なるため、債務者は免責獲得に有利な国で倒産手続を開始しようとするフォーラム・ショッピングの一形態。
34) このことが成功するのか懐疑的であると述べるのは、Kindler/ Sakka, EuZW 2015, 460, 462. Näher Frind/ Pannen, ZIP 2016, 398 ff.

ち、倒産手続の開始はヨーロッパレベルで承認されること（2015年倒産規則19条1項1文、従前は2000年倒産規則16条1項1文）、承認義務は倒産手続の開始および終了について下された裁判にも及ぶこと（2015年倒産規則32条1項、従前は2000年倒産規則25条1項）、そして外国倒産手続の承認は例外的に公序の留保に基づく場合にのみ拒否することができること（2015年倒産規則33条、従前は2000年倒産規則26条）は、これまでと同様である。正当な立場によれば、免責可能性を得ようとして債務者がそのCOMIを濫用的に他の構成国に移動した場合に、手続開始地国の裁判所が国際倒産管轄を十分に審査しなかったとしても、公序違反があったとはいえない[35]。また、2015年倒産規則3条も4条も、ただちに公序に属するものではないことは、これまでと同様である。これと異なり、倒産手続開始地国における裁判所が、2015年倒産規則5条に反して、国際倒産管轄を認めることに反対する債権者に実効的権利保護を与えなかった場合には、公序違反となりうるであろう。

### 3　関連手続に関する国際倒産管轄

長い間にわたって大いに議論されてきたのは、いわゆる関連訴訟ないし倒産財団増殖訴訟（Annex- bzw. Massesanreicherungsklagen）がブリュッセル(I)規則または2000年倒産規則の適用範囲のいずれに含まれるのか、そして、どの管轄ルールが適用されるのかであった[36]。周知のように、ヨーロッパ司法裁判所は、実務上最も重要なケース、すなわち否認訴訟につき2000年倒産規則が事項的に適用され、また同規則3条1項が関係するとして、この議論を終結させた[37]。それによると、ひとたび裁判所の管轄が主たる倒産手続開始地国において認められると、このことは——ブリュッセル(I)規則の体系で定められている被告住所地原則（*actor sequitur forum rei*）の基本原則とは異なり——否認訴訟の相手方が他の構成国に住所を有している場合にも妥当するとされた。さらに進んで

---

[35] 近時、明確に述べるのは、たとえば、BGH, 10. 9. 2015 - IX ZR 304/13, ZIP 2015, 2331.
[36] この点について、より詳細にはHau, Massenanreicherung und Gläubigerschutz im Europäischen Insolvenzrecht - Anfechtung, Eigenkapitalersatz und Durchgriffshaftung, in: Gottwald, Europäisches Insolvenzrecht - Kollektiver Rechtsschutz, 2008, S. 79 を参照のこと。
[37] EuGH, 12. 2. 2009 - C-339/07 (Seagon v. Deko), EuZW 2009, 179.

ヨーロッパ司法裁判所は、後に関連訴訟について、被告が第三国に住所を有する場合にも倒産手続における管轄集中（vis attractive concursus）を肯定した[38]。

規則の立法者は、このヨーロッパ司法裁判所の判決を2015年倒産規則6条で採用している。すなわち、2015年ヨーロッパ倒産規則3条に基づく管轄は、"倒産手続から直接生じ、かつ密接な関係にある"訴訟に拡張されるとした（6条1項）。その際に、例として否認訴訟が挙げられたが、しかし、それに限られるとはしなかった。それ以外にどのような事件類型が倒産法特有の関連訴訟に分類されるのかという問題について規則は答えておらず、むしろ、各国の法に委ねられたままになっている[39]。いずれにしても、検討理由35が明らかにしているように、債務者が手続開始前に締結した契約から生じた義務の履行に関する通常訴訟は、これに該当するとは考えられていない。

2015年倒産規則6条1項が原則として専属管轄であることは明らかである[40]。もっとも、管財人は、——あるいは自己管理の場合には、債務者が——2015年倒産規則6条2項および3項に基づき、関連訴訟を被告の住所地においても提起することができる。しかし、それは、関連訴訟が同一被告に対する別個の民商事法上の訴訟と密接な関係に立ち、かつブリュッセル（Ia）規則4条以下に基づき、後者の訴訟について住所地国裁判所が管轄を有する場合である。この点について、検討理由35が挙げている例としては、倒産管財人が企業経営者に対して責任追及を行い、その際に、倒産法上の責任訴訟（すなわち、関連訴訟）をその他の会社法上または不法行為法上の訴えに併合する場合である。

関連訴訟で下された判決の承認は、2015年倒産規則32条1項2段にした

---

[38] EuGH, 16. 1. 2014 - C-328/12 (Schmid v. Hertel), NJW 2014, 610; EuGH, 4. 12. 2014 - C-295/13 (G.T. v. H.K.), EuZW 2015, 141.

[39] この点について、ドイツ法の観点から列挙をしている Vallender, ZIP 2015, 1513, 1517 を参照のこと。同論文では、倒産法81条が関係する同法24条に基づく訴訟、刑法283条以下が関係する民法823条2項に基づく訴訟、倒産法92条および93条に基づく訴訟、債権表記載債権の確定を求める訴訟、倒産管財人がなした行為の有効性に関する訴訟、支払不能時点以降または債務超過確定時以降になされた金銭の返還を債務者である企業の経営者に対して求める倒産管財人の訴訟、および、倒産管財人の責任に関する賠償請求を求める訴訟が掲げられている。

[40] 同趣旨を説くのは、Vallender, ZIP 2015, 1513, 1517; Wimmer, jurisPR-InsR 7/2015 Anm. 1, II.5.

がって、倒産手続における裁判に関して 2015 年倒産規則で定められているルールにより判断される。つまり、2015 年倒産規則 32 条 2 項にしたがって、ブリュッセル（Ia）規則の規定により判断されるわけではない。

### 4　抵触法

　2015 年倒産規則は、倒産抵触法について変更をほとんど行っていない。労働契約に関する特別連結について 2015 年倒産規則 13 条 2 項において挿入され明確にされた点、すなわち、労働契約の終了または変更に関する同意については、主たる倒産手続が開始した国の裁判所がただちに管轄を有するわけではないということが明らかにされたが、これは本来の意味での抵触規範ではない。さらに、倒産手続の効力が係属中の訴訟に及ぼす影響に関する規律が補充されたと説かれる。すなわち、倒産財団の対象について仲裁手続が申し立てられた場合に、倒産手続がどのような効果を有するのかという問題は仲裁手続の法に服することを、2015 年倒産規則 18 条は明確にした。もっとも、仲裁判断の承認および執行に関する規定は、このルールによって変更を受けるものではない（検討理由 73 の 2 文）。

### 5　倒産の登録

　ヨーロッパレベルで、インターネットによる倒産の登録を行うシステムが暫時導入されたことは、2015 年倒産規則の重要な改革である（この点については、検討理由 75 から 80 を参照）。このことを通じて、法的交流および商取引〔に際して〕は、EU で開始し進行しているすべての倒産ないし再生手続について、容易、即時かつ無料で情報を入手することができるとされた。ドイツをはじめいくつかの構成国では、すでにオンラインでアクセスが可能な倒産登録〔制度〕があり[41]、またすでに 2014 年 7 月以来、ヨーロッパ司法ポータルに相互にリンクしている[42]。2015 年倒産規則は、この制度と結びついている。この目的

---

41) ドイツについては、倒産法 9 条および以下を参照のこと。
　www.insolvenzbekanntmachungen.de.
42) 以下を参照のこと。https://e-justice.europa.eu/content_insolvency_registers-110-de.do.

〔の達成〕のために、24条および27条は、いまやすべての構成国に対して、国内レベルでインターネットベースの倒産登録〔制度〕を導入することを義務付け、少なくとも規則で定められた情報については、無料でアクセスできるようにしなければならないとした。データ保護法に基づいて、自然人の倒産については例外が定められている（2015年倒産規則24条4項および27条3項）。次のステップとしては、すでに設けられた、あるいは新しいルールによって創設されることとなる各国の登録〔制度〕は、相互にネットワーク化されることになっている（2015年倒産規則25条）。すなわち、遅くとも2019年6月26日までに、EU司法ポータルにおいて、EUレベルで集中化した電子アクセスのポイントを設置するように努力がなされている（https://e-justice.europa.eu）。このシステムは、各国のすべての倒産登録における、義務に関する情報や、その他すべての書類や情報の検索をEUのすべての公用語で可能にするものである。

このインターネットベースによる倒産登録という新しいヨーロッパのシステムによって、これまでの規律、すなわち、倒産手続の開始に関する裁判や、それに伴い必要に応じてなされる管財人の選任に関する裁判が他の構成国において公告され、またそれらの国で登録されるとの規律が変更を受けるものではない（現在は2015年倒産規則28条および29条において規定されている）。もっとも、管財人は、そのような措置をなす権限を有するだけでなく、一定の要件下でそのようにする義務を負う点が新しくなった。

## 6　第二倒産手続

すでに述べたように、第二倒産手続の法に関する先行判決問題（Vorlagefragen）の中でも、とくに主たる倒産手続との調整に関する問題は、これまで2000年倒産規則についてヨーロッパ司法裁判所が下した裁判や学問的議論の重点領域を形成している[43]。それゆえ、倒産規則の改正がとくにこの問題領域に深く関係してきたことは、驚くに値しない。関連するのは、現在の2015年倒産規則3条2項から4項、同規則34条から52条、さらに検討理由

---

43) 詳細は、Fehrenbach, Haupt- und Sekundärinsolvenzverfahren - Zur sachgerechten Verfahrenskoordination bei grenzüberschreitenden Unternehmensinsolvenzen, 2014 を参照のこと。

37 から 50 である。

　さらに、2015 年倒産規則の新たな規定は、債務者が他の構成国に 2015 年倒産規則 2 条 10 号にいう営業所を有する場合には、その（あるいは複数の）構成国で第二倒産手続を開始することができるとした。その際、第二倒産手続の効果は、第二倒産手続が開始した構成国領域に所在する債務者の財産に制限される点は、そのまま維持された（現在は、2015 年倒産規則 34 条 3 文）。しかし、従前の 2000 年倒産規則 3 条 3 項 2 文では、第二倒産手続は清算手続でなければならないとしていたが、この規定は削除された。それどころか、将来、営業所所在地国法に基づき、個別具体的事件において主たる倒産手続と第二倒産手続との間に一貫性のある手続の種類を選択することができるとされた（参照、2015 年倒産規則 38 条 4 項および 51 条）。

　第二倒産手続は、主手続の普及効を打ち破るものである(訳者注3)。債務者の倒産財団が非常に錯綜している場合に財団全体を管理するときや、関係する法体系の相違が著しいと考えられる場合に、この手続は有用であることが実証されている（参照。検討理由 40）。これらの場合、主たる倒産手続の管財人は、2015 年倒産規則 37 条 1 項（a）にしたがい、第二倒産手続の開始を申し立てる。しかし、実際には、申立ては、むしろ 2015 年倒産規則 37 条 1 項（b）がいう他の者によって、とくに 2 条 11 号にいう、その地域の地元債権者（lokale Gläubiger）によってなされている。また、管財人は、これらの場合には、第二倒産手続の開始に反対することが少なくない。なぜならば、第二倒産手続は倒産財団の効率的な管理を妨げることになりかねないとの危惧を、管財人が抱いているからである（参照、検討理由 41）。実際に、地元の債権者達は管財人に対して、第二倒産手続を開始させると威嚇することで、不当に優遇してもらおうとしてプレッシャーを試みていることが明らかになっている[44]。これを背景に、新しいルールは 2 つのことを明らかにしている。すなわち、一方で、2015 年倒産規則 38 条 1 項によると、第二倒産手続の申立てがなされた裁判所は、主たる倒産手続の管財人にその申立てを知らせて聴聞しなければならないとし、

---

（訳者注 3）　主たる倒産手続の効力は第二倒産手続が開始した国には及ばない。
44）たとえば、Wimmer, jurisPR-InsR 7/2015 Anm. 1, II.7.a を参照のこと。

他方で、2015 年倒産規則 39 条によると、主手続の管財人は、第二倒産手続の開始を命じた裁判の取消しを求める権限を有するというものである。

　さらに、その他に、2015 年倒産規則の特色として、不必要な第二倒産手続を回避あるいは少なくとも中止することが挙げられる。とりわけ、2015 年倒産規則 36 条における、倒産実務に基づいたモデルに適合している興味深くかつ詳細なルールは、このことを裏付けている。すなわち、第二倒産手続開始を不要にするために、主手続の管財人は、第二倒産手続の開始が可能な構成国に所在する財産を考慮して、以下のことを保証することができるとした。すなわち、その保証とは、管財人が、当該財産または換価して取得した金銭を配分するに際しては、あたかも第二倒産手続が開始した場合におけるのと同じだけの、各構成国法による配当を受ける権利ないし優先権を認めるというものである[45]。そこで、"仮想的 virtuell" あるいは "総合的 synthetisch" 第二倒産手続とよばれる[46]。このような保証 Zusicherung（約束 undertaking）を管財人が書面で付与し（4 項）、また、知られたる地元債権者が[47]——場合によっては、条件付きの多数債権者が——承認した場合には、その保証は拘束力を有する（6 項）。地元債権者は、保証の遵守を裁判所に審査してもらうことができるし（7 項から 9 項）、違反があったときには管財人に責任を負わせることができるが（10 項）、当初予定されていたものとは異なり、保証それ自体は債務名義となるものではない[48]。管財人が保証をなし、これが拘束力を有するとしても、2015 年倒産規則 37 条 2 項に基づき、30 日以内に第二倒産手続の開始を申し立てることができる。管財人によって申し立てられた裁判所は、保証を通じて地元債権者の利益一般が適切に保護されていると確信した場合には、2015 年倒産規則 38 条 2 項に基づいて第二倒産手続の開始申立を却下しなければならない。2015 年倒産規則 38 条 3 項は、さらに別の選択肢、すなわち、申し立てられた第二倒産手続の開始を最低 3 カ月間、中止することを定めている。

---

45) この点についての詳細は、Mankowski, Zusicherungen zur Vermeidung von Sekundärinsolvenzen unter Art. 36 EuInsVO - Synthetische Sekundärverfahren, NZI 2015, 961 を参照のこと。
46) この専門用語については、Parzinger, NZI 2016, 63, 66 を参照のこと。
47) ドイツについては、倒産法 244 条を参照のこと。
48) この点については、たとえば、Vallender, ZIP 2015, 1513, 1518 を参照のこと。

第二倒産手続が実施された場合、2015年倒産規則41条は、これまでと同様に、関係する管財人間で国境を越えた協力および意見交換を行うための詳細な準則を定めている。新たに加わったのは、管財人間の準則に対応する、裁判所相互の間（2015年倒産規則42条）および管財人と裁判所との間（2015年倒産規則43条）の協力に関する準則である。検討理由48は、このこととの関係で、2009年7月1日のUNCITRALによる国境を越えた倒産協力に関する実務ガイド（Practice Guide on Cross-Border Insolvency）に相当する選択肢を示している[49]。また、実務上の指針として、国境を越える倒産手続のための意見交換および協力に関するヨーロッパ・ガイドライン（European Communication and Cooperation Guidelines on Cross-Border Insolvency Proceedings）が有用である。このガイドラインは、WesselsとVirgósがINSOL Europaの委託により提出したものである[50]。注意すべきは、2015年倒産規則は、協力義務に違反したとしても制裁が定められていないことである。

## 7　債権届出

　2015年倒産規則は第4章において、実務上、法の実現のために重要な、債権者に対する情報提供および債権届出に関する新たなルールを導入した。将来、管轄裁判所または管財人は、2015年倒産規則54条に基づき、ヨーロッパの司法ポータル（https://e-justice.europa.eu）において、すべての公用語で公開される標準通知書を用いて、債権者に倒産手続の開始を知らせる義務を遵守するものとされた。手続開始の統一的通知や、すでに言及したインターネットベースの倒産登録に関するヨーロッパのシステム、そしてその他の新しい規律は、債権者が国境を越えた債権届出を容易に行えるようにすることを目的としている。そこで、2015年倒産規則53条1文は、2000年倒産規則39条とは異なり、書面による債権届出を求めず、手続開始地国法が定めるコミュニケーション手段であればいずれも十分であるとした。さらに、規則は、債権届出に際して各構成

---

49）以下を参照のこと。http://www.uncitral.org/pdf/english/texts/insolven/Practice_Guide_Ebook_eng.pdf.
50）以下を参照のこと。http://bobwessels.nl/wp/wp-content/uploads/2016/08/CoCo-Text-October-2007.pdf.

国の法が弁護士の協力を必要とすることを禁じた（2015 年倒産規則 53 条 2 文）。

とくに重要と思われるのは、債権者が利用可能であるものの利用義務はない債権届出の標準書式を、ヨーロッパ委員会が 2015 年倒産規則 55 条に基づき別途提供していることである（参照、4 項）。これまで、届出は、任意の EU 公用語を用いてなされていたが、今後も、債権者から手続開始地国の公用語に翻訳することが求められる場合がある（5 項）。届出期間は、2015 年倒産規則 55 条 6 項により、原則として手続開始地国法により定まるが、外国債権者を保護するために、倒産登録の公開から最低限 30 日の期間が規則上定められている。

2000 年倒産規則では、第 4 章において、手続開始地国以外の構成国に常居所、住所または居所を有している債権者に対してのみ、情報提供および債権届出に関するルールが適用されることを明らかにしていた。したがって、そのルールでは、第三国（たとえば、日本）に居住している債権者はメリットがない。新しい第 4 章は、たしかに、"外国債権者" と述べているが、このことは 2015 年倒産規則 2 条 12 号での定義が示すように、構成国の債権者のみを指している。したがって、第三国の債権者の法的地位は、引き続き、各構成国の倒産法によって定められることになる[51]。

## 8　コンツェルン企業の倒産

2015 年倒産規則は、詳細な規定を有する新しい第 5 章（56 条から 77 条）によって、国境を越えたコンツェルンの倒産という実務上非常に困難かつ複雑な倒産事件を扱うことを初めて試みた。一読に値する検討理由（とくに 51 から 62）によって、規則の立法者が新たなルールについて約束していることのイメージが伝わる。規則がコンツェルンという概念を用いずに、"企業グループ" と述べていることは、とくに重要とは思われない。倒産規則 2 条 13 号により、この "企業グループ" という言葉には親会社とすべての子会社が含まれ、その際、"親会社" とは、1 つまたは複数の子会社を直接的または間接的に支配する会社をいうと解される（14 号[52]）。この法概念の定義は注目に値する。なぜなら

---

51) 従前の法状況については、Mäsch, in: Rauscher, Europäisches Zivilprozess- und Kollisionsrecht, Band II, 4. Aufl. 2015, Art. 39 EG-InsVO Rn. 8 だけを参照のこと。

ば、この新しいルールは、従属的結合（Unterordnungskonzerne）のみ関係し、水平的結合（Gleichordnungskonzerne）には関係しないことを明らかにしたからである[53]。

　同一企業グループに属する複数の企業の財産について倒産手続が開始し、すべての企業が同一の構成国に主たる利益の中心地を有する場合には、大きな問題は生じない。国際倒産管轄は、2015年倒産規則3条1項に基づき、すべての債務者企業について単一の法廷地だけが認められ、また、すべての手続について同一人が管財人に選任されることを通じて、裁判所は手続の協調を容易にすることができる（参照、検討理由53）。

　ある企業グループに属する複数の企業が複数の構成国に主たる利益の中心地（COMI）を有する場合は、大きな問題が伴う。この点について、2015年倒産規則は、すでにヨーロッパ司法裁判所が確認した原則[54]、すなわち、企業グループに属する企業が倒産した場合、それぞれ別個に独自の手続が開始されなければならず、また、手続法上あるいは実体法上、複数の倒産手続が統合されることはないということを堅持した。また、学説において議論された提案、すなわち、親会社の本拠（Sitz）にヨーロッパ法上の統一的コンツェルン管轄を設けるとの提案については、規則の立法者は、（まだ）採用しなかった[55]。

　その代わりに、2015年倒産規則は、企業グループを構成する個々の企業についての倒産手続が調和して進展するようにした。この点について2つの試みがなされ、それにより第4章に2つの節が設けられた。すなわち、第一に、協調行動と意見交換に関するもの（56条から60条）、第二に、グループ調整手続の可能性（61条から77条）についてである。検討理由62が明らかにしているところによると、以下に概略する諸規定が適用されるのは、同一企業グループに属する複数企業の財産に関する手続が、複数の構成国において開始した場合だけである[56]。

---

52）より詳細には Eble, Auf dem Weg zu einem europäischen Konzerninsolvenzrecht - Die "Unternehmensgruppe" in der EuInsVO 2017, NZI 2016, 115 を参照のこと。
53）このことに失望を示すのは、たとえば、Kindler/ Sakka, EuZW 2015, 460, 465.
54）EuGH, 15. 12. 2011 - C-191/10 (Rastelli v. Hidoux), EuZW 2012, 153 を参照のこと。
55）たとえば、このことに好意的であるのは、Dies begrüßen etwa Fritz, DB 2015, 1945 f.; Kindler/ Sakka, EuZW 2015, 460, 466; Vallender, ZIP 2015, 1513, 1530.

密接な協調行動と意見交換は、主手続と第二倒産手続の関係におけるのと同様に、個別手続が複数開始している場合の調整を可能な限り成功に導くことに資するとされる。これに関しては、2015年倒産規則41条から43条におけるのと同様に、56条から58条において、管財人も裁判所も義務を負い、また相互にネットワーク化を図っている。2015年倒産規則は協調義務に違反した場合でも制裁規定を定めていないことに注意する必要がある。もっとも、〔各国の〕倒産手続法が制裁、すなわち、管財人の責任を定めることは可能である[57]。管財人は義務を負うだけでなく、2015年倒産規則60条によって、同じ企業グループに属する他の企業について生じた手続において特別の権能をも有する。とくに重要であるのは、コンツェルンのレベルで再生による解決を可能にするために、時間を区切って換価行為を中止する権利が認められたことである（1項（b）および2項）。それぞれの管財人は、並行倒産手続において債権者集会に参加することができるが、議決権は有しない。

　第5章第2節において定められたグループ調整手続は、コンツェルンレベルで再生による解決をなすことについて賛同を得て実施する手続上の枠組みとして、関係者に貢献するものとされる。これもまた、2015年倒産規則72条3項が強調するように、倒産手続または倒産財団の協調にすぎず統合ではない。グループ調整手続の開始を申し立てることができるのは、グループ企業の財産に関する倒産手続で選任された管財人であればよく、グループ企業のうちの1つの企業に関する倒産手続について管轄を有する裁判所に申し立てればよい（2015年倒産規則61条1項。複数の構成国で申立てが競合する場合については、2015年倒産規則62条に注意すること）。債権者は申立権を有しない。管財人により申し立てられた裁判所が、グループ調整手続の開始が必要であると考えた場合、裁判所は、他のグループ企業の倒産手続のために選任された管財人にそのことを伝える（2015年倒産規則63条）。これらの管財人のうちの1人が異議を申し立てた場合、その管財人による倒産手続は、グループ調整手続には組み込まれない

---

56）渉外関係についてより詳細には、Wimmer, jurisPR-InsR 7/2015 Anm. 1, II.9.c を参照のこと。

57）たとえば、Parzinger, NZI 2016, 63, 67; Vallender, ZIP 2015, 1513, 1530; Wimmer, jurisPR-InsR 7/2015 Anm. 1, II.9.e を参照のこと。

（2015 年倒産規則 64 条および 65 条。事後にオプト・インする可能性については、2015 年倒産規則 69 条を参照）。管財人たちは、3 分の 2 の多数によって、グループ調整手続の開始が申し立てられた裁判所以外の裁判所が管轄を有すべきであるとの決定を行うことができる（2015 年倒産規則 66 条）。

グループ調整手続が開始すると、2015 年倒産規則 68 条 1 項（a）により、調整人（Koordinator・コーディネーター）が選任される[58]。この調整人は管財人の任免権を有するが、すでに管財人として選任されている場合や利益相反となる場合には調整人にはなることができない（2015 年倒産規則 71 条）。2015 年倒産規則 72 条により、コンツェルンレベルでの再生による解決に関する計画案の作成や具体化は管財人が責任を負う。とくに、管財人は、関係する倒産手続の機関の間で生じた紛争に際しては仲介しなければならない。調整人は、推奨または調整計画の形で提案を提示することができる。直接的な拘束力はそのような提案には生じないが、提案が実施されない場合には理由を述べる義務が生ずる（2015 年倒産規則 70 条 2 項 2 段）。

## 9　要約

新たなルールのうちの多く、とくに第二倒産手続およびコンツェルン倒産に関するルールについては、どの程度、実務上実施可能なものであるかを判断するには時間を要する。それにもかかわらず、2015 年倒産規則については、合理的な妥協の産物であること、そして国境を越える倒産手続を処理するためのヨーロッパでの法的枠組みをさらに改善しなければならないことは明らかである[59]。

## Ⅳ　展望——ヨーロッパ倒産法における今後の発展

とくに、いくつかの EU 構成国が深刻な損害を生じさせてしまった世界的な

---

[58] この者の法的地位についての詳細は、Eble, Der Gruppenkoordinator in der reformierten EuInsVO - Bestellung, Abberufung und Haftung, ZIP 2016, 1619 を参照のこと。
[59] 同じような意見表明として、たとえば、Kindler/ Sakka, EuZW 2015, 460, 466; Vallender, ZIP 2015, 1513, 1516, 1521; Wimmer, jurisPR-InsR 7/2015 Anm. 1, III を参照のこと。

財政危機を背景にすると、ヨーロッパ倒産規則をも越えた、倒産法のヨーロッパレベルでの統一が大いに議論されていることは驚くに値しない。そこで、ヨーロッパ委員会は、2012年12月12日に"会社および企業の倒産に際しての手続方法に関するヨーロッパの新たな試み"を公にした[60]。そこでは、構成国間における倒産法の著しい相違を克服し、企業の救済または再生を容易にするための諸方策が提案された。ヨーロッパ委員会は、すでに2014年3月12日に、企業破綻および企業倒産回避のための新たな試みに関する勧告(Nr. 2014/135/EU) を公にした[61]。検討理由一に基づいて、ヨーロッパ委員会は、次の点を確保する決意をした。"すなわち、財政的に窮境にあるものの存続可能な企業が、EUにおいて、その営業所所在地を問わずに早期に再建を行うことを可能にする構成国の倒産に関する枠組みにアクセスし、その結果として倒産を回避し、また、そのことを通じて債権者、被用者、株主および経済が全体として最大限価値を有するようにする。さらに、勧告によって、誠実であるにもかかわらず倒産となっている企業に、EUでもう一度チャンスが与えられる"と。この構成国に向けられたヨーロッパ委員会の勧告は、窮境にある企業のための各国倒産手続に関する共通原則、および、中小企業に関する倒産手続の時間と費用を抑える具体的方策を含むものである。また、ヨーロッパ委員会は、この勧告を、2015年9月30日の"資本市場共同体の形成に向けたアクションプラン"において、ふたたび取り上げた[62]。そこでは、ヨーロッパ委員会は、早期の企業再編および"セカンド・チャンス"に関する規定を含む、企業倒産に関する立法の草案を発表した。ヨーロッパ委員会は、2016年に、内容的に2014年勧告に沿うと考えられる指令の提案を提出するものと見込まれている。

　ヨーロッパではさらなる展開が、これまでと同様、具体的に見込まれている。

---

60) COM (2012) 742.
61) ABl. 2014 L 74/65. この点については、Gravenbrucher Kreis, Vorinsolvenzliches Sanierungsverfahren in Deutschland?, ZIP 2016, 1208; Lürken, Totgesagte leben länger - Neuer Anstoß aus Brüssel für die Einführung eines vorinsolvenzlichen Sanierungsverfahrens, NZI 2015, 3 を参照のこと。
62) COM (2015) 468. この点については、Graf-Schlicker, Der Aktionsplan zur Schaffung einer Kapitalmarktunion, Beilage zu ZIP 22/2016, 21; Schlegel, Harmonisierung des Rechtsrahmens für effiziente (vorinsolvenzliche) Unternehmenssanierung, DB 2016, 819 を参照のこと。

すなわち、こんにちすでに、EU 法は将来、国境を越える倒産だけではなく、国内倒産について基準となることが予測されている。換言すると、ヨーロッパ倒産法においては、国際倒産事件について単に協調するためのルールに向けた意思疎通を越えて、真の統一法を創設するための行動が、論理的であるしまた適切であると考えられている[63]。

---

63) この点に関する進展については、Oberhammer, Internationales Insolvenzrecht - Status quo und Perspektiven, in: Gottwald/ Hess, Procedural Justice, 2014, S. 1, 18 ff. だけを参照。

## 訳者付記

　本翻訳は、2016年11月2日（水）に青山学院大学青山キャンパスにおいて行われた、ドイツ連邦共和国パッサウ大学法学部教授ヴォルフガング・ハウ氏（Professor Dr. Wolfgang Hau）による講演会の原稿である。講演テーマの原題は、Zur Reform des Europäischen Insolvenz-rechtsである。講演会の開催に際しては、青山学院大学法学部の西澤宗英教授、フリードリッヒ・レンツ教授、松川実教授にご協力をいただいた。ここに厚く感謝を申し上げたい。講演者のハウ教授は、1968年にドイツで生まれ、ザールラント大学法学部、トリアー大学法学部などで学び、トリアー大学リンダッハー教授の下で博士論文、教授資格論文を作成している。その後、日本においても証明責任論で著名なムジラーク教授の後任として2003年にパッサウ大学法学部に赴任し（民法、民事訴訟法および国際私法講座を担当）、法学部長（2008年から2010年）、副学長（2010年から2014年）を歴任、また、2016年からミュンヘン高等裁判所判事も兼務している。また、学生向けの教科書として、Linke/ Hau, Internationales Zivilverfahrensrecht, 6. Aufl. 2015 (Dr. Otto Schmidt); Musielak/ Hau, Grundkurs BGB, 14. Aufl. 2015 (C. H. Beck) などを著している。

　本稿翻訳に際しては、講演者のハウ教授の了解のもと、日本語の理解を優先して訳出したため必ずしも文法には忠実ではなく、また、適宜、角括弧（〔　〕）を用いて補足している。

　最後に、ハウ教授の招聘に際しては、石川明教授記念手続法研究所（理事長・三上威彦慶應義塾大学法務研究科教授）による財政的援助を受けたことを特記し、謝意を表するものである。なお、本翻訳は科研費（課題番号15K03218）による研究成果の一部である。

初出：法学研究90巻3号33頁以下（2017年）

第 11 章

# 代替的紛争解決に関する
# 国際手続法上の基本問題

ヴォルフガング・ハウ

芳賀雅顯／訳

## I 序論

　長い間、代替的紛争解決――いわゆる裁判外紛争手続またはADRに属する――は、（国家による裁判所での）訴訟と（仲裁廷での）仲裁との間で目立たない存在であった<sup>(訳者注1)</sup>。このことは国内法の領域についていえるが、しかしまた、国境を越える問題についても同様に妥当する。ここ数年、立法者は、さまざまなレベルでこの問題を取り上げてきた。要するに、立法者は、これまでは自身の意思ないし当事者自治を通じて築き上げられてきた領域を規制または"法によって規律"しようと試みた。この規律は、一方では、信頼できかつ公正なADRの法的枠組みを創設することであり、他方では、国家裁判所での訴訟を当事者が思いとどまるような魅力を備えることであった。ADRの強化によって、インフォーマルな紛争解決制度が、国境を越えた取引または電子的取引における企業および消費者の信頼を更に獲得するという国民経済上の利点が期待された。もちろん、立法者は、国家財政上の理由から、司法予算を適切に分配する代わりに、市民に対して裁判外の制度に目を向けさせようとしていることは明白である。当事者の観点からすると、とくに費用の点において、裁判による救済方法が非常手段としてのみ考慮されることは十分理由のあるところであ

---

（訳者注1）　本報告においてハウ教授は、代替的紛争解決ないしADRという用語法に仲裁を含ませていない場合がある。

る。しかし、紛争が生じた際に、訴訟または仲裁を放棄することができるのは、ADR の手続によって得られる解決が、質または効率性という点において、国家裁判所または仲裁廷による判断と少なくともほぼ匹敵するような場合に限られる。このことは、国内事案においても、また渉外事案においても、具体的事案で問題となる法的問題および事実問題につねに左右される。

　しかしながら、訴訟および仲裁と比較した ADR の長所および短所は、以下では詳細に論ずることはしない。また、同様に本稿では、ADR の制度を国家として奨励することによって、伝統的司法制度、紛争処理に関する文化、さらには法制度全体が衰退することを危惧する、現在ドイツで大いに議論されている法政策的問題にも触れない[1]。むしろ、本稿の中心的問題意識は、近時、ドイツの学説において非常に注目を集めている国境を越える ADR 手続の実施に関する国際的な法問題だけである[2]。それゆえ、まず、関連する法源を紹介し（第Ⅱ章）、また、専門用語について若干言及する（第Ⅲ章[3]）。その後で、重要な基本問題について言及する。すなわち、管轄の問題（第Ⅳ章）、準拠法（第Ⅴ章）、手続結果の実現（第Ⅵ章）、強制調停（die obligatorische Streitschlichtung）（第Ⅶ章）、国際的協調（第Ⅷ章）および ADR 提供者の国際活動（第Ⅸ章）である。以下で行う検討の中心は、通常の民商事事件であり、家族法や相続法上の議論といった特別な分野は扱わない。また、本稿で扱われた視点は、比較法的概観を含むものではなく、むしろヨーロッパの視点、とくにドイツにおける法状況に限定している。

## Ⅱ　法源

### 1　ヨーロッパ法

（a）　概観

裁判外の紛争解決は、ヨーロッパ連合（EU）にとっては、2009 年 12 月 1 日

---

[1] 本テーマについて、現在のところ詳細であるのは、Fries, Verbraucherrechtsdurchsetzung, 2016. 非常に懐疑的であるのは、とくに、Halfmeier, Das VSBG verstärkt die Anreize zum Rechtsbruch, VuR Sonderheft 2016, 17; Roth, Die Zukunft der Ziviljustiz, ZZP 129 (2016), 3.

のリスボン条約施行後、一次法において定着した重要テーマの1つである。それ以降、機能条約（ヨーロッパ連合の機能に関する条約）81条2項（g）は、EU固有の規律目的として、"紛争解決のための代替的手段の発展"を強調している。

---

2) 最近のドイツ語による文献として、Althammer, Verbraucherstreitbeilegung: Aktuelle Perspektiven für die Umsetzung der ADR-Richtlinie, 2015; Arntz, Die Eskalationsklausel im internationalen Rechtsverkehr, RIW 2014, 801; Blobel/ Späth, Streitbeilegungsvereinbarungen im Schatten des europäischen Gemeinschaftsrechts - Ein rechtsvergleichender Überblick, ZEuP 2005, 784; Brandl, Internationale Schlichtungsverfahren in Wirtschaftsstreitigkeiten: Umsetzungs- und Entwicklungsperspektiven für das deutsche Recht nach dem UNCITRAL Modellgesetz (2002), 2016; Ewert, Grenzüberschreitende Mediation in Zivil- und Handelssachen, 2012; Friedrich, Das UNCITRAL-Modellgesetz über die internationale Handelsschlichtung, 2006; Gössl, Verbraucherschlichtung im Handel mit ausländischen Verbrauchern gemäß § 19 VSBG, RIW 2016, 473; Großerichter, Die Bestimmung des in der Mediation anwendbaren Rechts vor dem Hintergrund neuerer legislativer Entwicklungen, Gedächtnisschrift für Unberath, 2015, S. 121; Großerichter, Mediationsverfahren mit Auslandsberührung, in: Eidenmüller/ Wagner, Mediationsrecht, 2015, Kap. 12; Hess, Europäische Perspektiven der Mediation in Zivilsachen, in: Dethloff, Freiwilligkeit, Zwang und Gerechtigkeit im Kontext der Mediation - Europäische und deutsche Perspektiven, 2013, S. 25; Hess, Die EU-Richtlinie zur Verbraucherstreitbeilegung: Entlastung oder Schwächung der Justiz?, Festschrift für Müller-Graff, 2015, S. 390; Höxter, Das Verbraucherstreitbeilegungsgesetz im Kontext grenzüberschreitender Streitigkeiten, VuR Sonderheft 2016, 29; Hutner, Das internationale Privat- und Verfahrensrecht der Wirtschaftsmediation, 2005; Koehler/ Müller, Alternative Streitbeilegung und Schiedsverfahren, in: Leible/ Terhechte, Europäisches Rechtsschutz- und Verfahrensrecht (= Enzyklopädie Europarecht, Band 3), 2014, § 26; Kröll, Eskalationsklauseln im internationalen Wirtschaftsverkehr, ZVglRWiss 114 (2015), 545; Meller-Hannich/ Krausbeck,"ADR"und"ODR": Kreationen der europäischen Rechtspolitik. Eine kritische Würdigung, ZEuP 2014, 8; Röthemeyer, Verfahren nach VSBG und ZPO im Vergleich, VuR Sonderheft 2016, 9; Rühl, Die Richtlinie über alternative Streitbeilegung und die Verordnung über Online-Streitbeilegung - Effektiver Rechtsschutz bei grenzüberschreitenden Verbraucherverträgen?, RIW 2013, 737; Rühl, Die Richtlinie über alternative Streitbeilegung: Handlungsperspektiven und Handlungsoptionen, ZZP 127 (2014), 61; Tsikrikas, Verfahrensrechtliche und kollisionsrechtliche Fragen der Mediation, ZZPInt 19 (2014), 281; Unberath, Internationale Mediation - Die Bestimmung des maßgeblichen Rechts, Festschrift von Hoffmann, 2011, S. 500.

　また、最近の英語による文献として、とくに、European Review of Private Law, Vol. 24 (2016) Issue 所収の諸文献、および、Alexander, International Comparative Mediation: Legal Perspectives, 2009; Caponi/ Gascón Inchausti/ Stürner, The Role of Consumer ADR in the Administration of Justice, 2015; Esplugues, Civil and Commercial Mediation in Europe, Volume II: Cross-Border Mediation, 2014 を参照のこと。

3) この領域におけるもっとも重要な制度である、国際的な子の奪い合いの民事法的側面に関する1980年10月25日のハーグ条約は、EUの全構成国も日本も締約国であるが、ハーグ会議は2012年に、メディエーションのガイドを公にしている。以下でアクセス可能である。https://assets.hcch.net/upload/mediation_de.pdf。

もっとも、司法協力の範囲における措置に関する権限の基礎は、機能条約81条1項が明らかにしているように、"渉外民事事件"だけをカバーするに過ぎない。

　ヨーロッパにおける二次法レベルでADRに関する最初の動きは、比較的古いものである。まず、言及しなければならないのは、2つの拘束力のない法制度である。すなわち、消費者紛争の裁判外解決に関する機関の基本原則に関する1998年3月30日の勧告（98/257/EG）[4]、および、消費者紛争の合意に基づく解決に関与する裁判外機関の基本原則に関する2001年4月4日の勧告（2001/310/EG）である[5]。これらに引き続き、ヨーロッパ委員会は、2002年4月19日に民商事法における代替的紛争解決に関するグリーン・ブックを提出した[6]。その際、一方では、裁判外紛争解決の柔軟性と質を確保し、また他方では、伝統的な裁判手続との接合の双方を確保する方法を探すことが、審議の過程では問題となった。その後、ヨーロッパ委員会は、2004年7月2日に、メディエーションの行動規範を公にした[7]。この行動規範は、メディエーターの権限および選任、その中立性および独立性、メディエーションの合意に関する準則、手続、手続の終了、費用ならびに機密性を扱うものであった。〔後述の〕2008年および2013年の2つの指令を通じて、ヨーロッパADR法は、より詳細に形成された。

（b）　メディエーション指令

　民商事事件におけるメディエーションの一定の側面に関する2008年5月21日の指令（2008/52/EG）は[8]、経済メディエーションの領域における質の確保と機密の保護を目的としている。さらなる関心は、メディエーションという方法で達せられた合意の執行を確実にすることである。メディエーション指令は、2011年5月21日までに、各国の国内法に置き換えられなければならなかった。

---

4)　ABl. 1998 L 115/31.
5)　ABl. 2001 L 109/56.
6)　KOM (2002), 196.
7)　以下でアクセス可能である。http://ec.europa.eu/civiljustice/adr/adr_ec_code_conduct_de.pdf.
8)　ABl. 2008 L 136/3.

ドイツでは、この期限に遅れて、2012年7月21日のメディエーションおよび裁判外紛争解決に関する他の手続の促進に関する法律によって[9]、ようやく置き換えられた。その法律1条によって、メディエーション法（MediationsG）が創設された。

ヨーロッパ委員会の当初の計画とは異なり[10]、メディエーション指令の適用範囲は、渉外的紛争だけに明示的に限定された。2条では、その意図が定められている。すなわち、主として、両当事者がその住所または常居所を異なった構成国に有する場合を問題としている。しかし、メディエーション指令に関する検討理由8が明らかにしているところによると、各構成国は指令の準則を国内事案にも及ぼすことができる。ドイツの立法者は、このオプションをメディエーション法について行使したため、この法律は渉外事件だけでなく純粋な国内事案についても同様に適用される[11]。

(c) ADR指令

ADRの領域におけるヨーロッパでの活動について、現時点で頂点に位置するのは、消費者事件における代替的紛争解決に関する2013年5月21日の指令（2013/11/EU. ADR指令）である[12]。この指令は、同日公布の消費者事件におけるオンラインによる紛争解決に関する規則（Nr. 524/2013. ODR規則）によって補充されている[13]。消費者は、企業に対する苦情を、独立した、公平な、透明性のある、効率的な、迅速かつ公正な代替的紛争解決手続を提供する部門に自由に申立てることができる点が、本質的に重視されている。

その名称から明らかなように、ADR指令およびODR規則は、メディエーション指令と異なり、民商事事件全般についてではなく消費者紛争についてだけ適用され、また、ここでの消費者紛争とは、売買契約または役務提供契約から生じた契約上の義務について争われたものに限られる（ADR指令2条および4

---

9) BGBl. 2012 I, 1577.
10) 提案 KOM (2004) 718, S. 5 f. を参照のこと。
11) 政府草案を参照のこと。BT-Drucks. 17/5335, S. 11.
12) ABl. 2013 L 165/63.
13) ABl. 2013 L 165/1.

条に詳細に定義付けられている)。それゆえ、企業間紛争は人的適用範囲から外れることになる。この理由から、ADR指令は、機能条約81条ではなく機能条約169条および114条に根拠を有している。これらの規定により、EUは純粋な国内事案についても法規範の設定をすることが可能になり、その結果として、ADR指令は、またもやメディエーション指令とは異なり、渉外事件と国内事件の双方を同じようにカバーしている (ADR指令4条1項 (e)(f))。もっとも、ADR指令2条1項は、消費者も事業者もEU域内に所在している場合にのみ適用されることを明らかにしている。

ADR指令は、2015年7月9日までに置き換えられなければならなかったが、ドイツは、メディエーション指令の場合と同様に、さらに時間を必要とした。すなわち、消費者紛争の代替的紛争解決に関する指令の置換えに関するドイツの立法、および消費者紛争のオンラインによる紛争解決についての規則の実施に関するドイツの立法は、時間を要する立法手続を経たのちに、2016年2月19日にようやく成立した[14]。この置換え立法の核心部分は、消費者事件の代替的紛争解決に関する法律 (略して、消費者紛争解決法またはVSBG) 1条に規定されている。

## 2　ドイツ法

EU指令の置換えに関して言及したこれらの2つの関連する法律 (すなわち、メディエーション法および消費者紛争解決法) を除くと、ドイツ固有法では、代替的紛争解決の渉外的局面を特別に定めている規定はほとんどない。しかし、それでも民事訴訟法施行法15a条は、言及されなければならない。この自由条項 (Öffnungsklausel) に基づき、各州は一定の要件下で、合意により和解所 (Gütestelle) で紛争解決を試みた後に提起した訴えだけが適法である、と規定することができる。この規定は、両当事者が同一州に住所、本拠または営業所を有している場合にのみ、訴訟前手続を定めることが許されるとしていることから (民事訴訟法施行法15a条2項2文)、注目に値すると考えられる。このことからは、少なくとも両当事者のうちの一方が外国に所在している場合には、ドイツ

---

14) BGBl. 2016 I, 254.

立法者の立場からは、訴訟前手続は常に問題にはならないとの反対解釈が導かれる。

## 3　補論——UNCITRAL の活動

　UNCITRAL、すなわち、国連国際商取引法委員会の活動も指摘されている[15]。周知のように、国際連合は、1958 年 6 月 10 日の外国仲裁判断の承認および執行に関するニューヨーク条約によって、国際商事仲裁に関する世界的に重要な条約を制定した。ニューヨーク条約は、156 の加盟国を有し、それにはドイツと日本も含まれる（双方とも 1961 年以降）。これに引き続き、1966 年に設立された国連国際商取引法委員会は、1985 年 6 月 21 日の国際商事仲裁に関するモデル法によって、国際商事仲裁の領域においてさらに大きな成功を収めた。このモデル法は、2006 年に改正されたが、すでに 70 を超える国が採択し、その中にはドイツ（1998 年）、日本（2003 年）がある。

　あまり知られていないことであるが、UNCITRAL は数十年来国際的な商事調停（Handelsschlichtung）の発展にも努力している[16]。これは、とくに、渉外的な経済法上の紛争について、実務上頻繁に代替的紛争解決制度が利用される魅力を生み出していることが関係する。そこから、これまで、一方では、1980 年 7 月 23 日の UNCITRAL 調停規則（Conciliation Rules）、他方では、2002 年 6 月 24 日の国際商事調停に関するモデル法（Model Law on International Commercial Conciliation）が生じた。これら 2 つの法制度は、たしかに成功と称えられる運命にあったが、この成功の裏には仲裁制度の成功があった。このモデル法は、UNCITRAL によって公表された後で 16 カ国の立法に影響を与えた（EU 諸国では、ベルギー、フランス、クロアチア、ルクセンブルクおよびスロベニア）が、ドイツには影響を与えず、そして——分かる範囲では——日本にも影響を与えていない。同様に、国境を越える ADR の分野において、UNCITRAL による別の活動に注目することは有用である。このことは、とくに、調停結果の国境を越えた実現

---

15) 以下で入手可能な資料を参照のこと。www.uncitral.org/uncitral/uncitral_texts/arbitration.html。
16) この点に関する詳細は、Brandl, Internationale Schlichtungsverfahren in Wirtschaftsstreitigkeiten, 2016 を参照のこと。

を改善するための現在のプロジェクトについて妥当する。そして、"国際商事調停：調停に基づく国際商事和解の合意の執行に関する制度の準備" というテーマに関する 2016 年 6 月 30 日の活動報告書について、現在、活発に議論されている[17]。

## III 専門用語

残念ながら、代替的紛争解決の領域における専門用語は統一性を欠いたまま用いられ、混乱が生じている。そして、そのことによって、法を適用する者、また、とくに外国からの観察者に概観を提供することを困難にしている。専門用語の不統一が生じるのは、一面では、関連する立法行為が異なった適用範囲をもとにして定めていることから生じ、他面では、残念ながら立法者が統一性のある概念を通じて法適用を容易にする努力を怠ってきたことによる。しかし、また、学術文献においても、これまで統一的な専門用語を用いることに向けて意思疎通を図ってこなかった。

せめて大まかな方向付けをするならば、狭義と広義で代替的紛争解決を区別する提案が可能である。狭義では、代替的紛争解決は、国家裁判所ではなく、仲裁人、調停人またはメディエーターの面前で実施される討論を指すものと要約することができる。これら 3 つの ADR のグループは、さまざまなバリエーションや混合形態が見られるが、つぎの点で相互に区別をすることができる。すなわち、仲裁人は、両当事者を拘束する仲裁判断を下すのに対して、調停人は拘束力のない提案（調停案）を行うに過ぎないし、また、メディエーターは結論を一切提示することなく、両当事者をして自ら解決をもたらすように導くものである。

これに対して広義では、代替的紛争解決は、国家裁判所による争訟的判断とは異なる紛争解決可能性すべてを含む。そうすると、──上述の、純粋な裁判外紛争解決の可能性のほかに──すでに民事訴訟が開始されていたが、その後、

---

17) 以下でアクセス可能である。https://documents-dds-ny.un.org/doc/UNDOC/LTD/V16/040/09/PDF/V1604009.pdf?OpenElement.

合意によって判決によらずに終了した場合、すなわち、管轄裁判所での和解（参照、たとえばドイツでは民事訴訟法278条1項）、和解裁判官（Güterichter）による和解（民事訴訟法278条5項）、または、裁判官の提案に基づいてなされる裁判外の紛争解決での和解（民事訴訟法278a条）による訴訟の終了も含まれる。

　このような有意義な概念形成に向けた試みは、関係するヨーロッパの立法行為では残念ながら取り上げられなかったし、また、各国が〔指令を〕国内法に置き換えるに際して異なった規律をしたため混乱に拍車がかかった。そこで、メディエーション指令は、3条（a）により、名称の如何に関係なく、2名またはそれ以上の争訟的な当事者がメディエーターの助けを借りて、自由意思に基づいて紛争解決の合意に至ることを試みるすべての構造的手続（jedes strukturierte Verfahren）を含むとした。そのような手続は、両当事者によって開始され、あるいは裁判所によって提案もしくは命じられ、または各構成国法に規定されているものである。また、当該事件の裁判手続を担当していない裁判官によるメディエーションも含まれる。しかし、メディエーション指令検討理由11が明らかにしているように、当初から、法的拘束力のある、なし——たとえば、調停——に関係なく、紛争解決に向けた手続上の勧試が認められている手続はすべて、メディエーション指令の対象から除外されたままになっている。

　それに対して、ADR指令の適用範囲は、明らかに踏み込んで調整されている。すなわち、ADR指令は、原則として、裁判外紛争解決全般を包含し、メディエーション以外にも調停、さらには仲裁と同様に拘束力のある解決をもたらす場合も含むことは明らかである（参照、ADR指令2条4項[18]）。そして、ドイツの置換立法については、消費者紛争解決法が一貫して"調停所（Schlichtungsstelle）"と述べており、その際に、"調停（Schlichtung）"は本来の意味ではなく、上位概念として理解されていることに注意を要する。このことは、調停所がメディエーションに限定しているのか（消費者紛争解決法18条）、または調停案を提出するのか（消費者紛争解決法19条）というように、法律が複数の規定で異なって定めていることからみてとれる。

---

18）同趣旨を説くのは、たとえば、Rühl, ZZP 127 (2014), 61, 67.

## IV　管轄法上の側面

　国際的審理管轄(訳者注2)の規定は、国際民事手続法の中心テーマである。代替的紛争解決の領域においては、もちろん、関連する法源だけでなく利益状況にかんがみて特殊な事情がある。

### 1　法源

　国際的審理管轄の及ぶ範囲は、ヨーロッパの法的交流においては、こんにち、まずはブリュッセル(Ia)規則、すなわち、民商事事件における国際裁判管轄および裁判の承認執行に関する2012年12月12日の規則（Nr. 1215/2012）により定まる[19]。場所的・人的観点からブリュッセル(Ia)規則を適用しえない場合に限り、とくに、被告がEU域外に住所を有する場合には、6条に基づき各構成国の管轄ルールが適用される。

　ブリュッセル(Ia)規則は、1条2項（a）において明示的に"仲裁"をその事項的適用範囲から除外している（詳細は、検討理由12）。しかし、そのことから、他のADRの制度、つまりメディエーションや調停が、規制の適用範囲に含まれるとする反対解釈が導かれるわけではない。むしろ、ADR手続はすべて、ブリュッセル(Ia)規則のうち少なくとも管轄ルールの適用範囲から除外されていることについて一致を見ている[20]。このことは、規則の名称（"裁判管轄に関する"）や、"裁判権"、"裁判所"および"訴え"という名称が繰り返し用いられていることからも導き出すことができる。

　また、ブリュッセル(Ia)規則が適用されないことから、積極的な管轄の抵触に関してブリュッセル(Ia)規則で定められた規定がADRと民事訴訟法との関

---

（訳者注2）　直接的一般的国際裁判管轄のこと。
19）ABl. 2012 L 351/1. 家族および相続事件に関する、その他のヨーロッパ規則で定められた管轄規定は、以下では考慮しない。
20）明確に述べるのは、たとえば、Koehler/ Müller, in: Leible/ Terhechte, §26 Rz. 36; Mankowski, in: Rauscher, Europäisches Zivilprozess- und Kollisionsrecht, Band I, 4. Aufl. 2016, Art. 1 Brüssel Ia-VO Rz. 162 f.

係について適用されないことになる[21]。それゆえ、国家裁判所で訴えを提起した場合に、同一事件についてすでに他の構成国でADR手続が開始していたとしても、ブリュッセル(Ia)規則29条以下に反するものではない[訳者注3]。そのような場合に、各国の裁判所がどのような反応をすべきかという問題は、むしろ、各々の法廷地法(*lex fori*)によって判断されなければならない[22]。

もちろん、ブリュッセル(Ia)規則2条(b)にいう訴訟上の和解の成立(たとえば、調書または決定によって)について、国家裁判所の協力を求めるといった特殊性がある。そのため、この点について、裁判所の国際裁判管轄はブリュッセル(Ia)規則4条以下の基準によることが必要なのか否か議論がある[23]。もっとも、この問題は実務上、それほど重要ではない。なぜならば、被告が和解手続に関与することは、少なくとも、ブリュッセル(Ia)規則26条にいう、管轄を基礎付ける応訴とみなすことができるからである。しかし、正当にもブリュッセル(Ia)規則24条、26条1項2文および27条からは、ある事件について、ある構成国裁判所が専属的に管轄を有する場合に、それにもかかわらず訴えが提起された他の締約国裁判所は、職権で無管轄を宣言しなければならず、それゆえ、訴訟上の和解に関与できないことが導き出されるとする。

## 2　管轄の利益

### (a)　基礎

代替的紛争解決の領域における国際的審理管轄に関する一般ルールは基本的に明確ではないとのこれまでの所見は、さしあたりは、それ以上は憂慮すべきではないように思われる。むしろ、このようなことは、ADRの基本理念、すなわち、民事紛争の両当事者が、どのような手段で、またどの国で紛争を合意により解決するのかを、私的自治に基づいて解決できるとする基本理念に沿う

---

21) 結論において同趣旨を説くのは、Leible, in: Rauscher, Europäisches Zivilprozess- und Kollisionsrecht, Art. 29 Brüssel Ia-VO Rz. 6.
(訳者注3)　訴訟競合の問題とはならない。
22) Tsikrikas, ZZPInt 19 (2014), 281, 293 を参照のこと。
23) 詳細は、Renna, Prozessvergleich und internationale Zuständigkeit, Jura 2009, 119; Staudinger, in: Rauscher, Europäisches Zivilprozess- und Kollisionsrecht, Art. 59 Brüssel Ia-VO Rz. 5 を参照のこと。

ものである。そのように考えると、国家によって定められた管轄ルールはまったく必要ない。もちろん、このことは、両当事者が少なくとも同程度の交渉力を有している場合にのみ妥当する。そうでない場合、とくに消費者と事業者、または著しく格差のある事業者間の紛争の場合には、法的準則を設けることは是が非でも必要である。以下では2つに分けてこのことを述べる。

　(b)　契約による請求の放棄

　たいていの場合、ADRには任意性と自己責任が結び付けられる。その際、見過ごされがちなのは、ADRは自由を制限することも可能である点である。すなわち、(仮定的)合意による紛争解決を取り止めて、その代わりに裁判所に申立てて訴訟に基づき判決を成立させる権利をも制限することができる。この〔訴え提起の〕自由は、ADRの合意と結び付いた請求の放棄によって制限される。この請求の放棄は、紛争がすでに生じている場合に、両当事者の合意によってなされる。しかし、通常、請求の放棄は、交渉力のより強い当事者の普通取引約款において定められている。たとえば、典型的な条項はつぎのようになっている。すなわち、"契約当事者双方は、まず、相互に紛争を、商工会議所を通じて指定されたメディエーターによって裁判外で解決する義務を負う。通常裁判所への申立ては、メディエーションが不調に終わった場合にのみ適法となる。その場合、メディエーターは、メディエーションが不調に終わったことを確認しなければならない"[24]と。

　ヨーロッパ法は、そのような条項について統一的な制限を設けておらず、むしろ、それぞれの構成国法に委ねている。このことは、メディエーション指令5条2項およびADR指令1条2文によっても、また、ヨーロッパ司法裁判所の判例によっても、裏付けられる[25]。したがって、どのような要件があればADR手続のために合意された請求の放棄が拘束力を有するのかという問題は、受訴裁判所の法廷地法によって判断される[26]。そのことについてドイツ法は、

---

[24] 約款について、そのように説くのは、LG Düsseldorf, 13. 11. 2012 - 35 O 38/08, BeckRS 2014, 16696.
[25] この点については、EuGH, 18. 3. 2010 - Rs. C-317/08 (*Telecom Italia*), EuZW 2010, 550 を参照のこと。

消費者事件について最近、非常に厳格な基準を設けている。すなわち、2016年に（消費者紛争解決法とともに）ようやく設けられた民法 309 条 14 号は、"普通取引約款によると、契約の相手方当事者が自らの請求権を約款利用者に対して裁判上主張することが、裁判外紛争解決手続での話し合いによる合意を試みた後にのみ許されるとした場合"には、その普通取引約款を無効（unwirksam）とした[27]。この点について、その他のヨーロッパにおける法秩序はこれよりも緩やかであり、また、ドイツにおいても、双方向的な企業間取引では従前と同様に、請求の放棄が一時的（延期的：dilatorisch）なものに過ぎず、確定的（失権的：peremptorisch）でない場合は、適法であるとされている。

また、契約によって請求の放棄が原則として認められるとしても、契約条項が国家裁判所への申立てを禁止するだけでなく、外国で実施される ADR によることを指定している場合に問題が生ずる。そのような契約条項の作成には疑問がある。なぜならば、その条項は、司法保護請求権および権利保護を求めている当事者の管轄の利益を著しく侵害しているからである。それゆえ、そのような条項の有効性を法的に判断するに際しては、仲裁合意が締結されて、合意で定められた仲裁手続が外国で行われる場合におけるのと同一の基準が用いられなければならないであろう[28]。

（c）　ADR 制度への消費者のアクセス

もう 1 つ、管轄法についての特殊な問題は、渉外事件における消費者の権利保護である。裁判手続に至った場合は、消費者は、管轄法に関してはブリュッセル（Ia）規則によって包括的に保護されている。すなわち、ブリュッセル（Ia）規則 17 条にいう消費者事件が存在する場合には、消費者はその住所地国にお

---

26）この点に関する比較法的検討は、Blobel/ Späth, ZEuP 2005, 784, 790 ff. を参照のこと。
27）BGBl. 2016 I, 254, dort Art. 6. これに対しては、Hau, Suspendierung gerichtlichen Rechtsschutzes kraft Parteivereinbarung, Trierer Festschrift für Lindacher, 2017, S. 145 も参照のこと。
28）この点については、Eichel, Inhaltskontrolle von AGB-Schiedsklauseln im internationalen Handelsverkehr, IPRax 2010, 219; Ostendorf, Wirksame Wahl ausländischen Rechts auch bei fehlendem Auslandsbezug im Fall einer Schiedsgerichtsvereinbarung und ausländischem Schiedsort?, SchiedsVZ 2010, 234; Samtleben, "Sandwich und Salat" - Zur Inhaltskontrolle von Schiedsklauseln in Formularverträgen, Festschrift von Hoffmann, 2011, S. 1066 も参照のこと。

いて常に訴えを提起することができ、また、事業者がEU域外に所在している場合であっても同様である（ブリュッセル(Ia)規則18条1項[29]）。いずれにしてもブリュッセル(Ia)規則は、EU域外に住所を有する消費者をも保護することを示唆している。なぜなら、これらの消費者は、ブリュッセル(Ia)規則4条により、EU域内に本拠を有する企業に対して訴えを提起することができるからである。

　これと比較して、事業者を相手にADR手続を実施しようとする消費者の立場は、管轄法上は利点が少ない。たしかに、ADR指令は、それぞれの構成国の紛争解決制度が、内国事案だけでなく渉外事案をも利用可能なものでなければならないと定めている（ADR指令5条2項（e））。もっとも、この指令が適用されるのは、両当事者がEU域内に所在する場合に限られる（ADR指令2条1項）。したがって、――ブリュッセル(Ia)規則とは異なり――一方では、第三国に所在する事業者に対する権利保護、他方で、第三国に所在する消費者の権利保護は考慮外である。それゆえ、ADR指令に関するドイツの置換立法は、消費者が住所または常居所をEU域外に有している場合には、紛争解決機関がその管轄を否定することを認めている（消費者紛争解決法4条4項および28条）。

　さらに問題となるのは、消費者が内国に住所を有しているものの、事業者が外国に―― EUの他の構成国または第三国に――本拠を有している場合にも、紛争解決機関がその管轄を否定できるとされていることである（参照、ADR指令5条1項および消費者紛争解決法28条[30]）。そこで、たとえば、フランスの事業者に対してADR手続を行いたいと考えているドイツの消費者には、フランスで手続を行うよう指示されることになる。このことは、権利追求を明らかに困難なものにする。なぜならば、この消費者は、往々にして、フランス語を解さず、フランス法を熟知しておらず、また適切なフランスの弁護士を知らないからで

---

[29] これとは反対に、事業者は、消費者が住所を有する国においてのみ訴えを提起することができ、したがって、たとえば、義務履行地あるいは合意された裁判籍で訴えを提起することはできない（参照、ブリュッセル(Ia)規則18条2項および19条）。

[30] この点については、Höxter, VuR Sonderheft 2016, 29; Röthemeyer, VuR Sonderheft 2016, 9 f. も参照のこと。詳細は、Gascón Inchausti, Specific problems of cross-border Consumer ADR: what solutions?, in: Caponi/ Gascón Inchausti/ Stürner, The Role of Consumer ADR in the Administration of Justice, S. 31 ff. (= GPR 2014, 197) も参照のこと。

ある。これらの諸要素および高額の費用によって必ず行き着くところは、消費者がその住所地国裁判所での訴えによって裁判を求めるか、あるいは、諦めて完全に権利追求を断念するかである。

## V　抵触法上の局面

　本稿は主として、渉外的な代替的紛争解決についての手続的側面に重きをおいている。しかし、ADR は抵触法上も興味深い問題を提示することがあるし、それもさまざまなレベルで起きていることは、少なくとも述べておかなくてはならない。すなわち、とくに、両当事者間の ADR 手続の合意（たとえば、メディエーションの場合には、メディエーション合意に関する法）、両当事者と ADR の提供者との法的関係（同様にメディエーションの場合は、メディエーション契約に関する法）、ADR 手続の実施（同様に、メディエーション手続に関する法）、および、手続を通じて得られた結果の有効性（同様に、メディエーションによる和解に関する法）のそれぞれについて法の確定が問題となる[31]。これと区別すべきは、準拠法（lex causae）の確定である。すなわち、本案における争訟的権利関係（たとえば、両当事者が締結した売買契約）が服する法秩序の確定は区別されなければならない。

　上述の諸問題は、実務上は、とくに、両当事者が異なる国に所在する場合に重要である。しかし、両当事者が同じ国に所在する場合にも、抵触法上の問題が生じることがある。すなわち、たとえば、本案の問題が外国法に服する場合に、ADR 手続が外国で実施され、または、外国の ADR 実施者の協力のもとで実施される場合である。

　ヨーロッパ指令もドイツの置換え立法も、ここで取り上げた興味深い問題について特別の抵触規範を置いていない。むしろ、国際私法に関する一般的法制度である、ローマ（I）規則が基準となる[32]。この規則は、たしかに仲裁合意には適用がないことを明示している（1条2項（e））。もっとも、通説は、メディ

---

31) この点について、より詳細には、Großerichter, Gedächtnisschrift Unberath, S. 121 ff. を参照のこと。
32) 契約準拠法に関する 2008 年 6 月 17 日の規則（Nr. 593/2008, ABl. EU 2008 L 177/6.）。

エーションまたは調停合意の有効性を判断するためにローマ(I)規則を適用する[33]。これに従うとすると、両当事者は、合意の有効性を判断する準拠法を原則として自由に選択することができる（ローマ(I)規則3条）。法選択がない場合には、ローマ(I)規則4条により客観的連結がなされる。その際、通常前提となるのは、ADR合意がローマ(I)規則4条4項にいう最も密接な関係を示すのは、本案の準拠法であるということである。したがって、通常は、付随的になされるADRの合意は主契約に連結される[34]。メディエーション契約に関する法の決定についても、まずは、ローマ(I)規則3条が基準となる。しかし、法選択がない場合には、ローマ(I)規則4条4項が適用されるのではなく、4条1項（b）が適用され、その結果、メディエーターの居所地国が問題となる。

　一例をあげて、このことを明確にしよう。すなわち、日本人とドイツ人の当事者が売買契約について争っていたが、この契約はスイス法を準拠法とするものであった。両当事者は、この紛争をADR手続で決着をつけること、そしてロンドンに所在する経済メディエーター（Wirtschaftsmediator）によることを合意した。〔ADRの合意について〕法選択がなされてない場合、両当事者に対するADR合意の拘束力はスイス法に服するし、メディエーターに対する両当事者の法律関係は、これに対してイングランド法になる。もちろん、一方の当事者が消費者で相手方当事者が事業者である場合には、メディエーション合意に関する法の決定、そして、メディエーション契約に関する法の決定のいずれについてもローマ(I)規則6条が顧慮されなければならない[35]。

　とくに、メディエーション手続に関する法の確定は、区別されなければならない。本来、原則として、――国家裁判所での訴訟の場合と同様に――法廷地法、すなわち、手続実施地国法の適用が考えられるところである。もっとも、通説はこれを否定する。なぜならば、通説はメディエーションを訴訟法ではなく、実体法に位置付けているからである。これに従うとすると、ADR手続で

---

33) たとえば、Unberath, Festschrift von Hoffmann, S. 500, 504 f. を参照のこと。
34) この点および例外については、たとえば、Großerichter, Gedächtnisschrift Unberath, S. 121, 133 ff. を参照のこと。
35) ローマ(I)規則6条を適用する要件および効果についての詳細は、Gössl, RIW 2016, 473, 476 ff. を参照のこと。

の権利義務は、ADR 合意の準拠法によって判断されることになる。このことを前提としたとしても、ADR 手続地の強行法規（zwingende Vorschriften）が考慮されなければならない。なぜなら、これらの規定は、たとえば、ドイツではメディエーション法において規定されているように、ローマ（I）規則 9 条にいう介入規範（Eingriffsnormen）として性質決定されるからである[36]。

## VI ADR の結果の実現

### 1 基礎

最も望ましいのは、両当事者が ADR 手続の結果に同意する場合である。なぜならば、この場合は、当初から、特別な権利実現プロセスを要しないからである。すなわち、両当事者は、その結果を拘束力あるものとみなし、つぎの共同作業ではその結果を基礎に置き、また、負うこととなった義務を場合によっては任意に履行するからである。

一方の当事者が、当初受け入れられた ADR 手続の結果を遵守する気がない場合には、どのようなことが妥当するのであろうか。この手続の結果は、原則として実体法上の契約、すなわち和解契約であり、この契約を通じて紛争または権利関係をめぐる当事者双方の不明確さを互譲によって取り除くものである（参照、ドイツ法については、民法 779 条[37]）。一方の当事者が和解契約に拘束されないと考えた場合には、ADR という制度は無力である。すなわち、とくに、ADR 制度は強制手段を有しない。むしろ、相手方当事者は、国家裁判所において、有効性の確認ないしは履行を求める訴えを提起しなければならないが、これは渉外事案では受訴裁判所の国際裁判管轄を前提とする。国際裁判管轄は一般原則により定まり、EU では、まずブリュッセル（Ia）規則 4 条以下による。管轄が認められると、裁判所は、抵触法上はローマ（I）規則の基準により、いずれの法秩序が和解に適用されるのかを明らかにし[38]、そして、この法秩序に

---

36) より詳細は、Großerichter, Gedächtnisschrift Unberath, S. 121, 131 f. を参照のこと。
37) この点についての比較法的検討は、Caponi, "Just Settlement" or "Just about Settlement" - Mediated Agreements: A Comparative Overview of the Basics, RabelsZ 79 (2015), 117 を参照のこと。

よって和解の有効性および拘束力を明らかにする。

これと区別しなければならないのは、以下で言及する、どのような要件の下で ADR 手続の結果がただちに債務名義となるのかという問題である。

## 2 ADR 実施国における執行

執行の問題について ADR 指令は規定していないが、メディエーション指令は1つの答えを提示している。すなわち、メディエーション指令6条によると、それぞれの構成国は、メディエーション手続で得られた書面による合意の内容を、当事者の申立てに基づき執行できるようにしなければならない。合意の内容が執行が申し立てられた構成国の法に反する場合、または、申立地の構成国法がそのような内容の強制執行を定めていない場合にのみ、上述のことは適用されない（メディエーション指令6条1項2文）。どのような方法で執行がなされるのかについて、メディエーション指令は、その6条2項が明らかにしているように、各構成国法に委ねている。

ドイツ法については、民事訴訟法794条1項1号により強制執行がなされ、それによると、和解が、受訴裁判所──民事訴訟法278条5項による和解裁判官（Güterichter）の場合も同様に[39]──または、認証された和解所（この点については参照、民事訴訟法797a 条）で締結された場合に、執行を行うことができる。他方、両当事者が通常の ADR 手続において到達した和解は、民事訴訟法794条1項1号に含まれない。そのような裁判外の和解は、たしかに実体法上拘束されるが、ただちに執行可能というわけではない。もちろん、両当事者が弁護士によって代理されている場合には、民事訴訟法796a 条の適用が考えられる。すなわち、弁護士和解（Anwaltsvergleich）は、受訴裁判所（民事訴訟法796b 条）または公証人（民事訴訟法796c 条）によって執行可能であると宣言され、それによって債務名義が創設されることになる（民事訴訟法794条1項4b 号）。しかし、

---

38) この点については、たとえば、Gössl, RIW 2016, 473, 478 ff. を参照のこと。この文献では、調停案が消費者保護法をどの程度考慮しなければならないかという、抵触法上の特殊な問題についても言及している。
39) この点については、たとえば、Fleindl/Haumer, Der Prozessvergleich, 2016, Kapitel 4 Rz. 61; Wolfsteiner, in: Münchener Kommentar zur ZPO, 5. Aufl. 2016, §794 Rz. 21 を参照のこと。

これは、民事訴訟法796a条3項によると、弁護士和解がドイツの公序に適合していることが前提となる。その他に、渉外事案で考慮すべきは、ドイツで弁護士和解について執行可能であるとの宣言をしてもらう可能性は、通説によれば、少なくとも両当事者のうちの一方がその普通裁判籍を国内に有している場合に限られるということである[40]。

弁護士和解による執行宣言以外の選択肢として、両当事者は、弁護士が関与していない場合であっても、ADR手続の結果をドイツの公証人により民事訴訟法794条1項5号にいう執行証書として作成させることができる。

## 3　外国における執行

### (a)　ヨーロッパ法

メディエーション指令は、その指令6条4項が明らかにしているように、国境を越えた執行を扱っていない。むしろ、この点については、ヨーロッパ域内での債務名義の自由移動に関するルールが関係する。すでに言及したように、たしかに、ブリュッセル(Ia)規則という管轄ルールはADR手続には適用されない。しかし、このことは、ブリュッセル(Ia)規則が、債務名義を取得したADRの結果を国境を越えて実現する場合にも同様に適用されない、ということを意味するものではない。むしろ、ADRの結果が、ブリュッセル(Ia)規則2条(c)にいう公正証書に包含され、または、ブリュッセル(Ia)規則2条(b)にいう裁判上の和解として合意され、他の構成国において執行されなければならない場合には、ブリュッセル(Ia)規則の執行に関するルールが適用されなければならない。そして、ブリュッセル(Ia)規則58条ないし59条において規定されたヨーロッパレベルでの執行ルールが、執行を実施する構成国における執行宣言を要することなく介入する[41]。このことは、ドイツに関して述べると、民事訴訟法794条1項に基づき、訴訟上および調停上の和解（1号[42]）、さらに

---

[40] Gruber/ Bach, Germany, in: Esplugues, Civil and Commercial Mediation in Europe, Vol. II, S. 176; Wolfsteiner, in: Münchener Kommentar zur ZPO, §796a Rz. 8 を参照のこと。

[41] アイスランド、ノルウェーおよびスイスにおける、これに相当する債務名義の執行については民商事事件の裁判管轄および承認執行に関する2007年10月30日のルガノ条約（ABl. 2009 L 147/5）が適用される。

執行証書（5号）、そして少なくとも通説はドイツで執行宣言がなされた弁護士和解（4b号）について妥当する[43]。

さらに、ヨーロッパ域内における法的交流では、争いのない債権に関するヨーロッパ債務名義の導入のための2004年4月1日の規則（Nr. 805/2004）が、ADRの結果について国境を越えた執行を可能にする（EuVTVO[44]）。EuVTOにいう"争いのない"ものとしては、同規則3条1項に掲げられた諸要件に該当する債権が妥当し、裁判手続外で得られたADRの結果については公文書による認諾が考えられる（EuVTVO3条1項2文（d））。EuVTVOのメリットとしては、執行を実施する構成国において執行宣言が必要ないことである（EuVTVO5条）。ブリュッセル（Ia）規則もまた、――ブリュッセル（I）規則（Nr. 44/2001）とは異なり[45]――執行手続（Exequaturverfahren）を放棄していることから、EuVTVOはブリュッセル（Ia）規則施行後はその重要性を減じることとなった（ブリュッセル（Ia）規則39条および58条）。しかし、EuVTVOは、これまでと同様に重要性を有する。なぜならば、EuVTVOは、――ブリュッセル（Ia）規則45条と異なり――同規則によって付与された債務名義を他の構成国で執行する際に、公序（ordre public）を理由に拒否することは許されないとしているからである。

(b) ドイツ法

ブリュッセル（Ia）規則、および、他のヨーロッパでの法制度は、他の構成国からの債務名義についてのみ適用される。それゆえ、第三国（たとえば、日本）におけるADR手続で作成された和解や執行証書については、それぞれの構成国固有の承認ルールが適用される。この点について、ドイツ法は、残念ながら

---

42) 和解所での和解（Gütestellenvergleich）についての詳細は、Staudinger, in: Rauscher, Europäisches Zivilprozess- und Kollisionsrecht, Art. 58 Brüssel Ia-VO Rz. 6 を参照のこと。
43) この点について肯定するのは、Koehler/ Müller, in: Leible/ Terhechte, §26 Rz. 38; Staudinger, in: Rauscher, Europäisches Zivilprozess- und Kollisionsrecht, Art. 58 Brüssel Ia-VO Rz. 4 und Art. 59 Brüssel Ia-VO Rz. 7. これに対して、弁護士和解の国境を越えた執行力を否定するのは、Mankowski, in: Rauscher, Europäisches Zivilprozess- und Kollisionsrecht, Art. 1 Brüssel Ia-VO Rz. 164 f.
44) ABl. 2004 L 143/15.
45) 民商事事件の管轄および承認執行に関する2000年12月22日の規則（Nr. 44/2001, ABl. 2001 L 12/1.）。

承認に好意的とはいえない。すなわち、通説によれば、民事訴訟法722条、723条も家事事件および非訟事件の手続に関する法 (FamFG) 110条も、外国の訴訟上の和解または執行証書に適用されない。したがって、そのような債務名義は、ドイツでは執行宣言をすることができない[46]。このことは、法政策的には非常に疑問が残るところであるが、解釈論上 (*de lege lata*) はやむを得ない。

## VII 強制調停

すでに述べたように、メディエーション条項ないし調停条項は、往々にして、一時的な (dilatorisch) 訴えの放棄を含むものである。そして、多くの場合、立法者もまた、訴訟よりもADR手続を優先させることを命じる。すなわち、国家はより一層、司法手段に訴える前に、まず強制的にADR手続を行うべきとする規定を定めてきている。このことは、多くの法秩序であてはまり、たとえば、ドイツでは一定の少額事件についてのみ妥当するが (参照、民事訴訟法施行法15a条1項)、他の国、たとえばフランス[47]やイタリア[48]では訴額の多寡に関係なくあてはまる。

以下では、先に挙げた請求の放棄に関する条項について、各法秩序でどのような制限が定められているのか[49]、どのような要件の下で法定の強制調停が適法ないし法政策的に有意義であるとされているのか、といった問題には立ち入らない[50]。むしろ、ここでは、一方の当事者が契約上または法律上定められた調停強制に反して裁判所を利用し、定められた裁判外紛争解決を利用せずに権

---

46) 多くの文献の代わりに、Gottwald, in: Münchener Kommentar zur ZPO, 5. Aufl. 2016, §722 Rz. 23; Schack, Internationales Zivilverfahrensrecht, 6. Aufl. 2014, Rz. 912 のみを指摘しておく。しかし、解釈論上 (*de lege lata*)、執行宣言を肯定する立場として、たとえば、Geimer, Internationales Zivilprozessrecht, 7. Aufl. 2015, Rz. 3107.

47) Décret Nr.°2015-282 vom 11. März 2015. これについては、Adam-Caumeil, Das neu eingeführte Erfordernis eines Einigungsversuchs vor Einleitung eines zivilrechtlichen Gerichtsverfahrens, RIW 2015, 673 を参照のこと。

48) Decreto legislativo Nr. 28 vom 4. März 2010, Decreto legge Nr. 69 vom 21. Juni 2013. Hierzu Lupoi, Facing the Crisis: New Italian Provisions to keep Disputes out of the Courtroom, ZZPInt 19 (2014) 95.

49) この点については、すでに上述のIV.2.bで言及した。

利保護を求めた場合の、手続法上ないし抵触法上の問題を取り上げる。

　ドイツ訴訟法の観点からは、そのような訴えは、成功の見通しはないであろう。優先する ADR 手続が実施され、あるいは不調に終わるかは、通説によれば、訴え提起について追完可能な適法要件ではなく、請求の放棄が抗弁として応訴前に主張された場合、訴えは、その時点で不適法なものとして却下されなければならない[51]。だが、これは、法律上の強制調停の場合には、受訴裁判所の法廷地法によって強制調停が命ぜられていることを前提としている。これに対して、本案の準拠法または原告の本国法ないし常居所地法が訴訟を不適法とみなしているかどうかは重要ではない。それゆえ、契約により請求の放棄を合意した場合、訴えの適法性は、もっぱら法廷地の規定により判断される[52]。この法廷地法には、ドイツの訴訟では、とりわけ、民法 309 条 14 号に規定された消費者事件における訴え放棄条項の禁止が含まれる。これに対して、一方の当事者が合意に反して訴えを提起したことで賠償義務が生じるか否かという実体法上の問題は、法廷地法ではなく、ADR 合意の法に服する[53]。

　受訴裁判所が調停の強制を拘束力あるものと考えて訴えを却下した場合、この訴訟判決は、まさしく、その判決国でのみ効力が生じる。それゆえ、原告は、この訴訟判決によって、（国際裁判管轄を有する）他の構成国の裁判所に訴えを提起することは妨げられない[54]。最初の受訴裁判所が、原告に対して、たとえば訴訟差止めのインジャンクション（antisuit injunction）によって他国での別訴を禁止することができないのは、いたって正当である[55]。最初の受訴裁判所が訴え

---

50) この問題に関心を示すのは、たとえば、Eidenmüller, Obligatorische außergerichtliche Streitbeilegung: Eine contradictio in adiecto?, JZ 2015, 539. 他方、懐疑的であるのは、Verkijk, Mandatory Mediation: Informal Injustice?, ZZPInt 11 (2006) 117.
51) 多くの判例の代わりに、BGH, 23. 11. 2004 - VI ZR 336/03, NJW 2005, 437, 438 f.; OLG Saarbrücken, 29. 4. 2015 - 2 U 31/14, ZVertriebsR 2016, 39, 41 だけを指摘しておく。別の見解によれば、契約による請求の放棄の場合に、合意に反した訴えの提起は却下されるのではなく、まず、手続は中止されるべきであるとする。この見解に賛成するのは、Hau, Trierer Festschrift für Lindacher, S. 141, 148 f.
52) 適切であるのは、Unberath, Festschrift von Hoffmann, S. 500, 506.
53) Unberath, Festschrift von Hoffmann, S. 500, 505.
54) しかし、これと異なるのは、Koehler/ Müller, in: Leible/ Terhechte, §26 Rz. 39. この立場では、訴訟判決は他の構成国において承認され、その地での訴え提起は許されないという。
55) そのかぎりで、適切であるのは、Koehler/ Müller, in: Leible/ Terhechte, §26 Rz. 39.

を適法とし、原告が自己に有利な本案判決を得た場合には、この本案判決は他国の一般的なルールにより承認および執行がなされる。少なくともヨーロッパ域内の法的交流では、そのような場合について、他の構成国裁判所の立場からするとADRが優先して訴えが不適法であったとしても、これらの裁判所は承認・執行を拒否することは許されないとの扱いが妥当する。これは、とくにブリュッセル(Ia)規則45条1項（a）にいう公序による留保が適用されるケースではない[56]。

## VIII　渉外的な情報交換と協力

　ヨーロッパ法の立法者は、ADR手続を促進しようと考え、また、これまで特に情報不足が消費者によるADR手続の利用を著しく妨げてきたと確信している。それゆえ、ADR指令は、7条および13条以下において、利用可能な紛争解決機関の提供をできるだけ透明性のあるものにするために、さまざまな基準を設けた。また、各構成国は、特別に渉外紛争について、消費者が他の構成国において権限を有する紛争解決機関を確定することができるように、適切な支援を確保しなければならないとされた（ADR指令14条）。さらに、各国の機関は、渉外紛争の解決に際しては協力しあい、渉外事件の解決のため信頼性のある手続に関して定期的に意見交換を行うと定められている（ADR指令16条）。

　とくに、ODR規則に定められている、いわゆるヨーロッパ・オンライン紛争解決プラットフォームは、情報および意見交換の改善に資するものである。これは、消費者および事業者が、すべての公用語で電子的にかつ無料でアクセスできる双方向ウェブサイトである[57]。このウェブサイトは、インターネットを経由して商品の購入またはサーヴィス提供を受けたものの満足していない顧客が、EUにおける適切な紛争解決機関を見つけることを可能にするものである。しかし、この基盤の機能はさらに広範囲に及ぶ。すなわち、このプラット

---

56) 同様の立場であるのは、Blobel/ Späth, ZEuP 2005, 784, 813.
57) 以下でアクセスが可能である。https://webgate.ec.europa.eu/odr/main/?event=main.home.show.

フォームにより、顧客は、オンライン上で不服申立書を記載し、その不服を直接事業者に伝達し、適切な紛争解決を探求する権限を有する紛争解決機関を事業者と合意することができる。

## IX ADR 提供者の国境を越えた活動

最後になるが、ADR 提供者の国境を越えた活動が、職業法上の諸問題をも生じさせるといわれている。その際、多くの国が、両当事者の保護のために、仲介人（つまり、たとえば、メディエーターまたは調停人）の育成および監督に関して特別に法律上の要求を定めていることは注意すべきである。たとえばドイツ法は、法的ルールの提案を通じて関係人間の話し合いに介入することで代替的紛争解決を有償で提供することを、原則として許可を必要とする法的助言とみなしている（法的助言法3条および2条3項4号）。さらに、ドイツでは、認証メディエーター（メディエーション法6条）、民事訴訟法施行法15a条にいう和解所（参照、たとえば、バイエルン調停法5条）または消費者調停所ないし紛争解決者（消費者紛争解決法2条および6条）として活動する要件を詳しく法律で規定している。ADR 提供者に関するそのような法律上の要求は、原則として、当該人または当該機関が外国に所在しているか外国で認証されたものの、ドイツ国内で手続を実施したいと考えている場合にもまた妥当する。もっとも、たとえば、ヨーロッパ域内での法的交流においては、EU 域内の他国で取得した職業教育または認証が、他のすべての構成国において承認されるとする一連の規定がある。

## X 結論

裁判外紛争解決は、ここ数年で次第に緊密に規制されるようになり、そのことは純粋国内事件だけでなく渉外事件についても同様であることが示された。このような規制の流れにおいて、ADR は、ますます市民の私的な出来事から立法によってコントロールされる領域または実験領域へと変化した。この展開は、出発点において歓迎すべきである。なぜなら、これによってADR 手続が

たんに交渉力の強い方の当事者によって実施されるのではなく、訴訟法上・実体法上最低限の基準が保障される機会が増大するからである。他方、規制がそれほど広範囲に及んでいないことから、ADRが機能不全に陥り、また、規律が不透明であるため、両当事者は、もはや国家の介入なしに拘束力のある、両当事者の具体的紛争に適合した解決をもたらす状態にはない。

したがって、目標はつぎのようになる。すなわち、"必要な分だけ多くの基準を、しかし、可能な限り多くの自由を"である。そのために適切な手段を徹底して追い求め続けることは、それだけの価値がある仕事である。そして、このことは、各国における国内法の立法者だけでなく、国際レベルにもあてはまる。その際、国家司法および仲裁に対する真の意味での選択肢を渉外紛争のためのADRに構築し、しかしながら、そのことによって放棄不可能な制度を害しないよう努めなければならない。

**訳者付記**

本翻訳は、2016年11月4日（金）に明治大学駿河台キャンパスにおいて行われた、ドイツ連邦共和国パッサウ大学法学部教授ヴォルフガング・ハウ氏（Professor Dr. Wolfgang Hau）による講演会の原稿である。講演テーマの原題は、Internationalverfahrensrechtliche Grundprobleme der alternativen Streitbeilegung である。講演会の開催に際しては、明治大学法学部川地宏行教授にご協力をいただいた。ここに厚く感謝を申し上げたい。講演者のハウ教授は、1968年にドイツで生まれ、ザールラント大学法学部、トリーア大学法学部などで学び、トリーア大学リンダッハー教授の下で博士論文、教授資格論文を作成している。その後、日本においても証明責任論で著名なムジラーク教授の後任として2003年にパッサウ大学法学部に赴任し（民法、民事訴訟法および国際私法講座を担当）、法学部長、副学長を歴任している。また2016年からミュンヘン高等裁判所判事も兼務している。ハウ教授は学生向けの教科書として、Linke/ Hau, Internationales Zivilverfahrensrecht, 6. Aufl. 2015 (Dr. Otto Schmidt); Musielak/Hau, Grundkurs BGB, 14. Aufl. 2015 (C.H.Beck) などを著している。

本稿翻訳に際しては、講演者のハウ教授の了解のもと、日本語の理解を優先して訳出したため必ずしも文法には忠実ではなく、また、適宜、角括弧（〔 〕）を用

いて補足している。

　最後に、ハウ教授の招聘に際しては、石川明教授記念手続法研究所（理事長・三上威彦慶應義塾大学法務研究科教授）による財政的援助を受けたことを特記し謝意を表するものである。なお、本翻訳は科研費（課題番号 15K03218）による研究成果の一部である。

---

初出：法学研究 90 巻 4 号 51 頁以下（2017 年）

## 本書収録の翻訳について

　本書収録の各翻訳は、手続法研究所が招聘した研究者による講演原稿が基本となっている。収録に際しては、編年別とはせずに体系性を重視して配置した。第 I 部はドイツ民事訴訟法の理論的問題、第 II 部はドイツ民事執行法の理論的問題、そして第 III 部はドイツ民事手続理論と EU 法という構成にした。

　はしがきにもあるように、手続法研究所は 1983 年に設立された。設立後 2000 年までの間に、手続法研究所の招聘により来日した外国からの研究者は 20 名を超える。そのほとんどは、慶應義塾大学法学部の機関紙である法学研究に講演原稿の翻訳という形で招聘の成果が公表されている。しかし、今回このような形で翻訳叢書を刊行するに際して、初出後時間が経過しすぎていることから、残念ながら、その多くは収録することを断念せざるを得ず、1998 年以降の講演原稿を収録することとした。また、本書で収録する翻訳の一体性を保つため、収録原稿は手続法に関する講演原稿に絞った。そのため本書は、1998 年以降に公表された成果であること、また、手続法に関するものに限定して収録した。しかし、このことは手続法研究所のこれまでの活動の一部を示すものでしかないことを強調しておきたい。

　各翻訳を本書に収録するに際しては、原翻訳を最大限尊重するとの立場から、字句の修正などの体裁の統一は最低限にとどめ、また、条文訳の内容も翻訳を行った当時のままとした。したがって、お読みいただく際には、各翻訳の初出刊行年における法状況であることに、ご留意いただきたい。

　本書所収の翻訳を読むに際して参考となる条文訳として、法務大臣官房司法法制調査部編『ドイツ民事訴訟法典——1991 年 11 月 10 日現在——』（法曹会、1993 年）、法務大臣官房司法法制調査部編『ドイツ民事訴訟法典——2011 年 12 月 22 日現在——』（法曹会、2012 年）、法務大臣官房司法法制調査部編『ドイツ強制執行法』（法曹会、1976 年）、法務大臣官房司法法制調査部編『欧州連合（EU）民事手続法』（法務資料 464 号、2015 年）がある。

　本書所収の各翻訳の末尾には、訳者の立場から講演内容について詳細なコメントが付されているものがある。以下では、それらのコメントとの重複あるいは乖離を

おそれつつも、不十分ながら簡単に各講演原稿の内容を紹介したい（簡潔な紹介を旨とするため、重要であるものの言及していない箇所もある）。なお、以下の紹介で用いる「報告者」は、講演を行った研究者をさす。また、条文は講演当時の条数をそのまま用いている。紹介中の「」は、翻訳における大項目の見出しである。

## 第 I 部　ドイツ民事訴訟法の理論的問題

　第 1 章　ロルフ・シュテュルナー（越山和広・訳）「20 世紀末におけるドイツ民事訴訟法学者」（初出 1998 年）は、ドイツ民事訴訟法の将来像として、ドイツ一国の視点でドイツ民事訴訟法を論ずることがもはや適切ではないとする。まず、「ドイツ民事訴訟法学における伝統的な要素」において、報告者は、ドイツ民事訴訟法の将来像を論じるためには、ドイツ民事訴訟法がこれまでどのような歴史をたどってきたのかを検討する必要があるとする。そして、イタリア人研究者の言を借りて、ドイツ民事訴訟法学によって、それまでたんに「手続」にすぎなかったものが「訴訟法」という学問対象にまで高められたと論じ、その過程において、訴権論、訴訟状態論、訴訟物、証拠法といった議論の進化を通じて訴訟法学としての体系性の構築が進められたとする。また、ドイツでは比較法的研究が重視されてきたものの、歴史的な事情からドイツ民事訴訟法が国際的に大きな影響力を有しているわけではないことも銘記すべきであると述べる。つぎに、「現在の民事訴訟法革命における基本的要素」においては、ヨーロッパ人権条約や、ブリュッセル条約（当時）といった EU における統一訴訟法へ向けた動きのなかで、ドイツ民事訴訟法がフランスやイングランドの訴訟法の影響を受ける状況にあること（とくに既判力論）、そして、UNCITRAL モデル仲裁法やハーグの判決承認・執行条約などの国際的な法統一の試みが本格化していること、さらに、国際的な法統一運動の中でアメリカ法の影響が強く出ていることを指摘する。そして、外国法に関する情報（文献・判例）収集方法が一般化し、また、民事訴訟以外の紛争解決手段の重要性が高まってきたこと（訴訟制度の規制緩和。訴訟法学の地位の相対的低下）が看取されると説く。その上で、「開放か自己防衛か？」において、ドイツ民事訴訟法が内向きの閉じられた体系を維持することは困難であるとする。しかし、そのことは、ドイツ民事訴訟法が国際化の波に飲み込まれ、その存在意義を失うことを意味するものではないと説く。すなわち、法は文化的背景と結びついており、その意味において各国独自の法文化を維持しつつ、共通する文化と法文化が成立する限りで統一的な法が成立するという。換言すると、各国共通の基本的価値は、各国が自己決定の形を通じて、またそれぞれの多様性を承認する

ことで発展するため、共同体として一体化することと各国のアイデンティティを意識することは決して対立するものではないと述べる。そして、ある民族の文化的同一性は言語を通じて判断されるため、ドイツ語による訴訟法学は英語やフランス語による訴訟法学とは異なる法的思考を有し、各民族に法的思考の決定権を委ねるべきであるが、寛容の精神の下で国家主義や画一主義に陥らないよう留意すべきであるとする。

**第2章 ラインハルト・ボルク（三上威彦・訳）「2002年のドイツ民事訴訟法の改正」**（初出2003年）は、とくに第1審手続の強化を目的とした2002年1月1日施行のドイツ民事訴訟法改正に関する解説である。まず、「**第1審手続**」において、第1審手続につき従来の制度が大きく変わった点について説明を行っている。それによると、まず、地方裁判所では3名からなる「部」で裁判を行い、単独裁判官によることは簡易な事件の場合のみであった従来の制度を改め、事件を単独裁判官に委ねる場合が拡大された。つぎに、和解のための口頭弁論が設けられた。これは、一定の例外を除いて、本来の口頭弁論の前に和解のための口頭弁論を行うことを目的とした当事者の出頭が義務付けられ、当事者が出頭しなかった場合には手続が休止したり、また、出頭したが合意に至らなかった場合には争訟的口頭弁論が実施されるというものである。そして、口頭弁論の改正に関しては、裁判所が当事者と合意した場合には、ビデオによる口頭弁論を行うことができるとされた。さらに、証拠調べに関しては、当事者による証拠の申出を要さずに、裁判所が証拠方法を利用できる場合が拡張された。判決の改正については、不適法な上訴であることが明白な場合には、事実および理由の記載を簡略化することが認められた。つぎに、「**上訴**」の改正について言及している。まず、原審の手続が法的審問請求権を侵害する場合の上訴について規定が設けられた（民事訴訟法321a条）。つぎに、重要な事件については、判例統一の観点から控訴制限額が撤廃された。そして、控訴審の位置づけが第2の事実審から法律審へと変化したことから（民事訴訟法513条）、攻撃防御方法の提出が制限されることとなった。抗告については、つねに即時抗告となることから2週間の期間制限に服することとなった（民事訴訟法567条、569条1項1文）。また、再抗告はなくなったため、法律抗告による不服申立てが可能となった。上告については、従来は高等裁判所が控訴審の場合にのみ連邦通常裁判所への上告が可能であった制度が、地方裁判所が控訴審の場合も可能となった（民事訴訟法542条）。上告提起に関しては、不服申立額の制限が廃止され、許可上告によることとされた。

本書収録の翻訳について

第3章 ディーター・ライポルト（三上威彦・訳）「民事訴訟における証明と違法に収集された証拠方法の取扱い」（初出 2007 年）は、2002 年 1 月 1 日施行のドイツ民事訴訟法改正のうち、証拠法部分の改正と違法収集証拠の取扱いに関する議論を検討する。まず、民事訴訟における証拠調べの目的や基本原則（弁論主義、提出主義）を確認したうえで、2001 年の法改正によって、職権証拠調べが拡大されたことの解説が述べられている。そして、「**職権による証拠調べ**」において、報告者は、改正法により、裁判所が、当事者の申立ての有無とは関係なく、文書の提出や検証・鑑定を行うための目的物の提出・処分の受忍を命ずることができる場合が広がった点を指摘する。そして、このような扱いはドイツ版ディスカバリーと評され、模索的証明を禁止するドイツの伝統的な理解からの乖離を意味するのかが問題となるとする。この問題との関係で、連邦通常裁判所は、証明責任を負わない当事者が有する文書を相手方が引用したに過ぎない場合でも、文書の所持者は提出義務を負うとした。この点について報告者は、提出することによって提出者が決定的に不利な状況におかれる場合でも、相手方当事者が引用するだけで、内部使用を予定した文書を提出しなければならないのは問題であるとする（民事訴訟法 142 条 1 項の提出命令が下されるのは、同法 421 条から 423 条の提出義務の要件を満たす場合に限るべきであると説く）。つぎに、「**証明についての法律上の改正**」の中では、電子的記録は検証の中に規定が置かれた（民事訴訟法 371 条 1 項）。その証明力については、文書に準ずる扱いがなされている。また、改正法は、当事者の合意があれば事実に関する要件（訴えの理由具備性など）にも自由証明が許されるとしたが（民事訴訟法 284 条 2 文以下）、報告者はこれを制限すべきであるとする。さらに、「**違法に収集された証拠方法の取扱い**」では、連邦憲法裁判所の 2 つの判例が取りあげられている。1 つ目は、原告が中古車販売契約の解除を電話で行ったとして訴えを提起したところ、原被告間の電話のやり取りを聞いていた証人の証言の証拠能力が問題となった事件であり、2 つ目は、父性否認の訴えで根拠とされたのが、母子の同意なくして採取された DNA の鑑定の結果であった事件である。前者について連邦憲法裁判所は、関係者の同意がある場合にのみ認められるとした。また、後者について連邦憲法裁判所は、情報の自己決定権を理由に、この鑑定結果を利用することはできないとした。報告者は、前者については匿名の中傷や脅迫があった場合には人格権に対する侵害として許容されるし、あるいは会話の相手方に会話が第三者に聞こえていることを指摘して相手方の（黙示的な）同意を取り付けて証拠の利用が可能になることを指摘する。また、後者については、父親とさ

れた者が本当に当該子の父親なのかを解明してもらうのは、その者の当然の権利ではないのかとして裁判所の判断に疑問を呈する。なお、連邦憲法裁判所は、秘密裏に実施されたDNA採取の証拠能力を認めなかったものの、生物学的な父性の解明そのものを否定したわけではない。むしろ、父親とされる者には子の遺伝上の父を知る権利が憲法上認められているとした。そこで、この判決の後に、連邦政府は、父性の解明に関する法律草案を提出した。

**第4章 ハンス・プリュッティンク（芳賀雅顯・訳）「民法改正（630a条から630h条）がドイツ医師責任訴訟における証拠法に及ぼす影響」**（初出2015年）は、2013年の患者の権利に関する法律によって創設された、民法630a条から630h条にかけての医師の診療契約について、とくに証拠法に関する部分の解説を行う。まず、「**2012年までの法状況**」では、この法律の制定前は、医師と患者の契約関係は、雇用契約の特別ルールが妥当していたことを確認する。そして、「**2013年患者の権利に関する法律**」では、改正法によって、民法630a条から630g条にかけて実体的な権利関係（診療契約上の義務、情報提供義務、説明義務、診療記録の閲覧等）、さらに民法630h条によって証明責任に関するルールが定められたことを述べる。そこで、「**民法280条1項2文と民法630h条の関係**」では、医師責任訴訟において、証拠法上の基本ルールである民法280条と新設の民法630h条との関係が問題となることを指摘する。従来、診療契約では証明責任の転換は認められていなかった。というのも、医師も患者と同様に証明困難な状況にあるため、医師に証明責任の転換をすると、従前の雇用契約に関するルール下では認められていなかった治療の成功義務を認めることになるからである。そのため、改正法の立法理由において、民法280条の証明軽減ルールがすでに医師責任訴訟に適用されていたとの記述は驚きをもって捉えられた。しかし、この点について報告者は、医師責任訴訟において民法280条のルールが適用されると考えるのが、現在は適切であるとする。もっとも報告者は、予想した結果が生じなかったことについて帰責性が推定されるのではなく、証明された治療ミスについて帰責性が推定されると解することが、民法280条の適切な解釈であると述べる。また、「**証明度の問題**」では、民法630h条は原則的な証明度を採用したが、唯一の例外として、医師が診療録保存義務を怠った場合には、そのことによって治療ミスが生じたとの推定について優越的蓋然性を採用したと解されていると述べる。法律が規定していない問題として、患者が十分な説明を受けなかったとして医師を訴えた場合に、医師側は、定められた説明を行ったとしても患者は処置に同意したはずだから説明が

不十分であったことと患者の同意には因果間関係はないと主張したときの問題がある。この場合、患者が十分な説明を受けた場合には医師の処置を拒んだと、患者側が、主張・立証することは許されると述べる。

**第5章 ヴォルフガング・ハウ（芳賀雅顯・訳）「民事訴訟における証明度」**（初出2017年）は、証明度に関するドイツ法での原則と例外、渉外民事紛争における証明度の扱い、そしてヨーロッパ法における証明度に関する議論を検討する。まず「**基礎**」においては、ドイツでは、原則的な証明度として証明（ドイツ民事訴訟法286条）、一定の場合には疎明（同294条）が用いられ、また個別的な例外がいくつかある（たとえば、争いがあるが通説は、損害額の算定に関する287条は証明度を軽減する規定と解している）ことが確認された。つぎに、「**ドイツにおける近時の議論状況**」では、解釈上、柔軟な証明度の理論が提唱されているが、報告者は、立法者の意思に反するなどとしてこの立場に批判的である。つぎに、「**証明度と抵触法**」では、渉外民事事件における証明度の適用については、準拠実体法に服する見解（準拠法説）も主張されているが、報告者は、証明度と心証形成過程との連続性を強調して法廷地法に服するとの通説の結論を支持する。もっとも、「**証明度とヨーロッパ法**」では、EUが実体法レベルで独自に証明度を設けている場合があることを指摘し（たとえば、EU競争法違反に基づく賠償請求）、その限りで法廷地法原則が後退していることを述べる。また、「**展望**」では、近時、ヨーロッパ法律協会（ELI）や、アメリカ法律協会／私法統一協会（ALI/UNIDROIT）による民事訴訟法の共通ルール策定を模索するプロジェクトでも、証明度が取り扱われていることを指摘する。もっとも、十分な成果が得られるかは疑問であるとしている。

## 第Ⅱ部　ドイツ民事執行法の理論的問題

**第6章　ハンス＝フリードヘルム・ガウル（河村好彦・訳）「強制執行における基本権侵害に関する問題について」**（初出1998年）は、強制執行を実効的に行うために認められる手段と憲法の関係について検討する。まず、「**基本権の制約としての強制執行の干渉**」は、問題提起を行う。たとえば、家屋の捜索は、住居不可侵（基本法13条）、宣誓に代わる保証や強制拘留・秩序拘留は個人の自由（基本法2条）を制約するが、このような基本権に対する制約は強制執行法に内在するものであると述べる。しかし、このような制約は基本権を侵害する場合もあるため、限界線が問題となることを指摘する。そして、「**連邦憲法裁判所の判例における強制執行**」では、1970年代後

半に、不動産の強制競売における不当廉売が平等原則条項（基本法 3 条）等に反するとの連邦憲法裁判所の判決が下され、民事執行法における債務者保護が憲法の視点から論じられるようになったとする。その後、連邦憲法裁判所は、比例原則（相当性の原則）を判断基準に用いて債務者保護のバランスを図る判断を示した点を指摘した上で、連邦憲法裁判所が比例原則（相当性の原則）を適用したケースを検討している。具体的には、住居の捜索、宣誓に代わる保証を行う際の強制拘留、破産者の説明義務、不作為義務の執行に関する秩序金や秩序拘留、苛酷条項に基づく強制執行に対する保護を検討している。「総括」では、報告者は、強制執行の局面においては、債権者そして債務者がそれぞれ有する基本権が衝突することになるが、法治国家原則によって導かれる（つまり、基本権からは直接導くことができない）比例原則（相当性の原則）は、強制執行においても適用すべきであるとして、この原則による調整方法を支持する。その際、元々、比例原則（相当性の原則）は、国家と国民との関係を規律する行政法の領域で発達した理論であるが、連邦憲法裁判所判決の補足意見を契機として強制執行への適用が論じられるようになったことを指摘する。また、この比例原則（相当性の原則）は、強制執行法の改正に際しても十分配慮されていることを紹介している。

**第 7 章 エベルハルト・シルケン（石川明・訳）「執行における憲法上の近時の諸問題」**
（2000 年）は、1999 年 1 月施行の強制執行法第二次改正法での憲法に対する配慮（とくに住居基本権との関係）を述べている。「**強制執行第二次改正法との関係における解決の試み、残された課題および新たに提起された問題**」では、報告者は、同改正法は債務名義の実現を強化したが、他方で債務者の正当な利益、すなわち憲法的視点からは債務者の住居基本権を尊重しているとする。その例として、執行官による債務者の住居の捜索に関して、連邦憲法裁判所の判例を基にして新たに規定が設けられた（民事訴訟法 758a 条）ことをあげる。この規定によると、執行官は、債務者の住居の捜索をするには裁判官の命令を必要とし、また、債務者の同意がある場合、あるいは裁判所の命令を取得していたのでは執行不奏功となる場合には、命令が不要とされる。報告者は、この規定が、憲法や民事訴訟法・強制管理法とどのような関係に立つのかを、執行の形態（住居の明渡し、明渡しの和解、動産の引渡し等）や居住の形態（共同居住者がいる場合）との関係にも言及しつつ検討を加える。つぎに、改正法は、夜間、祝祭日の執行が債務者の住居以外の場所でなされるときは、執行官によってなされるとした。明渡執行は、とくに共同居住者がいる場合に憲法上の問題が生ずるが、改正法では規定されなかった。改正法は、債務者の執行受諾文言が

ある執行証書による執行の拡大を認めたが、報告者は、住居基本権との関係ではとくに大きな問題は生じないとする。もっとも、社会国家原理（基本法20条、28条）の要請から、公証人は、債務者の執行受諾文言の内容について、債務者に対して釈明義務および教示義務を負うとされる。また改正法は、執行手続を執行裁判所（司法補助官）から執行官に移管した。すべての権限を執行官に移管することについて、報告者は、憲法上疑いが生ずることは予想されていなかったとする。改正法によって民事訴訟法807条は、住居の不可侵性（基本法13条）との関係で問題が生じた。立法者は、同条1項において、財産目録の提出（開示手続）を債務者に命ずる場合として従来から認められていた要件、すなわち、差押えが奏功しない場合（1号）、差押えが奏功する見込みがない場合（2号）に加えて、債務者が住居の捜索を拒否した場合（3号）、および執行官が事前に告知したにもかかわらず債務者にその住居で会うことができなかった場合（4号）を定めた。報告者は、この点について批判を加える。すなわち、連邦憲法裁判所の判例によると、債務者には、住居の不可侵性（基本法13条）に基づき捜索拒否権が認められていたが、民事訴訟法807条に基づく財産目録の提出（開示手続）を認めるとなると、債務者に認められた基本権上の保護を放棄する圧力が債務者にのしかかる。すなわち、開示手続が本来の機能である事案解明手続よりも債務弁済機能の役割を果たすことになり、基本権を放棄させる手段となってしまうと批判する。

**第8章 エベルハルト・シルケン（石川明・訳）「ドイツ民訴法における作為・不作為執行の今日的諸問題」**（初出2001年）は、代替的作為、不代替作為、不作為執行および意思表示の付与の執行についてドイツでの議論を紹介・検討している。まず、「**債権者の代替的作為の実行のためにZPO887条によりなされる執行**」では、代替的作為と不代替的作為の区別について、いくつか問題があることを指摘する。たとえば、労務給付あるいは高度な役務提供が代替的作為に該当するのか否か問題があるが、通説は代替性を肯定しており、報告者もこの見解を支持している。また、情報提供に関する事件は、債務者の協力を要する点で不代替性を有するが、協力を必要としない場合は代替的作為であるとする。つぎに、「**ZPO888条による債務者の不代替的作為の実行のための執行**」では、名誉を侵害する虚偽の主張の撤回は、通説では不代替的作為となるし、報告者もこの立場を支持する。そして、不代替的作為に関する民事訴訟法888条の規定は、債務者の作為が第三者の協力に係らしめられている場合には適用されないため、債務者の作為が供給者による供給如何に係る場合、こ

の第三者の協力が確保されているならば同条による執行が可能であるとする。不代替的作為に関する規定は、不代替的労務提供には適用されないが（民事訴訟法888条3項）、その理由は労務提供義務者の人格権に対する侵害となるからであるとする。また、同項の類推適用が判例で問題となっている点を指摘する。たとえば、宗教的行為の実施、相続契約の締結、血縁上の父に関する情報提供を母に求める子供の権利などがあげられている。そして、「ZPO890条による不作為および受忍の強制執行」では、作為命令と不作為命令の区別については議論があることが論じられている。たとえば、公害の状態が発生している場合、債権者は、排除の債務名義（民法1004条1項1文）と不作為の債務名義（同条同項2文）のいずれも取得が可能である。この場合、2つの債務名義（民事訴訟法887条以下と同法890条）の執行が可能とされる。他方、不作為名義のみがある場合、通説・判例は間接強制の執行のみを認め、報告者もこの見解に賛成する。債務名義に示された不作為命令は、不作為義務の中核を侵害する違反すべてに及ぶと解される（中核理論）。秩序処分の法的性質については、古くから議論がある。また、不作為命令に債務者が継続的に違反した場合、単一の制裁をもって債務者の違反行為に対して包括的に対応することが可能か否か問題となるが、違反の回数や程度などの諸要素を考慮して判断すべきであるとする。

## 第Ⅲ部　ドイツ民事手続理論とEU法

**第9章 ゲオルク・レス（入稲福智・訳）「欧州人権裁判所」**（初出2006年）は、欧州人権裁判所の地位、裁判所の負担、欧州人権裁判所と国内裁判所との関係について論ずる。まず、「欧州人権裁判所の地位」では、報告者は、欧州人権裁判所は法人格が付与されていないため、欧州人権裁判所の判決は人権条約締約国の判決であり、条約違反をした国に対する全締約国による集団的措置と捉えるべきであるとする。欧州人権裁判所の裁判官は、非常勤裁判官としての地位を有するに過ぎない。欧州人権裁判所は、独立の財政・人事を有しているわけではなく、事務総局が閣僚委員会に対して提案を行う形をとっていることから欧州評議会の予算権限の下にある。人権条約25条は、裁判所は独自の行政組織を有すると定めるが、人事体系は従前のままであると述べる。つぎに、「条約制度の改正」では、裁判所の係属事件数の増加に伴い、裁判所の負担軽減が大きな問題となっているとする。問題解消のためには裁判所スタッフの拡充を図り、裁判所の処理能力を高める必要がある。また、閣僚委員会は、一国あたりの裁判官（任期9年、再任なし）の定数（1国1裁判官）を増やすことを提案している。これは、ある国（被告適格を有するのは締約国のみ）に対して提

起された申立ての審理には、その国出身の裁判官が参加しなければならないとする制度を前提に、裁判官の負担を軽減するための提案である。しかし、報告者は、被申立国出身の裁判官が審理に関与する必要性に疑問を呈している。申立てを受理する要件についても議論がなされている。たとえば、アメリカ合衆国におけるような裁量上告制度（certiorari）や、不利益性の要件（申立人が不利益を被った場合にのみ受理する）の導入といった提案がある。報告者は、前者には批判的であるが、後者については一定の理解を示している。また、裁判所内部でフィルタリングを行う機関を設ける考えについては、報告者は、負担軽減につながるか疑問であるとする。反復性のある事件（国内構造が人権条約と一致しないため同種の申立てが大量発生した事件）については、欧州人権裁判所は、最初に下す事件をパイロット・ケースとし、後続事件を反復事件としている。そして人権裁判所長官は、人権裁判所の本来の任務は原則的な判決を下す点にあるところ、反復事件はこの任務に支障を生じさせるとして、パイロット判決が被申立国の構造的欠陥等を指摘する場合には、反復事件の審理を拒否することができる等の提案を行っている。「締約国と国内裁判所の役割」では、人権条約は締約国の国内法の一部を構成しているが、その位置づけは国によって異なることを明らかにする。すなわち、憲法に優先する国（オランダ）、憲法の一部（オーストリア）、憲法よりは下位だが通常の法律よりは優先する（フランス）、通常の法律と同じ（ドイツ）といったように多様である。

**第 10 章 ヴォルフガング・ハウ（芳賀雅顯・訳）「ヨーロッパ倒産法の改正について」**（初出 2017 年）は、2015 年のヨーロッパ倒産規則の改正について紹介・検討している。「2000 年 EU 倒産規則から 2015 年 EU 倒産規則へ」では、ヨーロッパでの国際倒産に関するルールは 2000 年の倒産規則があったが、2015 年規則では従来の基本構造を維持しつつも大幅な改正を行っていることが紹介されている。改正倒産規則の構造は、適用範囲、国際倒産管轄、準拠法ルール、承認、第二倒産手続、債権者の情報提供および債権届出という従来の枠組みに、新たにコンツェルン倒産、データ保護に関する章が加わった。「2015 年倒産規則の重要な改革」では、改正点が個別的に紹介されている。まず、新規則は事項的適用範囲を拡張し、DIP 型の手続も倒産規則の対象とした（2015 年規則 2 条 3 号）。また、国際倒産管轄については、主たる手続の中心地（COMI）を判断する基準としてヨーロッパ司法裁判所が採用した、外形的事業活動を基準とする見解（Business Activity Approach）を明文化した（2015 年規則 3 条 1 項 1 段 2 文）。債務者が COMI を移動させて一種のフォーラム・ショッピングを

図ることを阻止する試みがなされたが（2015年規則3条1項2段から4段）、報告者は、実効性があるかどうかはしばらく様子を見る必要があると述べる。倒産関連訴訟の管轄を主手続開始地国に集中させるルールが採用された（2015年規則6条）。準拠法決定ルールについては、ほとんど変更を加えていない。改正規則は、インターネットによる倒産登録制度を導入し（2015年規則24条以下）、これによって、簡易、迅速かつ無料で倒産手続に関する情報が入手可能となった。主手続と第二倒産手続との関係は、これまで多くのヨーロッパ司法裁判所の判決が下されたが、今回の改正でも多くの規定がこの問題について充てられている。第二倒産手続が属地的効果のみを有する点は維持されたが（2015年規則34条3文）、改正法は、清算手続だけでなく再建型の手続も第二倒産手続の利用が可能であるとした。債権届出に際しては書面性は要求されず、手続開始地国が求める手段（インターネット登録など）が履践されていれば足りるとした（2015年規則53条）。今回の改正では、コンツェルン（ドイツでは、この呼称が学術文献等では一般的である）のうち親子会社の倒産について規律されたが（2015年規則56条以下）、親会社の主手続開始地国において子会社の倒産手続も開始することができるとの考えは否定された。その代りに、個々の企業について開始した各手続が、調和の取れた形で進行させるように規定が設けられた。

**第11章 ヴォルフガング・ハウ（芳賀雅顯・訳）「代替的紛争解決に関する国際手続法上の基本問題」**（初出2017年）は、渉外的な代替的紛争解決手続（ADR）の規律に関するドイツやEUの法状況の解説である。まず、「**法源**」ではADRの法源を確認する。ヨーロッパ法レベルでは、2008年のメディエーション指令があり、この指令はドイツでは2012年に国内法化された。また、消費者紛争について、2013年のADR指令および同年のオンライン紛争解決規則（ODR規則）が制定されている。ADR指令は、ドイツでは2016年に国内法化された。UNCITRALはとくに仲裁分野での成果が顕著であるが、調停（Conciliation）分野においてもUNCITRAL調停規則や国際商事調停モデル法が国際的に影響を及ぼしていることを指摘する。つぎに、「**管轄法上の側面**」では、ヨーロッパ法では、メディエーションなどが不奏功の場合に、どのような要件の下で裁判所を利用することができるのか規定していない。そのため、この問題は各構成国の国内法に委ねられるとする。つづいて、「**抵触法上の局面**」では、渉外的なメディエーションの手続の準拠法をどのように決定するのかについて、EU指令もドイツの国内法も規定していない。この点について、通説は、メディエーションはローマ(I)規則に服するとしており、本案の準拠法やメディエーターの居住地国

法が重要性を持つと述べる。また、「ADR の結果の実現」では、メディエーションの執行については、メディエーション指令6条により各構成国法によって規律される。同条4項は、外国で判断されたメディエーションの国内での執行については扱っていないため、この問題も各構成国の国内法による。そして、「**渉外的な情報交換と協力**」では、ヨーロッパでは ADR がそれほど利用されていないのは、情報不足にあると考えられることから、ADR 指令は、手続の透明性の確保とともに利用者への情報提供を図り、また、構成国間での協力関係について定めた。また、ODR 規則は、消費者が、ウェブサイトで紛争解決機関を探すことを容易にし、また事業者と紛争解決権限を有する機関を合意することを可能にするヨーロッパ・オンライン紛争解決プラットフォームを定めている。

芳 賀 雅 顯

# あとがき

　比較法研究の意義は、時代とともに変化しているのではないか。少なくとも民事訴訟法（民事手続法）については、そのように感じる。かつて、民事訴訟法学においては、ドイツ法は母法としての絶対的な位置づけが与えられていた。研究者はもちろん、実務家もまた少なからずドイツ法に通暁し、ドイツの文献を読破し、ドイツ民事訴訟法を日本の民事訴訟の解釈に際して参考となる指針として用いてきた時代があった。だが、時が経過するにつれて、わが国独自の学問的議論が深化し、ドイツ法と日本の民事訴訟法の異別性が意識されるようになった。そのことは、ドイツ法（あるいは母法）への無批判な追従に対する反省をもたらした。

　しかし、比較法研究の意義それ自体は、こんにちでも失われていない。ある問題に対して、いかなる解決を採用するのかは、その国の法体系上の位置づけなどの法技術的問題、歴史的・文化的・地理的・経済的な背景、法感情や国民性などの諸事情が交錯し多様な選択肢がありうる。そもそも、ある問題を問題として認識するのか否かといったことから、各国の対応は異なる。それゆえ、たとえば、わが国で法的に対応していない事柄が、本当に対応の必要がないものなのか、あるいは対応の必要性を認識していないだけで本来は対応を要する事項であるのかは、自国法の研究からだけでは判断することは容易ではない。したがって、外国法の動向に注意を払うことは、自国法を客観視するためにも必要であるといえる。その意味では、外国法を研究することを通じて、問題を発見・設定し、外国での解決方法を相対化し、わが国での解決への示唆を得るという比較法研究の意義は今なお大きいと思われる。また、手続法の技術的性格は法比較の観点からは、各国法の相違を相対化しやすい法分野といえる。さらに、近時の、わが国の民事手続法に関する法の制定や改正に際しては、国際的な取極めや、様々な国の国内法制度が考慮されるようになった。くわえて、ヒト・モノ・カネ・情報のボーダーレス化は、企業などの法主体が、自国の法制度だけを目配りすることを許さない状況へと駆り立てている。このような点からすると、手続法における比較法研究の重要性は、形を変えて増大しているともいえる。

## あとがき

　本書は比較法の研究書ではない。外国の研究者が自国の訴訟制度の紹介を行い、その翻訳を編纂した翻訳集である。いわば比較法を行う契機を提供した資料集という位置づけもできよう。本書が比較民事手続法研究に目を向ける一助となれば幸いである。

　本巻で収録した翻訳は、すべてドイツの研究者の講演原稿である。このことは手続法研究所を設立された石川明先生や門下生の交流範囲とも関係がある。しかし、次巻以降は、ドイツ以外の研究者による報告原稿も収録する予定でいる。

　最後になるが、出版情勢の厳しい中にもかかわらず翻訳叢書の刊行をお引き受けいただいた慶應義塾大学出版会に感謝申し上げる。とくに慶應義塾大学出版会の岡田智武氏には、本翻訳叢書の企画段階から相談に乗っていただき、索引等の作成など本書構成の細部にいたるまで刊行の準備のため大変お世話になった。特記して謝意を表したい。また、本書の刊行については、石川明教授記念手続法研究所の財政的援助によって刊行されたことも付記する。さらに、本書を刊行するに際しては、講演者である外国の研究者、講演原稿の翻訳を担当された先生方、講演会場の手配や、刊行に向けてアドバイスを賜った先生方にも感謝を申し上げる。くわえて、手続法研究所設立に際してご寄附いただいた石川ゼミの卒業生の方々、そして外国人研究者招聘に際して裏方として尽力された多くの方々には、招聘を実現するに際してお世話になった。本書は、これらの方々の支えがあってこそ刊行することができた書物である。

2019 年 3 月

芳 賀 雅 顯

初出一覧

## 第Ⅰ部　ドイツ民事訴訟法の理論的問題

第 1 章「20 世紀末におけるドイツ民事訴訟法学者」ロルフ・シュテュルナー／越山和広・訳（法学研究 71 巻 4 号 83 頁以下（1998 年））

原題：Rolf Stürner, Der deutsche Prozeßrechtslehrer am Ende des 20. Jahrhunderts, in: Festschrift für Gerhard Lüke zum 70. Geburtstag, 1997, S. 829 ff.

第 2 章「2002 年のドイツ民事訴訟法の改正」ラインハルト・ボルク／三上威彦・訳（法学研究 76 巻 10 号 73 頁以下（2003 年））

原題：Reinhard Bork, Die ZPO-Reform 2002

第 3 章「民事訴訟における証明と違法に収集された証拠方法の取扱い」ディーター・ライポルト／三上威彦・訳（法学研究 80 巻 11 号 71 頁以下（2007 年））

原題：Dieter Leipold, Die Beweisführung im Zivilprozess und die Behandlung rechtswidrig erlangter Beweismittel - zu einigen neueren Entwicklung im deutschen Recht

第 4 章「民法改正（630a 条から 630h 条）がドイツ医師責任訴訟における証拠法に及ぼす影響」ハンス・プリュッティンク／芳賀雅顯・訳（法学研究 88 巻 5 号 75 頁以下（2015 年））

原題：Hanns Prütting, Der Einfluss der Reform des BGB (§§ 630a - 630h) auf das Beweisrecht im Arzthaftungsprozess in Deutschland

第 5 章「民事訴訟における証明度」ヴォルフガング・ハウ／芳賀雅顯・訳（法学研究 90 巻 2 号 61 頁以下（2017 年））

原題：Wolfgang Hau, Das Beweismaß im Zivilprozess - Aktuelle Fragen im deutschen, internationalen und europäischen Recht

初出一覧

## 第 II 部　ドイツ民事執行法の理論的問題

第 6 章「強制執行における基本権侵害に関する問題について」ハンス＝フリードヘルム・ガウル／河村好彦・訳（法学研究 71 巻 8 号 85 頁以下（1998 年））

原題：Hans Friedhelm Gaul, Zur Problematik der Grundrechtsverletzungen bei der Zwangsvollstreckung

第 7 章「執行における憲法上の近時の諸問題」エベルハルト・シルケン／石川明・訳（法学研究 73 巻 9 号 75 頁以下（2000 年））

原題：Eberhard Schilken, Aktuelle verfassungsrechtliche Probleme in der Zwangsvollstreckung

第 8 章「ドイツ民訴法における作為・不作為執行の今日的諸問題」エベルハルト・シルケン／石川明・訳（法学研究 74 巻 9 号 73 頁以下（2001 年））

原題：Eberhard Schilken, Aktuelle Probleme der Handlungs- und Unterlassungsvollstreckung nach der dZPO

## 第 III 部　ドイツ民事手続理論と EU 法

第 9 章「欧州人権裁判所」ゲオルク・レス／入稲福智・訳（法学研究 79 巻 6 号 77 頁以下（2006 年））

原題：Georg Ress, Der Europäische Gerichtshof für Menschenrechte, seine Reform und die Rolle der nationalen Gerichte

第 10 章「ヨーロッパ倒産法の改正について」ヴォルフガング・ハウ／芳賀雅顯・訳（法学研究 90 巻 3 号 33 頁以下（2017 年））

原題：Wolfgang Hau, Zur Reform des Europäischen Insolvenzrechts

第 11 章「代替的紛争解決に関する国際手続法上の基本問題」ヴォルフガング・ハウ／芳賀雅顯・訳（法学研究 90 巻 4 号 51 頁以下（2017 年））

原題：Wolfgang Hau, Internationalverfahrensrechtliche Grundprobleme der alternativen Streitbeilegung

# 事項索引

## 数字・欧文

2000年ヨーロッパ倒産規則 229
2015年ヨーロッパ倒産規則 234
ADR 15, 253, 262, 269, 272, 275, 276
ADR指令 257
ADR手続 266
amparo手続 218, 219
Brexit 234
business activity approach 237
certiorari 212
COMI 230, 237, 238, 247
DNA鑑定 55, 60
DNA父性分析事件（DNA分析事件） 54, 60
EU憲法制定会議 224
Human Rights Act 1998 219, 220
Kalashnikov v. Russia事件 216
Kulda v. Poland事件 223
Kulda v. Polen判決 218
lex mercatoria 13
Lex Pinto 217
lock back periods 238
mind of management approach 237
ODR規則 257
Pretty v. UK事件 220
Provisional Files 209
repetitive cases 216
Sawoniuk v. UK事件 221
Tomé Mota v. Portugal事件 218
UNCITRAL調停規則 259
Warning Letter 209

## あ行

相手方の同意 34
明渡し
　――の和解 146
　――を求める執行 126
明渡執行 146, 152
アナスターシャ判決 92
アムステルダム条約 228
アメリカの法的覇権の時代 12
アメリカ法律協会（ALI） 108
争いのない債権に関するヨーロッパ債務名義の
　導入のための規則 272
域外証拠調べ 101
域内自由移動原則 11
医師責任訴訟 69
医師の黙秘義務 71, 80
意思表示の付与 188
一応の証明（*Prima-facie Beweis*） 100
一般的証拠要件 56
一般的人格権侵害 54
一般平等待遇法 107
違法に収集された証拠方法 53
遺留財産 153
遺留分請求権 183
インジャンクション（antisuit injunction） 274
インターネットによる倒産の登録 241
訴え
　――の適法性 39
　――の適法要件 52
　――の取下げ 28, 39
訴え放棄条項 274
欧州人権裁判所 207
欧州人権条約 199, 214, 219, 221
　――違反 218
欧州評議会 201, 203, 205, 224
応訴強制 5
親会社 246
　――の本拠 247

## か行

外交官の免責 206
開示義務 133
開示手続 157, 158
開示保証手続 146
家屋の捜索 113
確実性に接する蓋然性 88
確定責任 72
閣僚委員会 201, 210, 224, 225
苛酷条項 123, 136
仮定的因果関係 79
仮処分 180, 188
カルテル法 102
管轄恒定（*perpetuatio fori*） 231
管轄の利益 105, 263, 265

事項索引

患者の権利に関する法律 70, 80
間接的強制 184
完全証明 87
鑑定 41, 51
鑑定人 49, 69
関連訴訟 239
関連手続 239
企業グループ 246
企業の本拠 227
企業破綻および企業倒産回避のための新たな試みに関する勧告 250
危険概念 143
危険の分配 72
北キプロス 218
既判力 10
基本権
　——の行使の放棄 142
　——の衝突 133
　——の制約 113
基本権侵害 138
義務的裁判管轄権 199
客観的証明責任 72, 73
教示義務 154
供述 52
強制金 174
強制拘留 114, 122, 135, 174, 186
強制執行
　——の公法的性格 137
　——の排除 183
強制執行第二次改正法（強制執行法改正第二次法、第二次強制執行法改正法） 139, 141, 179, 188
強制執行法第二草案（第二強制執行法草案） 131, 137
強制調停 273
強制的拘留の合憲性 122
共同居住者の利益 149
共同占有権 149
共同占有者の受忍義務 150
競落許可決定 146
許可上告 36
金銭債権執行 140, 171
金銭的制裁 173
金銭による補償 173
空間の不可侵性 144
クズ不動産 44
具体化責任 48
グループ調整手続 248
クローン・ケース 216

継続的違反行為 187
継続的差止め 128
血縁上の父を知る権利 184
厳格証明 52
現実執行 173
検証 41, 49
原則的証明度 78, 87, 94, 95
検討委員会 210
憲法異議 54, 128
　——の訴え 35
　——の補充性 129
憲法上の所有権概念 113
憲法評議会 222
権利保護請求権 5
効果原則 102
効果的な権利保護に関する基本権 115
合議部 24, 32
拘禁規定 186
抗告 34
抗告裁判官 35
公序 272
控訴への逃亡 33
控訴法 30
控訴理由書 31
公知 85
公的電子記録 51
口頭弁論 26
　——の再開 29
高度の蓋然性 93
公法上の開示義務 137
公法上の争訟 133
拘留命令 113, 124, 146, 151, 157
子会社 246
国際司法共助 101
国際証拠法 97
国際商事契約原則 13
国際商事仲裁に関するモデル法 259
国際商事調停に関するモデル法 259
国際民事手続法 104
国内法の衣を着た欧州人権条約 225
故障 29
国家安全保障裁判所 216
国境を超えた訴訟の原則 12
国境を越えた倒産協力に関する実務ガイド 245
国境を越えた民事訴訟に関する諸原則 108
国境を越える倒産手続のための意見交換および協力に関するヨーロッパ・ガイドライン 245
雇用契約 69
コンツェルン 246

## さ行

|  |  |
|---|---|
| 債権届出の標準書式 | 246 |
| 財産開示義務 | 122 |
| 財産開示手続 | 140 |
| 再審手続 | 223 |
| 財政的および人事的独立性 | 204 |
| 裁判外の紛争調停 | 25 |
| 裁判官 | |
| ——による損害の算定 | 89 |
| ——の後見的機能 | 6 |
| ——の地位 | 200 |
| ——の任期 | 211 |
| 裁判所 | |
| ——による引渡命令 | 45 |
| ——の指摘義務 | 26 |
| ——の独立性 | 205 |
| ——の法人格 | 200 |
| 裁判所書記局長 | 204 |
| 裁判の迅速化請求 | 220 |
| 裁判部 | 211 |
| 債務者の同意 | 142 |
| 債務者表 | 124 |
| 債務名義の貫徹性 | 141 |
| 作為の立証 | 182 |
| 作為または不作為の強制執行 | 114 |
| 作為命令 | 184 |
| 差押え | 133 |
| 差押禁止の原理 | 114 |
| 差押質権の法的性質 | 14 |
| 差押物の換価 | 157 |
| 差別禁止法 | 107 |
| 事案解明手続 | 159 |
| 恣意の禁止 | 115 |
| 時機に後れた提出 | 33 |
| 自殺の危険がある債務者 | 126 |
| 事実上の推定 | 100 |
| 自然執行 | 173 |
| 実験条項 | 30 |
| 執行債権 | 139 |
| 執行債務者保護 | 155 |
| 執行証書 | 154, 188 |
| 執行請求権 | 123 |
| 執行制限期間 | 127 |
| 執行宣言 | 272 |
| 執行手続 | 272 |
| 執行名義 | 25 |
| 私的電子記録 | 50 |
| 私法上の権利秩序の実現 | 133 |
| 私法統一国際協会（UNIDROIT） | 108 |
| 司法ポータル | 245 |
| 司法保護請求権 | 265 |
| 資本市場共同体の形成に向けたアクションプラン | 250 |
| 事務総局 | 204 |
| 事務総長 | 205 |
| 社会的国家原理 | 140, 154 |
| 社会的法学派 | 6 |
| 社会的民事訴訟モデル | 6 |
| 社会福祉国原理 | 114 |
| 釈明義務 | 154 |
| 宗教的作為 | 183 |
| 住居 | |
| ——の明渡し | 144 |
| ——の捜査 | 141 |
| ——の捜索 | 117, 143 |
| ——の不可侵 | 113, 120, 145 |
| ——の不可侵性 | 122, 158 |
| 住居基本権 | 141, 154 |
| 住居所有共同体 | 176 |
| 自由条項 | 258 |
| 自由心証の原則 | 87 |
| 自由な証拠評価の原則 | 40 |
| 自由な証明 | 52 |
| 自由な心証 | 77 |
| 柔軟な証明度の理論 | 95 |
| 自由に関する基本権 | 123 |
| 自由の剝奪に関する法的保障 | 140 |
| 主観的証明責任 | 41, 72 |
| 主たる倒産手続 | 237 |
| 主たる利益の中心地 | 230, 237, 238, 247 |
| 主張責任 | 107 |
| シュトルメ委員会草案 | 11 |
| 準拠法 | 267 |
| 少額手続 | 28 |
| 証言拒絶権 | 42 |
| 証拠開示 | 103 |
| 上告 | 36 |
| 上告額 | 219 |
| 証拠調べ | 27, 41 |
| ——の結果 | 40, 77 |
| ——の当事者公開 | 53 |
| ——の目的 | 40 |
| 証拠提出責任 | 72 |
| 証拠抵触法 | 97 |
| 証拠抵触ルール | 99 |
| 証拠評価 | 6, 91, 99, 104, 105, 110 |

事項索引

証拠法 ………………………………… 6, 85
証拠方法 ………………………… 40, 56, 91, 105
商事調停 ……………………………………… 259
上訴 …………………………………………… 29, 52
上訴裁判官 …………………………………… 35
証人 …………………………………………… 49
　――の尋問 ……………………………… 41
消費者事件におけるオンラインによる紛争解決
　に関する規則 …………………………… 257
消費者事件における代替的紛争解決に関する指
　令 ………………………………………… 257
消費者の権利保護 ……………………… 265
消費者紛争解決法 ……………………… 258
消費者紛争の合意に基づく解決に関与する裁判
　外機関の基本原則に関する勧告 … 256
消費者紛争の裁判外解決に関する機関の基本原
　則に関する勧告 ………………………… 256
情報および証拠へのアクセス ……… 109
情報取得権 ……………………………… 124
情報提供及び計算の提出の事件 …… 176
情報に関する自己決定権（情報の自己決定の権
　利） ……………………………………… 60, 124
情報保護に関する調整に関する法律 … 124
証明行為責任 ……………………………… 41
証明責任 ………… 41, 72, 91, 100, 103, 107, 110
　――の転換 …………………………… 75, 76, 78
　――の分配 …………………………… 77, 182
証明責任規則 ……………………………… 6
証明責任規範 ……………………………… 73
証明責任分配に関する根本規範 ……… 73
証明度 ………………… 6, 77, 86, 88, 91, 99-101,
　103-105, 107, 109, 110
　――の緩和 ……………………………… 88
証明妨害 ………………………………… 103
証明力 …………………………………… 49
書記局 ………………………… 202, 205, 212, 213
書証 …………………………………………… 49
職権証拠調べ ……………………………… 41
職権探知主義 ……………………………… 41, 55
職権による証拠調べ ………………………… 41
署名審査 …………………………………… 51
署名法 ……………………………………… 50
所有権の保障 …………………………… 130, 140
自力救済 ……………………………… 121, 123, 139
指令による法の統一 ………………………… 11
人格権 …………………………………… 60
信義誠実 ………………………………… 43
真偽不明（*non liquet*） ……………………… 91
人権裁判所 …………………………… 200

人権裁判所長官 ……………………… 216
人権統率委員会 ……………………… 210, 224
心証 ………………………………………… 87
心証形成 ……………………………… 100
真正の推定 …………………………… 50
迅速な裁判を受ける権利 ……………… 9
人頭税 ……………………………… 216
審理の公開 ……………………………… 26
診療契約 …………………………………… 75
診療録保存義務 ……………………… 78
　――違反 ………………………………… 78
請求異議の訴え ……………………… 177
請求の放棄 …………………………… 264, 273
世界訴訟法 ……………………………… 12
責任根拠的因果関係 …………………… 90
責任充足的因果関係 …………………… 90
絶対的確信 ……………………………… 88
宣誓に代わる保証 ……………… 92, 106, 124
宣誓に代わる保証および拘留 …… 122
専属管轄 ……………………………… 240
占有擬制 ……………………………… 160
捜索命令 ……………………… 143, 145, 149, 151
争訟的口頭弁論 ……………………… 25, 34
相続契約 ……………………………… 183
即時抗告 ………………………………… 34
属地的倒産手続 ……………………… 230
訴権 ………………………………………… 5
訴訟行為論 ……………………………… 6
訴訟指揮 ………………………………… 26
訴訟状態 ………………………………… 5
訴訟上の和解 ………………………… 39, 188
訴訟物 …………………………………… 10
訴訟物理論 ……………………………… 5
訴訟物論 ………………………………… 14
訴訟法の基本原則 ……………………… 6
訴訟法律関係 …………………………… 5
租税債権の執行 ……………………… 143
疎明 …………………………… 88, 92, 94, 106

た 行

第一司法近代化法 ……………………… 51
第二司法近代化法 ……………………… 51
大裁判部 ……………………………… 211
第三国の債権者の法的地位 ………… 246
第三者の所有権の保障 ……………… 140
代替執行 ……………………………… 174
代替的行為 …………………………… 176
代替的作為 …………………………… 175

| 代替的紛争解決 | 253 |
| 第二倒産手続 | 230, 242, 244, 245 |
| 単独裁判官 | 23 |
| チェチェン問題 | 208 |
| 秩序金 | 125, 133, 174, 184 |
| 秩序拘禁 | 184 |
| 秩序拘留 | 114, 125, 174, 186 |
| 秩序処分 | 186, 187 |
| 中核理論 | 186 |
| 仲裁 | 262 |
| 仲裁合意 | 265 |
| 仲裁手続 | 14, 241 |
| 仲裁人 | 260 |
| 仲裁モデル法 | 12 |
| 超上告審 | 132 |
| 調停 | 262 |
| 調停人 | 260 |
| 定款上の本拠 | 230 |
| 提示責任 | 48 |
| 提出〔責任〕主義 | 40 |
| 提出原則 | 85 |
| 訂正手続 | 29 |
| データ保護法 | 242 |
| テスト・ケース | 209, 216 |
| 撤回の表示 | 188 |
| 手続基本権 | 53 |
| 手続の休止 | 25 |
| 電子データによる証明 | 49 |
| 電子的記録 | 49 |
| 電話漏れ聞き事件 | 54, 57 |
| ドイツ司法補助官連盟 | 136 |
| ドイツ版ディスカヴァリー | 42 |
| 同意 | 58 |
| 統一売買法 | 13 |
| 倒産財団増殖訴訟 | 239 |
| 動産執行 | 157 |
| 倒産手続開始地国法（lex fori concursus） | 230, 232 |
| 倒産手続における管轄集中（vis attractive concursus） | 240 |
| 倒産の登録 | 241 |
| 動産の引渡執行 | 147 |
| 倒産法施行法 | 234 |
| 当事者尋問 | 41, 49 |
| 当事者による引用 | 46 |
| 統率委員会 | 213 |
| 特別抗告 | 35 |
| 特別控訴 | 29 |
| 特別な証明責任規範 | 73 |
| 特権制度 | 206 |

な行

| 内縁生活共同体 | 160 |
| 「汝は事実を語れ、我は法を語らん」 | 85 |
| ニューヨーク条約 | 259 |
| 任意売却 | 157 |
| 人間の尊厳 | 140 |
| 認諾判決 | 27, 39 |

は行

| ハーグ判決承認・執行条約 | 12 |
| 排除の債務名義 | 185 |
| 破産管財人の法的地位の理論 | 14 |
| 破産者の説明義務 | 123 |
| 判決 | 27 |
| 判事補 | 204, 211 |
| 万世効（erga omnes-Wirkung） | 225 |
| 反対事実の証明 | 76, 237 |
| パンデクテン学 | 5 |
| 反復性のあるケース | 216 |
| 判例の統一 | 30 |
| 比較考量のジレンマ | 131 |
| 東アナトリア問題 | 208 |
| 引渡執行 | 140, 173 |
| 非金銭的給付 | 171 |
| 被告住所地原則（actor sequitur forum rei） | 239 |
| 非常勤の裁判官 | 203 |
| 必要的単独裁判官 | 24 |
| ビデオによる口頭弁論 | 26 |
| 飛躍上告 | 36 |
| 評価委員会 | 210, 215 |
| 表見証明 | 74, 100, 103, 125 |
| 費用の予納 | 178 |
| 比例原則 | 118, 119, 123, 127, 134, 136, 160 |
| フォーラム・ショッピング | 98, 238 |
| 部会 | 211 |
| 武器平等 | 155 |
| 普及効 | 243 |
| 不許可抗告 | 35 |
| 不作為義務 | 178 |
| 不作為命令 | 184, 187 |
| ――の特定性 | 185 |
| 不信期間 | 238 |
| 父性の否認の訴え | 54 |
| 父性否認手続 | 60 |
| 〔父性〕否認手続から独立した父性の解明に関す

事項索引

る法律 61
付帯控訴 33
不代替的行為 176
不代替的作為 122, 174, 175, 181
不代替的作為義務 178
不代替的撤回作為の執行 180
不代替的労務提供 183
普通取引約款 264, 265
不動産の強制競売における競落の合憲性 115
ブラックリスト 124
不利益変更の禁止 29
ブリュッセル条約 228
文書 49
　　──の提出 41
文書提出命令 44
弁論主義 40, 41, 85
弁論の全趣旨 40, 77
法治国家 157
法治国家原則 219, 222
法治国家原理 134, 140, 159
法治国家理念 117
法廷地法 86
法廷地法ルール 96
法定の証拠規則 87
法的瑕疵 31
法的救済の保障 156
法的助言 276
法的審尋請求権 29
法的審問請求権 53, 59, 153
法的平和 91
法と文化の緊密な結びつき 17
法務書記官 204
法律違背 31
法律関係の性質決定 97
法律抗告 35
法律上の事実推定 76
法律上の審問 219
法律上の推定 73
法律審査審 32
輔佐人 128
保証 244
没収 133
本案における終了宣言 39
本証 76
本来的単独裁判官 24

## ま行

民事保全手続 14

民商事法における代替的紛争解決に関するグリーン・ブック 256
明白な法律違背 29
メディエーション 261, 262, 264, 267
　　──の行動規範 256
メディエーション指令 256
メディエーション法 257
メディエーター 260, 264
　　認証── 276
免責 238
模索的証明の禁止 43

## や行

夜間および日曜・祭日における執行 150
優越的蓋然性 78, 79, 89, 93, 95
ユス・コムーネ 10
ヨーロッパ・オンライン紛争解決プラットフォーム 275
ヨーロッパ委員会 232
ヨーロッパ経済共同体 227
ヨーロッパ契約法原則 13
ヨーロッパ権利保護制度の補完性 225
ヨーロッパ証拠規則 101
ヨーロッパ証拠法 101
ヨーロッパ法律協会（ELI） 108
ヨーロッパ民事訴訟法学 17

## ら・わ行

リスボン条約 255
立証軽減 76
理由具備性 39, 90
労働契約 241
和解契約 269
和解所 258, 276
和解のための口頭弁論 25

# 条文索引

## 多国間条約等

**ヨーロッパ機能条約**
- 26 条 … 227
- 81 条 … 101, 255, 258
- 101 条 … 102
- 102 条 … 102
- 114 条 … 258
- 169 条 … 258

**欧州評議会規程**
- 16 条 … 201, 206
- 40 条 … 206

**欧州人権条約**
- 2 条 … 219
- 3 条 … 216
- 6 条 … 223, 224
- 13 条 … 218, 223
- 14 条 … 220
- 20 条 … 210
- 23 条 … 211
- 24 条 … 203
- 25 条 … 204, 206
- 29 条 … 212
- 34 条 … 213
- 35 条 … 213
- 48 条 … 212

**欧州人権規約**
- 6 条 … 9

**EC 民事訴訟条約**
- 21 条 … 10, 20

**ブリュッセル(I)規則**
- 1 条 … 231

**ブリュッセル(Ia)規則**
- 1 条 … 262
- 2 条 … 263, 271
- 4 条 … 263, 266, 269
- 6 条 … 262
- 7 条 … 104
- 17 条 … 265
- 18 条 … 266
- 24 条 … 263
- 26 条 … 263
- 27 条 … 263
- 28 条 … 105
- 29 条 … 263
- 39 条 … 272
- 45 条 … 272, 275
- 58 条 … 271, 272
- 59 条 … 271

**争いのない債権に関するヨーロッパ債務名義の導入のための規則**
- 3 条 … 272

**ヨーロッパ口座仮差押規則**
- 7 条 … 106

**ヨーロッパ少額請求規則**
- 9 条 … 105

**ヨーロッパ督促規則**
- 11 条 … 106

**2000 年ヨーロッパ倒産規則**
- 4 条 … 230
- 5 条 … 230
- 28 条 … 230
- 46 条 … 232

**2015 年ヨーロッパ倒産規則**
- 2 条 … 235, 243, 246
- 3 条 … 237, 239, 242, 246
- 4 条 … 239
- 6 条 … 240
- 13 条 … 241
- 18 条 … 241
- 19 条 … 239
- 24 条 … 242
- 25 条 … 242
- 27 条 … 242
- 28 条 … 242
- 29 条 … 242

32 条 ……………………………………… 239, 240
33 条 ……………………………………… 239
34 条 ……………………………………… 243
36 条 ……………………………………… 244
37 条 ……………………………………… 243
38 条 ……………………………………… 243
41 条 ……………………………………… 245, 248
42 条 ……………………………………… 245
43 条 ……………………………………… 245, 248
53 条 ……………………………………… 245, 246
54 条 ……………………………………… 245
55 条 ……………………………………… 246
56 条 ……………………………………… 246-248
58 条 ……………………………………… 248
60 条 ……………………………………… 247, 248
61 条 ……………………………………… 247, 248
63 条 ……………………………………… 248
64 条 ……………………………………… 249
65 条 ……………………………………… 249
68 条 ……………………………………… 249
70 条 ……………………………………… 249
71 条 ……………………………………… 249
72 条 ……………………………………… 248, 249
77 条 ……………………………………… 246, 247
92 条 ……………………………………… 234
94 条 ……………………………………… 234

### ADR 指令
1 条 ……………………………………… 264
2 条 ……………………………………… 257, 261, 266
4 条 ……………………………………… 257, 258
5 条 ……………………………………… 266
7 条 ……………………………………… 275
13 条 ……………………………………… 275
14 条 ……………………………………… 275
16 条 ……………………………………… 275

### メディエーション指令
3 条 ……………………………………… 261
5 条 ……………………………………… 264
6 条 ……………………………………… 270, 271

### ローマ(I)規則
1 条 ……………………………………… 98, 267
3 条 ……………………………………… 268
4 条 ……………………………………… 268
6 条 ……………………………………… 268
9 条 ……………………………………… 269
18 条 ……………………………………… 97, 98

### ローマ(II)規則
1 条 ……………………………………… 98
22 条 ……………………………………… 97, 98

## ドイツ法

### 基本法（GG）
1 条 ……………………………………… 114, 123, 140, 149
2 条 ……………………………………… 55, 113, 125, 127, 129, 135, 140, 146, 148, 149, 156, 159, 175, 184
3 条 ……………………………………… 115-117, 132, 160
6 条 ……………………………………… 114, 140, 160, 184
13 条 ……………………………………… 113, 117, 118, 120, 121, 140-154, 158, 159
14 条 ……………………………………… 113, 115, 120, 121, 130, 133, 140, 141, 145, 149, 153, 155, 156, 159
19 条 ……………………………………… 156
20 条 ……………………………………… 114, 140, 153, 154
28 条 ……………………………………… 114, 140, 153, 154
103 条 ……………………………………… 59, 126, 153, 156, 158, 219
104 条 ……………………………………… 113, 140, 146, 156, 157

### 公課法（AO）
287 条 ……………………………………… 143

### 連邦憲法裁判所法
31 条 ……………………………………… 127, 132, 141
93b 条 ……………………………………… 127

### 裁判所構成法
119 条 ……………………………………… 30

### 一般平等待遇法
1 条 ……………………………………… 107
22 条 ……………………………………… 107

### 民法典（BGB）
164 条 ……………………………………… 177
252 条 ……………………………………… 90, 95
276 条 ……………………………………… 182
280 条 ……………………………………… 72, 74-76, 81, 182
309 条 ……………………………………… 265, 274
325 条 ……………………………………… 182
564 条 ……………………………………… 120
611 条 ……………………………………… 69
630a 条 ……………………………………… 70, 71, 81
630b 条 ……………………………………… 81
630c 条 ……………………………………… 71, 81

| 630d 条 | 80, 82 |
| 630e 条 | 79, 80, 82 |
| 630f 条 | 83 |
| 630g 条 | 71, 83 |
| 630h 条 | 70, 71, 74, 76-79, 83 |
| 633 条 | 174 |
| 779 条 | 269 |
| 858 条 | 121 |
| 1004 条 | 185 |
| 2303 条 | 183 |

## 民事訴訟法（ZPO）

| 91a 条 | 29 |
| 104 条 | 89 |
| 128a 条 | 26 |
| 138 条 | 40 |
| 139 条 | 26, 32, 85, 99, 117 |
| 142 条 | 27, 41, 44-48, 62 |
| 144 条 | 27, 41, 42, 44, 62 |
| 156 条 | 26 |
| 165 条 | 91 |
| 236 条 | 89 |
| 242 条 | 43 |
| 253 条 | 185 |
| 256 条 | 129 |
| 269 条 | 28 |
| 278 条 | 25, 261, 270 |
| 278a 条 | 261 |
| 279 条 | 25 |
| 284 条 | 53, 63 |
| 286 条 | 41, 77, 78, 87, 89, 91-95, 99, 103, 104 |
| 287 条 | 74, 89, 95, 103, 104 |
| 288 条 | 40, 85, 99 |
| 291 条 | 85, 99 |
| 292 条 | 76 |
| 294 条 | 89, 92, 94, 95, 106 |
| 296 条 | 33 |
| 298 条 | 51 |
| 298a 条 | 51 |
| 298b 条 | 51 |
| 307 条 | 27 |
| 313a 条 | 27 |
| 321a 条 | 29, 31 |
| 331 条 | 85, 90 |
| 348 条 | 24 |
| 348a 条 | 24 |
| 371 条 | 27, 49, 63 |
| 371a 条 | 50, 63 |
| 378 条 | 27 |
| 406 条 | 52 |
| 411a 条 | 51, 52, 63 |
| 412 条 | 52 |
| 415 条 | 50 |
| 416a 条 | 51, 63 |
| 416 条 | 50 |
| 417 条 | 50 |
| 418 条 | 50 |
| 421 条 | 45, 46 |
| 422 条 | 45, 47, 48 |
| 423 条 | 45-48 |
| 427 条 | 47 |
| 437 条 | 50 |
| 448 条 | 41 |
| 495a 条 | 28 |
| 511 条 | 28 |
| 513 条 | 31 |
| 516 条 | 34 |
| 520 条 | 31 |
| 522 条 | 33 |
| 524 条 | 33 |
| 526 条 | 32 |
| 527 条 | 32 |
| 529 条 | 31 |
| 530 条 | 33 |
| 531 条 | 32, 33 |
| 538 条 | 34 |
| 540 条 | 34 |
| 542 条 | 36 |
| 543 条 | 36 |
| 544 条 | 36 |
| 556a 条 | 131 |
| 566 条 | 36 |
| 567 条 | 34, 178 |
| 568 条 | 35 |
| 569 条 | 35 |
| 574 条 | 35 |
| 616 条 | 55 |
| 617 条 | 55 |
| 640 条 | 55 |
| 705 条 | 29 |
| 721 条 | 131 |
| 722 条 | 273 |
| 723 条 | 273 |
| 739 条 | 160 |
| 758 条 | 117 |
| 758a 条 | 141-144, 146, 148-152 |
| 761 条 | 117, 150, 151 |
| 765a 条 | 116, 122, 123, 126-131, 136, 155, 160 |

| 765b 条 | 136 |
| 766 条 | 149, 151 |
| 767 条 | 131, 177, 182 |
| 771 条 | 129 |
| 777 条 | 135 |
| 793 条 | 149, 179 |
| 794 条 | 146, 154, 188, 270, 271 |
| 794a 条 | 146 |
| 796a 条 | 270, 271 |
| 796b 条 | 270 |
| 797a 条 | 270 |
| 803 条 | 135 |
| 807 条 | 113, 124, 137, 158 |
| 808 条 | 113, 143, 151 |
| 811 条 | 114, 153, 155 |
| 811a 条 | 135 |
| 812 条 | 135 |
| 817a 条 | 116, 135 |
| 827 条 | 118 |
| 828 条 | 113 |
| 850c 条 | 114 |
| 864 条 | 113 |
| 883 条 | 113, 143, 172 |
| 885 条 | 145, 150, 152, 153 |
| 887 条 | 172-175, 177-180, 183-185, 188, 189 |
| 888 条 | 114, 122, 130, 173, 175-184, 186, 188, 189 |
| 890 条 | 114, 125, 126, 133, 148, 173, 178, 184-187 |
| 891 条 | 177 |
| 892 条 | 148, 173, 184 |
| 893 条 | 172, 182 |
| 894 条 | 173, 177, 179-181, 188 |
| 895 条 | 189 |
| 899 条 | 122 |
| 900 条 | 122, 156 |
| 901 条 | 122, 123, 146, 151, 157 |
| 904 条 | 186 |
| 909 条 | 156 |
| 915 条 | 124 |
| 920 条 | 89 |
| 936 条 | 89 |

**民事訴訟法施行法**

| 15a 条 | 258, 273, 276 |

**消費者紛争解決法**

| 2 条 | 276 |
| 4 条 | 266 |

| 6 条 | 276 |
| 18 条 | 261 |
| 19 条 | 261 |
| 28 条 | 266 |

**家事事件および非訟事件の手続に関する法**

| 110 条 | 273 |

**強制競売法**

| 1 条 | 113 |
| 30 条 | 117 |
| 74a 条 | 117 |
| 85a 条 | 116, 135 |

**強制競売強制管理法**

| 93 条 | 145 |

**執行官事務処理規則**

| 180 条 | 153 |

**破産法**

| 75 条 | 123 |
| 101 条 | 123 |
| 107 条 | 124 |

**倒産法**

| 270 条 | 236 |
| 270a 条 | 237 |
| 270b 条 | 237 |
| 274 条 | 236 |
| 335 条 | 229 |
| 348 条 | 229 |

**メディエーション法**

| 6 条 | 276 |

**法的助言法**

| 2 条 | 276 |
| 3 条 | 276 |

**バイエルン調停法**

| 5 条 | 276 |

# 人名索引

アロリオ（Allorio） 9
ヴァルター・ハープシャイト（Walther Habscheid） 7
エーベルハルト・シュミット（Eberhard Schmidt） 5
カールハインツ・シュヴァーブ（Karl-Heinz Schwab） 7
カルネルッティ（Carnelutti） 4
ケラメウス（Kerameus） 8
ゲルハルト・リュケ（Gerhard Lüke） 3, 115, 130
ジャック・ジェイコブ（Jack Jacob） 7
ジョロヴィッツ（Jolowicz） 9
ダグマー・ケスター＝ヴァルチェン（Dagmar Coester-Waltjen） 97
タルッフォ（Taruffo） 12
ニーゼ（Werner Niese） 5
ハインリッヒ・ナーゲル（Heinrich Nagel） 7
ハザード（Hazzard） 12
ハンス＝フリードヘルム・ガウル（Hans Friedhelm Gaul） 158, 159, 178
ブックスバウム（Buxbaum） 16
フリッツ・バウア（Fritz Bauer） 7
マウロ・カペレッテイ（Mauro Cappelletti） 7
マルセル・シュトルメ（Marcel Storme） 7
ライポルド（Dieter Leipold） 73
ラモス（Rammos） 9
ロジェ・ペロ（Roger Perrot） 7
Badinter 218
Böhmer（Werner Böhmer） 132-135
N. Engel 206

# 判例索引

## ヨーロッパ

（ヨーロッパ人権裁判所）

EGMR, Entscheidung v. 6. 9. 2001, no 69789/01 (Brusco gegen Italien), CEDH 2001-IX 217
EGMR, Entscheidung v. 8. 11. 2001, no 34939/97 (Giacometti u.a. gegen Italien), ECHR 2001-XII 217
EGMR, Urt. v. 15. 7. 2002, no 47095/99 (Kalashnikov gegen Russland), ECHR 2002-VI 216

（ヨーロッパ司法裁判所）

EuGH, Urt. v. 21. 9. 1989 - C-46/87, 227/88 (Hoechst AG, Polyäthylen), NJW 1989, 3080, 3081 = ZIP 1989, 1281, 1282 122
EuGH, Urt. v. 7. 3. 1995 - C-68/93 (Fiona Shevill), NJW 1995, 1881 104
EuGH, Urt. v. 17. 1. 2006 - C-1/04 (Staubitz-Schreiber), EuZW 2006, 125 231
EuGH, Urt. v. 2. 5. 2006 - C-341/04 (Eurofood), EuZW 2006, 337 231, 232, 237
EuGH, Urt. v. 12. 2. 2009 - C-339/07 (Deko Marty), NJW 2009, 2189 231
EuGH, Urt. v. 12. 2. 2009 - C-339/07 (Seagon v. Deko), EuZW 2009, 179 239
EuGH, Urt. v. 21. 1. 2010 - C-444/07 (MG Probud), EuZW 2010, 188 232
EuGH, Urt. v. 18. 3. 2010 - C-317/08 (Telecom Italia), EuZW 2010, 550 264
EuGH, Urt. v. 20. 10. 2011 - C-396/09 (Interedil v. Intesa), EuZW 2011, 912 231, 237

EuGH, Urt. v. 17.11.2011 - C-112/10 (Zaza Retail), EuZW 2011, 966 ······ 232

EuGH, Urt. v. 15. 12. 2011 - C-191/10 (Rastelli v. Hidoux), EuZW 2012, 153 ······ 231, 247

EuGH, Urt. v. 15. 3. 2012 - C-292/10 (G/Cornelius de Visser), EuZW 2012, 381 ······ 105

EuGH, Urt. v. 22. 11. 2012 - C-116/11 (Handlowy v. Christianapol), EuZW 2013, 141 ······ 232

EuGH, Urt. v. 18. 7. 2013 - C-147/12 (ÖFAB v. Koot), EuZW 2013, 703, 704 ······ 231

EuGH, Urt. v. 16. 1. 2014 - C-328/12 (Schmid v. Hertel), NJW 2014, 610 ······ 232, 240

EuGH, Urt. v. 4. 9. 2014 - C-157/13 (Nickel & Goeldner Spedition v. Kintra), RIW 2014, 673, 674 f. ······ 231

EuGH, Urt. v. 4. 9. 2014 - C-327/13 (Burgo v. Illochroma), EuZW 2015, 34 ······ 232

EuGH, Urt. v. 4. 12. 2014 - C-295/13 (G.T. v. H.K.), EuZW 2015, 141 ······ 232, 240

EuGH, Urt. v. 16. 4. 2015 - C-557/13 (Lutz v. Bäuerle), EuZW 2015, 429 ······ 232

EuGH, Urt. v. 11. 6. 2015 - C-649/13 (Nortel Networks), EuZW 2015, 593 ······ 232

EuGH, Urt. v. 15. 10. 2015 - C-310/14 (Nike European Operations Netherlands v. Sportland Oy), EuZW 2016, 35 ······ 232

EuGH, Urt. v. 10. 12. 2015 - C-594/14 (Kornhaas), NJW 2016, 223 ······ 232

EuGH, Urt. v. 21. 1. 2016 - C-74/14 (Eturas), EuZW 2016, 435, 437 f. ······ 102

## ドイツ

（連邦憲法裁判所）

BVerfG, Beschl. v. 13. 10. 1971, BVerfGE 32, 54 ······ 121, 142

BVerfG, Beschl. v. 24. 3. 1976, BVerfGE 42, 64 ff. ······ 115

BVerfG, Beschl. v. 11. 5. 1976, BVerfGE 42, 143, 148 f. ······ 114

BVerfG, Beschl. v. 8. 6. 1977, BVerfGE 45, 142, 179 ······ 113

BVerfG, Beschl. v. 7. 12. 1977, BVerfGE 46, 325 ff. ······ 115

BVerfG, Beschl. v. 20. 6. 1978, BVerfGE 48, 396 ff. ······ 122

BVerfG, Beschl. v. 27. 9. 1978, BVerfGE 49, 220 ff. ······ 115, 133

BVerfG, Beschl. v. 10. 10. 1978, BVerfGE 49, 252 ff. ······ 115

BVerfG, Beschl. v. 3. 4. 1979, BVerfGE 51, 97 ff. = NJW 1979, 1539 f. ······ 117, 143

BVerfG, Beschl. v. 24. 4. 1979, BVerfGE 51, 150 ff. ······ 115

BVerfG, Beschl. v. 25. 7. 1979, BVerfGE 52, 131, 147 ······ 77

BVerfG, Beschl. v. 3. 10. 1979, BVerfGE 52, 214 ff. ······ 126

BVerfG, Beschl. v. 13. 1. 1981, BVerfGE 56, 37 ff. = NJW 1982, 1431 ff. ······ 123

BVerfG, Beschl. v. 16. 6. 1981, BVerfGE 57, 346 ff. = NJW 1981, 2111 f. ······ 117

BVerfG, Beschl. v. 14. 7. 1981, BVerfGE 58, 159, 162 f. ······ 125, 187

BVerfG, Beschl. v. 19. 10. 1982, BVerfGE 61, 126 ff. ······ 123

BVerfG, Urt. v. 15. 12. 1983, BVerfGE 65, 1 ff. ······ 124

BVerfG, Beschl. v. 16. 6. 1987, BVerfGE 76, 83 ff. = NJW 1987, 2499 f. = DGVZ 1987, 155 ff. ······ 118, 121

BVerfG, Beschl. v. 25. 7. 1988, NJW 1988, 3009 f. ······ 124

BVerfG, Beschl. v. 23. 4. 1990, BVerfGE 84, 82 ff. ······ 125

BVerfG, Beschl. v. 16. 1. 1991, NJW-RR 1991, 1101 ······ 129

BVerfG, Beschl. v. 21. 8. 1991, NJW 1991, 3207 Nr. 1. ······ 127

BVerfG, Beschl. v. 21. 9. 1991, NJW 1991, 3207 Nr. 2. (＊本文は29日) ······ 128

BVerfG, Beschl. v. 15. 1. 1992, NJW 1992, 1155 ······ 128

BVerfG, Beschl. v. 23. 7. 1992, NJW 1993, 1699 f. = Rpfleger 1993, 32 ff. ······ 116

BVerfG, Beschl. v. 26. 5. 1993, BVerfGE 89, 1 ff. = NJW 1993, 2035 ff. ······ 120, 121, 133

BVerfG, Beschl. v. 1. 2. 1994, NJW 1994, 1272 f. ······ 128

BVerfG, Beschl. v. 2. 5. 1994, NJW 1994, 1719 f. ······ 128

BVerfG, Beschl. v. 9. 10. 2002, BVerfGE 106, 28 =

NJW 2002, 3619 ················································ 54
BVerfG, Urt. v. 13. 2. 2007, NJW 2007, 753 ········ 60

（ライヒ裁判所）
RG, Urt. v. 2. 2. 1935, RGZ 147, 27, 31 ················ 186

（連邦通常裁判所）
BGH, Urt. v. 22. 2. 1952, BGHZ 5, 189, 193 ········ 186
BGH, Urt. v. 30. 7. 1954 - VI ZR 32/53, JZ 1955, 702
　·················································································· 99
BGH, Urt. v. 17. 12. 1968, NJW 1969, 553 ············ 75
BGH, Urt. v. 17. 2. 1970 - III ZR 139/67, BGHZ 53, 245 = NJW 1970, 946, 948 ······················ 88, 92, 93
BGH, Urt. v. 22. 1. 1980, VersR 1980, 428 ············ 80
BGH, Urt. v. 4. 10. 1984 - I ZR 112/82, NJW 1985, 554
　·················································································· 100
BGH, Urt. v. 11. 6. 1990, NJW 1990, 3151 = ZZP 104 (1991), 203 ······················································ 43
BGH, Urt. v. 8. 1. 1991, NJW 1991, 1541 ·············· 75
BGH, Urt. v. 8. 10. 1992, NJW 1993, 1394
　·········································································· 178, 179
BGH, Urt. v. 2. 3. 1993, VersR 1993, 749, 750 ······ 80
BGH, Urt. v. 30. 9. 1993, NJW 1994, 45, 46 ········ 187
BGH, Beschl. v. 3. 5. 1994, NJW 1994, 1663 ······· 187
BGH, Urt. v. 6. 10. 1998, NJW 1999, 860 ·············· 75
BGH, Beschl. v. 7. 3. 2002, NJW 2002, 1577 ········ 35
BGH, Urt. v. 10. 12. 2002, BGHZ 153, 165 = NJW 2003, 1123 = JZ 2003, 630 ······························· 57
BGH, Urt. v. 23. 11. 2004 - VI ZR 336/03, NJW 2005, 437, 438 f. ·················································· 274
BGH, Urt. v. 12. 1. 2005, BGHZ 162, 1 = NJW 2005, 497
　·················································································· 54
BGH, Urt. v. 1. 3. 2006, NJW 2006, 1657, 1658 ····· 55
BGH, Urt. v. 3. 5. 2006 - XII ZR 195/03, NJW 2006, 3416 ····························································· 99
BGH, Beschl. v. 26. 10. 2006, NJW 2007, 155 ······ 42
BGH, Urt. v. 7. 6. 2011, VersR 2011, 1148 ············ 78
BGH, Urt. v. 10. 9. 2015 - IX ZR 304/13, ZIP 2015, 2331 ···························································· 239
BGH, Urt. v. 12. 7. 2016 - KZR 25/14, BB 2016, 2188, 2192 ······················································ 90, 103, 104

（バイエルン州最高裁判所）
BayObLG, Beschl. v. 9. 3. 1995, NJW-RR 1995, 1040
　·················································································· 187

（上級地方裁判所）
KG, Beschl. v. 6. 4. 1995, DGVZ 1995, 114 f. ······ 126
KG, Beschl. v. 17. 11. 1997, InVo 1998, 108, 110
　·················································································· 181
KG, Beschl. v. 16. 2. 1998, InVo 1998, 166 ·········· 187
OLG Bamberg, Beschl. v. 6. 7. 1992, FamRZ 1993, 581
　·················································································· 178
OLG Bamberg, Beschl. v. 5. 8. 1998, InVo 1999, 219
　·················································································· 182
OLG Bremen, Beschl. v. 21. 7. 1999, JZ 2000, 314
　·········································································· 176, 184
OLG Celle, Beschl. v. 9. 11. 1995, NJW-RR 1996, 902, 903 ·························································· 187
OLG Celle, Beschl. v. 2. 1. 1996, NJW-RR 1996, 585
　·················································································· 181
OLG Celle, Beschl. v. 26. 11. 1997, MDR 1998, 923
　·················································································· 182
OLG Düsseldorf, Beschl. v. 22. 11. 1996, FamRZ 1997, 830 ····························································· 182
OLG Düsseldorf, Urt. v. 9.1. 1997, InVo 1997, 245
　·················································································· 181
OLD Düsseldorf, Beschl. v. 8. 3. 1999, NJW-RR 1999, 1029 ···························································· 176
OLG Frankfurt, Beschl. v. 27. 8. 1979, Rpfleger 1980, 117
　·················································································· 183
OLG Frankfurt, Beschl. v. 17. 7. 1991, NJW-RR 1992, 171 ·················································· 176, 182
OLG Frankfurt, Beschl. v. 15. 3. 1993, JurBüro 1993, 749
　·················································································· 180
OLG Frankfurt, Beschl. v. 6. 6. 1995, NJW 1995, 2567
　·················································································· 187
OLG Frankfurt, Beschl. v. 17. 3. 1997, InVo 1997, 274
　·················································································· 176
OLG Frankfurt, Urt. v. 23. 10. 1997, MDR 1998, 986
　·················································································· 180
OLG Frankfurt, Urt. v. 18. 10. 2006, OLG-Report Frankufurt 2007, 466 ············································ 46
OLG Hamm, Beschl. v. 18. 2. 1988, NJW-RR 1988, 1087, 1088 ···························································· 183
OLG Hamm, Urt. v. 12. 3. 1991, OLGZ 1992, 64, 66 ff.
　·················································································· 180

OLG Hamm, Beschl. v. 19. 11. 1993, NJW-RR 1994, 489 ... 176
OLG Hamm, Beschl. v. 31. 1. 1996, WuM 1996, 568, 569 ... 182
OLG Hamm, Beschl. v. 10. 2. 1997, FamRZ 1997, 1094 = InVo 1998, 54 ... 182
OLG Hamm, Beschl. v. 27. 3. 1998, InVo 1999, 32 ... 176
OLG Koblenz, Urt. v. 5. 2. 1993, IPRax 1994, 302 ... 100
OLG Koblenz, Beschl. v. 17. 12. 1993, NJW-RR 1994, 358 ... 176
OLG Köln, Beschl. v. 19. 3. 1973, MDR 1973, 768 ... 183
OLG Köln, Beschl. v. 20. 9. 1989, Rpfleger 1990, 30 f. ... 126
OLG Köln, Beschl. v. 18. 9. 1991, MDR 1992, 184 ... 180
OLG Köln, Beschl. v. 30. 4. 1993, NJW 1993, 2248 f. ... 126
OLG Köln, Beschl. v. 7. 5. 1993, JurBüro 1994, 613 ... 182
OLG Köln, Beschl. v. 13. 4. 1994, MDR 1995, 95 ... 185
OLG Köln, Beschl. v. 24. 4. 1995, JurBüro 1995, 550 ... 176
OLG Köln, Beschl. v. 3. 5. 1995, MDR 1995, 1064 = NJW-RR 1996, 100 ... 176
OLG Köln, Beschl. v. 23. 10. 1995, InVo 1996, 107 ... 183
OLG Köln, Urt. v. 7. 12. 1995, InVo 1996, 153, 155 ... 180
OLG Köln, Beschl. v. 2. 3. 1998, InVo 1999, 29 ... 176
OLG München, Beschl. v. 26. 5. 1988, Rpfleger 1988, 540 ... 186
OLG München, Beschl. v. 14. 10. 1991, NJW-RR 1992, 704 ... 176
OLG Naumburg, Beschl. v. 21. 11. 1997, NJW-RR 1998, 873 ... 181
OLG Nürnberg, Beschl. v. 3. 5. 1994, NJW-RR 1995, 63 ... 178
OLG Nürnberg, Beschl. v. 28. 7. 1998, InVo 1999, 287 ... 176
OLG Nürnberg, Beschl. v. 19. 8. 1998, NJW-RR 1999, 723 ... 187
OLG Oldenburg WRP 1996, 169 ... 187
OLG Saarbrücken, Teilurt. v. 29. 4. 2015, ZVertriebsR 2016, 39, 41 ... 274
OLG Stuttgart, Beschl. v. 21. 12. 1989, OLGZ 1990, 354, 355 ... 183
OLG Zweibrücken, Beschl. v. 6. 4. 1990, NJW 1991, 304 ... 180
OLG Zweibrücken, Beschl. v. 19. 9. 1997, DGVZ 1998, 9 ... 176
OLG Zweibrücken, Beschl. v. 7. 11. 1997, InVo 1999, 29 ... 176
OLG Zweibrücken, Beschl. v. 17. 3. 1998, NJW-RR 1998, 1767 ... 181

(地方裁判所)
LG Düsseldorf, Urt. v. 13. 11. 2012, BeckRS 2014, 16696 ... 264
LG Münster, Beschl. v. 29. 7. 1999, NJW 1999, 3787 ... 184
LG Saarbrücken, Urt. v. 9. 3. 2012, NJW-RR 2012, 885, 886 ... 100
LG Saarbrücken, Urt. v. 11. 5. 2015, NJW 2015, 2823, 2824 ... 100

(地方労働裁判所)
LAG Baden Württemberg AP Nr. 5 zu § 611 BGB ... 175
LAG Düsseldorf, Urt. v. 27. 8. 1957, BB 1958, 82 ... 175
LAG Frankfurt Beschl. v. 5. 12. 1960, BB 1961, 678 ... 175

**編者**

石川明教授記念手続法研究所


**著者紹介**　＊掲載順。著者の肩書きは発表当時のもの。

ロルフ・シュテュルナー（Professor Dr. Dres. h.c. Rolf Stürner）
　1943年生まれ。ドイツ連邦共和国・フライブルク大学法学部教授。

ラインハルト・ボルク（Professor Dr. Reinhard Bork）
　1956年生まれ。ドイツ連邦共和国・ハンブルク大学法学部教授。

ディーター・ライポルト（Professor Dr. Dres. h.c. Dieter Leipold）
　1939年生まれ。ドイツ連邦共和国・フライブルク大学法学部教授。

ハンス・プリュッティンク（Professor Dr. Dr. h.c. Hanns Prütting）
　1948年生まれ。ドイツ連邦共和国・ケルン大学法学部教授。

ヴォルフガング・ハウ（Professor Dr. Wolfgang Hau）
　1968生まれ。ドイツ連邦共和国・パッサウ大学法学部教授。

ハンス＝フリードヘルム・ガウル（Professor Dr. Hans Friedhelm Gaul）
　1927年生まれ。ドイツ連邦共和国・ボン大学名誉教授。

エベルハルト・シルケン（Professor Dr. Eberhard Schilken）
　1945年生まれ。ドイツ連邦共和国・ボン大学法学部教授。

ゲオルク・レス（Professor Dr. Dr. Dr. h.c. mult. Georg Ress）
　1935年生まれ。元欧州人権裁判所判事、ドイツ連邦共和国・ブレーメン国際大学教授。

訳者紹介　＊50音順。

石川　明（いしかわ あきら）

1931年生まれ。元慶應義塾大学名誉教授。法学博士（慶應義塾大学）。1956年慶應義塾大学大学院法学研究科修士課程修了。ドイツ連邦共和国（旧西ドイツ）・ミュンヘン大学留学（1959年〜1961年 ドイツ学術交流会奨学生）。2015年逝去。著作に、『訴訟上の和解の研究』（慶應通信、1966年）、『訴訟行為の研究』（酒井書店、1971年）、『ドイツ強制執行法研究』（成文堂、1977年）ほか。

入稲福智（いりいな ふくさとし）

1968年生まれ。平成国際大学法学部教授。LL.M.（ドイツ・ザールラント大学附属ヨーロッパ研究所）。慶應義塾大学大学院法学研究科修士課程修了。ドイツ連邦共和国・ザールラント大学附属ヨーロッパ研究所（1993年〜1998年）。著作に、「EU法上の新しい提訴要件（EUの機能に関する条約第263条第4項）」平成法政研究第17巻第2号1頁以下、「Rome III 規則による離婚および法的別居の準拠法」平成法政研究第18巻第2号57頁以下、「国際カルテルに基づく損害賠償請求権の準拠法— Rome II規則第6条第3項に関する一考察」平成国際大学社会・情報科学研究所論集第14号19頁以下ほか。

河村好彦（かわむら よしひこ）

1956年生まれ。関東学院大学法学部教授。慶應義塾大学法学研究科博士課程単位取得退学。ドイツ連邦共和国・ザールラント大学留学。著作に、「破産手続開始前に成立した第三者のためにする生命保険契約に基づき破産者である死亡保険金受取人が有する死亡保険金請求権と破産財団への帰属」『法学研究』第90巻第9号88頁以下、「遺産分割調停事件の相手方が税務署長に対して提出した相続税申告書及び添付資料を対象とする文書提出命令の申立てについて、当該文書は、その記載内容からみて、その提出により公務の遂行に著しい支障を生ずるおそれがあるもの（民訴法二二〇条四号ロ）に該当するとして原決定を取り消し、文書提出命令の申立てを却下した事例」法学研究第91号第7号63頁以下、「法人の代表者の地位に関する紛争と当事者適格」近畿大学法学第66巻第3＝4号掲載予定ほか。

越山和広（こしやま かずひろ）

1963年生まれ。龍谷大学法学部教授。法学博士（フライブルグ大学）。1996年慶應義塾大学大学院法学研究科後期博士課程単位取得退学。ドイツ連邦共和国・コンスタンツ大学およびフライブルグ大学留学（1991年〜1995年 ドイツ学術交流会奨学生）。著作に、『ベーシックスタディ民事訴訟法』（法律文化社、2018年）、『ロジカル演習民事訴訟法』（弘文堂、2019年）、『Rechtskraftwirkungen und Urteilsanerkennunng nach amerikanischem, deutschem und japanischem Recht』（Mohr Siebeck, 1996）ほか。

芳賀雅顯（はが まさあき）

1966年生まれ。慶應義塾大学大学院法務研究科教授。1995年慶應義塾大学大学院法学研究科後期博士課程単位取得退学。ドイツ連邦共和国・レーゲンスブルク大学留学（1995年〜19996年 ドイツ学術交流会奨学生、2003年〜2005年 フンボルト財団奨学金）。著作に、『外国判決の承認』（慶應義塾大学出版会、2018年）、『国際裁判管轄の理論と実務』（共著、新日本法規出版、2017年）、『Global Perspectives on ADR』（共著、intersentia, 2014）ほか。

三上威彦（みかみ たけひこ）

1952年生まれ。武蔵野大学法学部特任教授、慶應義塾大学名誉教授。法学博士（慶應義塾大学）。慶應義塾大学大学院法学研究科博士課程単位取得退学。ドイツ連邦共和国・ザールラント大学留学（1975年〜1977年 ドイツ学術交流会奨学生）。著作に、『倒産法』（信山社、2017年）、『ドイツ倒産法改正の軌跡』（成文堂、1995年）、「基本的所有権留保と破産手続（上）（下）」判例タイムズ529号25頁以下、536号50頁以下ほか。

## 比較民事手続法のトレンドⅠ

2019 年 4 月 30 日　初版第 1 刷発行

編　者————石川明教授記念手続法研究所
発行者————依田俊之
発行所————慶應義塾大学出版会株式会社
　　　　　　〒108-8346　東京都港区三田 2-19-30
　　　　　　ＴＥＬ〔編集部〕03-3451-0931
　　　　　　　　　〔営業部〕03-3451-3584〈ご注文〉
　　　　　　　　　〔　〃　〕03-3451-6926
　　　　　　ＦＡＸ〔営業部〕03-3451-3122
　　　　　　振替 00190-8-155497
　　　　　　http://www.keio-up.co.jp/
装　丁————辻聡
印刷・製本——株式会社加藤文明社
カバー印刷——株式会社太平印刷社

©2019　Akira Ishikawa Memorial Institute of Procedural Law
Printed in Japan ISBN978-4-7664-2602-1